Die Gleichheitssätze

Kempny, DVBl 13, 496. ders., NVwZ 14, 191 (Föderalismus, Ach. 8)

Simon Kempny / Philipp Reimer

# Die Gleichheitssätze

## Versuch einer übergreifenden dogmatischen Beschreibung ihres Tatbestands und ihrer Rechtsfolgen

Mohr Siebeck

*Simon Kempny,* geboren 1982; 2008 Master of Laws; 2011 Promotion; derzeit Rechtsreferendar beim Bundesverfassungsgericht in Karlsruhe.

*Philipp Reimer,* geboren 1982; 2008 Promotion; derzeit Akademischer Rat a.Z. an der Albert-Ludwigs-Universität Freiburg.

ISBN 978-3-16-152230-7

Die Deutsche Nationalbibliothek verzeichnet diese Publikation in der Deutschen Nationalbibliographie; detaillierte bibliographische Daten sind im Internet über *http://dnb.dnb.de* abrufbar.



Das Buch wurde von Gulde-Druck in Tübingen auf alterungsbeständiges Werkdruckpapier gedruckt und gebunden.

„Ihr kennt es alle, das demokratische Evangelium, *Gleichheit vor dem Gesetze!* Hört es und bewahrt es wohl, ihr habt darin den Kern der Freiheit, den Keim einer glücklichen Zukunft.“

*Theodor Mommsen*

# Vorwort

Wir überreichen hiermit eine Schrift der Öffentlichkeit, die ein uraltes Thema aufgreift – das der Gleichheit im Recht, traditionell: der Gleichheit vor dem Gesetz. Dieses Thema wird hier aus einem rein rechtsdogmatischen Blickwinkel betrachtet; seine rechtsphilosophische Seite, die nicht zuletzt mit dem Gerechtigkeitsbegriff eng verbunden ist, wird bewusst außer Betracht gelassen. Bildete den Ausgangspunkt unserer Überlegungen zunächst noch allein die Dogmatik des Art. 3 GG, so drängte sich uns bald die Frage auf, ob es möglich sei, ähnliche Normen mit vergleichbaren dogmatischen Kategorien zu beschreiben. Das Ergebnis dieser Überlegungen ist die vorliegende Arbeit, die ein solches vereinheitlichtes Beschreibungsraster für Gleichheitssätze verschiedener Rechtsordnungen bereitstellen will.

Als der Versuch, ein übergreifendes Beschreibungsraster, eine generische Dogmatik für einen bestimmten Normentypus zu erarbeiten, hat die Untersuchung in methodischer Hinsicht einen gewissen experimentellen Wesenszug. Nicht zuletzt vor diesem Hintergrund möchten wir um Nachsicht bitten, wenn die Behandlung nicht aller als Material herangezogenen und als Beispiele verwendeten Gleichheitssätze in derselben Breite und Tiefe erfolgen konnte.

Besonderen Dank abzustatten haben wir den Herren Professoren *Dr. Wolfram Höfling, M. A.*, Köln, und *Dr. Matthias Jestaedt*, Freiburg i. Br., für ihre wohlwollende Unterstützung und Förderung (auch) im Zusammenhang mit dieser Arbeit. Herrn *Dr. Franz-Peter Gillig*, Tübingen, danken wir herzlich für die freundliche Aufnahme in das Verlagsprogramm von Mohr Siebeck. – Den gesamten Text der Abhandlung haben wir gemeinsam verfasst, so dass wir auch gemeinsam die wissenschaftliche Verantwortung für das Gesamtwerk tragen. Das Eingangszitat von *Theodor Mommsen* (S. V) stammt aus der anonym erschienenen Schrift „Die Grundrechte des deutschen Volkes", 1849, S. 16.

Karlsruhe und Freiburg, im Oktober 2012 — Simon Kempny, Philipp Reimer

# Inhaltsübersicht

# Inhaltsverzeichnis

# Abkürzungsverzeichnis

| | |
|---|---|
| a. A. | anderer Ansicht |
| a. a. O. | am angegebenen Orte |
| ABl. EU | Amtsblatt der Europäischen Union |
| Abs. | Absatz |
| AcP | Archiv für die civilistische Praxis |
| AEUV | Vertrag über die Arbeitsweise der Europäischen Union vom 25. März 1957 (BGBl. II, 766), zuletzt geändert (namentlich im Titel) durch den Vertrag von Lissabon zur Änderung des Vertrags über die Europäische Union und des Vertrags zur Gründung der Europäischen Gemeinschaft vom 13. Dezember 2007 (BGBl. II 2008, 1038) |
| AGG | Allgemeines Gleichbehandlungsgesetz vom 14. August 2006 (BGBl. I, 1897) |
| Anm. | Anmerkung |
| AO | Abgabenordnung in der Fassung der Bekanntmachung vom 1. Oktober 2002 (BGBl. I, 3866), zuletzt geändert durch Art. 9 Gesetz vom 21. Juli 2012 (BGBl. I, 1566) |
| AöR | Archiv des öffentlichen Rechts |
| ArbG | Arbeitsgericht |
| ArchBürgR | Archiv des bürgerlichen Rechts |
| ARSP | Archiv für Rechts- und Sozialphilosophie |
| Art. | Artikel |
| Aufl. | Auflage |
| BayVerfGH | Bayerischer Verfassungsgerichtshof |
| BB | Betriebs-Berater (Zeitschrift) |
| Bd. | Band |
| BeckOK GG | Volker Epping/Christian Hillgruber (Hg.), Beck'scher Online-Kommentar Grundgesetz |
| BeckOK VwGO | Herbert Plosser (Hg.), Beck'scher Online-Kommentar Verwaltungsgerichtsordnung |
| Begr. | Begründer |
| BGB | Bürgerliches Gesetzbuch in der Fassung der Bekanntmachung vom 2. Januar 2002 (BGBl. I, 42, 2909, und BGBl. I 2003, 738), zuletzt geändert durch Art. 1 Gesetz vom 10. Mai 2012 (BGBl. I, 1084) |
| BGBl. | Bundesgesetzblatt (soweit nicht anders angegeben: der Bundesrepublik Deutschland) |
| BGH | Bundesgerichtshof |
| BT-Drucks. | Bundestagsdrucksache |

| | |
|---|---|
| BVerfG | Bundesverfassungsgericht |
| BVerfGE | Entscheidungen des Bundesverfassungsgerichts |
| BVerfGG | Bundesverfassungsgerichtsgesetz in der Fassung der Bekanntmachung vom 11. August 1993 (BGBl. I, 1473), zuletzt geändert durch Art. 2 Gesetz vom 24. November 2011 (BGBl. I, 2302) |
| BVerwG | Bundesverwaltungsgericht |
| BVerwGE | Entscheidungen des Bundesverwaltungsgerichts |
| B-VG | Bundes-Verfassungsgesetz in der Fassung der Kundmachung vom 2. Januar 1930 (österreichisches BGBl. Nr. 1/1930), zuletzt geändert durch Bundes-Verfassungsgesetz-Novelle 1994 (österreichisches BGBl. Nr. 1013/1994) |
| CDU | Christlich-Demokratische Union Deutschlands |
| CSU | Christlich-Soziale Union in Bayern e. V. |
| D. | Digesten |
| dems. | demselben |
| dens. | denselben |
| ders. | derselbe(n) |
| dies. | dieselbe(n) |
| DÖV | Die öffentliche Verwaltung (Zeitschrift) |
| DStJG | Veröffentlichungen der Deutschen Steuerjuristischen Gesellschaft e. V. |
| DStZ | Deutsche Steuer-Zeitung |
| DVBl | Deutsches Verwaltungsblatt |
| E-GRR | Entwurf für einen Gemeinsamen Referenzrahmen: Christian von Bar/Eric Clive/Hans Schulte-Nölke u. a. (Hg.), Principles, Definitions and Model Rules of European Private Law, 2009 |
| ebd. | ebenda |
| EGKSV | Vertrag über die Gründung der Europäischen Gemeinschaft für Kohle und Stahl (BGBl. II, 447), ausgelaufen am 23. Juli 2002 |
| EGMR | Europäischer Gerichtshof für Menschenrechte |
| EGV | Vertrag zur Gründung der Europäischen Gemeinschaft vom 25. März 1957 (BGBl. II, 766), Titel geändert durch den Vertrag von Lissabon zur Änderung des Vertrags über die Europäische Union und des Vertrags zur Gründung der Europäischen Gemeinschaft vom 13. Dezember 2007 (BGBl. II 2008, 1038) |
| EMRK | Konvention zum Schutze der Menschenrechte und Grundfreiheiten vom 4. November 1950 (ETS Nr. 5, BGBl. II 1952, 685), zuletzt geändert durch Protokoll Nr. 14 vom 13. Mai 2004 (ETS Nr. 194, BGBl. II 2006, 138) |
| ETS | European Treaty Series |
| EU | Europäische Union |
| EuG | Gericht im Gerichtshof der Europäischen Union (Art. 19 Abs. 1 S. 1 EUV), vormals Gericht erster Instanz |
| EuGH | (Gerichtshof im) Gerichtshof der Europäischen Union (Art. 19 Abs. 1 S. 1 EUV), vormals Gerichtshof der Europäischen Gemeinschaften |

| | |
|---|---|
| EUGRCh | Charta der Grundrechte der Europäischen Union vom 12. Dezember 2007 (ABl. EU C 2007/303, S. 1 = BGBl. II 2008, 1165) |
| EuGRZ | Europäische Grundrechte-Zeitschrift |
| EuR | Europarecht (Zeitschrift) |
| EUV | Vertrag über die Europäische Union vom 7. Februar 1992 (BGBl. II, 1253), zuletzt geändert durch den Vertrag von Lissabon zur Änderung des Vertrags über die Europäische Union und des Vertrags zur Gründung der Europäischen Gemeinschaft vom 13. Dezember 2007 (BGBl. II 2008, 1038) |
| f. | und folgende(r, s) |
| FamRZ | Zeitschrift für das gesamte Familienrecht |
| FG | Festgabe |
| FGO | Finanzgerichtsordnung in der Fassung der Bekanntmachung vom 28. März 2001 (BGBl. I, 442 und 2262, sowie BGBl. I 2002, 679), zuletzt geändert durch Art. 2 Abs. 35 Gesetz vom 22. Dezember 2011 (BGBl. I, 3044) |
| Fn. | Fußnote |
| FR | Finanz-Rundschau (Zeitschrift) |
| FRV | Frankfurter Reichsverfassung (Verfassung des deutschen Reiches vom 28. März 1849 [RGBl., 101]) |
| FS | Festschrift |
| GATT 1947 | Allgemeines Zoll- und Handelsabkommen von 1947 (BGBl. II 1951, 173) |
| GeschmMG | Gesetz über den rechtlichen Schutz von Mustern und Modellen (Geschmacksmustergesetz – GeschmMG) vom 12. März 2004 (BGBl. I, 390), zuletzt geändert durch Art. 18 Gesetz vom 24. November 2011 (BGBl. I, 2302) |
| GG | Grundgesetz für die Bundesrepublik Deutschland vom 23. Mai 1949 (BGBl., 1), zuletzt geändert durch Art. 1 Gesetz vom 21. Juli 2010 (BGBl. I, 944) |
| GS | Gedächtnisschrift |
| GVG | Gerichtsverfassungsgesetz in der Fassung der Bekanntmachung vom 9. Mai 1975 (BGBl. I, 1077), zuletzt geändert durch Art. 4 Gesetz vom 7. Dezember 2011 (BGBl. I, 2582) |
| GVwR | Wolfgang Hoffmann-Riem/Eberhard Schmidt-Aßmann/Andreas Voßkuhle (Hg.), Grundlagen des Verwaltungsrechts |
| GWB | Gesetz gegen Wettbewerbsbeschränkungen in der Fassung der Bekanntmachung vom 15. Juli 2005 (BGBl. I, 2114, und BGBl. I 2009, 3850), zuletzt geändert durch Art. 2 Abs. 62 Gesetz vom 22. Dezember 2011 (BGBl. I, 3044) |
| Hg. | Herausgeber |
| HGR | Detlev Merten/Hans-Jürgen Papier (Hg.), Handbuch der Grundrechte |
| HGrG | Haushaltsgrundsätzegesetz vom 19. August 1969 (BGBl. I, 1273), zuletzt geändert durch Art. 1 Gesetz vom 27. Mai 2010 (BGBl. I, 671) |
| HKW | Hans Kelsen Werke, herausgegeben von Matthias Jestaedt in Verbindung mit dem Hans Kelsen-Institut |
| Hs. | Halbsatz, Halbsätze |
| HStR | Josef Isensee/Paul Kirchhof (Hg.), Handbuch des Staatsrechts |

| | |
|---|---|
| i. V. m. | in Verbindung mit |
| IPbürgR | Internationaler Pakt über bürgerliche und politische Rechte von 1966 (BGBl. II 1973, 1533) |
| IPE | Armin von Bogdandy/Peter M. Huber u. a. (Hg.), Handbuch Ius Publicum Europaeum |
| IPwskR | Internationaler Pakt über wirtschaftliche, soziale und kulturelle Rechte von 1966 (BGBl. II 1973, 1569) |
| JBl | Juristische Blätter |
| JuS | Juristische Schulung (Zeitschrift) |
| JZ | Juristenzeitung |
| Kap. | Kapitel |
| KrWaffKontrG | Ausführungsgesetz zu Artikel 26 Abs. 2 des Grundgesetzes (Gesetz über die Kontrolle von Kriegswaffen) in der Fassung der Bekanntmachung vom 22. November 1990 (BGBl. I, 2506), zuletzt geändert durch Art. 4 Gesetz vom 27. Juli 2011 (BGBl. I, 1595) |
| Lfg. | (Ergänzungs-)Lieferung (bei Loseblattwerken) |
| m. N. | mit Nachweisen |
| m. w. N. | mit weiteren Nachweisen |
| MRA | Menschenrechtsausschuss (der Vereinten Nationen) |
| MRRG | Melderechtsrahmengesetz in der Fassung der Bekanntmachung vom 19. April 2002 (BGBl. I, 1342), zuletzt geändert durch Art. 9 Gesetz vom 28. April 2011 (BGBl. I, 678) |
| MRVO Nr. 165 | Verordnung Nr. 165, Verwaltungsgerichtsbarkeit in der Britischen Zone, Amtsblatt der Militärregierung Deutschland, Britisches Kontrollgebiet, 1948, 799 |
| MünchKomm-BGB | Franz Jürgen Säcker/Roland Rixecker (Hg.), Münchener Kommentar zum Bürgerlichen Gesetzbuch |
| NdsVBl | Niedersächsische Verwaltungsblätter |
| NJW | Neue Juristische Wochenschrift |
| Nr. | Nummer(n) |
| NVwZ | Neue Zeitschrift für Verwaltungsrecht |
| NWVBl | Nordrhein-Westfälische Verwaltungsblätter |
| NZA-RR | NZA-Rechtsprechungs-Report Arbeitsrecht (Unterreihe der Neuen Zeitschrift für Arbeitsrecht) |
| OLG | Oberlandesgericht |
| ÖZöR | Österreichische Zeitschrift für öffentliches Recht |
| PECL | Principles of European Contract Law, zitiert nach http://frontpage.cbs.dk/law/commission_on_european_contract_law/PECL%20engelsk/engelsk_partI_og_II.htm (abgerufen am 2. September 2012). |
| pr. | in principio (zu Beginn eines Abschnitts) |
| PStG | Personenstandsgesetz vom 19. Februar 2007 (BGBl. I, 122), zuletzt geändert durch Art. 4 Gesetz vom 22. Dezember 2010 (BGBl. I, 2255) |
| RGBl. | Reichsgesetzblatt, Reichs-Gesetzblatt beziehungsweise Reichs-Gesetz-Blatt |
| RGZ | Entscheidungen des Reichsgerichts in Zivilsachen |
| Rn. | Randnummer(n) |
| Rs. | Rechtssache |

| | |
|---|---|
| S. | Seite(n); Satz, Sätze |
| sc. | scilicet (das heißt, nämlich) |
| SGB II | Zweites Buch Sozialgesetzbuch – Grundsicherung für Arbeitsuchende – in der Fassung der Bekanntmachung vom 13. Mai 2011 (BGBl. I, 850 und 2094), zuletzt geändert durch Artikel 1a Gesetz vom 22. Dezember 2011 (BGBl. I, 3057) |
| SGG | Sozialgerichtsgesetz in der Fassung der Bekanntmachung vom 23. September 1975 (BGBl. I, 2535), zuletzt geändert durch Art. 8 Gesetz vom 22. Dezember 2011 (BGBl. I, 3057) |
| Slg. | Sammlung der Rechtsprechung des Gerichtshofes und des Gerichts Erster Instanz |
| Sp. | Spalte(n) |
| SPD | Sozialdemokratische Partei Deutschlands |
| StGB | Strafgesetzbuch in der Fassung der Bekanntmachung vom 13. November 1998 (BGBl. I, 3322), zuletzt geändert durch Art. 5 Abs. 3 Gesetz vom 24. Februar 2012 (BGBl. I, 212) |
| StPO | Strafprozeßordnung in der Fassung der Bekanntmachung vom 7. April 1987 (BGBl. I, 1074, 1319), zuletzt geändert durch Art. 2 Gesetz vom 21. Juli 2012 (BGBl. I, 1566) |
| StuW | Steuer und Wirtschaft (Zeitschrift) |
| StVG | Straßenverkehrsgesetz in der Fassung der Bekanntmachung vom 5. März 2003 (BGBl. I, 310, 919), zuletzt geändert durch Art. 2 Abs. 118 Gesetz vom 22. Dezember 2011 (BGBl. I, 3044) |
| SZIER | Schweizerische Zeitschrift für internationales und europäisches Recht |
| TSG | Gesetz über die Änderung der Vornamen und die Feststellung der Geschlechtszugehörigkeit in besonderen Fällen (Transsexuellengesetz – TSG) vom 10. September 1980 (BGBl. I, 1654), zuletzt geändert durch Art. 1 Gesetz vom 17. Juli 2009 (BGBl. I, 1978) |
| Tz. | Textziffer(n) |
| u. a. | und andere, unter anderem |
| UAbs. | Unterabsatz |
| UrhG | Gesetz über Urheberrecht und verwandte Schutzrechte (Urheberrechtsgesetz) vom 9. September 1965 (BGBl. I, 1273), zuletzt geändert durch Art. 2 Abs. 53 Gesetz vom 22. Dezember 2011 (BGBl. I, 3044) |
| usf. | und so fort |
| UWG | Gesetz gegen den unlauteren Wettbewerb in der Fassung der Bekanntmachung vom 3. März 2010 (BGBl. I, 254) |
| verb. Rs. | verbundene Rechtssachen |
| VersR | Versicherungsrecht (Zeitschrift) |
| VVDStRL | Veröffentlichungen der Vereinigung der Deutschen Staatsrechtslehrer |
| VwGO | Verwaltungsgerichtsordnung in der Fassung der Bekanntmachung vom 19. März 1991 (BGBl. I, 686), zuletzt geändert durch Art. 5 Abs. 2 Gesetz vom 24. Februar 2012 (BGBl. I, 212) |

| | |
|---|---|
| VwVfG | Verwaltungsverfahrensgesetz in der Fassung der Bekanntmachung vom 23. Januar 2003 (BGBl. I, 102), zuletzt geändert durch Art. 2 Abs. 1 Gesetz vom 14. August 2009 (BGBl. I, 2827) |
| WHG | Wasserhaushaltsgesetz vom 31. Juli 2009 (BGBl. I, 2585), zuletzt geändert durch Art. 5 Abs. 9 Gesetz vom 24. Februar 2012 (BGBl. I, 212) |
| WoGG | Wohngeldgesetz vom 24. September 2008 (BGBl. I, 1856), zuletzt geändert durch Art. 35 Gesetz vom 20. Dezember 2011 (BGBl. I, 2854) |
| WPflG | Wehrpflichtgesetz in der Fassung der Bekanntmachung vom 15. August 2011 (BGBl. I, 1730), zuletzt geändert durch Art. 8 Gesetz vom 21. Juli 2012 (BGBl. I, 1583) |
| WRV | Weimarer Reichsverfassung (Die Verfassung des Deutschen Reichs vom 11. August 1919 [RGBl., 1383]) |
| WStG | Wehrstrafgesetz in der Fassung der Bekanntmachung vom 24. Mai 1974 (BGBl. I, 1213), zuletzt geändert durch Art. 15 des Gesetzes vom 22. April 2005 (BGBl. I, 1106) |
| z. B. | zum Beispiel |
| ZaöRV | Zeitschrift für ausländisches öffentliches Recht und Völkerrecht |
| ZG | Zeitschrift für Gesetzgebung |
| ZIS | Zeitschrift für Internationale Strafrechtsdogmatik |
| ZPO | Zivilprozessordnung in der Fassung der Bekanntmachung vom 5. Dezember 2005 (BGBl. I, 3202, und BGBl. I 2006, 431, sowie BGBl. I 2007, 1781), zuletzt geändert durch Art. 3 Gesetz vom 22. Dezember 2011 (BGBl. I, 3044) |

## Kapitel 1

# Einleitung

Wo rechtliche Befugnisse verliehen werden, haben ihre Empfänger – vor allem die Organe des Staates – die tatsächliche Möglichkeit, von diesen Befugnissen in ungerechter Weise Gebrauch zu machen. Eine Aufgabe von Recht besteht darin, solchen Missbrauch zu verhindern. Hierzu enthalten die Rechtsordnungen zahlreiche Normen, die der Ausnutzung der mit den Befugnissen einhergehenden Spielräume durch die Staatsorgane Grenzen setzen und auf diese Weise die Gerechtigkeit – als „Kontingenzformel" des Rechtssystems[1] – für den Bereich der Staatstätigkeit sichern sollen.[2] Im Kern dieser gerechtigkeitssichernden Normen stehen die Gleichheitssätze.[3] Sie werden mitunter gar als „positives Wertgebot mitmenschlichen Verhaltens" angesehen[4] oder schon zur begrifflichen Voraussetzung von Recht erhoben[5]. Ihr überlieferter Zweck ist nicht, dem Recht vorgegebene tatsächliche Unterschiede aufzuheben, sondern zu verhindern, dass ungerechte Unterscheidungen rechtlich geschaffen oder beibehalten werden.[6]

---

[1] Vergleiche *Niklas Luhmann*, Das Recht der Gesellschaft, 1995, S. 218–226, insbesondere S. 223 f. zur Gleichheit als der „allgemeinsten Form" der Kontingenzformel; siehe auch *dens.*, ARSP 77 (1991), S. 435.

[2] Auch die Disziplin der Rechtsphilosophie nimmt sich deshalb thematisch der Gleichheitssätze an; vergleiche etwa *Bernd Rüthers/Christian Fischer*, Rechtstheorie, 5. Aufl., 2010, Rn. 352–360.

[3] Zur engen Verbindung von Gleichheitssätzen und Gerechtigkeit auch *Konrad Hesse*, AöR 109 (1984), S. 174 (193); *Uwe Volkmann*, Staatsrecht II, 2007, S. 295; *Hans Nef*, Gleichheit und Gerechtigkeit, 1941.

[4] *Adolf Arndt*, NJW 1961, 2153 (2154). *Niklas Luhmann*, Grundrechte als Institution, 1965, S. 180, spricht insoweit (im Zusammenhang mit seiner rechtssoziologischen Untersuchung zu Gleichheitssätzen) von „dem alten Gerechtigkeitspathos, das dem Gleichheitsbegriff trotz aller erzwungenen Relativierungen auch heute noch anhaftet".

[5] So *F. G. Jacobs*, in: Alan Dashwood/Síofra O'Leary (Hg.), The Principle of Equal Treatment in EC Law, 1997, S. 1 (8, Tz. 1.20).

[6] Dass die Gleichheitssätze nicht die „rohe, materialistisch-communistische Gleichheit" (so der Abgeordnete *Heinrich Julius Ahrens* am 1. August 1848 in der Paulskirche, zitiert nach Franz Wigard [Hg.], Stenographischer Bericht über die Ver-

## I. Der Begriff der Gleichheitssätze

Der Begriff des Gleichheitssatzes ist kein rechtlicher, sondern ein dogmatischer Begriff, womit eine bestimmte Gruppe von Normen gekennzeichnet wird. Die Zusammenstellung dieser Gruppe geschieht häufig aber eher nach Gefühl, ohne dass eine Begriffsbestimmung gegeben würde.[7] So nimmt es nicht wunder, wenn Aufzählungen von Gleichheitssätzen uneinheitlich ausfallen[8] oder wenn im Unionsrecht darum gerungen wird, ob Gleichbehandlungsgebote und Diskriminierungsverbote eigentlich das Gleiche seien.[9] Eine handhabbare, subsumtionsgeeignete Definition ist jedoch für eine wissenschaftliche Beschäftigung mit „Gleichheitssätzen" unverzichtbar, wenn Aussagen über die gesamte Normengruppe getroffen, begründet und überprüft werden können sollen.

*Michael Sachs* unternimmt in diesem Zusammenhang den Versuch, „Maßstäbe für die Qualifikation [sc. von Verfassungsbestimmungen] als besondere Gleichheitsgarantien" aufzustellen, und empfiehlt, mit diesem Begriff „nur selbständige Verfassungsbestimmungen zu erfassen, deren normativer Gehalt spezifisch darauf gerichtet ist, dem Ziel der Gleichheit zu dienen".[10] Diese Definition ist jedoch in hohem Maße auf Wertung angewiesen. Über die „spezifische Gerichtetheit" des „normativen Gehalts" einer Norm werden sich die Rechtsanwender nicht selten streiten. Es fragt sich daher, ob nicht anstelle dieser materialen Definiti-

---

handlungen der deutschen constituirenden Nationalversammlung zu Frankfurt am Main, Bd. 2, 1848, S. 1293) herstellen sollen, entspricht allgemeiner Auffassung; vergleiche nur *Christian Starck*, in: Hermann von Mangoldt/Friedrich Klein/Christian Starck (Hg.), GG, Bd. 1, 6. Aufl., 2010, Art. 3 Rn. 4; *Jörn Ipsen*, Staatsrecht II, 15. Aufl., 2012, Rn. 795, 799; *Ernst-Werner Fuss*, JZ 1959, 329 (335: „unfruchtbare und gar nicht realisierbare Gleichmacherei"); zu Art. 3 Abs. 2 GG insoweit deutlich *Udo Di Fabio*, AöR 122 (1997), S. 404; für einen österreichischen Blickwinkel *Magdalena Pöschl*, Gleichheit vor dem Gesetz, 2008, S. 32 f., 139.

[7] Ähnlich *Michael Sachs*, in: HStR VIII, 3. Aufl., 2010, § 182 Rn. 2.

[8] Siehe *Michael Sachs*, in: HStR VIII, 3. Aufl., 2010, § 182 Rn. 1–7; *ders.*, in: Klaus Stern, Staatsrecht, Bd. IV/2, 2011, S. 1707.

[9] Vergleiche *Walter Frenz*, Handbuch Europarecht, Bd. 4, 2009, Rn. 3169, der Synonymie annimmt, und *F. G. Jacobs*, in: Alan Dashwood/Síofra O'Leary (Hg.), The Principle of Equal Treatment in EC Law, 1997, S. 1 (1, Tz. 1.00, und 10 f., Tz. 1.24 f.), sowie die weiteren Beiträge ebd.

[10] *Michael Sachs*, in: HStR VIII, 3. Aufl., 2010, § 182 Rn. 2. Ähnlich *Tilmann Altwicker*, Menschenrechtlicher Gleichheitsschutz, 2010, S. 27, der seinen Begriff „Gleichheitsrechte" bestimmt als „Normen, die das menschenrechtliche Gleichheitsproblem *als solches*, d.h. unmittelbar, zum Gegenstand haben" (Hervorhebung im Original); diese Definition wirft die gleichen Fragen auf wie die *Sachsens*.

on eine formalere gewählt werden kann, die eine einfachere Qualifikation einer Norm als Gleichheitssatz ermöglicht.

In diesem Sinne sollen unter „Gleichheitssätzen" zunächst alle Normen verstanden werden, die die Gleichheit oder Gleichbehandlung von Personen oder Sachverhalten ausdrücklich oder schlüssig anordnen und damit zugleich dem Verpflichteten grundsätzlich die Wahl überlassen, auf welche Weise die Gleichheit oder Gleichbehandlung hergestellt werden soll. Auf dieser begrifflichen Grundlage werden im Folgenden Gleichheitssätze zunächst gesammelt und geordnet (Kapitel 2) und sodann auf ihre strukturellen Gemeinsamkeiten hin untersucht (Kapitel 3 bis 5). Das Ergebnis der Untersuchungen zu ihrer Tatbestandsstruktur wird dabei zum Anlass genommen, eine genauere Begriffsbestimmung vorzuschlagen.[11]

## II. Modelle zur dogmatischen Rekonstruktion von Gleichheitssätzen

Unter den Gleichheitssätzen sind vor allem die „allgemeinen" Gleichheitssätze nach der Art des Art. 3 Abs. 1 GG Gegenstand intensiver Forschungen – dies schon allein deswegen, weil der „erstarrte Wortlaut", den diese Bestimmungen teilen („vor dem Gesetz gleich"), seinen Sinn nicht besonders erhellt.[12] Überwiegend werden allgemeine Gleichheitssätze als „Begründungsgebote"[13] verstanden, die zur Rechtfertigung einer Ungleichbehandlung einen sachlichen Grund verlangen; kann kein sachlicher Grund angegeben werden, so gelten die betrachteten Sachverhalte als „wesentlich gleich" und ist ihre Ungleichbehandlung deshalb unzulässig.[14] Je schwerer wiegend die Ungleichbehandlung erscheint,

---

[11] Siehe unten Kapitel 3, VII.

[12] *Werner Böckenförde*, Der allgemeine Gleichheitssatz und die Aufgabe des Richters, 1957, S. 41; siehe auch *Adalbert Podlech*, Gehalt und Funktionen des allgemeinen verfassungsrechtlichen Gleichheitssatzes, 1971, S. 28. Nicht ohne Grund nennt *Magdalena Pöschl*, Gleichheit vor dem Gesetz, 2008, S. 1, den ähnlich lautenden österreichischen Art. 7 Abs. 1 S. 1 B-VG („Alle Staatsbürger sind vor dem Gesetz gleich.") „das schillerndste und zugleich das rätselhafteste Grundrecht".

[13] *Friedhelm Hufen*, Staatsrecht II, 2. Aufl., 2009, § 39 Rn. 14; *Günter Dürig*, in: Theodor Maunz/Günter Dürig (Hg.), GG, 65. Lfg., 2012 (Stand der Bearbeitung: 1973 [nicht in allen Drucken angegeben]), Art. 3 Abs. I Rn. 316–318. Vom „Modell der Gleichheitspräsumtion" spricht *Tilmann Altwicker*, Menschenrechtlicher Gleichheitsschutz, 2010, S. 66.

[14] So die Grundlinie des Bundesverfassungsgerichts seit BVerfGE 1, 14 (52); 4, 144 (155); vergleiche nur *Paul Kirchhof*, in: HStR VIII, 3. Aufl., 2010, § 181 Rn. 24 f.

desto höhere Anforderungen werden an das Gewicht dieses Grundes gestellt.[15]

Dem Verständnis als Begründungsgebot wurden im Schrifttum hauptsächlich zwei andere Modelle des allgemeinen Gleichheitssatzes gegenübergestellt:[16]

Das Prinzipienmodell versteht Art. 3 Abs. 1 GG im Anschluss an die Prinzipientheorie der Grundrechte[17] als ein „Prinzip absoluter Rechtsgleichheit"[18] und sieht in jeder ungleichen Behandlung zweier Sachverhalte einen *Prima-facie*-Verstoß, der nur durch Abwägung mit anderen Prinzipien überwunden werden kann.[19] Das Prinzipienmodell nimmt den Gesichtspunkt der unterschiedlich hohen Anforderungen an den sachlichen Grund je nach Art der Ungleichbehandlung auf, die nach dem Begründungsmodell gestellt werden können, und meint diese Anforderungen durch Überführung in eine Abwägungsaufgabe rationalisieren zu können. Strukturell lässt sich das Prinzipienmodell damit durchaus dem Begründungsmodell zuordnen, da wie dort im ersten Schritt eine (beliebige) Ungleichbehandlung und im zweiten Schritt deren Zulässigkeit oder Unzulässigkeit festgestellt werden muss.

---

[15] Das ist der wesentliche Inhalt der „Neuen Formel" des Bundesverfassungsgerichts seit BVerfGE 55, 72 (88), vergleiche BVerfGE 88, 87 (96 f.). Zu früheren Ansätzen einer strengeren Prüfung durch das Bundesverfassungsgericht und den Bundesfinanzhof *Rudolf Wendt*, NVwZ 1988, 778 (780 f.); zum Ganzen noch unten Kapitel 3, V 2 a.

[16] Zu den drei Modellen siehe auch die ausführliche Darstellung und Kritik bei *Magdalena Pöschl*, Gleichheit vor dem Gesetz, 2008, S. 140–203. – Ein ganz anderes Verständnis zeigt *Alexander Somek*, Rationalität und Diskriminierung, 2001, passim, der einen allgemeinen Gleichheitssatz (dort: Art. 7 Abs. 1 B-VG) als „Antidiskriminierungsgrundsatz" (ebd., S. 31–33) im Sinne eines Freiheitsrechts von „Personen mit hohem Diskriminierungsrisiko" (ebd., S. 3 f.) zu rekonstruieren sucht; kritisch dazu *Stefan Huster*, Der Staat 42 (2003), S. 145 (mit Replik *Alexander Somek*, Der Staat 43 (2004), S. 425, der seine Konstruktion jetzt ein „Freiheitsrecht der sozial Schwachen" nennt [ebd., S. 429]).

[17] Siehe vor allem *Robert Alexy*, Theorie der Grundrechte, 2. Aufl., 1994, S. 71–157 und passim, sowie die Beiträge in Jan-R. Sieckmann (Hg.), Die Prinzipientheorie der Grundrechte, 2007; zur Kritik dieses Ansatzes eingehend *Matthias Jestaedt*, Grundrechtsentfaltung im Gesetz, 1999, S. 206–260, sowie *Ralf Poscher*, Ratio Juris 22 (2009), S. 425.

[18] So auch im Titel der Monographie von *Peter Martini*, Art. 3 Abs. 1 GG als Prinzip absoluter Rechtsgleichheit, 1997, worin dieses Modell ausgearbeitet wird; kritisch dazu *Werner Heun*, in: Horst Dreier (Hg.), GG, Bd. I, 2. Aufl., 2004, Art. 3 Rn. 24.

[19] Vergleiche auch *Martin Borowski*, Grundrechte als Prinzipien, 1998, S. 351–410; *Lothar Michael*, Gleichheitsrechte als grundrechtliche Prinzipien, in: Jan-R. Sieckmann (Hg.), Die Prinzipientheorie der Grundrechte, 2007, S. 123.

Demgegenüber sucht das Eingriffsmodell, der dogmatischen Begrifflichkeit aus dem Bereich der Freiheitsgrundrechte folgend, zunächst einen Schutzbereich des allgemeinen Gleichheitssatzes festzulegen. Dieser Schutzbereich soll die überhaupt nur erfassten Ungleichbehandlungen eingrenzen. Letztere werden sodann als Eingriffe einem verfassungsrechtlichen Zwang zur Rechtfertigung durch Schranken unterworfen, die ihrerseits der Schranken-Schranke der Verhältnismäßigkeit standhalten müssen.[20] Schon aus dem Schutzbereich sollen solche Ungleichbehandlungen herausfallen, die nur „interne", sich aus den verglichenen Sachverhalten ergebende Zwecke verfolgen.[21] Die Verfolgung „externer Zwecke" durch eine Ungleichbehandlung unterliegt dagegen als Eingriff einer Verhältnismäßigkeitsprüfung.[22] Trotz der unterschiedlichen Begrifflichkeit gegenüber dem Begründungsmodell lässt sich aber auch das Eingriffsmodell diesem zuordnen: Kennzeichnend ist die zwiegespaltene Prüfung von Ungleichbehandlungen je nachdem, ob sie interne oder externe Zwecke verfolgen; diese Unterscheidung kann in das Begründungsmodell eingefügt werden, wenn sie innerhalb der zur Rechtfertigung heranzuziehenden sachlichen Gründe vorgenommen wird.

Zeigt sich sonach, dass es bei Zugrundelegung der Strukturen des Begründungsmodells möglich ist, an jeweils geeigneter Stelle die Abweichungen der anderen dogmatischen Modelle der Gleichheitssätze zu behandeln, drängt sich die Frage nach der Verallgemeinerbarkeit solcher Strukturen auf. Dementsprechend sind auch einzelne vergleichende Untersuchungen zwischen verschiedenen Gleichheitssätzen bereits angestellt worden.[23] Von darüber hinausgehendem Interesse und noch unbeantwortet ist aber die Frage, ob – etwa von dem Begründungsmodell

---

[20] Hierzu grundlegend *Stefan Huster*, Rechte und Ziele, 1993; ihm folgend *Stefan Möckel*, DVBl 2003, 488; *Magdalena Pöschl*, Gleichheit vor dem Gesetz, 2008, S. 194–203; vorher schon in diese Richtung *Michael Kloepfer*, Gleichheit als Verfassungsfrage, 1980, S. 54–65; begrifflich ähnlich auch *Ralf Poscher*, Grundrechte als Abwehrrechte, 2003, S. 157.

[21] *Stefan Huster*, Rechte und Ziele, 1993, S. 173 f., 225–227. Zu den Schwierigkeiten dieser Abgrenzung unten Kapitel 3, V 3 b aa (7).

[22] *Stefan Huster*, Rechte und Ziele, 1993, S. 239–244; ähnlich schon *Wolfgang Rüfner*, in: Rudolf Dolzer u. a. (Hg.), Bonner Kommentar zum GG, 157. Lfg., 2012 (Stand der Bearbeitung: 67. Lfg., 1992), Art. 3 Rn. 97.

[23] Siehe etwa zum Vergleich von Art. 3 GG und Art. 14 EMRK *Doris König/Anne Peters*, in: Rainer Grote/Thilo Marauhn (Hg.), EMRK/GG, 2006, Kap. 21; zum Vergleich von Art. 14 EMRK und Art. 26 IPbürgR *Tilmann Altwicker*, Menschenrechtlicher Gleichheitsschutz, 2010, der von „‚Familienähnlichkeiten' der verschiedenen Ausprägungen des Gleichheitsrechts" spricht (ebd., S. 27); zum Vergleich verschiedener Gleichheitssätze innerhalb des europäischen Gemeinschaftsrechts *Uwe Kischel*, EuGRZ 1997, 1.

ausgehend – ein allgemeines Strukturmodell für Gleichheitssätze aufgebaut werden kann, das deren Beschreibung und Vergleichung anhand eines vereinheitlichten dogmatischen Rasters oder Beschreibungsrahmens ermöglicht.

Vor diesem Hintergrund ist das Ziel der vorliegenden Untersuchung die Entwicklung einer allgemeinen, das heißt normübergreifenden Dogmatik der Gleichheitssätze. „‚Den Gleichheitssatz' gibt es nicht"[24], sondern nur einzelne, in Inhalt und Geltung voneinander unabhängige Normen, die im hier gemeinten Sinne Gleichheitssätze sind. Mit ständiger Rückversicherung bei den betrachteten Normen und unter Berücksichtigung von deren gewiss zahlreichen Verschiedenheiten wird der Versuch unternommen, die – so die These – gleichwohl vorhandenen und typusprägenden Gemeinsamkeiten herauszuarbeiten.[25] Besonderer Wert wird hier darauf gelegt, nicht nur die Tatbestandsstrukturen in den Blick zu nehmen, sondern auch die auffälligen Gemeinsamkeiten bei den Rechtsfolgen der Gleichheitssätze – namentlich das typische Bestehen verschiedener Möglichkeiten zu ihrer Befolgung – einer systematisierenden Untersuchung zu unterziehen.

Anstatt einer ausschließlichen Blickrichtung etwa auf Art. 3 Abs. 1 GG wird eine „Gesamtperspektive" eingenommen,[26] die außer den Normen des Grundgesetzes auch solche des Unions- und Völkerrechts einbezieht.[27] Dagegen musste auf eine Einbeziehung und Vergleichung von Normen anderer Staaten, auch der Länder, sowie von einfachen Bundesgesetzen hier weitestgehend verzichtet werden. Dass auch diese sich mit

---

[24] *Georg Müller*, VVDStRL 47 (1988), S. 37 (38).

[25] Einen ähnlichen Ansatz verfolgt für die privatrechtlichen Gleichbehandlungspflichten *Michael Grünberger*, Personale Gleichheit, 2011, § 7 II. In rechtsvergleichender Hinsicht beobachtet auch *Georg Müller*, VVDStRL 47 (1988), S. 37 (39), „einige Grundfragen und Methoden der Konkretisierung des Gleichheitssatzes, die in vielen westlichen Verfassungsstaaten weitgehend übereinstimmen"; ähnlich *Alexander Somek*, Der Staat 43 (2004), S. 425 (425), und *Tilmann Altwicker*, Menschenrechtlicher Gleichheitsschutz, 2010, S. 2 f., 31–33. Etwas skeptischer *Stefan Huster*, Rechtswissenschaft 3 (2012), S. 111 (115), der die Frage aufwirft, ob wirklich Gleichheitssätze verschiedener Rechtsordnungen in dieselbe „Schublade" passen.

[26] So die Formulierung des Desiderats von *Uwe Kischel*, EuGRZ 1997, 1 (11); dort wird Ähnliches für die Gleichheitssätze des Gemeinschaftsrechts unternommen.

[27] Einige Untersuchungen zum Bestand an gemeinschaftsrechtlichen Gleichheitssätzen nach dem damaligen Primärrecht sind versammelt bei Alan Dashwood/Síofra O'Leary (Hg.), The Principle of Equal Treatment in EC Law, 1997. „Eine europäische Dogmatik für die Kategorisierung der Gleichheitssätze" vermisst noch immer *Walter Frenz*, Handbuch Europarecht, Bd. 4, 2009, Rn. 3170.

dem zu entwickelnden Muster werden beschreiben lassen, kann vorläufig nur als Wunsch und Vermutung geäußert werden.[28]

Ein Vorbehalt sei an dieser Stelle noch angebracht. Der vorliegenden Untersuchung liegt nicht die Annahme zugrunde, es gebe einheitliche, der Rechtsordnung vorgelagerte, gewissermaßen „universelle Verfassungsprinzipien" der Gleichheit.[29] Vielmehr wird gerade ausgehend von der Unabhängigkeit und Unterschiedlichkeit der Normen verschiedener Rechtsordnungen der Versuch unternommen, einen Beschreibungsrahmen für Normen zu liefern, die ähnliche Regelungsaufgaben bewältigen sollen.[30]

## III. Gang der Darstellung

Im Folgenden soll zunächst der Bestand an Gleichheitssätzen vorgestellt werden, wobei das deutsche Verfassungs- und das Europarecht im Mittelpunkt der Betrachtung stehen (Kapitel 2). Anschließend werden gemeinsame Strukturelemente herausgearbeitet, mit denen sich die Tatbestände aller dieser Gleichheitssätze beschreiben lassen (Kapitel 3), und sodann der Blick auf die Rechtsfolgen der Gleichheitssätze gerichtet, also auf die Frage danach, welche Verpflichtungen zu Tun oder Unterlassen sich aus ihnen ergeben und wie diese Verpflichtungen gerichtlich geltend gemacht werden können (Kapitel 4). Ein letztes Kapitel ist den Konkurrenz- und Kollisionsverhältnissen bei der Anwendbarkeit mehrerer Gleichheitssätze gewidmet (Kapitel 5).

---

[28] Für rechtsvergleichende Ansätze vergleiche etwa *Sotirios Manolkidis*, in: Alan Dashwood/Síofra O'Leary (Hg.), The Principle of Equal Treatment in EC Law, 1997, S. 80; auch schon *Hans Justus Rinck*, DVBl 1961, 1.

[29] Solches postulieren aber *Matthias Klatt/Moritz Meister*, Der Staat 51 (2012), S. 159, für den Grundsatz der Verhältnismäßigkeit; dazu demnächst kritisch *Philipp Reimer*, „... und machet zu Jüngern alle Völker"?, in: Der Staat, im Erscheinen.

[30] Von einer „universellen Grammatik" der Gleichheit spricht in diesem Zusammenhang *Alexander Somek*, Der Staat 43 (2004), S. 425 (425).

# Kapitel 2

# Normenbefund

Die Gleichheitssätze des geschriebenen Rechts sind mannigfaltig: Sie entstammen verschiedenen Rechtsetzungsebenen – nationalem Recht, Europarecht, Völkerrecht –, verpflichten verschiedene Normadressaten – die Staatsgewalt insgesamt, den Bund, die Mitglied- und Vertragsstaaten, mitunter jedermann[31] – und ordnen die Gleichbehandlung verschiedener Rechtsträger – etwa der Grundrechtsträger[32], der Deutschen, der Unionsbürger, der Länder – im Hinblick auf verschiedene Interessen an.

Gleichheitssätze gibt es auch außerhalb des staatlichen Bereichs, etwa im Binnenrecht gesellschaftlicher Organisationen.[33] Die nichtstaatlichen Gleichheitssätze bleiben in dieser Arbeit aber außer Betracht. Zum einen ist ihr Geltungsbereich eng begrenzt, zum anderen lassen sie keine strukturellen Besonderheiten gegenüber den im staatlichen Bereich geltenden Gleichheitssätzen erwarten.

Neben den geschriebenen Gleichheitssätzen des staatlichen Rechts soll es noch ungeschriebene geben. Im deutschen Verfassungsrecht behandelt das Bundesverfassungsgericht das Recht auf Gleichbehandlung als zentralen Grundsatz, der auch über seine geschriebenen Ausprägungen hinaus „Element des objektiven Gerechtigkeitsprinzips und damit des Grundsatzes der Rechtsstaatlichkeit [...] in allen Bereichen und für alle Personengemeinschaften" sein soll.[34] Entsprechendes ist auf euro-

[31] Dies gilt namentlich mit Blick auf die zivilrechtlichen Benachteiligungsverbote etwa der §§ 7, 19 AGG; zu ihrer Struktur vergleiche *Gregor Thüsing*, in: MünchKomm-BGB, Bd. 1, 6. Aufl., 2012, § 19 AGG, zu ihren sekundärrechtlichen Hintergründen im Überblick *Christian Tomuschat*, ZaöRV 68 (2008), S. 327 (333 f.).

[32] Auch in ihrer Eigenschaft als Begünstigte der in Fn. 31 genannten Gleichheitssätze.

[33] Als Beispiel sei nur § 2 Abs. 2 S. 3 Verfassung der Evangelisch-reformierten Kirche vom 9. Juni 1988 genannt („Darum darf niemand wegen seiner Herkunft oder seines Geschlechtes benachteiligt werden."), http://www.kirchenrecht-erk.de/getpdf/id/11797 (abgerufen am 2. September 2012).

[34] So BVerfGE 26, 228 (244); ähnlich BVerfGE 6, 84 (91); 23, 353 (372 f.); siehe auch schon BVerfGE 1, 208 (242 f.), wo von Art. 3 Abs. 1 GG als „einem von der

päischer Ebene zu beobachten, wo vor Inkrafttreten der EU-Grundrechtecharta ein ungeschriebener allgemeiner Gleichheitssatz angenommen wurde.[35] Derartige ungeschriebene Gleichheitssätze werfen in ihrer Herleitung zusätzliche Fragen auf, aber nicht in ihrer Struktur. Sie werden hier deshalb nicht eingehender behandelt.

Die folgende Darstellung des Normenbefunds der Gleichheitssätze nimmt die Unterscheidung nach den gleich zu behandelnden Rechtsträgern zum Ausgangspunkt und führt zunächst eine Reihe zugunsten privater Individuen (dazu I), sodann eine Reihe zugunsten von Körperschaften und Organen des staatlichen Bereichs geltender Gleichheitssätze auf (dazu II). Die Aufzählung versteht sich nicht als abschließend, sondern soll nur einerseits die wichtigsten Gleichheitssätze versammeln und andererseits die Vielfalt dieser Normen verdeutlichen.[36] Auch die leichter zugänglichen Normen werden dabei im Folgenden wörtlich wiedergegeben, damit eine unmittelbare Zusammenschau möglich wird.

## I. Individualrechtliche Gleichheitssätze

Zugunsten privater Individuen – natürlicher Personen und regelmäßig auch juristischer Personen und anderer Rechtsträger – gelten Gleichheitssätze des Verfassungsrechts sowie des Europarechts und des Völkerrechts. Zur Bezeichnung dieser Normengruppe wird hier der Begriff „individualrechtliche Gleichheitssätze" vorgeschlagen. Der überkommenen Einteilung entsprechend, wird dabei zwischen „allgemeinen Gleichheitssätzen" (dazu 1) und „besonderen Gleichheitssätzen" (dazu 2) unterschieden.

---

Verfassung anerkannten überpositiven Rechtsgrundsatz" gesprochen wird (ebd., S. 243).

[35] Ständige Rechtsprechung, siehe EuGH, verb. Rs. 17 und 20/61, Slg. 1962, 653 – Klöckner-Werke; verb. Rs. 117/76 und 16/77, Slg. 1977, 1753 (1770) – Ruckdeschel; vergleiche *Uwe Kischel*, EuGRZ 1997, 1, 3 f.; *Christian Tomuschat*, ZaöRV 68 (2008), S. 327 (335 f.); *Andreas Sattler*, in: FS für Dietrich Rauschning, 2001, S. 251; *Armin Hatje*, in: Jürgen Schwarze (Hg.), EU-Kommentar, 3. Aufl., 2012, Art. 6 EUV, Rn. 29; *Dieter Kugelmann*, in: HGR VI/1, 2010, § 160 Rn. 12; zum Hintergrund siehe auch *Benedikt Schneiders*, Die Grundrechte der EU und die EMRK, 2010.

[36] Außer Betracht bleiben namentlich das einfache Bundesrecht (mit Normen wie den in Fn. 31 genannten), das außereuropäische regionale Völkerrecht sowie aus dem universellen Völkerrecht die besonderen Übereinkommen zum Schutze bestimmter Gruppen. Zu den in letzteren enthaltenen Gleichheitssätzen vergleiche ausführlich *Wouter Vandenhole*, Non-Discrimination and Equality in the View of the UN Human Rights Treaty Bodies, 2005, S. 5–31.

## 1. Allgemeine Gleichheitssätze

Unter den individualrechtlichen Gleichheitssätzen drängen sich zunächst jene auf, die ohne Beschränkung in persönlicher oder sachlicher Hinsicht die Gleichheit aussprechen, die „allgemeinen Gleichheitssätze", unter ihnen für den deutschen Juristen zuvörderst die ebenso bezeichnete Bestimmung[37] des

Art. 3 Abs. 1 GG: „Alle Menschen sind vor dem Gesetz gleich."[38]

Diese Norm wird dogmatisch ständig erklärt als Verbot, „wesentlich Gleiches ungleich" zu behandeln.[39] Eine inhaltliche Ergänzung des Art. 3 Abs. 1 GG für in Freiheitsgrundrechte eingreifende Gesetze[40] enthält das Einzelfallgesetzverbot des

Art. 19 Abs. 1 S. 1 GG: „Soweit nach diesem Grundgesetz ein Grundrecht durch Gesetz oder auf Grund eines Gesetzes eingeschränkt werden kann, muß das Gesetz allgemein und nicht nur für den Einzelfall gelten."

An den Wortlaut des Art. 3 Abs. 1 GG schließt die mit dem Vertrag von Lissabon[41] durch Art. 6 Abs. 1 EUV in das Primärrecht einbezogene Charta der Grundrechte der Europäischen Union (EUGRCh)[42] an:

---

[37] Siehe nur *Günter Dürig*, in: Theodor Maunz/Günter Dürig (Hg.), GG, 65. Lfg., 2012 (Stand der Bearbeitung: 31. Lfg., 1994), Art. 3 Abs. I Rn. 3.

[38] Für eine Auswertung der bis 2001 hierzu ergangenen Rechtsprechung des Bundesverfassungsgerichts vergleiche *Juliane Kokott*, in: FS 50 Jahre Bundesverfassungsgericht, Bd. II, 2001, S. 127; zu allgemeinen Gleichheitssätzen in ausländischen Verfassungen mit vielen Nachweisen *Michael Sachs*, in: Klaus Stern, Staatsrecht, Bd. IV/2, 2011, S. 1459–1463.

[39] Ständige Rechtsprechung seit BVerfGE 1, 14 (52), der das Schrifttum weitestgehend folgt.

[40] *Horst Dreier*, in: ders. (Hg.), GG, Bd. I, 2. Aufl., 2004, Art. 19 I Rn. 16; *Walter Krebs*, in: Ingo von Münch/Philip Kunig (Hg.), GG, Bd. 1, 5. Aufl., 2000, Art. 19 Rn. 10; vergleiche *Philipp Dann*, Der Staat 49 (2010), S. 630 (640); einen darüber hinausgehenden Gehalt nimmt etwa *Peter Michael Huber*, in: Hermann von Mangoldt/Friedrich Klein/Christian Starck (Hg.), GG, Bd. 1, 6. Aufl., 2010, Art. 19 Abs. 1 Rn. 16–26, an. Im Verfassungsalltag scheint diese Bestimmung allerdings nahezu bedeutungslos, siehe *Volker Epping*, Grundrechte, 4. Aufl., 2010, Rn. 69; *Peter Michael Huber*, a. a. O., Art. 19 Abs. 1 Rn. 15.

[41] Vom 13. Dezember 2007, BGBl. II 2008, 1038.

[42] ABl. EU C 2007/303, S. 1 = BGBl. II 2008, 1165. – Verletzungen der EU-Grundrechtecharta durch Polen oder das Vereinigte Königreich können vor europäischen Gerichten und den Gerichten dieser Staaten nicht geltend gemacht werden; siehe das Protokoll über die Anwendung der Charta der Grundrechte der Europäischen Union auf Polen und das Vereinigte Königreich, BGBl. II 2008, 1038, 1098 = ABl. EU C 2007/306, S. 156; *Rudolf Streinz*, Europarecht, 9. Aufl., 2012, Rn. 734. – Zur Bindung der Mitgliedstaaten an die EU-Grundrechtecharta *Hans D. Jarass*, NVwZ 2012, 457.

Art. 20 EUGRCh: „Alle Personen sind vor dem Gesetz gleich."

Schon vorher wurde vom Europäischen Gerichtshof ein ungeschriebener europarechtlicher allgemeiner Gleichheitssatz kraft gemeinsamer Verfassungsüberlieferung der Mitgliedstaaten angenommen,[43] woran die neu geschaffene Bestimmung gemäß Art. 52 Abs. 4 EUGRCh anknüpft.

Mit Art. 3 Abs. 1 GG, Art. 20 EUGRCh nahezu gleichlautende Vorläufer finden sich in

§ 137 Abs. 3 FRV (1849): „Die Deutschen sind vor dem Gesetze gleich."[44]

und

Art. 109 Abs. 1 S. 1 WRV (1919): „Alle Deutschen sind vor dem Gesetze gleich."

sowie in

Nr. I S. 1 der Proklamation Nr. 3 des Alliierten Kontrollrats vom 20. Oktober 1945: „Alle Personen sind vor dem Gesetz gleich."[45]

Den gleichen Wortlaut, wenn auch keine Rechtsqualität[46], hat Art. 7 S. 1 der Allgemeinen Erklärung der Menschenrechte[47], der aber noch die Gleichbehandlung durch das Gesetz ausdrücklich hinzusetzt:

„Alle Menschen sind vor dem Gesetz gleich und haben ohne Unterschied Anspruch auf gleichen Schutz durch das Gesetz."

---

[43] Siehe die Nachweise in Fn. 35. Im Wortlaut der Verträge wurde freilich „ein solch umfassender Anspruch nicht erhoben" (*Christian Tomuschat*, ZaöRV 68 [2008], S. 327 [328]).

[44] Zu dieser Vorschrift ausführlich *Simon Kempny*, Die Staatsfinanzierung nach der Paulskirchenverfassung, 2011, S. 164–189. Zu älteren Gleichheitssätzen im Ausland und in den deutschen Staaten vergleiche *Michael Sachs*, in: Klaus Stern, Staatsrecht, Bd. IV/2, 2011, S. 1448–1451.

[45] Amtsblatt des Kontrollrats in Deutschland 1945, Nr. 1, S. 22; diese Bestimmung führt – wenn es sich auch nicht um eine Verfassungsnorm handelt – *Konrad Hesse*, AöR 109 (1984), S. 174 (182), in diesem Zusammenhang an.

[46] Zum rechtlichen Status der Allgemeinen Erklärung der Menschenrechte, die als Resolution der Generalversammlung der Vereinten Nationen keine völkerrechtliche Bindungswirkung entfaltet, wohl aber als Hilfsmittel bei der Auslegung anderer, verbindlicher Quellen herangezogen werden kann, siehe *Martin Nettesheim*, in: HGR VI/2, 2009, § 173 Rn. 21. Normeigenschaft, aber „lediglich Prinzipiencharakter" schreibt dem Art. 7 S. 1 der Allgemeinen Erklärung *Tilmann Altwicker*, Menschenrechtlicher Gleichheitsschutz, 2010, S. 29, zu.

[47] Resolution 217 A (III) der Generalversammlung der Vereinten Nationen vom 10. Dezember 1948.

Art. 26 S. 1 des Internationalen Pakts über bürgerliche und politische Rechte (IPbürgR) von 1966[48] setzt diesen Ansatz in verbindliches Völkervertragsrecht um und formuliert fast gleichlautend:

„Alle Menschen sind vor dem Gesetz gleich und haben ohne Diskriminierung Anspruch auf gleichen Schutz durch das Gesetz."[49]

Dies wird noch ergänzt durch einen Satz zur Gleichheit vor Gericht – Art. 14 Abs. 1 S. 1 IPbürgR:

„Alle Menschen sind vor Gericht gleich."

Die EMRK dagegen enthält keinen in seinem Wortlaut diesen allgemeinen Gleichheitssätzen vergleichbaren Gleichheitssatz;[50] immerhin geht Art. 1 des (von der Bundesrepublik Deutschland unterzeichneten, aber nicht ratifizierten[51]) Protokolls Nr. 12 zur EMRK[52] in diese Richtung[53].

### 2. *Besondere Gleichheitssätze*

Neben diesen allgemeinen Sätzen heißen alle anderen Regelungen der Gleichheit „besondere" oder „spezielle Gleichheitssätze".[54] Für sie hat

---

[48] Deutsches Zustimmungsgesetz vom 15. November 1973 (BGBl. II, 1533).

[49] Vergleiche dazu die halbamtliche Erläuterung des Menschenrechtsausschusses, CCPR General Comment No. 18: Non-discrimination vom 10. November 1989, http://www.unhcr.org/refworld/docid/453883fa8.html (abgerufen am 2. September 2012), die dogmatisch allerdings unergiebig erscheint.

[50] *Joachim Englisch*, in: Klaus Stern/Florian Becker (Hg.), Grundrechte-Kommentar, 2010, Art. 3 Rn. 195; *Heiko Sauer*, in: Ulrich Karpenstein/Franz C. Mayer (Hg.), EMRK, 2012, Art. 14 Rn. 3; *Christoph Grabenwarter/Katharina Pabel*, Europäische Menschenrechtskonvention, 5. Aufl., 2012, § 26 Rn. 1; *Doris König/Anne Peters*, in: Rainer Grote/Thilo Marauhn (Hg.), EMRK/GG, 2006, Kap. 21 Rn. 15 (relativierend in Rn. 17: Art. 14 EMRK sei „funktional eher als ein allgemeiner Gleichheitssatz [zu] charakterisieren"); vergleiche *Michael Sachs*, in: Peter J. Tettinger/Klaus Stern (Hg.), EUGRCh, 2006, Art. 20 Rn. 11.

[51] Dies begrüßend *Christian Tomuschat*, ZaöRV 68 (2008), S. 327 (329).

[52] Vom 4. November 2000, ETS Nr. 177.

[53] Ausdrücklich von einem „allgemeine[n] Gleichheitssatz" sprechen insoweit *Christoph Grabenwarter/Katharina Pabel*, Europäische Menschenrechtskonvention, 5. Aufl., 2012, § 26 Rn. 25, von einem „allgemeine[n] Diskriminierungsverbot" *Anne Peters/Tilmann Altwicker*, Europäische Menschenrechtskonvention, 2012, § 34 Rn. 1.

[54] Siehe etwa *Friedhelm Hufen*, Staatsrecht II, 2. Aufl., 2009, § 40 Rn. 1; *Hartmut Maurer*, Staatsrecht I, 6. Aufl., 2010, § 9 Rn. 13. *Christian Tomuschat*, ZaöRV 68 (2008), S. 327 (331), spricht von „spezifischen Gleichheitsregeln", *Christoph Spielmann*, Konkurrenz von Grundrechtsnormen, 2008, S. 198, von „besondere[n] Gleichheitsnormen". Ausschließlich die Bestimmung des Art. 3 Abs. 3 S. 1 GG bezeichnet im Singular als den „Besonderen Gleichheitssatz" *Martin Heckel*, Gleich-

sich bisher keine allgemein anerkannte Einteilung etablieren können. Der folgenden Darstellung einer Auswahl besonderer Gleichheitssätze wird eine – zunächst nur heuristisch zu verstehende – Unterscheidung zwischen Diskriminierungsverboten, die eine Ungleichbehandlung „wegen etwas" verbieten (dazu a), und anderen besonderen Gleichheitssätzen, die eine Ungleichbehandlung „bei etwas" verbieten (dazu b), zugrunde gelegt. Die damit beschriebenen zwei Gruppen weisen Überschneidungen auf; auf ihr Verhältnis zueinander wird bei der Untersuchung der Tatbestandsstrukturen zurückzukommen sein.[55]

### *a) Diskriminierungsverbote: Ungleichbehandlung „wegen etwas"*

(1) „Diskriminierung" ist heute in vielen Gleichheitssätzen zumal des Völkerrechts zu einem Rechtsbegriff geworden, ohne dabei abschließend Konturen gewonnen zu haben.[56] Der Begriff wird etwa in folgenden Bestimmungen verwendet:

Art. 14 EMRK: „Der Genuss der in dieser Konvention anerkannten Rechte und Freiheiten ist ohne Diskriminierung insbesondere wegen des Geschlechts, der Rasse, der Hautfarbe, der Sprache, der Religion, der politischen oder sonstigen Anschauung, der nationalen oder sozialen Herkunft, der Zugehörigkeit zu einer nationalen Minderheit, des Vermögens, der Geburt oder eines sonstigen Status zu gewährleisten."

Art. 21 Abs. 1 EUGRCh: „Diskriminierungen insbesondere wegen des Geschlechts, der Rasse, der Hautfarbe, der ethnischen oder sozialen Herkunft, der genetischen Merkmale, der Sprache, der Religion oder der Weltanschauung, der politischen oder sonstigen Anschauung, der Zugehörigkeit zu einer nationalen Minderheit, des Vermögens, der Geburt, einer Behinderung, des Alters oder der sexuellen Ausrichtung sind verboten."

Art. 10 AEUV: „Bei der Festlegung und Durchführung ihrer Politik und ihrer Maßnahmen zielt die Union darauf ab, Diskriminierungen aus Gründen des Geschlechts,

---

heit oder Privilegien?, 1993, S. 69 (noch zu Art. 3 Abs. 3 GG in der bis zum 14. November 1994 geltenden Fassung).

[55] Siehe unten Kapitel 3, IV 3.

[56] Als grundlegend gilt noch immer *Günther Jaenicke*, Der Begriff der Diskriminierung im modernen Völkerrecht, 1940. Rundweg ablehnend *Christian Hillgruber*, JZ 2010, 41 (43 in Fn. 11): „kein operabler Rechts-, sondern ein politischer Kampfbegriff". *Doris König/Anne Peters*, in: Rainer Grote/Thilo Marauhn (Hg.), EMRK/GG, 2006, Kap. 21 Rn. 47, weisen darauf hin, dass sich im internationalen Menschenrechtsschutz ein für alle Kodifikationen anerkannter, vier Grundelemente – Ungleichbehandlung, auf gruppenbezogene Merkmale gestützt, ungerechtfertigt, nachteilig – enthaltender Diskriminierungsbegriff herausgebildet habe. Der AGG-Gesetzgeber verstand unter Diskriminierungen „sozial verwerfliche Unterscheidungen" (BT-Drucks. 16/1780, S. 43).

der Rasse, der ethnischen Herkunft, der Religion oder der Weltanschauung, einer Behinderung, des Alters oder der sexuellen Ausrichtung zu bekämpfen."[57]

Art. 26 S. 2 IPbürgR: „In dieser Hinsicht [sc. in Ausführung des „gleichen Schutzes durch das Gesetz" des Art. 26 S. 1 Fall 2 IPbürgR[58]] hat das Gesetz jede Diskriminierung zu verbieten und allen Menschen gegen jede Diskriminierung, wie insbesondere wegen der Rasse, der Hautfarbe, des Geschlechts, der Sprache, der Religion, der politischen oder sonstigen Anschauung, der nationalen oder sozialen Herkunft, des Vermögens, der Geburt oder des sonstigen Status, gleichen und wirksamen Schutz zu gewährleisten."[59]

Ganz ähnlich, jedoch ohne den Begriff der Diskriminierung zu gebrauchen, bestimmt

Art. 2 Allgemeine Erklärung der Menschenrechte: „[1] Jeder hat Anspruch auf alle in dieser Erklärung verkündeten Rechte und Freiheiten, ohne irgendeinen Unterschied, etwa nach Rasse, Hautfarbe, Geschlecht, Sprache, Religion, politischer oder sonstiger Anschauung, nationaler oder sozialer Herkunft, Vermögen, Geburt oder sonstigem Stand.

[2] Des weiteren darf kein Unterschied gemacht werden auf Grund der politischen, rechtlichen oder internationalen Stellung des Landes oder Gebietes, dem eine Person angehört, gleichgültig ob dieses unabhängig ist, unter Treuhandschaft steht, keine Selbstregierung besitzt oder sonst in seiner Souveränität eingeschränkt ist."

(2) Das Grundgesetz verwendet den Begriff der Diskriminierung ebenso wenig wie die Allgemeine Erklärung der Menschenrechte. Es enthält aber Gleichheitssätze, die in ihrer Struktur den eben wiedergegebenen

[57] Trotz ihrer Formulierung als Bekämpfungsauftrag soll diese Bestimmung auch die Funktion eines Diskriminierungsverbots haben (vergleiche *Frank Schorkopf*, in: Eberhard Grabitz/Meinhard Hilf/Martin Nettesheim [Hg.], Das Recht der Europäischen Union, 47. Lfg., 2012 [Stand der Bearbeitung: 41. Lfg., 2010], Art. 10 AEUV, Rn. 24: „Nichtdiskriminierungsgebot"); da sie selbst keine Rechtsgrundlage für Bekämpfungsmaßnahmen beinhaltet, wirkt sie als Bekämpfungsauftrag nur „einer Staatszielbestimmung vergleichbar" (*Markus Kotzur*, in: Rudolf Geiger/Daniel-Erasmus Khan/Markus Kotzur, EUV/AEUV, 5. Aufl., 2010, Art. 10 AEUV, Rn. 1; von einem Rechtspflichten begründenden, in der Intensität beschränkt justitiablen objektivrechtlichen Prinzip spricht *Rudolf Streinz*, in: ders. [Hg.], EUV/AEUV, 2. Aufl., 2012, Art. 10 AEUV Rn. 1).

[58] Wegen des Sachzusammenhangs wiedergegeben oben Kapitel 2, I 1. Nur auf Fall 2 kann sich der zweite Satz sinnvoll beziehen; ebenso *Manfred Nowak*, CCPR Commentary, 2. Aufl., 2005, Art. 26 Rn. 17.

[59] Eine übermäßig komplizierte Normstruktur bescheinigt dieser Regelung *Christian Tomuschat*, in: FS für Hans-Jürgen Schlochauer, 1981, S. 691 (692), der auf das dreimalige Vorkommen des Wortes „Diskriminierung" in Art. 26 IPbürgR verweist und meint: „it rather looks as if the drafters were not at all sure about the legal meaning of their work".

verwandt sind. In erster Linie ist dabei zu denken an den ebenfalls einen Katalog von Merkmalen aufführenden

Art. 3 Abs. 3 S. 1 GG: „Niemand darf wegen seines Geschlechtes, seiner Abstammung, seiner Rasse, seiner Sprache, seiner Heimat und Herkunft, seines Glaubens, seiner religiösen oder politischen Anschauungen benachteiligt oder bevorzugt werden."

Hinzu treten weitere Bestimmungen des Grundgesetzes, die sich ebenfalls als Verbote der Ungleichbehandlung wegen gewisser Merkmale oder Eigenschaften lesen lassen:

Art. 3 Abs. 2 S. 1 GG: „Männer und Frauen sind gleichberechtigt."[60]

Art. 3 Abs. 3 S. 2 GG: „Niemand darf wegen seiner Behinderung benachteiligt werden."

Art. 6 Abs. 1 GG: „Ehe und Familie stehen unter dem besonderen Schutze der staatlichen Ordnung."[61]

Art. 6 Abs. 5 GG: „Den unehelichen Kindern sind durch die Gesetzgebung die gleichen Bedingungen für ihre leibliche und seelische Entwicklung und ihre Stellung in der Gesellschaft zu schaffen wie den ehelichen Kindern."[62]

Art. 33 Abs. 1 GG: „Jeder Deutsche hat in jedem Lande die gleichen staatsbürgerlichen Rechte und Pflichten."[63]

---

[60] Die Bestimmung ist angesichts des Verbots der Benachteiligung oder Bevorzugung wegen des Geschlechts in Art. 3 Abs. 3 S. 1 Fall 1 GG wohl zumindest teilweise redundant, vergleiche *Christian Starck,* in: Hermann von Mangoldt/Friedrich Klein/Christian Starck (Hg.), GG, Bd. 1, 6. Aufl., 2010, Art. 3 Rn. 305 m. w. N., sowie unten Fn. 343. Unter Berufung auf die Entstehungsgeschichte erblickt *Ingwer Ebsen*, in: Ernst Benda/Werner Maihofer/Hans-Jochen Vogel (Hg.), Handbuch des Verfassungsrechts der Bundesrepublik Deutschland, 2. Aufl., 1994, § 8 Rn. 17, in Art. 3 Abs. 2 S. 1 GG einen über Art. 3 Abs. 3 S. 1 Merkmal 1 hinausgehenden Gehalt. Dieser bestehe insbesondere darin, dass klargestellt werde, dass im Verhältnis zu Männern statusmindernde Regelungen für Frauen nicht etwa damit gerechtfertigt werden könnten, sie seien keine „Benachteiligungen" im Sinne von Art. 3 Abs. 3 S. 1, sondern dienten dem Schutz von Frauen.

[61] Diese Bestimmung ordnet BVerfGE 99, 216 (232) als besonderen Gleichheitssatz ein. Für entsprechende Gehalte dieser und weiterer freiheitsrechtlicher Bestimmungen schon *Wolfgang Rüfner*, Der Staat 7 (1968), S. 41 (44 f.).

[62] Die Bestimmung hat einen fast wortgleichen Vorläufer in Art. 121 WRV. Zu ihrem Verständnis als Gleichheitssatz vergleiche *Michael Antoni*, in: Helge Sodan (Hg.), Grundgesetz, 2009, Art. 6 Rn. 23; *Hans D. Jarass*, in: Hans D. Jarass/Bodo Pieroth, GG, 12. Aufl., 2012, Art. 6 Rn. 77, 81 f.

[63] Die Bestimmung hat Vorläufer in § 132 S. 1, 2, § 134 FRV, Art. 3 Abs. 1, 2 der *Bismarck*schen Reichsverfassung von 1871 und Art. 110 Abs. 2 WRV (vergleiche *Peter Badura*, in: Theodor Maunz/Günter Dürig [Hg.], GG, 65. Lfg., 2012 [Stand der Bearbeitung: 55. Lfg., 2009], Art. 33 Rn. 6 f.). Zum Begriff des „staatsbürgerlichen Rechts" *Hans-Ullrich Gallwas*, in: FG für Theodor Maunz, 1971, S. 103 (106–109).

Art. 140 GG i. V. m. Art. 136 Abs. 1 WRV: „Die bürgerlichen und staatsbürgerlichen Rechte und Pflichten werden durch die Ausübung der Religionsfreiheit weder bedingt noch beschränkt."[64]

Art. 140 GG i. V. m. Art. 137 Abs. 7 WRV: „Den Religionsgesellschaften werden die Vereinigungen gleichgestellt, die sich die gemeinschaftliche Pflege einer Weltanschauung zur Aufgabe machen."[65]

(3) Den zuletzt wiedergegebenen Gleichheitssätzen des Grundgesetzes entsprechen verschiedene unionseuropäische. Hier gelten zum einen solche, die denen des Art. 3 Abs. 2, 3 S. 1 Fall 1 GG ähneln, wie in

Art. 23 Abs. 1 EUGRCh: „Die Gleichheit von Frauen und Männern ist in allen Bereichen, einschließlich der Beschäftigung, der Arbeit und des Arbeitsentgelts, sicherzustellen."[66]

Art. 157 Abs. 1 AEUV: „Jeder Mitgliedstaat stellt die Anwendung des Grundsatzes des gleichen Entgelts für Männer und Frauen bei gleicher oder gleichwertiger Arbeit sicher."[67]

Zum anderen betreffen unionseuropäische Gleichheitssätze die Staatsangehörigkeit und ähneln insofern dem bundesstaatlichen Art. 33 Abs. 1 GG. Diese Bestimmungen mag man deshalb vereinfachend mit folgenden Worten umschreiben:

„Jeder Angehörige eines Mitgliedsstaates hat in jedem anderen Mitgliedsstaat die gleichen wirtschaftlichen Rechte und Pflichten wie dessen Angehörige."[68]

---

[64] Zum Verständnis dieser Bestimmung als Gleichheitssatz *Michael Sachs,* in: HStR VIII, 3. Aufl., 2010, § 182 Rn. 1.

[65] Zum Verständnis dieser Bestimmung als Gleichheitssatz *Michael Sachs,* in: HStR VIII, 3. Aufl., 2010, § 182 Rn. 7.

[66] Trotz ihrer Formulierung als Sicherstellungsauftrag hat die Bestimmung des Art. 23 EUGRCh wohl auch die Funktion eines Diskriminierungsverbots und vermittelt (jedenfalls in Abs. 1) ein einklagbares Recht; vergleiche *Hans D. Jarass,* Charta der Grundrechte der Europäischen Union, 2010, Art. 23 Rn. 3.

[67] Zum Verständnis dieser Bestimmung als Gleichheitssatz vergleiche *Robert Rebhahn*, in: Jürgen Schwarze (Hg.), EU-Kommentar, 3. Aufl., 2012, Art. 157 AEUV Rn. 1. Derartige Bestimmungen zählt nicht zu den „Gleichheitsrechten", weil sie „das Gleichheitsproblem [nur] *mittelbar* zum Gegenstand haben", *Tilmann Altwicker*, Menschenrechtlicher Gleichheitsschutz, 2010, S. 27 in Fn. 83 (Hervorhebung im Original).

[68] Zur Beschränktheit des Gewährleistungsgehalts der Grundfreiheiten auf sogenannte „Kästchengleichheit" *Dieter Birk*, DStJG 19 (1996), 63 (76 f.).

Zu nennen ist neben den wirtschaftlichen Grundfreiheiten der Art. 34, 35, 37, 49, 56, 63[69] AEUV,[70] die zu Grundrechten erhebliche Parallelen aufweisen,[71] insbesondere die (wiederum von „Diskriminierung" sprechende) Generalklausel[72]

Art. 18 Abs. 1 AEUV = Art. 21 Abs. 2 EUGRCh: „Unbeschadet besonderer Bestimmungen der Verträge ist in ihrem Anwendungsbereich jede Diskriminierung aus Gründen der Staatsangehörigkeit verboten."[73]

### *b) Verbote der Ungleichbehandlung „bei etwas"*

Unter den anderen in persönlicher oder sachlicher Hinsicht eingeschränkten Gleichheitssätzen seien angesichts ihrer Vielzahl und Vielgestaltigkeit nur einige Gruppen benannt.[74]

(1) Eine Reihe solcher Gleichheitssätze betrifft die Gleichheit im Hinblick auf den Zugang zu öffentlichen Ämtern.

Art. 33 Abs. 3 GG: „Der Genuß bürgerlicher und staatsbürgerlicher Rechte, die Zulassung zu öffentlichen Ämtern sowie die im öffentlichen Dienste erworbenen Rechte sind unabhängig von dem religiösen Bekenntnis. Niemandem darf aus seiner Zugehörigkeit oder Nichtzugehörigkeit zu einem Bekenntnisse oder einer Weltanschauung ein Nachteil erwachsen."

Art. 140 GG i. V. m. Art. 136 Abs. 2 WRV: „Der Genuß bürgerlicher und staatsbürgerlicher Rechte sowie die Zulassung zu öffentlichen Ämtern sind unabhängig von dem religiösen Bekenntnis."[75]

---

[69] Die Grundfreiheit des freien Kapital- und Zahlungsverkehrs setzt keine Mitgliedsstaatsangehörigkeit voraus (*Jürgen Bröhmer*, in: Christian Calliess/Matthias Ruffert [Hg.], EUV/AEUV, 4. Aufl., 2011, Art. 63 AEUV Rn. 5); insoweit ist die gegebene vereinfachende Umschreibung nicht abschließend.

[70] Historisch stehen ihnen – neben den unmittelbaren Vorläufern in EGV und EWGV – die Diskriminierungsverbote der Art. 4, 69, 70 Abs. 2 u. a. EGKSV gleich.

[71] *Rudolf Streinz*, in: HGR VI/1, 2010, § 152 Rn. 21; *Andreas Sattler*, in: FS für Dietrich Rauschning, 2001, S. 251.

[72] Zu ihrer Reichweite vergleiche *Daniel-Erasmus Khan*, in: Rudolf Geiger/Daniel-Erasmus Khan/Markus Kotzur, EUV/AEUV, 5. Aufl., 2010, Art. 18 AEUV Rn. 1 f.

[73] Vergleiche dazu etwa *Matthias Rossi*, EuR 2000, 197 (zur Vorläuferbestimmung des Art. 12 EGV).

[74] Lediglich hingewiesen sei darauf, dass aus dem Grundgesetz auch manchen Freiheitsgrundrechten mitunter ein gleichheitssatzartiger Regelungsgehalt bezüglich ihres jeweiligen Gegenstandsbereichs entnommen wird; dazu (kritisch) *Hans D. Jarass*, in: HGR II, 2006, § 38 Rn. 39 f. m. N.

[75] Zum Verständnis dieser Bestimmung als Gleichheitssatz *Michael Sachs,* in: HStR VIII, 3. Aufl., 2010, § 182 Rn. 1; *Martin Heckel*, Gleichheit oder Privilegien?, 1993, S. 3.

Art. 25 Buchstabe c IPbürgR: „Jeder Staatsbürger hat das Recht und die Möglichkeit, ohne Unterschied nach den in Artikel 2 genannten Merkmalen und ohne unangemessene Einschränkungen [...] unter allgemeinen Gesichtspunkten der Gleichheit zu öffentlichen Ämtern seines Landes Zugang zu haben."[76]

Eher um einen Ungleichheits- als um einen Gleichheitssatz handelt es sich allerdings bei

Art. 33 Abs. 2 GG: „Jeder Deutsche hat nach seiner Eignung, Befähigung und fachlichen Leistung gleichen Zugang zu jedem öffentlichen Amte",

denn hier wird gerade ein Recht des Geeigneteren, Befähigteren und Leistungsstärkeren auf Bevorzugung – und damit auf eine Ungleichbehandlung – festgeschrieben.[77] Da allerdings auch diese Bestimmung dementsprechend ein „Vergleichssatz" ist, weist auch ihre Dogmatik erhebliche Parallelen zu der der Gleichheitssätze auf.[78] Auch geschichtlich besteht hier eine gewisse Nähe.[79]

(2) Eine weitere Gruppe sachlich beschränkter Gleichheitssätze betrifft die Gleichheit im Familienleben und im Familienrecht.

Art. 23 Abs. 4 S. 1 IPbürgR: „Die Vertragsstaaten werden durch geeignete Maßnahmen sicherstellen, daß die Ehegatten gleiche Rechte und Pflichten bei der Eheschließung, während der Ehe und bei Auflösung der Ehe haben."

Art. 24 Abs. 1 IPbürgR: „Jedes Kind hat ohne Diskriminierung hinsichtlich der Rasse, der Hautfarbe, des Geschlechts, der Sprache, der Religion, der nationalen oder sozialen Herkunft, des Vermögens oder der Geburt das Recht auf diejenigen Schutzmaßnahmen durch seine Familie, die Gesellschaft und den Staat, die seine Rechtsstellung als Minderjähriger erfordert."

Art. 10 Nr. 3 S. 1 Internationaler Pakt über wirtschaftliche, soziale und kulturelle Rechte (IPwskR)[80]: „Die Vertragsstaaten erkennen an, [...] 3. daß Sondermaßnahmen

---

[76] Siehe auch schon Art. 21 Abs. 2 Allgemeine Erklärung der Menschenrechte.

[77] Vergleiche hierzu im Überblick *Günter C. Burmeister*, NdsVBl 2012, 57.

[78] Weitere Bestimmungen dieser Art finden sich im nationalen einfachen sowie im europäischen Sekundärrecht. Ungleichheitssätze in diesem Sinne enthalten die Bestimmungen des europäischen und deutschen Vergaberechts, wonach bei öffentlichen Aufträgen dem Bieter mit dem wirtschaftlichsten Angebot der Zuschlag zu erteilen ist; siehe Art. 53 Richtlinie 2004/18/EG des Europäischen Parlaments und des Rates vom 31. März 2004 über die Koordinierung der Verfahren zur Vergabe öffentlicher Bauaufträge, Lieferaufträge und Dienstleistungsaufträge sowie § 97 Abs. 5 GWB. Zur vergabeverfahrensrechtlichen Bedeutung des Art. 3 Abs. 1 GG *Christoph Gusy*, NJW 1988, 2505 (2510 f.).

[79] So stehen schon in der Frankfurter Reichsverfassung zwei entsprechende Aussagen einander dicht benachbart, nämlich in § 137 Abs. 3 FRV („Die Deutschen sind vor dem Gesetze gleich.") und § 137 Abs. 7 FRV („Die öffentlichen Aemter sind für alle Befähigten gleich zugänglich.").

[80] Deutsches Zustimmungsgesetz vom 23. November 1973 (BGBl. II, 1569).

zum Schutz und Beistand für alle Kinder und Jugendlichen ohne Diskriminierung aufgrund der Abstammung oder aus sonstigen Gründen getroffen werden sollen."

Die beiden letzteren Gleichheitssätze weisen zugleich die Gestalt von Diskriminierungsverboten auf, die eine Ungleichbehandlung „wegen etwas", nämlich der jeweils aufgeführten Merkmale, verbieten, und fallen also in den Überschneidungsbereich der beiden Normgruppen.

(3) Eine besondere Gruppe von Gleichheitssätzen besteht für den politischen Bereich und gewährleistet insbesondere die Gleichheit von Wahlberechtigten und -bewerbern bei der Durchführung staatlicher Wahlen sowie die Chancengleichheit der politischen Parteien:

Art. 28 Abs. 1 S. 2 GG: „In den Ländern, Kreisen und Gemeinden muß das Volk eine Vertretung haben, die aus allgemeinen, unmittelbaren, freien, gleichen und geheimen Wahlen hervorgegangen ist."[81]

Art. 38 Abs. 1 S. 1 GG: „Die Abgeordneten des Deutschen Bundestages werden in allgemeiner, unmittelbarer, freier, gleicher und geheimer Wahl gewählt."[82]

Art. 25 Buchstabe b IPbürgR: „Jeder Staatsbürger hat das Recht und die Möglichkeit, ohne Unterschied nach den in Artikel 2 genannten Merkmalen und ohne unangemessene Einschränkungen [...] bei echten, wiederkehrenden, allgemeinen, gleichen und geheimen Wahlen, bei denen die freie Äußerung des Wählerwillens gewährleistet ist, zu wählen und gewählt zu werden [...]."[83]

Art. 39 Abs. 1 EUGRCh: „Die Unionsbürgerinnen und Unionsbürger besitzen in dem Mitgliedstaat, in dem sie ihren Wohnsitz haben, das aktive und passive Wahlrecht bei den Wahlen zum Europäischen Parlament unter denselben Bedingungen wie die Angehörigen des betreffenden Mitgliedstaats."

Art. 40 EUGRCh: „Die Unionsbürgerinnen und Unionsbürger besitzen in dem Mitgliedstaat, in dem sie ihren Wohnsitz haben, das aktive und passive Wahlrecht bei Kommunalwahlen unter denselben Bedingungen wie die Angehörigen des betreffenden Mitgliedstaats."

Das Recht der politischen Parteien auf Chancengleichheit wird auf Art. 21 Abs. 1 GG gestützt, teilweise aber nur in Verbindung mit Art. 3 Abs. 1 GG.[84]

---

[81] BVerfGE 120, 82 (102) betont, dass die Wahlrechtsgrundsätze, also auch der der Wahlrechtsgleichheit, auf Bundes- und Landesebene identisch seien.

[82] Dazu ein Überblick bei *Steffen Lampert*, JuS 2011, 884 m. N. – Als eigenständiger Gleichheitssatz und nicht nur als Anwendungsfall des Art. 3 Abs. 1 GG wird Art. 38 Abs. 1 S. 1 GG betrachtet seit BVerfGE 99, 1 (10); ebenso im Schrifttum, siehe *Lerke Osterloh*, in: Michael Sachs (Hg.), GG, 6. Aufl., 2011, Art. 3 Rn. 62; *Bodo Pieroth*, in: Hans D. Jarass/Bodo Pieroth, GG, 12. Aufl., 2012, Art. 38 Rn. 7; anders noch BVerfGE 3, 383 (391).

[83] Siehe auch schon Art. 21 Abs. 3 Allgemeine Erklärung der Menschenrechte.

[84] Für ein Verständnis als eigenständiger Gleichheitssatz BVerfGE 91, 262 (269)

(4) Andere Gleichheitssätze regeln besonders die Gleichbehandlung bei der Gewährung staatlicher Leistungen:[85]

Art. 34 Abs. 2 EUGRCh: „Jeder Mensch, der in der Union seinen rechtmäßigen Wohnsitz hat und seinen Aufenthalt rechtmäßig wechselt, hat Anspruch auf die Leistungen der sozialen Sicherheit und die sozialen Vergünstigungen nach dem Unionsrecht und den einzelstaatlichen Rechtsvorschriften und Gepflogenheiten.“[86]

Art. 46 EUGRCh: „Die Unionsbürgerinnen und Unionsbürger genießen im Hoheitsgebiet eines Drittlands, in dem der Mitgliedstaat, dessen Staatsangehörigkeit sie besitzen, nicht vertreten ist, den Schutz durch die diplomatischen und konsularischen Behörden eines jeden Mitgliedstaats unter denselben Bedingungen wie Staatsangehörige dieses Staates.“

(5) Schließlich lässt sich noch eine Gruppe von Gleichheitssätzen identifizieren, die ausnahmsweise zulässige staatliche Eingriffe unter einen Gleichheitsvorbehalt stellen. So wirkt im Hinblick auf den Zwang zu einer bestimmten Arbeit

Art. 12 Abs. 2 GG: „Niemand darf zu einer bestimmten Arbeit gezwungen werden, außer im Rahmen einer herkömmlichen allgemeinen, für alle gleichen öffentlichen Dienstleistungspflicht.“

Diese Norm kann man so verstehen, dass sie neben dem Verbot des Arbeitszwangs (Freiheitsrecht) auch ein Verbot ungleich behandelnder Ausgestaltung öffentlicher Dienstleistungspflichten ausspricht.[87] Auch die für die Freiheitsrechte des Art. 5 Abs. 1 S. 1, 2 GG geltende Schranke der „allgemeinen Gesetze“ in Art. 5 Abs. 2 GG kann man in ähnlicher Weise verstehen.[88]

---

und etwa *Lerke Osterloh*, in: Michael Sachs (Hg.), GG, 6. Aufl., 2011, Art. 3 Rn. 60; für Anwendung in Verbindung mit Art. 3 Abs. 1 GG BVerfGE 84, 304 (324); 111, 54 (104).

[85] *Friedrich Schoch*, DVBl 1988, 863 (866), zählt – im Anschluss an BayVerfGH, NJW 1984, 2813 (2813 f.) – auch Art. 101 Abs. 1 GG als Gleichheitssatz mit besonderem Anwendungsbereich auf.

[86] Die Eigenschaft dieser Bestimmung als Gleichheitssatz ließe sich unter Verweis auf die eher vage ausgedrückte Rechtsfolge auch bestreiten; dafür aber *Hans D. Jarass*, Charta der Grundrechte der Europäischen Union, 2010, Art. 34 Rn. 12.

[87] Für die Einordnung dieser Bestimmung als Gleichheitssatz *Helmut Lenz*, in: Andreas Hamann/Helmut Lenz, GG, 3. Aufl., 1970, Art. 3 Anm. B 13; *Reinhold Zippelius*, VVDStRL 47 (1989), S. 7 (28); a. A. *Michael Sachs*, in: HStR VIII, 3. Aufl., 2010, § 182 Rn. 3.

[88] Vergleiche *Ralf Poscher*, Grundrechte als Abwehrrechte, 2003, S. 367.

## II. Staatsrechtliche Gleichheitssätze

Andere Gleichheitssätze betreffen nicht die Träger von Grund- und Menschenrechten, sondern verbieten die Ungleichbehandlung mit eigenen Rechten ausgestatteter Körperschaften, Organe und Organteile, die dem staatlichen Bereich zuzurechnen sind, durch andere Organe, die ihnen jeweils in bestimmter Hinsicht übergeordnet sind oder ihnen gegenüber jedenfalls in bestimmter Weise tätig werden. Wie weit Letzteres sachlich reichen könnte, in welchen Fallgestaltungen also an die Einschlägigkeit von Gleichheitssätzen im Verhältnis von Hoheitsträgern untereinander immerhin zu denken wäre, sei durch zwei Beispiele verdeutlicht:

*Fall 1:* Die deutsche Gemeinde G veranstaltet einen öffentlichen Festakt zu ihrem tausendjährigen Bestehen. Sie lädt die Ministerpräsidenten all derjenigen Länder ein, zu deren (historischem Vorläufer-)Gebiet die G irgendwann einmal gehörte – nur nicht den des Landes L, weil dieser einer dem Gemeinderat der G missliebigen Partei angehört.

*Fall 2:* Die zum Lande C gehörende Gemeinde G kauft alle Dienstmöbel bei der Gefängnisverwaltung des Landes A, obschon die des Landes B zum gleichen Preise ebenso gute verkauft, nur weil der Ministerpräsident von A ein Duzfreund des Bürgermeisters der G ist.

Der elementare Gerechtigkeitsgehalt der Forderung nach Gleichbehandlung hat dazu geführt, gleichheitsrechtliche Bindungen nicht nur für das Verhältnis von Hoheitsträgern zu privaten Individuen, sondern auch für das Verhältnis von Hoheitsträgern untereinander anzuerkennen.[89] Für derartige Gleichheitssätze wird hier zur Abgrenzung von den individualrechtlichen die Bezeichnung „staatsrechtliche Gleichheitssätze" gewählt.[90]

Die Hoheitsträger, die nach solchen Gleichheitssätzen gleich zu behandeln sind, befinden sich in einer (Gefährdungs-)Lage, welche der der Grundrechtsträger vergleichbar ist.[91] Die Anordnung ihrer Gleichbe-

---

[89] Siehe etwa BVerfGE 23, 353 (372 f.); 26, 228 (244).

[90] Dabei ist „staatsrechtlich" in einem weiten Sinne zu verstehen, sintemal hier auch die entsprechenden Normen des Europa- und des Völkerrechts einbezogen sein sollen. *Lothar Michael*, in: Jan-R. Sieckmann (Hg.), Die Prinzipientheorie der Grundrechte, 2007, S. 123 (123 f.), spricht von „verfassungsorganisationsrechtliche[n] Gleichheitsaspekte[n]".

[91] Der Rechtsgedanke der grundrechtstypischen Gefährdungslage wird sonst meist zur Begründung der Grundrechtsgeltung für juristische Personen nach Art. 19 Abs. 3 GG herangezogen; vergleiche *Helge Sodan*, in: ders. (Hg.), Grundgesetz, 2009, Art. 19 Rn. 19; *Michael Sachs*, in: ders. (Hg.), GG, 6. Aufl., 2011, Art. 19 Rn. 10.

handlung kann dabei den Schutz der hinter und unter ihnen stehenden Individuen – gewissermaßen ihres „personalen Substrats" – bezwecken, auf die sich eine Ungleichbehandlung mittelbar auswirken kann.[92] Neben ihrer unmittelbaren Wirkung zugunsten der Hoheitsträger selbst und ihrer möglichen mittelbaren Wirkung zugunsten der Individuen können die staatsrechtlichen Gleichheitssätze auch dem Schutze des bundesstaatlichen Machtgleichgewichts[93] und Staatszusammenhalts dienen. Ein ungerechtfertigterweise ungleich behandelter Gliedstaat verspürt unter Umständen einen Anreiz, aus dem Bundesstaat auszubrechen, schlimmstenfalls im (gegen den Bundesstaat gerichteten) Bündnis mit einer auswärtigen Macht.

Allgemein dürfte für die staatsrechtlichen Gleichheitssätze gelten: je enger die Verbindung zwischen Verpflichtetem und Gleichzubehandelndem ist, desto strenger sind auch die Anforderungen an die Rechtfertigung von Ungleichbehandlungen. Eine eher enge Verbindung wäre hier beispielsweise das von einer Vielzahl rechtlicher und tatsächlicher Berührungs- und Verflechtungspunkte geprägte Bund-Länder-Verhältnis nach dem Grundgesetz, ebenso jedes Aufsichtsverhältnis zwischen Hoheitsträgern. Weniger eng wäre das Mitgliedschaftsverhältnis eines Staates zu einer zwischenstaatlichen Organisation, der keine Hoheitsbefugnisse im Sinne von Art. 24 Abs. 1 GG übertragen sind, oder zu einem bloßen Konferenz- oder Vertragssekretariat.

Außerdem besteht im politisch geprägten Bereich der Setzung abstrakt-genereller Rechtsnormen – zumal auf supranationaler Ebene – allgemein eine größere Freiheit auch für Ungleichheiten, während im Bereich des konkreten Handelns einer Behörde gegenüber Amtsunterworfenen – und seien es Körperschaften mit Staatsqualität – die Verwaltungspraxis angesichts ihrer geringeren Spielräume auch strengeren Gleichheitsanforderungen unterliegt.[94]

Vier staatsrechtliche Gleichheitssätze sollen im Folgenden beispielhaft vorgestellt werden:[95] die Gleichheit der Abgeordneten (dazu 1), der

---

[92] Dies wiederum in Parallele zu Art. 19 Abs. 3 GG; vergleiche *Volker Epping*, Grundrechte, 4. Aufl., 2010, Rn. 160; *Herbert Bethge*, AöR 104 (1979), S. 54 (68–73); *Reinhold Zippelius/Thomas Würtenberger*, Deutsches Staatsrecht, 32. Aufl., 2008, § 18 Rn. 38, *Peter Michael Huber*, in: Hermann von Mangoldt/Friedrich Klein/Christian Starck (Hg.), GG, Bd. 1, 6. Aufl., 2010, Art. 19 Abs. 3 Rn. 209–222, sowie BVerfGE 21, 362 (369).

[93] Vergleiche *Josef Isensee*, in: HStR VI, 3. Aufl., 2008, § 126 Rn. 146–150.

[94] So für die Europäische Union ausdrücklich *Hans D. Jarass*, Charta der Grundrechte der Europäischen Union, 2010, Art. 20 Rn. 18, 20.

[95] Weitere Beispiele etwa bei *Michael Sachs*, in: Klaus Stern, Staatsrecht, Bd. IV/2, 2011, S. 1435 in Fn. 2.

Länder (dazu 2), der Gemeinden und Gemeindeverbände (dazu 3) und der Mitgliedsstaaten der Europäischen Union (dazu 4).

### *1. Gleichheit der Abgeordneten*

Ein erster staatsrechtlicher Gleichheitssatz in dem beschriebenen Sinne betrifft die Mitglieder des Bundestages, die gemäß Art. 38 Abs. 1 S. 2 GG in dieser Eigenschaft von allen Staatsorganen, namentlich dem Bundestag selbst, grundsätzlich gleich zu behandeln sind.[96] Die Eigenständigkeit und staatsrechtliche Einordnung dieses Gleichheitssatzes gegenüber dem auch den Abgeordneten natürlich zustehenden Recht aus Art. 3 Abs. 1 GG zeigt sich daran, dass im Gegensatz zu diesem das aus Art. 38 Abs. 1 S. 2 GG fließende Gleichheitsrecht grundsätzlich im Wege des Organstreits gemäß Art. 93 Abs. 1 Nr. 1 GG und nicht im Wege des fachgerichtlichen Rechtsschutzes und der Verfassungsbeschwerde gemäß Art. 93 Abs. 1 Nr. 4a GG geltend zu machen ist.[97]

Entsprechende Gleichheitssätze dürften sich für die Abgeordneten in Volksvertretungen der Gemeinden und Gemeindeverbände, für die Mitglieder der Landtage sowie für die Mitglieder des Europäischen Parlaments finden lassen.

### *2. Gleichheit der Länder*

Zugunsten der Länder gilt ein ungeschriebener bundesstaatlicher Gleichheitssatz, der bei allen Maßnahmen von Bundesorganen gegenüber einem Lande zu berücksichtigen ist.[98] Dieser Gleichheitssatz wird im überwiegenden Schrifttum teils aus dem Rechtsstaatsprinzip,[99] teils –

---

[96] *Walter Georg Leisner*, in: Helge Sodan (Hg.), Grundgesetz, 2009, Art. 38 Rn. 13; *Siegfried Magiera*, in: Michael Sachs (Hg.), GG, 6. Aufl., 2011, Art. 38 Rn. 58.

[97] *Siegfried Magiera*, in: Michael Sachs (Hg.), GG, 6. Aufl., 2011, Art. 38 Rn. 72.

[98] Siehe BVerfGE 12, 205 (256); 72, 330 (404, dort „föderatives Gleichbehandlungsgebot" genannt); 86, 148 (211 f.); 119, 394 (410 f., dort ist von „dem föderalen Gleichbehandlungsgebot" die Rede); 122, 1 (38 f., „föderatives Gleichbehandlungsgebot"). Ausführlich dazu *Josef Isensee*, in: HStR VI, 3. Aufl., 2008, § 126 Rn. 137–153; *Marcus C. F. Pleyer*, Föderative Gleichheit, 2005, S. 238–254; siehe auch *Bernd Grzeszick*, in: Theodor Maunz/Günter Dürig (Hg.), GG, 65. Lfg., 2012 (Stand der Bearbeitung: 46. Lfg., 2006), Art. 20, Teil IV, Rn. 115–117; *Matthias Jestaedt*, in: HStR II, 3. Aufl., 2004, § 29 Rn. 29; *Hans Huber*, ÖZöR 18 (1968), 247. – Dagegen hat BVerfGE 1, 14 (52) noch Art. 3 Abs. 1, in Verbindung mit Art. 19 Abs. 3 GG zugunsten der Länder angewandt (ablehnend *Wiltraut Rupp-von Brünneck*, FS für Adolf Arndt, 1969, S. 355).

[99] *Matthias Jestaedt*, in: HStR II, 3. Aufl., 2004, § 29 Rn. 76, 65; *Peter Selmer/Lars Hummel*, in: Jahrbuch für öffentliche Finanzen 2012, S. 385; *Lerke Osterloh*, in: Mi-

oft als eine Ausprägung der Bundestreue, die die Ausübung der Befugnisse des Bundes begrenzt – aus dem Bundesstaatsprinzip,[100] vom Bundesverfassungsgericht aus dem Bundesstaatsprinzip (Art. 20 Abs. 1 GG) in Verbindung mit Art. 3 Abs. 1 GG[101] abgeleitet. Er könnte auch jeweils in die Befugnisnormen zugunsten der Bundesorgane hineingelesen werden, zum Beispiel in die Befugnisse zur Gesetzgebung mit Wirkung für die Länder, zur Ausübung von Bundeszwang nach Art. 37 GG, zur Erteilung von Weisungen nach Art. 85 Abs. 3 GG oder zur Vorsehung von Ergänzungsanteilen nach Art. 107 Abs. 1 S. 4 Teilsatz 2 GG.

Der Bund verletzt diesen bundesstaatlichen Gleichheitssatz, wenn er ohne sachlichen Grund ein Land gegenüber anderen unterschiedlich behandelt.[102] Ein sachlicher Grund kann in den besonderen Verhältnissen eines Landes, etwa einer besonderen Organisationsstruktur der Landesverwaltung liegen, was der Bundesgesetzgeber mitunter ausdrücklich hervorhebt wie in

§ 246 Abs. 4 BauGB: „Die Senate der Länder Berlin, Bremen und Hamburg werden ermächtigt, die Vorschriften dieses Gesetzbuchs über die Zuständigkeit von Behörden dem besonderen Verwaltungsaufbau ihrer Länder anzupassen."[103]

Dies wirft unter dem Blickwinkel des bundesstaatlichen Gleichheitssatzes die Frage auf, ob – angesichts der offengelegten Motivierung der Regelung durch den „besonderen Verwaltungsaufbau" – diese Regelung nicht auf jedes andere Land ausgedehnt werden müsste, das seinen Verwaltungsaufbau demjenigen Berlins, Bremens oder Hamburgs anpasste.

Nur punktuell hat der bundesstaatliche Gleichheitssatz eine ausdrückliche Regelung im Grundgesetz erfahren – siehe

---

chael Sachs (Hg.), GG, 6. Aufl., 2011, Art. 3 Rn. 74; *Jörn Ipsen*, Staatsrecht II, 15. Aufl., 2012, Rn. 798; *Reinhard Bergmann*, in: Dieter Hömig (Hg.), GG, 9. Aufl., 2010, Art. 3 Rn. 3; *Michael Sachs*, in: Klaus Stern, Staatsrecht, Bd. IV/2, 2011, S. 1435.

[100] *Bernd Grzeszick*, in: Theodor Maunz/Günter Dürig (Hg.), GG, 65. Lfg., 2012 (Stand der Bearbeitung: 46. Lfg., 2006), Art. 20, Teil IV, Rn. 117; *Peter Michael Huber*, in: Hermann von Mangoldt/Friedrich Klein/Christian Starck (Hg.), GG, Bd. 3, 6. Aufl., 2010, Art. 107 Abs. 2 Rn. 146; *Hans-Peter Schneider*, NJW 1991, 2448 (2451); mit Blick auf (Verhandlungs-)Verfahrenspflichten siehe *Hartmut Bauer*, Die Bundestreue, 1992, S. 352 f.; *ders.*, in: Horst Dreier (Hg.), GG, Bd. II, 2. Aufl., 2006, Art. 20 (Bundesstaat) Rn. 37.

[101] BVerfGE 12, 205 (255 f.); 72, 330 (404); 119, 394 (410 f.); 122, 1 (38); dem folgend *Lothar Michael/Martin Morlok*, Grundrechte, 3. Aufl., 2012, Rn. 774.

[102] Siehe BVerfGE 12, 205 (255 f.); 86, 148 (211 f.).

[103] Dies im Unterschied zu Bestimmungen wie §§ 35–36a RPflG, wo für Baden-Württemberg und Hamburg ohne Angabe eines Grundes gewisse Ausnahmen angeordnet werden.

Art. 91a Abs. 3 S. 2 Hs. 2 GG: „die Beteiligung [sc. des Bundes an den Ausgaben für die Verbesserung der Agrarstruktur und des Küstenschutzes] ist für alle Länder einheitlich festzusetzen.“

Die Folge einer solchen ausdrücklichen Anordnung bundesstaatlicher Gleichbehandlung dürfte darin liegen, dass die Gleichbehandlung hier ohne Ausnahme bleiben soll.[104] Eine Rechtfertigung etwa durch einen sachlichen Grund dürfte im Bereich so ausdrücklicher Regelungen dann ausgeschlossen sein.

### *3. Gleichheit der Gemeinden und Gleichheit der Gemeindeverbände*

Die Erwägungen zum bundesstaatlichen Verhältnis lassen sich auf die kommunale Ebene übertragen. Zugunsten der Gemeinden und Gemeindeverbände mag man dann Art. 28 Abs. 2 GG eine gleichheitsrechtliche Seite entnehmen, die es den Ländern ebenso wie dem Bunde verbietet, einzelne Gemeinden oder Gemeindeverbände ohne sachlichen Grund gegenüber anderen unterschiedlich zu behandeln.[105] Dieser Gleichheitssatz kann etwa verletzt sein, wenn ein tatsächlich knappes oder rechtlich verknapptes Gut unter den Gemeinden oder Gemeindeverbänden in unsachlicher Weise verteilt wird.[106]

### *4. Gleichheit der Mitgliedstaaten der Europäischen Union*

Entsprechend gilt auf der supranationalen Ebene ein unionsrechtlicher Gleichheitssatz zugunsten der Mitgliedstaaten, der – sogar unter Aufnahme der Formulierung der allgemeinen individualrechtlichen Gleichheitssätze – positiviert worden ist in

Art. 4 Abs. 2 S. 1 EUV: „Die Union achtet die Gleichheit der Mitgliedstaaten vor den Verträgen [...]“.[107]

---

[104] So auch erkennbar der Wille des historischen Verfassungsänderungsgesetzgebers, siehe BT-Drucks. V/2861, S. 6, 86, 93. Für Ausnahmslosigkeit auch (hinsichtlich der im betreffenden Halbsatz wortgleichen Vorläuferbestimmung) *Theodor Maunz*, in: Theodor Maunz/Günter Dürig (Hg.), GG, 65. Lfg., 2012 (Stand der Bearbeitung: 18. Lfg., 1980), Art. 91a Rn. 61.

[105] BVerfGE 23, 353 (372 f.); 26, 228 (244); 56, 298 (313); 76, 107 (119); *Bodo Pieroth*, in: Hans D. Jarass/Bodo Pieroth, GG, 12. Aufl., 2012, Art. 28 Rn. 23; als Ausprägung eines Grundsatzes gemeindefreundlichen Verhaltens sieht diesen Gleichheitssatz *Michael Nierhaus*, in: Michael Sachs (Hg.), GG, 6. Aufl., 2011, Art. 28 Rn. 77.

[106] Zu einem Anwendungsfall *Hans-Günter Henneke*, DÖV 2012, 165 (172).

[107] *Adelheid Puttler*, in: Christian Calliess/Matthias Ruffert (Hg.), EUV/AEUV, 4. Aufl., 2011, Art. 4 EUV, Rn. 12. Ähnlich *Dieter Kugelmann*, in: HGR VI/1, 2010, § 160 Rn. 93, der allerdings in Art. 4 Abs. 2 EUV nur den „Niederschlag“ eines „auf der souveränen Gleichheit aufgrund ihrer [sc. der Mitgliedstaaten] Staatlichkeit“,

Die Pflicht der Europäischen Union zur Gleichbehandlung der Mitgliedstaaten lässt sich darüber hinaus auf den in Art. 4 Abs. 3 UAbs. 1 EUV aufgestellten Grundsatz der loyalen Zusammenarbeit[108] und das völkerrechtliche Prinzip der Gleichheit der Staaten[109] stützen. Die Organe der Europäischen Union dürfen weder bei ihrer Rechtsetzung noch bei ihrer Rechtsanwendung ohne sachlichen Grund zwischen den Mitgliedstaaten unterscheiden. Dies stünde etwa einer Verwaltungspraxis der Kommission entgegen, der zufolge gegenüber einzelnen Mitgliedstaaten keine Beihilfenaufsicht gemäß Art. 108 AEUV mehr ausgeübt würde.

## III. Zusammenfassung

Die Betrachtung der nationalrechtlichen, unionsrechtlichen und völkerrechtlichen Normen, die sich als Gleichheitssätze bezeichnen lassen, ergibt ein buntes Bild. Zwei Hauptgruppen lassen sich danach bilden, ob diese Normen die Gleichbehandlung dem Staat gegenüberstehender Privater oder aber die Gleichbehandlung der staatlich-hoheitlichen Sphäre zugehöriger Organisationseinheiten befehlen.

Die ersteren, individualrechtlichen Gleichheitssätze sind insbesondere die grund- und menschenrechtlichen Gewährleistungen der Gleichbehandlung (oben I). Sie treten auf als allgemeine Gleichheitssätze, deren sachlicher Anwendungsbereich nicht näher eingegrenzt ist, und als besondere Gleichheitssätze, deren Tatbestände einengende sachliche Voraussetzungen enthalten. Unter den besonderen Gleichheitssätzen lassen sich in einem ersten Zugriff Verbote der Ungleichbehandlung „wegen etwas" (Diskriminierungsverbote) und Verbote der Ungleichbehandlung „bei etwas" unterscheiden; derselbe Gleichheitssatz kann dabei durchaus in beide Gruppen fallen.

---

also ungeschriebenen Gleichheitssatzes sieht. Dagegen sieht *Christoph Vedder*, in: Christoph Vedder/Wolff Heintschel von Heinegg (Hg.), Europäisches Unionsrecht, 2012, Art. 4 EUV Rn. 15, darin (er bezieht sich zwar auf „Art. 4 Abs. 1 S. 1 [EUV]", das ist aber wohl ein Schreibfehler; gemeint ist offensichtlich Art. 4 Abs. 2 S. 1 EUV) keine Bekräftigung der völkerrechtlichen Gleichheit der Mitgliedsstaaten, sondern eine Garantie der Gleichheit vor dem Primärrecht.

108 Vergleiche *Adelheid Puttler*, in: Christian Calliess/Matthias Ruffert (Hg.), EUV/AEUV, 4. Aufl., 2011, Art. 4 EUV, Rn. 11; *Rudolf Geiger*, in: Rudolf Geiger/Daniel-Erasmus Khan/Markus Kotzur, EUV/AEUV, 5. Aufl., 2010, Art. 4 EUV Rn. 5.

109 Dazu etwa *Hans Huber*, ÖZöR 18 (1968), 247 (247).

Staatsrechtliche Gleichheitssätze finden sich typischerweise dort, wo eine Organisationseinheit die Möglichkeit hat, Macht über andere Organisationseinheiten auszuüben (oben II). Diese Machtausübung wird durch solche Gleichheitssätze dann in der Weise bedingt, dass sie gleichmäßig erfolgen muss. Entsprechende Gleichheitssätze lassen sich beispielsweise in den Verhältnissen Europäische Union/Mitgliedstaaten, Bund/Länder, Land/Gemeinden, Land/Gemeindeverbände nachweisen.

## Kapitel 3

# Tatbestände der Gleichheitssätze

Gleichheitssätze verbinden als Rechtsnormen einen Tatbestand mit einer Rechtsfolge. Zunächst soll die Tatbestandsseite der Gleichheitssätze beleuchtet werden.[110]

Als zentrales Strukturelement des Tatbestands aller Gleichheitssätze lässt sich das Vorliegen einer Ungleichbehandlung ausmachen (dazu II). Deren Betrachtung werden einige Überlegungen zum persönlichen Anwendungsbereich der Gleichheitssätze, wozu hier auch der Verpflichtetenkreis gezählt wird, vorangestellt (dazu I).

Anschließend sollen weitere typische, aber nicht begriffsbildende Strukturelemente der Gleichheitssätze in den Blick genommen werden. Darstellbar dünkt bei allen Gleichheitssätzen ein Erfordernis der Nachteiligkeit der Ungleichbehandlung (dazu III). Nur bei manchen Gleichheitssätzen setzt die Verwirklichung des Tatbestandes überdies voraus, dass die Ungleichbehandlung an eine bestimmte Eigenschaft anknüpft (dazu IV), und bei den meisten kommt als Voraussetzung hinzu, dass die Ungleichbehandlung nicht gerechtfertigt werden kann (dazu V).

Wie alle Rechtsnormen können auch Freiheits- und Gleichheitssätze miteinander wechselwirken, genauer: Gesichtspunkte für die systematische Auslegung der jeweils anderen Normen abgeben. Von derartigen Wechselwirkungen in Richtung auf die Gleichheitssätze wird an gegebener Stelle die Rede sein.[111]

Wechselwirkungen in anderer Richtung betreffen dagegen die Auslegung der Freiheitsrechte und gehören deshalb nicht mehr in den Rahmen dieser Untersuchung: Ein Gleichheitssatz erhält nicht dadurch eine andere Bedeutung als zuvor, dass er „in Verbindung mit" einem Freiheitsrecht angewandt wird.[112] Ob sich dies bei den Freiheitsrechten ebenso verhält, muss hier offenbleiben. Für einen Bedeutungswandel

---

[110] Zur Rechtsfolgenseite der Gleichheitssätze siehe unten Kapitel 4.

[111] Siehe unten Kapitel 3, V 1 a; zu Konkurrenzen und Kollisionen zwischen Gleichheitssätzen unten Kapitel 5.

[112] Skeptisch zu derlei Versuchen, aus der Verbindung zweier Normen einen überschießenden Gehalt herbeizuzaubern, auch *Paul Tiedemann*, NVwZ 2012, 1031.

oder eine Bedeutungserweiterung tritt offenbar die Rechtsprechung ein, wenn sie auf diesem Wege für einen einzelnen Sachbereich ein „Teilhaberecht" findet[113] und damit offenbar mehr meint als die Konstellationen, in denen das Verbot einer Ungleichbehandlung sich ausnahmsweise faktisch als Gebot einer Leistung auswirkt[114].

## I. Persönlicher Anwendungsbereich

Gleichheitssätze betreffen immer drei. Sie sprechen stets einen als Verpflichteten an und erlegen diesem Bindungen für sein Verhalten gegenüber einem anderen im Verhältnis zu seinem Verhalten gegenüber einem Dritten auf.[115] Damit werden drei Stellungen beschrieben, die bei jedem Gleichheitssatz von Angehörigen unterschiedlicher Personenkreise[116] besetzt sein können. Wer zur Besetzung welcher Stellung in Betracht kommt, ist für jeden Gleichheitssatz ein im Wege der Auslegung zu ermittelnder Teil des Tatbestandes, der sich zusammenfassend als der persönliche Anwendungsbereich dieses Gleichheitssatzes bezeichnen lässt.[117] Unter dieser Überschrift werden deshalb im Folgenden die Vor-

---

[113] So BVerfGE 32, 303 (332: „Art. 12 Abs. 1 GG in Verbindung mit Art. 3 Abs. 1 GG und dem Sozialstaatsgebot gewährleistet [...] ein Recht des die subjektiven Zulassungsvoraussetzungen erfüllenden Staatsbürgers auf Zulassung zum Hochschulstudium seiner Wahl."); 43, 291 (313–317); dazu kritisch *Dietrich Murswiek*, in: HStR IX, 3. Aufl., 2011, § 192 Rn. 85, 95; ähnlich *Michael Sachs*, in: Klaus Stern, Staatsrecht, Bd. III/1, 1988, S. 698, 700–706.

[114] Diese Fälle erwähnt zu Recht *Wolfram Cremer*, Freiheitsgrundrechte, 2003, S. 361 f.; er ordnet sie den „derivativen Teilhaberechten" zu. Freilich kann der Gleichheitssatz sich in der gleichen rechtstechnischen Konstellation ebenso als Gebot eines Unterlassens (also einer Nichtleistung) auswirken.

[115] Vergleiche *Jörn Ipsen*, Staatsrecht II, 15. Aufl., 2012, Rn. 800 (zu Art. 3 GG); *Marion Albers*, JuS 2008, 945 (947: „Dreiecksverhältnis"), sowie *Peter Lerche*, Übermaß und Verfassungsrecht, 2. Aufl., 1999, S. 30 in Fn. 6: „Ein Robinson Crusoe könnte – ohne Freitag – durch eine gedachte Staatsgewalt weder gleich noch ungleich behandelt werden", ergänzend *Magdalena Pöschl*, JBl 1997, 413 (434).

[116] „Person" ist dabei in einem weiten, untechnischen Sinne gemeint; Personqualität oder Rechtssubjektivität sind aus rechtstheoretischer Sicht nicht notwendig; siehe unten Kapitel 3, I 2 pr.

[117] Wenn im Schrifttum zu den deutschen Grundrechten die Betrachtung der Berechtigten und Verpflichteten nicht unter der Überschrift des persönlichen Anwendungsbereichs bei jedem einzelnen Grundrecht, sondern vorgelagert erfolgt (etwa bei *Bodo Pieroth/Bernhard Schlink*, Grundrechte, 27. Aufl., 2011, Rn. 121–179, 181–208; *Jörn Ipsen*, Staatsrecht II, 15. Aufl., 2012, Rn. 61–70), so mag dies mit Blick auf die Verpflichteten seinen Grund darin haben, dass in Art. 1 Abs. 3 GG der Verpflichtetenkreis für alle Grundrechte einheitlich geregelt ist. In die hier angestellte

aussetzungen der Gleichheitssätze hinsichtlich ihrer Verpflichteten (dazu 1), hinsichtlich der nach ihnen Gleichzubehandelnden (dazu 2) sowie hinsichtlich der (Vergleichs-)Personen, in Bezug auf welche die Gleichbehandlung angeordnet ist (dazu 3), untersucht.

### *1. Die Gleichbehandlungsverpflichteten*

Wenn sich die Verpflichtung aus einem Gleichheitssatz theoretisch auch an jeden richten kann, so verpflichten die untersuchungsgegenständlichen individualrechtlichen und staatsrechtlichen Gleichheitssätze doch sämtlich Träger hoheitlicher Befugnisse. Genauerer Betrachtung bedarf dabei aber, welche Hoheitsträger sie jeweils ansprechen. Hierzu werden im Folgenden zunächst die individualrechtlichen (dazu a) und sodann die staatsrechtlichen Gleichheitssätze (dazu b) in den Blick genommen.

#### *a) Verpflichtete der individualrechtlichen Gleichheitssätze*

Im Falle der grundrechtlichen Gleichheitssätze des Grundgesetzes trifft die Verpflichtung nach Art. 1 Abs. 3 GG „Gesetzgebung, vollziehende Gewalt und Rechtsprechung". Damit werden alle Stellen verpflichtet, die deutsche Staatsgewalt ausüben, unabhängig von der bundesstaatlichen Ebene, der sie zugehören,[118] und unabhängig von der Rechtsform, worin sie in Erscheinung treten[119]. Erfasst sind deshalb Stellen der unmittelbaren und mittelbaren Bundes- und Landesverwaltung sowie der Beliehenen. Auf ihre jeweiligen Zuständigkeitsbereiche kommt es an dieser Stelle noch nicht an.[120]

Die Geltung des verfassungsrechtlichen allgemeinen Gleichheitssatzes für die Gesetzgebung (von der Frankfurter Nationalversammlung anerkannt[121]) wurde – in Fortführung des Weimarer Streites über den Gel-

Betrachtung der Gleichheitssätze verschiedener Rechtsschichten muss dagegen auch ein so bestimmter Verpflichtetenkreis einbezogen werden.

[118] *Christian Starck*, in: Hermann von Mangoldt/Friedrich Klein/Christian Starck (Hg.), GG, Bd. 1, 6. Aufl., 2010, Art. 1 Abs. 3 Rn. 221; *Christian Hillgruber*, in: BeckOK GG, Edition 15, 2012, Art. 1 Rn. 64 f.

[119] *Christian Starck*, in: Hermann von Mangoldt/Friedrich Klein/Christian Starck (Hg.), GG, Bd. 1, 6. Aufl., 2010, Art. 1 Abs. 3 Rn. 227, 232; *Christoph Enders*, in: Klaus Stern/Florian Becker (Hg.), Grundrechte-Kommentar, 2010, Art. 1 Rn. 104, 112 f.

[120] Dazu Kapitel 3, II 1 c bb (dort besonders die Erörterung von Fall 7 [S. 55]), II 2 (dort besonders die Erörterung von Fall 9 [S. 62]) und V 3 b aa (1) (a).

[121] Siehe *Simon Kempny*, Die Staatsfinanzierung nach der Paulskirchenverfassung, 2011, S. 31–33, 35, 37 f., 171 f., 182 f.

tungsbereich des Art. 109 Abs. 1 WRV[122] – noch in früher bundesrepublikanischer Zeit bestritten.[123] In der Tat ist sie im Wortlaut nicht zwingend angelegt, heißt es doch: „vor dem Gesetz"; dies müsste als „vor der Verfassung" gelesen werden.[124] Gleichwohl ist die Bindung des Bundes- und des Landesgesetzgebers heute das allgemeine und – wie vom historischen Verfassungsgeber vorgesehen[125] – mit Art. 1 Abs. 3 GG argumentativ gestützte Verständnis dieser Verfassungsbestimmung.[126]

Die Verpflichtung aus Art. 3 Abs. 1 GG gilt sowohl für Rechtsträger (Bund, Länder, andere Körperschaften usf.) als auch für deren Organe (Behörden, Gerichte usf.), weil die im Wesentlichen dem einfachen

---

[122] Vergleiche *Gerhard Anschütz*, Die Verfassung des Deutschen Reichs vom 11. August 1919, 14. Aufl., 1933, Art. 109, S. 521–529; *Fritz Stier-Somlo*, in: Hans Carl Nipperdey (Hg.), Die Grundrechte und Grundpflichten der Reichsverfassung, Bd. 1, 1929, Art. 109, S. 177; Aussprache über die Berichte von Erich Kaufmann und Hans Nawiasky, in: VVDStRL 3 (1927), S. 43–62. Den Weimarer Streit und die Traditionslinien zum Bonner Grundgesetz zeichnet nach *Johannes Saurer*, in: Ulrich Jan Schröder/Antje von Ungern-Sternberg (Hg.), Zur Aktualität der Weimarer Staatsrechtslehre, S. 101 (insbesondere 104–107, 111–118).

[123] Etwa von *Richard Thoma*, DVBl 1951, 457; *Hans Peter Ipsen*, in: Franz L. Neumann/Hans Carl Nipperdey/Ulrich Scheuner (Hg.), Die Grundrechte, Bd. 2, 1954, S. 111 (157); *Karl August Bettermann* (1962), in: *ders.*, Staatsrecht – Verfahrensrecht – Zivilrecht, 1988, S. 90 (99: Verpflichtung auch des Gesetzgebers, aber nur zu „Rechtsanwendungsgleichheit", nicht „Rechtssetzungsgleichheit"); zum Ganzen vergleiche *Werner Böckenförde*, Der allgemeine Gleichheitssatz und die Aufgabe des Richters, 1957, S. 11–15. Einen anderen Ansatz wählt *Erich Eyermann*, in: FS zum 25-jährigen Bestehen des Bayerischen Verfassungsgerichtshofs, 1972, S. 45 (46, 48); er leugnet nicht die Bindung des Gesetzgebers an Art. 3 GG, bestreitet aber, dass dessen Art. 3 Abs. 1 GG ein Willkürverbot zu entnehmen sei; dem Gesetzgeber sei nur „die personelle Gleichbehandlung" (die *Eyermann* in Art. 3 Abs. 3 GG niedergelegt sieht), nicht auch „die Gleichbehandlung von Sachverhalten" vorgegeben; in diese Richtung etwa auch *Willibalt Apelt*, JZ 1951, 353 (357 f.).

[124] Dafür *Hermann von Mangoldt/Friedrich Klein*, GG, 2. Aufl., 1957, Art. 3, Anm. III 4 a; *Ernst-Werner Fuss*, JZ 1959, 329 (330).

[125] Darauf deuten namentlich die Äußerungen des Abgeordneten *Hermann von Mangoldt* (CDU/CSU), Sechsundzwanzigste Sitzung des Ausschusses für Grundsatzfragen (30. November 1948), in: Deutscher Bundestag/Bundesarchiv (Hg.), Der Parlamentarische Rat 1948–1949, Bd. 5/II, 1993, S. 712 (741, 743), sowie die wohl wegen vermeintlicher Überflüssigkeit erfolgte Streichung eines ergänzenden Satzes, der die Bindung des Gesetzgebers besonders aussprechen sollte, durch die Änderungsvorschläge des Fünfer-Ausschusses für die dritte Lesung des Grundgesetzes im Hauptausschuß, Sonderdrucksache S 9 vom 31. Januar 1949, ebd., Bd. 7, 1995, S. 297 (298). Freilich sahen nicht alle Abgeordneten allein durch den späteren Art. 3 Abs. 1 GG die Bindung des Gesetzgebers ausgesprochen, siehe die Äußerung von *Elisabeth Selbert* (SPD), Siebzehnte Sitzung des Hauptausschusses (3. Dezember 1948), ebd., Bd. 14/1, 2009, S. 507 (513 f.).

[126] Siehe nur *Konrad Hesse*, in: FS für Peter Lerche, 1993, S. 121.

Recht angehörende Unterscheidung zwischen Rechtsträgern und Organen den Schutzumfang der Grundrechte nicht verkürzen kann.[127] Materiellrechtlich besteht deshalb zum Beispiel eine Grundrechtsbindung sowohl der Bundesrepublik Deutschland als auch des Bundesministeriums des Innern, soweit diese Behörde handelt;[128] in prozessualer Hinsicht genügt es deshalb für die Gewährleistung effektiven Rechtsschutzes im Sinne des Art. 19 Abs. 4 S. 1 GG, dass nach dem Rechtsträgerprinzip der Prozessordnungen fachgerichtliche Rechtsbehelfe grundsätzlich nur gegen die Bundesrepublik Deutschland als solche gerichtet werden können.[129]

Die übrigen individualrechtlichen Gleichheitssätze des Grundgesetzes stehen als grundrechtsgleiche Rechte auch hinsichtlich des Verpflichtetenkreises den Grundrechten gleich.[130]

Für die individualrechtlichen Gleichheitssätze des Völkerrechts (namentlich Art. 14 EMRK und Art. 26 IPbürgR) liegen die Dinge insofern anders, als sie jeweils den Mitglied- beziehungsweise Vertragsstaat als Ganzen – mit allen Teilen seiner Staatsgewalt – erfassen.[131] Unter den Gleichheitssätzen des Art. 26 IPbürgR ist zwar zu beachten, dass der allgemeine Gleichheitssatz des Art. 26 S. 1 Fall 1 IPbürgR („vor dem Gesetz gleich") nur für den Gesetzesvollzug durch Rechtsprechung und Verwaltung gilt,[132] das allgemeine Diskriminierungsverbot des Art. 26

---

[127] Anders offenbar *Michael Sachs*, in: Klaus Stern, Staatsrecht, Bd. IV/2, 2011, S. 1501 f. („jeder selbständige Hoheitsträger" [Hervorhebung nicht wiedergegeben]), 1505 f., trotz des richtigen Hinweises auf Art. 1 Abs. 3 GG, der als Verpflichtete gerade nicht „Rechtspersönlichkeiten", sondern Staatsgewalten anspricht (ebd., S. 1502).

[128] Dem widerspricht es nicht, wenn es bei *Maximilian Wallerath*, Selbstbindung der Verwaltung, 1968, S. 76–80, heißt, die Selbstbindung beschränke sich auf eine Behörde; damit soll nicht die Bindung des Rechtsträgers, sondern nur die der über- oder nebengeordneten Behörden ausgeschlossen werden.

[129] Ausdrücklich normiert ist das Rechtsträgerprinzip etwa in § 50 Abs. 1 ZPO, § 78 Abs. 1 Nr. 1 VwGO, § 92 Abs. 1 2 SGG (anders freilich die Regelung des § 63 FGO: Klage „gegen die Behörde"). Im übrigen wird es als ungeschriebener Grundsatz angesehen; vergleiche für den Bereich der Verwaltungsgerichtsbarkeit nur *Dirk Ehlers*, in: FS für Christian-Friedrich Menger, 1985, S. 379 (392); *Hubertus Gersdorf*, Verwaltungsprozessrecht, 4. Aufl., 2009, Rn. 104, 122.

[130] *Philip Kunig*, in: Ingo von Münch/Philip Kunig (Hg.), GG, Bd. 1, 5. Aufl., 2000, Art. 1 Rn. 48.

[131] Zum Verpflichtetenkreis der EMRK *Volker Röben*, in: Rainer Grote/Thilo Marauhn (Hg.), EMRK/GG, 2006, Kap. 5 Rn. 54–73; zum IPbürgR insoweit *Christian Tomuschat*, in: FS für Hans-Jürgen Schlochauer, S. 691 (716).

[132] Hinsichtlich der Rechtsprechung besteht insoweit eine Überlappung mit Art. 14 IPbürgR, der die Gleichheit vor Gericht ausspricht, siehe *Sarah Joseph/Jen-*

S. 1 Fall 2 („gleichen Schutz durch das Gesetz"), S. 2 IPbürgR dagegen allein für die Gesetzgebung[133] (während die besonderen Gleichheitssätze wie Art. 2 Abs. 1, Art. 25 Abs. 1 IPbürgR ohne Weiteres alle Teile der Staatsgewalt verpflichten). Die Beschränkung der Sätze des Art. 26 IPbürgR auf einzelne Staatsfunktionen ändert aber nichts an der Verpflichtetenstellung des Vertragsstaats als Ganzen, weshalb sie besser als Beschränkung des sachlichen Anwendungsbereichs dieser Gleichheitssätze eingeordnet werden sollte.[134]

Die Gleichheitssätze der EU-Grundrechtecharta verpflichten die Europäische Union[135] mit all ihren „Organe[n], Einrichtungen und sonstigen Stellen" (Art. 51 Abs. 1 S. 1 EUGRCh), die Mitgliedsstaaten (dann als Ganze) darüber hinaus nur, wenn und soweit der einzelne Fall dem Anwendungsbereich des Unionsrechts unterliegt[136]. Die Gleichheitssätze der unionsrechtlichen Grundfreiheiten verpflichten sowohl die Mitgliedsstaaten als auch die Europäische Union.[137]

Gleichheitssätze können sich auch an private Individuen als Verpflichtete richten.[138] Während diese Erweiterung des Verpflichtetenkreises dem Grundgesetz fremd ist,[139] kommt jedenfalls die Rechtsprechung

---

*ny Schultz/Melissa Castan*, The International Covenant on Civil and Political Rights, 2. Aufl., 2004, Tz. 23.105.

[133] Siehe *Christoph Vedder*, in: HGR VI/2, 2009, § 174 Rn. 85; *Manfred Nowak*, CCPR Commentary, 2. Aufl., 2005, Art. 26 Rn. 14, 17 f.; gegen die Annahme einer Verpflichtung bei der Gesetzgebung auch hinsichtlich Art. 26 S. 2 IPbürgR aber offenbar *Christian Tomuschat*, in: FS für Hans-Jürgen Schlochauer, 1981, S. 691 (716).

[134] Dazu unten Kapitel 3, II 3.

[135] *Rudolf Streinz*, Europarecht, 9. Aufl., 2012, Rn. 751; *Thomas Oppermann/Claus Dieter Classen/Martin Nettesheim*, Europarecht, 5. Aufl., 2011, § 17 Rn. 26 f.; zum Verpflichtetenkreis der EU-Grundrechtecharta auch *Walter Frenz*, Handbuch Europarecht, Bd. 4, 2009, Rn. 208–282.

[136] *Rudolf Streinz*, Europarecht, 9. Aufl., 2012, Rn. 751; *Manfred Zuleeg/Stefan Kadelbach*, in: Reiner Schulze/Manfred Zuleeg/Stefan Kadelbach (Hg.), Europarecht, 2. Aufl., 2010, § 8 Rn. 51; *Thorsten Kingreen*, in: Christian Calliess/Matthias Ruffert (Hg.), EUV/AEUV, 4. Aufl., 2011, Art. 51 EUGRCh, Rn. 7–17; zur Entwicklung *Peter M. Huber*, NJW 2011, 2385 (2385–2388).

[137] *Rudolf Streinz*, Europarecht, 9. Aufl., 2012, Rn. 751; *Thomas Oppermann/Claus Dieter Classen/Martin Nettesheim*, Europarecht, 5. Aufl., 2011, § 22 Rn. 7 (mit dem Hinweis, dass die Verpflichtung der Union tatsächlich selten von Bedeutung sei).

[138] Im Überblick und m. w. N. zum deutschen und europäischen Recht *Christian Tomuschat*, ZaöRV 68 (2008), S. 327 (336).

[139] Siehe den Wortlaut des Art. 1 Abs. 3 GG, der eben die Privaten *nicht* als Bindungsadressaten benennt. Eine anderslautende Regelung ist durchaus in Verfassungen anzutreffen, wie das Beispiel des Art. 18 Abs. 1 Verfassung der Portugiesischen Republik in der Fassung der VII. Verfassungsrevision belegt (nebst Übersetzungen verfügbar unter http://www.parlamento.pt/Legislacao/Paginas/ConstituicaoRe-

zum Unionsrecht mitunter zur Annahme einer Verpflichtung Privater,[140] wozu bei folgerichtiger Durchführung auch die Gleichheitssätze gehören müssten.[141] Einfachrechtliche Gleichheitssätze zulasten Privater enthalten insbesondere die rechtspolitisch umstrittenen[142] zivilrechtlichen Benachteiligungsverbote der §§ 7, 19 AGG.

### *b) Verpflichtete der staatsrechtlichen Gleichheitssätze*

Bei den staatsrechtlichen Gleichheitssätzen lassen sich demgegenüber die Verpflichteten recht genau angeben, nämlich als die Körperschaften (mit ihren Organen), von denen die jeweilige Gefährdungslage ausgeht: nach dem bundesstaatlichen Gleichheitssatz die Bundesrepublik Deutschland, nach Art. 28 Abs. 2 S. 1, 2 GG dieselbe und ihre Länder und nach dem unionsrechtlichen Gleichheitssatz zugunsten der Mitgliedstaaten die Europäische Union. Dass die Verpflichteten der staatsrechtlichen Gleichheitssätze leichter angebbar sind als die der individualrechtlichen, ist schlicht mit der geringeren Zahl der Betroffenen bei den staatsrechtlichen Gleichheitssätzen zu erklären.

## *2. Die Gleichzubehandelnden*

Gleichheitssätze enthalten das an bestimmte Verpflichtete gerichtete Verbot, bestimmte Andere unzulässiger Ungleichbehandlung auszusetzen. Diese Anderen sind gemeint, wenn im Folgenden von den Gleichzubehandelnden eines Gleichheitssatzes die Rede ist. Bei ihnen handelt es sich in der Regel um Personen oder andere Rechtssubjekte, denen die Rechtsordnung auch sonst Rechte oder Pflichten zuweist. Dies ist jedoch nicht notwendig der Fall, vielmehr ist ein Gleichbehandlungsgebot hinsichtlich zweier zu Vergleichender ohne Rechtssubjektsqualität theoretisch möglich.

Dem Schutze der in diesem Sinne Gleichzubehandelnden dienen die Gleichheitssätze typischerweise. Ein subjektives Recht erhalten die

---

publicaPortuguesa.aspx [abgerufen am 2. September 2012]). Vergleiche zu diesem Punkte auch *Ralf Poscher*, Grundrechte als Abwehrrechte, 2003, S. 337–343.

[140] EuGH, Rs. 36/64, Slg. 1974, 1405, Tz. 16/19 – Walrave; Rs. C-415/93, Slg. 1995, I-4921, Tz. 82–86 – Bosman; zur EUGRCh insoweit *Peter M. Huber*, NJW 2011, 2385 (2388–2390).

[141] So denn auch Generalanwalt *Antonio Tizzano*, Schlussanträge, Rs. C-144/04, Slg. 2005, I-9981, Tz. 84, 101 – Mangold. Eine gleichheitsrechtliche Verpflichtung Privater hat hinsichtlich Art. 157 AEUV (vormals Art. 141 EGV, Art. 119 EWGV) angenommen EuGH, Rs. 43/75, Slg. 1978, 456, Tz. 38–40 – Defrenne II.

[142] Vergleiche *Gregor Thüsing*, in: MünchKomm-BGB, Bd. 1, 6. Aufl., 2012, Vor § 19 AGG, Rn. 6 m. N.

Gleichzubehandelnden hieraus jedoch nicht in allen Fällen, weshalb an dieser Stelle auch die Bezeichnung „Berechtigte" vermieden wird.[143]

Die verschiedenen Gleichheitssätze bestehen zugunsten sehr unterschiedlicher Kreise von Gleichzubehandelnden, wobei für die Zwecke der Darstellung wieder zwischen individualrechtlichen und staatsrechtlichen Gleichheitssätzen unterschieden werden soll.

### *a) Gleichzubehandelnde nach den individualrechtlichen Gleichheitssätzen*

Den weitesten persönlichen Anwendungsbereich weisen unter den individualrechtlichen Gleichheitssätzen die Art. 3 Abs. 1 GG, Art. 20 EU-GRCh, Art. 14 EMRK auf. Diese schützen alle Grund- beziehungsweise Menschenrechtsträger, also die Menschen sowie die juristischen Personen (im Falle des Art. 3 Abs. 1 GG: im Sinne des Art. 19 Abs. 3 GG).[144] Alle Menschen erscheinen als Gleichzubehandelnde bei Art. 26 IPbürgR.

Die weite Bestimmung des Kreises der Gleichzubehandelnden des Art. 3 Abs. 1 GG gilt – mit gewissen Einschränkungen für die juristischen Personen, worauf nur manche Diskriminierungsmerkmale anwendbar sind – auch für Art. 3 Abs. 2 und 3 GG. Insbesondere sind die Diskriminierungsverbote keine Sondergrundrechte der Träger des Merkmals, woran jeweils nicht angeknüpft werden darf, so dass nur diese Personen als Gleichzubehandelnde erschienen. Ein solches Verständnis ist ohnehin ausgeschlossen, soweit die Diskriminierungsverbote nicht Eigenschaften, sondern Kategorien vorgeben, unter denen jeder Grundrechtsträger jedenfalls irgendeine zugehörige Eigenschaft aufweist und deshalb jedenfalls auch Träger eines potentiellen Diskriminierungsmerkmals ist (Beispiel: „Herkunft", „Abstammung").[145] Ein Sondergrundrecht ist aber auch da nicht anzunehmen, wo nur an eine bestimmte, entweder vorliegende oder nicht vorliegende Eigenschaft nicht angeknüpft werden darf (Beispiel: „Behinderung" in Art. 3 Abs. 3 S. 2 GG, „Unehelichkeit" in Art. 6 Abs. 5 GG), denn eine solche Konstruktion wäre aus zwei Gründen nicht sachgerecht:[146] Zum einen hält sie kei-

---

[143] Dazu, ob und inwieweit Gleichzubehandelnden aus Gleichheitssätzen auch subjektive Rechte zustehen, noch Kapitel 4, IV 1 a.

[144] Die gleiche Reichweite soll nach *Dieter Kugelmann*, in: HGR VI/1, 2010, § 160 Rn. 52, auch Art. 21 Abs. 2 EUGRCh haben, was ihm eine über Art. 18 Abs. 1 AEUV hinausgehende Bedeutung verliehe.

[145] Zur Unterscheidung von Kategorien und Eigenschaften bei den Diskriminierungsverboten noch näher Kapitel 3, IV 1 a.

[146] Nicht hierher gehört die Erwägung von *Michael Sachs*, in: Klaus Stern, Staats-

ne Lösung für Fälle bereit, in denen die Diskriminierung im Irrtum über die Eigenschaft erfolgt (Beispiel: diskriminiert wird das eheliche Kind, weil die Behörde es für unehelich hält).[147] Zum anderen müsste man, legte man diese Konstruktion zugrunde, konsequenterweise auch die auf Kategorien bezogenen Diskriminierungsverbote künstlich in besondere Gleichheitssätze für jede Eigenschaft auflösen. Auf diese Weise zerfiele Art. 3 Abs. 2 GG in zwei Sondergrundrechte: das der Frauen auf Gleichbehandlung mit den Männern und das der Männer auf Gleichbehandlung mit den Frauen. Art. 33 Abs. 1 GG wäre gar in sechzehn Grundrechte zu zerlegen: für die Angehörigen jedes Landes jeweils eines.

Andere individualrechtliche Gleichheitssätze des Grundgesetzes sind demgegenüber Deutschengrundrechte und auf natürliche Personen beschränkt wie Art. 33 Abs. 1–3, Art. 38 Abs. 1 S. 1 GG. Der letztere, zur Wahlrechtsgleichheit, ist gemäß Art. 38 Abs. 2 GG sogar auf wenigstens achtzehnjährige Deutsche beschränkt.

Daneben wirken einzelne individualrechtliche Gleichheitssätze zugunsten ganz eigenständig bestimmter Personenkreise, so etwa Art. 140 GG i. V. m. Art. 137 Abs. 7 WRV ausschließlich zugunsten der Vereinigungen, „die sich die gemeinschaftliche Pflege einer Weltanschauung zur Aufgabe machen".

Hinsichtlich der unionsrechtlichen Grundfreiheiten kommt es in Betracht, „die Unionsbürger" oder, sofern die Grundfreiheiten eine Inländerdiskriminierung zulassen sollten,[148] „die Unionsbürger außer den Staatsangehörigen des jeweils gleichbehandlungsverpflichteten Mitgliedstaats" als Kreis der Gleichzubehandelnden zu bestimmen.[149] Die letztgenannte Möglichkeit wird eröffnet durch Wendungen in den Verträgen wie „in seinem Anwendungsbereich" (Art. 18 Abs. 1 AEUV), die das Erfordernis eines grenzüberschreitenden Bezugs aufstellen und rein innerstaatliche Sachverhalte ausklammern.[150]

---

recht, Bd. IV/2, 2011, S. 1772 f., dass Ungleichbehandlungen *zwischen* den Merkmalsträgern nicht ausgeschlossen werden dürfen; im Vergleich zu wem das Sondergrundrecht Ungleichbehandlungen verböte, wäre eine Frage der Abgrenzung des Vergleichspersonenkreises (dazu Kapitel 3, I 3 a).

[147] Zu dieser Art Irrtumsfällen noch Kapitel 3, IV 2 b cc, im Zusammenhang mit den Voraussetzungen der Anknüpfung.

[148] Siehe dazu etwa *Manfred Gubelt*, in: Ingo von Münch/Philip Kunig (Hg.), GG, Bd. 1, 5. Aufl., 2000, Art. 3 Rn. 4a; *Lerke Osterloh*, in: Michael Sachs (Hg.), GG, 6. Aufl., 2011, Art. 3 Rn. 71; jeweils m. w. N.

[149] Vergleiche *Rudolf Streinz*, in: HGR VI/1, 2010, § 152 Rn. 14.

[150] Zu Art. 18 AEUV insoweit *Daniel-Erasmus Khan*, in: Rudolf Geiger/Daniel-Erasmus Khan/Markus Kotzur, EUV/AEUV, 5. Aufl., 2010, Art. 18 AEUV, Rn. 4.

### *b) Gleichzubehandelnde nach den staatsrechtlichen Gleichheitssätzen*

Die staatsrechtlichen Gleichheitssätze kennen als Gleichzubehandelnde jeweils die Körperschaften, die sich nach Auffassung des Normgebers in der einschlägigen Gefährdungslage befinden. Im Falle des bundesstaatlichen Gleichheitssatzes sind dies die Länder, bei Art. 28 Abs. 2 S. 1 GG die Gemeinden, bei Art. 28 Abs. 2 S. 2 GG die Gemeindeverbände und im Falle des unionsrechtlichen Gleichheitssatzes des Art. 4 Abs. 2 S. 1 EUV die Mitgliedstaaten.

Zugunsten der übrigen juristischen Personen des öffentlichen Rechts, die – mit Ausnahme der Kirchen[151] – jeweils Zweckschöpfung der Gebietskörperschaften sind, bestehen keine besonderen Gleichheitssätze aus dem Staatsrecht. Soweit sie Träger von Grundrechten sind,[152] haben sie den Schutz der individualrechtlichen Gleichheitssätze, insbesondere des Art. 3 Abs. 1 GG.[153]

## *3. Die Vergleichspersonen*

Gleichheitssätze betreffen, wie gesehen, stets Dreipersonenverhältnisse. Dem Gleichbehandlungsverpflichteten gebieten sie die Gleichbehandlung zweier weiterer Personen (wobei „Person" hier in einem weiten, untechnischen Sinne gemeint ist): einer Person, die dem jeweiligen Kreise der Gleichzubehandelnden angehört, und einer weiteren Person, die als Vergleichsperson dient.

In den Anwendungsbereich eines Gleichheitssatzes fällt nur die Ungleichbehandlung gegenüber einer solchen Vergleichsperson, die der Vergleichspersonengruppe des jeweiligen Gleichheitssatzes angehört (dazu a). Dagegen ist es bei diesem Prüfungsschritt nicht erforderlich festzustellen, dass die Vergleichsperson und der Gleichzubehandelnde „wesentlich gleich" sind (dazu b).

### *a) Zugehörigkeit zur Vergleichspersonengruppe*

Wer alles der Gruppe tauglicher Vergleichspersonen angehört, ist – nicht anders als der Verpflichteten- und der Gleichzubehandelndenkreis – für jeden Gleichheitssatz gesondert zu ermitteln. Die Vergleichspersonen-

---

[151] Siehe Art. 137 Abs. 5 WRV i. V. m. Art. 140 GG.

[152] Das betrifft vor allem Universitäten, Rundfunkanstalten und Kirchen; vergleiche zur Grundrechtsfähigkeit juristischer Personen des öffentlichen Rechts nur *Hans D. Jarass*, in: Hans D. Jarass/Bodo Pieroth, GG, 12. Aufl., 2012, Art. 19 Rn. 27–29 m. w. N.

[153] So für die als Körperschaften des öffentlichen Rechts verfassten Kirchen ausdrücklich BVerfGE 19, 1 (5).

gruppe muss nicht zwangsläufig mit dem Kreise der Gleichzubehandelnden übereinstimmen.

Regelmäßig besteht das Anliegen der Gleichheitssätze allerdings darin, innerhalb einer (größeren oder kleineren) Gruppe Rechtsgleichheit herzustellen. Für die Anwendung derartiger Gleichheitssätze sind dann Gleichzubehandelndenkreis und Vergleichspersonengruppe deckungsgleich und ist jede gleich zu behandelnde Person zugleich eine taugliche Vergleichsperson. Es gibt hier also eine einheitliche Grundmenge von Personen, aus der beliebige Paare von Gleichzubehandelnden und Vergleichspersonen entnommen werden können.

Dieser typischen Art Gleichheitssätze stehen jedoch solche gegenüber, die Vergleichspersonen aus einer Gruppe voraussetzen, welche mit dem Kreise der Gleichzubehandelnden nicht deckungsgleich ist. Beide Gruppen können einander beispielsweise nur schneiden, oder sie können disjunkt sein. Die Funktion solcher Gleichheitssätze besteht darin, einseitig die Gleichzubehandelnden in rechtlicher Hinsicht (wenigstens oder genau) auf die Stufe der Vergleichspersonen zu heben, ohne zugleich diesen ein rechtliches Mehr zu gewähren.[154] Sie sind deshalb im Gegensatz zu den zuerst genannten Gleichheitssätzen in dem Sinne asymmetrisch, dass nach Vertauschung des Gleichzubehandelnden und der Vergleichsperson keine tatbestandliche Ungleichbehandlung mehr vorliegt.[155]

Als Beispiel für Gleichheitssätze mit unterschiedener Gleichzubehandelnden- und Vergleichspersonengruppe können die Normen der völkerrechtlichen Handelsverträge dienen, die den Unternehmen des anderen Vertragsstaats die gleiche Behandlung wie denjenigen vorteilhafter behandelter dritter Staaten versprechen („Meistbegünstigung").[156] Einen

---

[154] „Gleichstellungssatz" nennt solche Bestimmungen *Richard Thoma*, in: Hans Carl Nipperdey (Hg.), Die Grundrechte und Grundpflichten der Reichsverfassung, Bd. 1, 1929, Art. 110, S. 1 (27) (dort zu Art. 110 Abs. 2 WRV).

[155] Begrifflich wie hier *Stefan Plötscher*, Der Begriff der Diskriminierung im Europäischen Gemeinschaftsrecht, 2003, S. 51. Die hier gemeinte, mit Blick auf die Frage, welche Ungleichbehandlung den Tatbestand erfülle, bestehende Asymmetrie beruht auf einer Entscheidung des Normgebers. Die Ungleichbehandlung selbst bleibt natürlich symmetrisch: wenn A und B ungleich behandelt werden, dann auch B und A; vergleiche *Adalbert Podlech*, Gehalt und Funktionen des allgemeinen verfassungsrechtlichen Gleichheitssatzes, 1971, S. 232; *Ota Weinberger*, ÖZöR 25 (1974), S. 23 (24).

[156] Etwa Art. I Nr. 1 GATT 1947: „Bei Zöllen und Belastungen aller Art [...] werden alle Vorteile, Vorrechte oder Befreiungen, die eine Vertragspartei für eine Ware gewährt, welche aus einem anderen Land stammt oder für dieses bestimmt ist, unverzüglich und bedingungslos für alle gleichartigen Waren gewährt, die aus den Gebieten der anderen Vertragsparteien stammen oder für diese bestimmt sind." Zu den

entsprechend strukturierten Gleichheitssatz enthält auch Art. 140 GG i. V. m. Art. 137 Abs. 7 WRV, der seinem Wortlaut nach ausschließlich die Gleichstellung der Weltanschauungsvereinigungen mit den Religionsgesellschaften anordnet, letztere also nur als Vergleichspersonen in Bezug nimmt.[157] Ein historisches Beispiel bietet Art. 14 Deutsche Bundesakte, wodurch den mediatisierten Reichsständen (Gleichzubehandelnden) die fortgesetzte Gleichstellung mit „dem hohen Adel in Deutschland" (Vergleichspersonengruppe) zugesichert wurde.

Entschiede man sich entgegen der hier vertretenen Auffassung dafür, Diskriminierungsverbote als Sondergrundrechte zu verstehen und ihren Gleichzubehandelndenkreis auf die Träger des Merkmals, woran nicht angeknüpft werden darf, zu beschränken,[158] so wäre auch hier die Vergleichspersonen- und Gleichzubehandelndenkreise verschieden, nämlich entweder disjunkt (Vergleichspersonen wären nur diejenigen, die nicht Träger sind) oder größer (Vergleichspersonen wären alle Menschen). Zum Beispiel erschienen im Falle des Art. 3 Abs. 3 S. 2 GG dann nur die „Behinderten" als Gleichzubehandelnde (also als Träger dieses Grundrechts) und als Vergleichspersonengruppe entweder nur die „Nichtbehinderten" oder aber alle Menschen (behinderte wie nichtbehinderte). Soll ein als Sondergrundrecht verstandenes Diskriminierungsverbot auch Ungleichbehandlungen *zwischen* Merkmalsträgern ausschließen, müsste der größere Vergleichspersonenkreis gewählt werden.[159]

#### *b) „Wesentliche Gleichheit" („Vergleichbarkeit") mit dem Gleichzubehandelnden?*

Als Frage des persönlichen Anwendungsbereichs, weil eine Eigenschaft der Vergleichsperson betreffend,[160] lässt sich auch die vielfach aufgestell-

---

Diskriminierungsverboten des GATT 1947 vergleiche *Tobias Bender*, in: Meinhard Hilf/Stefan Oeter (Hg.), WTO-Recht, 2. Aufl., 2010, § 10 Rn. 28–73.

[157] In diese Richtung *Stefan Korioth*, in: Theodor Maunz/Günter Dürig (Hg.), GG, 65. Lfg., 2012 (Stand der Bearbeitung: 42. Lfg., 2003), Zu Art. 140, Art. 137 WRV, Rn. 103.

[158] Siehe Kapitel 3, I 2 a.

[159] Ebenso *Michael Sachs*, in: Klaus Stern, Staatsrecht, Bd. IV/2, 2011, S. 1772 f. (zu Art. 3 Abs. 3 S. 2 GG), allerdings unter Verwendung des hier nicht gebrauchten, weil in seiner dogmatischen Funktion weniger eindeutigen Begriffs der „Vergleichsgruppe" (siehe Kapitel 3, II 1 c cc).

[160] Für eine Zuordnung zum Begriff der Ungleichbehandlung, also zum sachlichen Anwendungsbereich, aber *Michael Sachs*, in: Klaus Stern, Staatsrecht, Bd. IV/2, 2011, S. 1488; zum persönlichen Anwendungsbereich ordnet die Vergleichbarkeit wie hier zu *Christoph Spielmann*, Konkurrenz von Grundrechtsnormen, 2008, S. 208. Dieser Unterschied ist ohne inhaltliche Folgen.

te Voraussetzung einordnen, dass die Vergleichsperson dem Gleichzubehandelnden „wesentlich gleich“ oder „vergleichbar“ sein müsse. Eine solche Voraussetzung wird als Prüfungsstufe im Zusammenhang mit verschiedenen Gleichheitssätzen – unter ihnen Art. 3 GG,[161] Art. 14 EMRK[162] und die unionsrechtlichen[163] – meist mitgeführt. Verglichen werden kann jedoch (innerhalb des persönlichen Anwendungsbereichs des betrachteten Gleichheitssatzes) zunächst jeder mit jedem.[164] Stellen sich dabei Unterschiede heraus, so können diese die Ungleichbehand-

---

[161] Siehe aus der Rechtsprechung etwa BVerfGE 6, 389 (421 f., 432) (zu Art. 3 Abs. 2 und 3 sowie zu Art. 3 Abs. 1 GG); 40, 121 (139 f.) (zu Art. 3 Abs. 1 GG); aus dem Schrifttum nur *Albert Bleckmann*, Die Struktur des allgemeinen Gleichheitssatzes, 1995, S. 71 (zu Art. 3 Abs. 1 GG), mit der Behauptung, die Auflösung einer Ehe einerseits und die eines Parlaments, einer Versammlung oder einer Gesellschaft andererseits seien dem Anwendungsbereiche des Gleichheitssatzes offensichtlich von vornherein entzogen – das ist freilich gerade eine Wertungsfrage. Einschränkend *Michael Sachs*, in: HStR VIII, 3. Aufl., 2010, § 182 Rn. 33–36; *ders.*, Grenzen des Diskriminierungsverbots, 1987, S. 330–389: Es müsse nur ein *tertium comparationis* angegeben werden können (ebd., S. 342).

[162] Zu Art. 14 EMRK fordert „Vergleichbarkeit“ die Rechtsprechung, etwa EGMR, Urteil vom 18. Februar 1991, Nr. 12033/86, Tz. 61 – Fredin ./. Schweden („‚relevantly‘ similar situations“); dem folgend *Rudolf Bernhardt*, in: HGR VI/1, 2010, § 144 Rn. 45 (mit der Einschränkung, statt Vergleichbarkeit genüge es auch, „wenn unterschiedliche Rechte und/oder Pflichten auf Unterscheidungen beruhen, die der Gleichheitssatz achtet“); *Doris König/Anne Peters*, in: Rainer Grote/Thilo Marauhn (Hg.), EMRK/GG, 2006, Kap. 21 Rn. 92–99; *Christoph Grabenwarter/Katharina Pabel*, Europäische Menschenrechtskonvention, 5. Aufl., 2012, § 26 Rn. 6; a. A. *Anne Peters/Tilmann Altwicker*, Europäische Menschenrechtskonvention, 2012, § 33 Rn. 6. Die Rechtsprechung des EGMR zu diesem Gesichtspunkt analysiert *Corinna Wahle*, Der allgemeine Gleichheitssatz in der Europäischen Union, 2002, S. 130–133, der zufolge „dieser Punkt häufig vernachlässigt und direkt auf die Rechtfertigung eingegangen“ wird. *Heiko Sauer*, in: Ulrich Karpenstein/Franz C. Mayer (Hg.), EMRK, 2012, Art. 14 Rn. 25, lobt die in EGMR, Urteil vom 21. Februar 1997, Nr. 20060/92, Tz. 40 – van Raalte ./. Niederlande, vorgenommene Verlagerung der Frage der Vergleichbarkeit auf die Rechtfertigungsebene, weil es eine Wertungsfrage sei. Gleichwohl ist er der Ansicht, es gebe Fälle, „wo die fehlende Vergleichbarkeit […] eindeutig“ sei (ebd., Rn. 24); er nennt die Lage zusammenlebender Geschwister einerseits und zusammenlebender Ehepaare/Lebenspartner andererseits, die in EGMR, Urteil vom 29. April 2008, Nr. 13378/05, Tz. 60–66 – Burden ./. Vereinigtes Königreich, für nicht vergleichbar gehalten wurde.

[163] *Uwe Kischel*, EuGRZ 1997, 1 (4); *Takis Tridimas*, in: Alan Dashwood/Síofra O'Leary (Hg.), The Principle of Equal Treatment in EC Law, 1997, S. 214 (220, Tz. 11.12); *Sven Mirko Damm*, Menschenwürde, Freiheit, komplexe Gleichheit, 2006, S. 338–341; *Walter Frenz*, Handbuch Europarecht, Bd. 4, 2009, Rn. 3197. Der EuGH spricht mitunter ebenfalls von „Vergleichbarkeit“, lässt aber keine inhaltliche Abgrenzung zwischen diesem Gesichtspunkt und der Rechtfertigungsstufe erkennen

lung möglicherweise im Rahmen einer wertenden Entscheidung rechtfertigen. „Wesentliche Gleichheit" (genauer: „Fehlen wesentlicher Unterschiede"[165]) oder „Vergleichbarkeit", deren Feststellung „unvermeidlich eine Wertung" erfordert,[166] und fehlende Rechtfertigung sind deshalb dasselbe normative Tatbestandsmerkmal[167], das nur manchmal im Zusammenhang mit dem Vorliegen einer relevanten Ungleichbehandlung,[168] manchmal im Zusammenhang mit deren Rechtfertigung[169] genannt wird. Es als „Vergleichbarkeit" dem persönlichen Anwendungsbereich zuzuschlagen, erscheint dabei als die weniger stimmige dogmatische Konstruktion.

Durchaus vergleichbar mit dem Verhältnis von Schutzbereich und Rechtfertigungsprüfung bei den Freiheitsrechten – je weiter ersterer gefasst wird, desto geringere Anforderungen stellt man oft an letztere[170] – stellt sich auch das Verhältnis von Ungleichbehandlung und Rechtferti-

(so *Stefan Plötscher*, Der Begriff der Diskriminierung im Europäischen Gemeinschaftsrecht, 2003, S. 64 f. m. N., und *Tridimas*, a. a. O.).

[164] So richtig etwa *Uwe Kischel*, AöR 124 (1999), S. 174 (184), der zu Recht auf die selbstverständlich erforderliche „Vorauswahl" hinweist, die hier wie sonst „zum täglichen, wenn auch oft unbewußten Geschäft jedes Juristen" gehöre; *Magdalena Pöschl*, Gleichheit vor dem Gesetz, 2008, S. 205 f.

[165] *Magdalena Pöschl*, Gleichheit vor dem Gesetz, 2008, S. 155 f. Noch genauer ausgedrückt, kommt es auf das Fehlen wenigstens *eines* wesentlichen Unterschieds an; siehe unten Kapitel 3, V 3 a.

[166] *Konrad Hesse*, in: FS für Peter Lerche, 1993, S. 121; *Magdalena Pöschl*, Gleichheit vor dem Gesetz, 2008, S. 173 m. N. auch zum österreichischen Recht; siehe auch schon *Willibalt Apelt*, JZ 1951, 353 (357 f.).

[167] *Alexander Somek*, Rationalität und Diskriminierung, 2001, S. 437.

[168] Etwa in BVerfGE 3, 377 (380) und bei *Volker Epping*, Grundrechte, 4. Aufl., 2010, Rn. 765 f., 768; *Rainer Riggert*, Die Selbstbindung der Rechtsprechung durch den allgemeinen Gleichheitssatz (Art. 3 Abs. 1 GG), 1993, S. 56 f. (unter Anerkennung der Möglichkeit, die Wesentlichkeit auf der Stufe der Rechtfertigung zu verorten, was aber unpraktikabel sei). Für den staatskirchenrechtlichen Grundsatz der Parität ebenso *Bernd Jeand'Heur/Stefan Korioth*, Grundzüge des Staatskirchenrechts, 2000, Rn. 169.

[169] So eindeutig schon *Konrad Hesse*, AöR 77 (1951), S. 167 (174); auch *Werner Heun*, in: Horst Dreier (Hg.), GG, Bd. I, 2. Aufl., 2004, Art. 3 Rn. 24; *Robert Alexy*, Theorie der Grundrechte, 2. Aufl., 1994, S. 390 f. in Fn. 91; *Adalbert Podlech*, Gehalt und Funktionen des allgemeinen verfassungsrechtlichen Gleichheitssatzes, 1971, S. 33, 75 („(Schein-)Problematik einer ‚wesentlichen' oder ‚substantiellen' Gleichheit"); ebenso wohl *Manfred Gubelt*, in: Ingo von Münch/Philip Kunig (Hg.), GG, Bd. 1, 5. Aufl., 2000, Art. 3 Rn. 11.

[170] Vergleiche statt aller *Udo Di Fabio*, in: Theodor Maunz/Günter Dürig (Hg.), GG, 65. Lfg., 2012 (Stand der Bearbeitung: 39. Lfg., 2001), Art. 2 Abs. 1 Rn. 39: „die Entscheidung zugunsten einer weiten Schutzbereichdeutung [...] verlangt eine ebenso weite Deutung der Grundrechtsschranke" (zu Art. 2 Abs. 1 GG).

gung in gewissem Maße als ein „Verschiebebahnhof" dar.[171] Für die Freiheitsgrundrechte des Grundgesetzes wird über die Weite oder Enge von Schutzbereichs- und Eingriffsbegriffen seit einiger Zeit intensiv diskutiert.[172] Die hier verfolgte allgemeine Untersuchung zu Möglichkeiten, Gleichheitssätze dogmatisch zu strukturieren, ist nicht der Ort, zu dieser Diskussion Stellung zu nehmen. Für den hiesigen Zusammenhang genügt der Hinweis auf die rechtstheoretische Lage: „Eingriff/Schutzbereich" und „Rechtfertigung" gehören normstrukturell beide zum Tatbestand des Freiheitsgrundrechts und dienen als dogmatische Kategorien dessen begrifflicher Strukturierung;[173] nur wenn ein Eingriff vorliegt und eine Rechtfertigung fehlt, tritt die Rechtsfolge der Grundrechtsnorm ein, in erster Linie das an die Staatsgewalt gerichtete Verbot.[174]

Entsprechendes gilt für die Gleichheitssätze hinsichtlich der Tatbestandsmerkmale „Ungleichbehandlung" und „Rechtfertigung". Soweit diese Strukturierung des Tatbestands nur dogmatisch herausgearbeitet wird und nicht vom Normgeber vorgeschrieben ist, besteht Spielraum hinsichtlich der Zuordnung einzelner Tatbestandselemente zu diesen beiden Kategorien. Eine Auftrennung des wertenden Elements des Tatbestandes in einen Teil, der zur Rechtfertigung gezogen wird, und einen,

---

[171] *Stefan Plötscher*, Der Begriff der Diskriminierung im Europäischen Gemeinschaftsrecht, 2003, S. 65 f., nimmt dagegen nur eine „gewisse ‚Verwandtschaft'" zwischen Vergleichbarkeits- und Rechtfertigungsprüfung an, weil er daran festhalten möchte, erstere schon dem Diskriminierungsbegriff und letztere erst dem Diskriminierungsverbot zuzuordnen. Wie hier gleichwohl ebd., S. 269, im Hinblick auf die verschiedenen Diskriminierungsverbote des damaligen EGV (heute insbesondere Art. 40 Abs. 2 UAbs. 2 AEUV).

[172] Vergleiche für ein enges Tatbestandsverständnis das monographische Plädoyer von *Benjamin Rusteberg*, Der grundrechtliche Gewährleistungsgehalt, 2009, für ein weites etwa *Wolfram Höfling*, Offene Grundrechtsinterpretation, 1987, S. 172–185; *ders.*, in: FS für Wolfgang Rüfner, 2003, S. 329; *Wolfgang Kahl*, Der Staat 43 (2004), S. 167.

[173] Das Gleiche lässt sich auch für die strafrechtliche Unterscheidung von „Tatbestandsmäßigkeit" und „Rechtswidrigkeit" einer Straftat sagen. Dass auch diese nur der begrifflichen Strukturierung dient und nicht rechtswesentlich vorgegeben ist, wird von Teilen der heutigen Strafrechtslehre unter dem Schlagwort „zweistufiger Verbrechensaufbau" umgesetzt; vergleiche etwa *Claus Roxin*, Strafrecht Allgemeiner Teil, Bd. I, 4. Aufl., 2006, S. 286–288; *Norbert Weigt*, Die Stellung der Rechtfertigungsgründe im Verbrechensaufbau, 1969, insbesondere S. 102–104; ausführlich *Klaus Rinck*, Der zweistufige Deliktsaufbau, 2000, S. 309–474. – Die strafrechtliche Parallele zieht schon *Wolfram Höfling*, Offene Grundrechtsinterpretation, 1987, S. 184, der allerdings den dort betonten Wert der Tatbestandsmäßigkeit als eines *Prima-facie*-Verbotenseins herausstellt.

[174] Das betont in ähnlicher Weise *Ralf Poscher*, Grundrechte als Abwehrrechte, 2003, besonders S. 123 f.

der vorab betrachtet wird, führt zu einer unnötig kompliziert aufgebauten Dogmatik.[175]

Die „wesentliche Gleichheit“ oder „Vergleichbarkeit“ gehört zum wertenden Element in diesem Sinne.[176] Sie wird daher bei allen Gleichheitssätzen besser der Prüfungsstufe der Rechtfertigung zugeordnet.[177]

## II. Ungleichbehandlung durch den Verpflichteten

Den Gleichheitssätzen ist gemein, dass ihr sachlicher Anwendungsbereich nur eröffnet ist, wenn eine Ungleichbehandlung durch einen Gleichbehandlungsverpflichteten vorliegt oder droht. Andere Regelungsgehalte der Gleichheitssätze sind damit nicht ausgeschlossen,[178]

---

[175] Für eine begriffliche Trennung aber *Michael Grünberger*, Personale Gleichheit, 2011, § 7 III 1 (zu privatrechtlichen Gleichbehandlungspflichten), der es jedoch sogleich zweckmäßig nennt, „von einem weiten Verständnis der Ungleichbehandlung auszugehen, damit die in ihr liegende Sachgerechtigkeit oder das von ihr ausgehende Diskriminierungspotential kritisch gewürdigt werden kann. Die Feststellung einer Ungleichbehandlung iwS darf nicht im normativen, sondern muss im deskriptiven Sinn verstanden werden“ (ebd.). Die hier vorgeschlagene Strukturierung soll aber genau diese deskriptive Feststellung folgerichtig durchführen, weshalb auch die „Vergleichbarkeit“ nicht an dieser Stelle eingeordnet wird.

[176] Das zeigt sich etwa daran, dass die Verneinung der „Vergleichbarkeit“ etwa zur Annahme der Verfassungsmäßigkeit des seinerzeitigen § 175 StGB unter dem Gesichtspunkt des Art. 3 Abs. 2, 3 und 1 GG führte, siehe BVerfGE 6, 389. Der Verfassungsbeschwerde lag die Fassung des § 175 StGB nach Art. 6 Nr. 1 Gesetz zur Änderung des Strafgesetzbuchs vom 28. Juni 1935 (RGBl. I, 839) zugrunde.

[177] Ebenso etwa *Konrad Hesse*, AöR 77 (1951), S. 167 (174); auch *Werner Heun*, in: Horst Dreier (Hg.), GG, Bd. I, 2. Aufl., 2004, Art. 3 Rn. 24; *Robert Alexy*, Theorie der Grundrechte, 2. Aufl., 1994, S. 390 f. in Fn. 91; *Adalbert Podlech*, Gehalt und Funktionen des allgemeinen verfassungsrechtlichen Gleichheitssatzes, 1971, S. 33, 75; *Peter Seißer*, Das Verhältnis des allgemeinen Gleichheitssatzes (Art. 3 Abs. 1 Grundgesetz) zu besonderen Gleichheitssätzen, 1969, S. 10 („keine eigenständige Voraussetzung für ein Gleichheitsurteil“); *Anne Peters/Tilmann Altwicker*, Europäische Menschenrechtskonvention, 2012, § 33 Rn. 6. Ähnliche Erwägungen bei *Marion Albers*, JuS 2008, 945 (948), dort allerdings nur bezogen auf die Prüfung der „Sachgerechtigkeit“, gemeint wohl im Sinne der Schutzbereichsprüfung des Eingriffsmodells; zu diesem Kapitel 3, V 3 b aa (7), sowie bereits oben Kapitel 1, II.

[178] Zu Art. 3 Abs. 1 GG werden insoweit diskutiert: (1) ein allgemeines, vergleichsunabhängiges Willkürverbot, das aber wohl besser dem Rechtsstaatsprinzip entnommen wird (vergleiche *Martin Heckel*, Gleichheit oder Privilegien?, 1993, S. 21 m. N.); (2) ein Gebot der Aufstellung norminterpretierender Verwaltungsvorschriften – so ohne weitere Ausführungen BVerwGE 104, 220 (223: „der Gleichheitssatz“ gebiete einem Subventionsgeber, „ein gleichheitsgerechtes Verteilungsprogramm zu erstellen“); (3) ein Gebot der „Chancengleichheit“ in der offenbar vereinzelt gebliebenen Entscheidung des BVerwG, NJW 1972, 2325, wo statt einer Un-

aber sie bilden weder in theoretischer noch in praktischer Hinsicht den Kern dieser Normen und werden in dieser Untersuchung nicht weiter betrachtet.

Dass eine Ungleichbehandlung das zentrale Tatbestandsmerkmal eines Gleichheitssatzes darstellt, entspricht allgemeiner Auffassung etwa zu Art. 3 GG[179] und Art. 20 EUGRCh[180] und lässt sich auf alle betrachteten Gleichheitssätze übertragen. Wie die Gleichheitssätze dabei im Einzelnen abgefasst sind, ist demgegenüber unerheblich: Gleich, ob sie aussprechen, dass Menschen oder Personen „vor dem Gesetz gleich" seien, oder ob sie „Bevorzugungen", „Benachteiligungen" oder „Diskriminierungen" verbieten, lässt sich ihnen die Absicht entnehmen, in Bezug auf die ungleiche Behandlung Gleichzubehandelnder durch die von ihnen jeweils angesprochenen Verpflichteten eine Regelung zu treffen.[181]

Mit der Feststellung einer Ungleichbehandlung ist freilich für sich genommen noch kein Werturteil verbunden.[182] Wie jede Rechtsnorm mit Tatbestand und Rechtsfolge kennen auch die Gleichheitssätze nur zwei zu unterscheidende Fälle: den, dass ihr Tatbestand gegeben ist und deshalb ihre Rechtsfolge eintritt, und den, dass ihr Tatbestand nicht gegeben ist und deshalb ihre Rechtsfolge nicht eintritt. Andere Wertungen als die juridisch-normative der Auslösung einer Rechtsfolge kann eine Rechtsnorm bei ihrer *rechts*wissenschaftlichen Untersuchung keinesfalls vorweisen; solche wären höchstens als gesellschaftliche Zuschreibungen einer *sozial*wissenschaftlichen Untersuchung zugänglich, die hier aber

---

gleichbehandlung eine Beeinträchtigung der „Chancengleichheit" durch wirtschaftliche Betätigung des Staates für ausreichend gehalten wurde; siehe zu diesem Gesichtspunkt auch *Heinrich Scholler*, Die Interpretation des Gleichheitssatzes als Willkürverbot oder als Gebot der Chancengleichheit, 1969.

[179] Für Art. 3 GG entspricht dies ständiger Rechtsprechung seit BVerfGE 1, 14 (52); 4, 144 (155), und ist dies auch im Schrifttum die allgemeine Auffassung, siehe *Hans D. Jarass*, in: Hans D. Jarass/Bodo Pieroth, GG, 12. Aufl., 2012, Art. 3 Rn. 7; *Lerke Osterloh*, in: Michael Sachs (Hg.), GG, 6. Aufl., 201, Art. 3 Rn. 83. Näher am Wortlaut jedenfalls des Art. 3 Abs. 1 GG befindet sich der Ausgangspunkt von *Adalbert Podlech*, Gehalt und Funktionen des allgemeinen verfassungsrechtlichen Gleichheitssatzes, 1971, S. 29–53, bei einer logischen Analyse des Ausdrucks „gleich" anzusetzen. Auch dort erscheint im „Schema der Gleichheitsprüfung" (ebd., S. 96) dann allerdings die „Ungleichbehandlung" als Tatbestandsmerkmal.

[180] *Hans-Peter Folz*, in: Christoph Vedder/Wolff Heintschel von Heinegg (Hg.), Europäisches Unionsrecht, 2012, Art. 20 EUGRCh Rn. 3; *Sven Hölscheid*, in: Jürgen Meyer (Hg.), Charta der Grundrechte der Europäischen Union, 3. Aufl., 2011, Art. 20 Rn. 14a.

[181] Vergleiche etwa *Walter Frenz*, Handbuch Europarecht, Bd. 4, 2009, Rn. 3169 (Diskriminierungsverbote als „negative Formulierung des Gleichheitsgebots").

[182] Vergleiche wiederum *Ralf Poscher*, Grundrechte als Abwehrrechte, 2003, S. 123 f.

nicht angestellt wird.[183] Es erscheint deshalb nicht sinnvoll, dem einen oder anderen Ungleichbehandlungsbegriff entgegenzuhalten, sie stellten zu vieles unter „den Verdacht [...], den Gleichheitssatz zu verletzen"[184], wenn man nicht zugleich die übrigen Tatbestandsmerkmale in den Blick nimmt; der Verdacht als solcher ist jedenfalls juristisch unerheblich.

Voraussetzungen für das Vorliegen einer tatbestandlichen Ungleichbehandlung sind zunächst eine Ungleichbehandlung im abstrakt-technischen Sinne (dazu 1) und deren Zurechnung zum Verpflichteten (dazu 2). Überdies muss die Ungleichbehandlung auch sachlich von dem betrachteten Gleichheitssatz erfasst sein (dazu 3). Eine Einschränkung schon des sachlichen Anwendungsbereichs der Gleichheitssätze auf *rechtmäßige* Handlungen des Verpflichteten sollte dagegen nicht vorgenommen werden (zu diesem, meist mit dem Schlagwort „[keine] Gleichheit im Unrecht" angesprochenen Problem 4).

Um eine Randerscheinung handelt es sich bei der meist anerkannten Möglichkeit einer verbotenen Gleichbehandlung;[185] soweit Gleichheitssätze entsprechende Verbote beinhalten, lassen diese sich sämtlich mit dem hier entwickelten Ansatz rekonstruieren (dazu 5).

Das Problem der Konkurrenz- und Exklusivitätsverhältnisse zwischen den verschiedenen Gleichheitssätzen wird dagegen nicht auf der Tatbestandsebene behandelt, sondern nach der Betrachtung der Rechtsfolgen der Gleichheitssätze in einem eigenen Kapitel untersucht.[186]

## *1. Vorliegen einer Ungleichbehandlung*

Als zentrales Merkmal des Tatbestandes von Gleichheitssätzen bedarf die Ungleichbehandlung einer genauen Bestimmung. Im Folgenden wird zunächst die herkömmliche Begriffsbestimmung wiedergegeben (dazu a). Ihr wird eine alternative Begriffsbestimmung gegenübergestellt, die – soweit dafür methodisch Raum ist – für die dogmatische Handhabbarmachung der Gleichheitssätze empfohlen wird (dazu b). Im

---

[183] Grundlegend zur Bestimmung der Grenzen der Normwissenschaften *Hans Kelsen*, Reine Rechtslehre, 2. Aufl., 1960, S. 1 und passim.

[184] So aber *Magdalena Pöschl*, Gleichheit vor dem Gesetz, 2008, S. 150, 160.

[185] Vergleiche *Hans D. Jarass*, in: Hans D. Jarass/Bodo Pieroth, GG, 12. Aufl., 2012, Art. 3 Rn. 8; *Lerke Osterloh*, in: Michael Sachs (Hg.), GG, 6. Aufl., 2011, Art. 3 Rn. 83; *Bodo Pieroth/Bernhard Schlink*, Grundrechte, 27. Aufl., 2011, Rn. 468 f.; sowie aus rechtsphilosophischer Sicht *Bernd Rüthers/Christian Fischer*, Rechtstheorie, 5. Aufl., 2010, Rn. 355–360; zum österreichischen Recht, aber auch darüber hinaus von Bedeutung *Magdalena Pöschl*, Gleichheit vor dem Gesetz, 2008, S. 157–172.

[186] Siehe unten Kapitel 5.

Anschluss werden die Unterschiede zwischen herkömmlicher und alternativer Begriffsbestimmung herausgearbeitet und bewertet (dazu c).

### *a) Herkömmliches Begriffsverständnis*

Nach herkömmlichem Verständnis setzt eine Ungleichbehandlung voraus, dass ein Paar von Vergleichsgruppen gebildet werde, deren einer der Gleichzubehandelnde angehören müsse.[187] Die Vergleichsgruppen seien so zu bilden, dass sie mit möglichst wenigen Unterschieden voneinander *(differentia specifica)* unter einen möglichst engen gemeinsamen Oberbegriff *(genus proximum)* fielen[188] – denn „ohne Bestimmung eines tertium comparationis" sei „eine strukturierte Gleichheitsprüfung nicht möglich"[189]. Eine Ungleichbehandlung soll dann vorliegen, wenn der aus dem Gleichheitssatz Verpflichtete die beiden Vergleichsgruppen unterschiedlich „behandle", wobei der Begriff des Behandelns mitunter eher

[187] Siehe zu den unionsrechtlichen Gleichheitssätzen *Kerstin Odendahl*, in: F. Sebastian M. Heselhaus/Carsten Nowak (Hg.), Handbuch der Europäischen Grundrechte, 2006, § 43 Rn. 18; *Walter Frenz*, Handbuch Europarecht, Bd. 4, 2009, Rn. 3197 m. w. N.; zu Art. 3 Abs. 1 GG *Volker Epping*, Grundrechte, 4. Aufl., 2010, Rn. 772–776; *Friedhelm Hufen*, Staatsrecht II, 2. Aufl., 2009, § 39 Rn. 4; anders *Manfred Gubelt*, in: Ingo von Münch/Philip Kunig (Hg.), GG, Bd. 1, 5. Aufl., 2000, Art. 3 Rn. 16a, der von „Sachverhalten" oder (verallgemeinernd) „Objekten" spricht; offener auch *Gerrit Manssen*, Staatsrecht II, 8. Aufl., 2011, Rn. 795, der von „Personen, Personengruppen oder Sachverhalte[n]" spricht. Ebenso zum österreichischen Recht *Magdalena Pöschl*, Gleichheit vor dem Gesetz, 2008, S. 143–145.

[188] Zum Unionsrecht siehe etwa *Stefan Plötscher*, Der Begriff der Diskriminierung im Europäischen Gemeinschaftsrecht, 2003, S. 46 (hinsichtlich „generell-abstrakte[r] Regelungen"); zum Grundgesetz *Werner Heun*, in: Horst Dreier (Hg.), GG, Bd. I, 2. Aufl., 2004, Art. 3 Rn. 23 f.; *Manfred Gubelt*, in: Ingo von Münch/Philip Kunig (Hg.), GG, Bd. 1, 5. Aufl., 2000, Art. 3 Rn. 16a (dort *„tertium comparationis"*); *Volker Epping*, Grundrechte, 4. Aufl., 2010, Rn. 773–776; kritisch *Uwe Kischel*, AöR 124 (1999), S. 174 (182 f.). – Die Vergleichsgruppe selbst bezeichnen als *„tertium comparationis" Lothar Michael/Martin Morlok*, Grundrechte, 3. Aufl., 2012, Rn. 789. – Zur Begrifflichkeit vergleiche auch *Michael Sachs*, in: Klaus Stern, Staatsrecht, Bd. IV/2, 2011, S. 1513 m. w. N., sowie *Christoph Moes*, Die Steuerfreiheit des Existenzminimums vor dem Bundesverfassungsgericht, 2011, S. 192 mit Fn. 700.

[189] *Christoph Moes*, Die Steuerfreiheit des Existenzminimums vor dem Bundesverfassungsgericht, 2011, S. 192 m. N.

im Unklaren bleibt.[190] Ein „schlichtes Unterlassen“ des Verpflichteten soll jedenfalls nicht darunter fallen.[191]

Dieses Verständnis der Struktur von Ungleichbehandlungen erscheint zum einen übermäßig komplex. Zum anderen lädt es diese Stufe der Tatbestandsstruktur der Gleichheitssätze zu sehr mit solchen Fragen auf, die – wie die normative Beurteilung der Unterschiede zwischen den Vergleichsgruppen[192] und deren „Vergleichbarkeit“[193] – eigentlich erst die Bewertung des Sachverhalts betreffen.[194] Zugleich lädt diese Herangehensweise zu dem Missverständnis ein, es gebe „richtige“ und „falsche“ Vergleichsgruppen,[195] etwa wenn es heißt, ein Gleichheitssatz binde den Verpflichteten „an die das tertium comparationis bestimmende rechtserhebliche Gemeinsamkeit“[196].

Zur Vermeidung dieser Schwachpunkte der herkömmlichen Definitionen wird im Folgenden ein einfacherer Begriff der Ungleichbehand-

---

[190] Siehe *Friedhelm Hufen*, Staatsrecht II, 2. Aufl., 2009, S. 723 f.; *Bodo Pieroth/Bernhard Schlink*, Grundrechte, 27. Aufl., 2011, Rn. 467 („rechtlich behandelt“); auch *Hans Nef*, Gleichheit und Gerechtigkeit, 1941, S. 76–79, der den „Begriff der Behandlung“ ausdrücklich anspricht, aber „weniger problematisch“ nennt (ebd., S. 76). Die „Behandlung“ würdigen eigenständig etwa *Stefan Plötscher*, Der Begriff der Diskriminierung im Europäischen Gemeinschaftsrecht, 2003, S. 47–49, und *Michael Sachs*, in: Klaus Stern, Staatsrecht, Bd. IV/2, 2011, S. 1469 f. (jede „Einwirkung auf die im weitesten Sinne verstandenen sonstigen objektivierbaren Interessen“).

[191] *Hans D. Jarass*, in: HGR II, 2006, § 38 Rn. 45. – Allerdings erscheint Art. 3 Abs. 1 GG bei *Paul Kirchhof*, in: FS für Peter Lerche, 1993, S. 133 (141), auch als Gebot, „Verschiedenheiten aufzunehmen und [...] Unterscheidungen zu treffen“; von diesem Standpunkt aus wäre es dann doch möglich, den Gleichheitssatz durch schlichtes Unterlassen (also Nichtstun) zu verletzen. Sollte die Norm tatsächlich in diesem Sinne auszulegen sein, so läge hierin aber ein von Ungleichbehandlungen unabhängiger, in den Begriffen dieser Untersuchung also nicht gleichheitsrechtlicher, zusätzlicher Regelungsgehalt.

[192] Auch nach *Manfred Gubelt*, in: Ingo von Münch/Philip Kunig (Hg.), GG, Bd. 1, 5. Aufl., 2000, Art. 3 Rn. 17, erfolgt die Auswahl des Oberbegriffs „auf Grund eines Werturteils“; ebenso *Werner Heun*, in: Horst Dreier (Hg.), GG, Bd. I, 2. Aufl., 2004, Art. 3 Rn. 24.

[193] Dazu bereits Kapitel 3, I 3 b.

[194] Gegen eine „Überlastung des Gleichheitssatzes“ mit einer „dort nicht enthaltene[n] Regel für erlaubte und nicht erlaubte Gattungsbildungen“ auch *Christian Starck*, in: Hermann von Mangoldt/Friedrich Klein/Christian Starck (Hg.), GG, Bd. 1, 6. Aufl., 2010, Art. 3 Rn. 15. Ähnlich *Lerke Osterloh*, in: Michael Sachs (Hg.), GG, 6. Aufl., 2011, Art. 3 Rn. 82: Beschränkungen der Vergleichsperspektive gehörten schon zur Bewertung. – Zu dieser Frage siehe auch bereits Kapitel 3, I 3 b.

[195] Dazu kritisch auch *Magdalena Pöschl*, Gleichheit vor dem Gesetz, 2008, S. 207–211. *Volker Epping*, Grundrechte, 4. Aufl., 2010, Rn. 776, scheidet in der Tat bestimmte Vergleichsgruppenbildungen schon als „nicht sinnvoll“ aus.

[196] *Paul Kirchhof*, in: FS für Peter Lerche, 1993, S. 133 (139).

lung vorgeschlagen,[197] dessen Vorzüge anschließend (unter c) im Vergleich dargestellt werden sollen.

### b) Vorgeschlagene Begriffsbestimmung

Eine Ungleichbehandlung lässt sich als der Sachverhalt auffassen, dass in einem Falle in bestimmter Weise gehandelt wird und in (irgend)einem anderen Falle nicht. So verstanden – durchaus im Einklang mit dem allgemeinen Sprachgebrauch –, ist eine Ungleichbehandlung die Verbindung einer Handlung (eines Tuns) in dem einen Falle mit einem entsprechenden Unterlassen (Nicht[s]tun) in dem anderen.

Dabei muss die eine Seite dieser Verbindung (die Handlung oder die Unterlassung) einen Gleichzubehandelnden im Sinne des jeweiligen Gleichheitssatzes[198] betreffen, die andere Seite (die Unterlassung beziehungsweise die Handlung) eine taugliche Vergleichsperson[199], und sowohl die Handlung als auch die Unterlassung müssen einem aus dem Gleichheitssatz Verpflichteten[200] zuzurechnen sein[201]. So wird entweder der Gleichzubehandelnde Ziel einer Handlung und die Vergleichsperson nicht, oder es wird die Vergleichsperson Ziel einer Handlung und der Gleichzubehandelnde nicht.

Das hiermit zunächst nur angedeutete Begriffsverständnis soll im Folgenden präzisiert (dazu aa) und anschließend mit Hilfe von Beispielen verdeutlicht werden (dazu bb).

#### aa) Begriffsbestimmung mittels handlungsbezogener Prädikate

Der beschriebene Zusammenhang zwischen einer Handlung in einem und einem entsprechenden Unterlassen in einem anderen Falle lässt sich unter Verwendung von Begriffen aus der Logik auch folgendermaßen fassen:[202] Versteht man unter einer handlungsbezogenen Aussage eine solche, die eine Handlung oder ein Unterlassen des Verpflichteten in Richtung auf eine Person beschreibt, so liegt eine Ungleichbehandlung vor, sobald es eine handlungsbezogene Aussage gibt, die auf den Gleichzubehandelnden zutrifft und auf die Vergleichsperson nicht.

---

[197] Vergleiche auch schon *Philipp Reimer/Simon Kempny*, Ad Legendum 2010, 137 (138).

[198] Zur Bestimmung dieses Personenkreises Kapitel 3, I 2.

[199] Zur Bestimmung dieses Personenkreises Kapitel 3, I 3.

[200] Zur Bestimmung dieses Personenkreises Kapitel 3, I 1.

[201] Zu Einzelheiten der Zurechnung noch Kapitel 3, II 2.

[202] Siehe *Philipp Reimer/Simon Kempny*, Ad Legendum 2010, 137 (138).

Der verwendete Ausdruck „handlungsbezogene Aussage" soll zum besseren Verständnis der Definition näher erläutert werden. Gemeint ist mit ihm ein logisches Prädikat, das handlungsbezogen und transitiv ist.

Unter einem Prädikat wird dabei im Sinne der Prädikatenlogik eine beliebige Eigenschaft oder Beziehung verstanden, die einer oder mehreren Personen oder Gegenständen zukommt.[203]

*Beispiele:* „ist grün", „ist ein Deutscher", „tanzt", „tanzt nicht", „liest (etwas)".

Hier wie im Folgenden bezeichnen bei der Darstellung von Prädikaten in Klammern gesetzte Indefinitpronomina Stellen, die mit Objekten zu besetzen sind, will man aus dem Prädikat eine vollständige Aussage werden lassen. Während „ist grün" ein einstelliges Prädikat ist, weil es bereits durch Angabe dessen, der als grün seiend bezeichnet werden soll, zur vollständigen Aussage wird, ist „liest (etwas)" ein zweistelliges Prädikat, weil hier neben dem Lesenden noch das Gelesene ergänzt werden muss.

Handlungsbezogen soll ein Prädikat heißen, das eine Handlung eines Subjekts beschreibt.[204] Handlungsbezogen ist dann aber auch jedes Prädikat, dass sich auf eine solche, einem bestimmten Subjekt zurechenbare Handlung beziehen lässt.[205] Handlung kann dabei sowohl ein positives Tun als auch eine Unterlassung sein; ein handlungsbezogenes Prädikat kann auch so gefasst sein, dass es einmal ein Tun und ein andermal ein Unterlassen beschreibt.[206]

*Beispiele:* „tanzt", „tanzt nicht", „liest (etwas)", „liest (etwas) nicht", „verurteilt (jemanden) zur Zahlung von (etwas) an (jemanden)". Nicht dagegen: „ist grün", „ist ein Deutscher".

Zu den Handlungen zählen insbesondere auch die normativen Handlungen, die Rechtsfolgen setzen, seien diese auf einen Einzelfall bezogen

---

[203] Siehe etwa *Ota Weinberger*, Rechtslogik, 2. Aufl., 1989, S. 63, 143–145.

[204] Dieser Sprachgebrauch folgt *Philipp Reimer*, Zur Theorie der Handlungsformen des Staates, 2008, S. 21–35. Wie dort für die Handlungsformenlehre entwickelt, muss auch hier ein relativer, nämlich dem jeweils auszulegenden positivrechtlichen Gleichheitssatz zu entnehmender Handlungsbegriff zugrunde gelegt werden. Dass in dieser Arbeit insoweit nicht aufgefächert wird, entspricht dem hier verfolgten Ziel einer vereinheitlichenden Dogmatik der Gleichheitssätze, die deren jeweilige Besonderheiten gegenüber dem herausgearbeiteten Typus gerade nicht einbeziehen kann.

[205] Die von *Tilmann Altwicker*, Menschenrechtlicher Gleichheitsschutz, 2010, S. 9, vorgenommene Unterscheidung zwischen Gleichheit auf der „Input"- und der „Output"-Seite einer Handlung wird damit nicht aufgenommen. Wie dort auch deutlich wird, spielen in diese Unterscheidung schon Rechtfertigungsgesichtspunkte mit hinein.

[206] Zu derartigen Prädikaten siehe unten Kapitel 5, II 2.

oder von allgemeiner Wirkung[207]. Normative Handlung in diesem Sinne ist dementsprechend auch ein Gesetz; ein solches erfordert nach den meisten Verfassungen zwar die Vornahme mehrerer Handlungen durch verschiedene Organe, es lässt sich aber insgesamt als Handlung dem Gesamtverband „Staat“ zurechnen.[208] Durch die Einbeziehung der normativen Handlungen ist sichergestellt, dass der vorgeschlagene Ungleichbehandlungsbegriff auch die Gewährung eines rechtlichen Status und damit die „Rechtegleichheit“ erfasst.[209] Die einzelne Regelung innerhalb einer normativen (Gesamt-)Handlung lässt sich dabei als Teilhandlung auch ablösen und für sich betrachten.

Transitiv heiße dann ein solches handlungsbezogenes Prädikat, das eine Handlung in Richtung auf eine bestimmte andere Person beschreibt.[210] (Gegenstände als Objekte der Handlung brauchen nicht formal ausgeschlossen zu werden, aber sollen hier außer Betracht bleiben.)

*Beispiele:* „setzt für (jemanden) Einkommensteuer fest“, „setzt für (jemanden) Einkommensteuer für den Veranlagungszeitraum 2012 fest“, „setzt für (jemanden) Einkommensteuer für den Veranlagungszeitraum 2012 in Höhe von 1 234 Euro fest“, „setzt für (jemanden) nicht Einkommensteuer für den Veranlagungszeitraum 2012 in Höhe von 1 234 Euro fest“. Nicht dagegen: „tanzt“, „liest (etwas)“.

Die Definition der Ungleichbehandlung würde mit den so eingeführten Begriffen lauten:

*Eine Ungleichbehandlung liegt vor, wenn jemand (der Verpflichtete) ein transitives handlungsbezogenes Prädikat in Bezug auf eine bestimmte Person (den Gleichzubehandelnden) verwirklicht und er das-*

---

[207] *Wilfried Schaumann*, JZ 1966, 721 (722), stellt in Bezug auf Art. 3 Abs. 1 GG insoweit die „Vorausentscheidung“ und die „*ad hoc*-Entscheidung“ einander gegenüber (Hervorhebung im Original). Zu den Schwierigkeiten einer Unterscheidung individueller und genereller Handlungen vergleiche *Philipp Reimer*, Zur Theorie der Handlungsformen des Staates, 2008, S. 120–125.

[208] Das lässt sich auch für fortgeltende Regelungen vorkonstitutioneller Normgeber konstruieren. Ihre Geltung beruht auf einer Handlung des Verfassungsgebers, nämlich der Setzung von Überleitungsnormen wie Art. 123 Abs. 1 GG.

[209] „Rechtegleichheit“ und „Gleichbehandlung“ erweisen sich damit als nicht kategorial verschieden, wie es bei *Tilmann Altwicker*, Menschenrechtlicher Gleichheitsschutz, 2010, S. 35, erscheint; vielmehr lassen sich beide gleichheitsrechtlichen „Kerngehalte“ (ebd.) der Gleichbehandlung zuordnen.

[210] Diese Verwendung des Begriffs „transitiv“ orientiert sich an dem sprachwissenschaftlichen, nicht dem logischen Verständnis; vergleiche Duden, Bd. 4: Grammatik der deutschen Gegenwartssprache, 6. Aufl., 1998, Rn. 190. In der Logik wird eine Relation $R$ demgegenüber dann als transitiv bezeichnet, wenn für beliebige Gegenstände $a$, $b$, $c$ aus $aRb$ und $bRc$ auf $aRc$ geschlossen werden kann; siehe nur *Bertrand Russell*, Einführung in die mathematische Philosophie, 2. Aufl., 2006, S. 22.

*selbe Prädikat nicht zugleich auch in Bezug auf eine andere bestimmte Person (die Vergleichsperson) verwirklicht.*

Drückt das Prädikat eine Handlung aus, so erfordert diese Definition für die Ungleichbehandlung, dass im Hinblick auf die Vergleichsperson eine Unterlassung stattfinde. Beschreibt das Prädikat dagegen selbst eine Unterlassung, dann setzt eine Ungleichbehandlung ein positives Tun des Verpflichteten in Richtung auf die Vergleichsperson voraus.

#### *bb) Beispiele*

Zur Veranschaulichung der Ungleichbehandlung in dem so definierten technischen Sinne mögen die folgenden Beispiele dienen.

*Fall 3:* A und B haben auf ihren benachbarten Grundstücken jeweils eine den Straßenverkehr gefährdende morsche Fichte. Der Bürgermeister gibt dem A auf, seinen Baum zu fällen; B erhält keine entsprechende Verfügung des Bürgermeisters.

Das auf A und B zutreffende Prädikat „hat morschen Baum" ist schon nicht handlungsbezogen, weil es keine Handlung beschreibt. Das Prädikat „befiehlt (jemandem) Fällung seines Baums" ist transitiv. Mit dem Bürgermeister als Handelndem trifft dieses Prädikat auf A zu und auf B nicht; eine Ungleichbehandlung liegt vor.

*Fall 4 (Fortsetzung zu Fall 3):* Zwischen den Grundstücken von A und B verläuft die Gemeindegrenze.

Eine Ungleichbehandlung liegt auch jetzt darin, dass der Bürgermeister der Gemeinde des A nur diesem die Fällung des Baums aufgibt; dass er nach der Zuständigkeitsordnung über von dem Grundstück des B ausgehende Gefahren keine Regelungen zu treffen hat, ist für diesen ersten Schritt der Gleichheitsprüfung ohne Bedeutung.[211]

Ein zweites Beispiel soll die Möglichkeit veranschaulichen, in das Prädikat eine zeitliche Komponente aufzunehmen.

---

[211] Die Zuständigkeitsordnung kann nur eine Rechtfertigung bewirken (dazu Kapitel 3, V 3 b aa (1) (a)). Anders die verbreitete Auffassung, dass bereits die Ungleichbehandlung innerhalb des Zuständigkeitsbereichs eines Trägers öffentlicher Gewalt vorliegen müsse, vertreten etwa von *Lerke Osterloh*, in: Michael Sachs (Hg.), GG, 6. Aufl., 2011, Art. 3 Rn. 81; *Wolfgang Rüfner*, in: Rudolf Dolzer u. a. (Hg.), Bonner Kommentar zum GG, 157. Lfg., 2012 (Stand der Bearbeitung: 67. Lfg., 1992), Art. 3 Rn. 162; ähnlich lesen sich BVerfGE 21, 54 (68); 76, 1 (73). Vergleiche auch *Holger Vogel*, Ungleichheiten beim Vollzug von Steuergesetzen im Bundesstaat, 2000, S. 274–292, der (mit Blick auf Art. 3 Abs. 1 GG und bezogen auf das Feld der Steuerverwaltung) jene verbreitet (und auch von diesem Autor) angenommene Begrenztheit der Gleichheitssatzwirkungen auf die Zuständigkeitsbereiche mittels Rückgriffs auf die Bundestreue überwinden will.

*Fall 5:* A beantragt und erhält Sozialgeld (§ 19 Abs. 1 S. 2, § 23 SGB II) am 1. Juli, der in derselben Lage befindliche B beantragt und erhält es am 1. August.

Unter Anwendung des Prädikats „gewährt (jemandem) Sozialgeld für Juli" kommt man zu einer Ungleichbehandlung,[212] unter Anwendung des Prädikats „gewährt (jemandem) Sozialgeld" dagegen nicht.

Ein drittes und letztes Beispiel zeigt die Leistungsfähigkeit des vorgeschlagenen Ungleichbehandlungsbegriffs im Hinblick auf gleichartige Maßnahmen, die sich auf verschiedene Personen unterschiedlich auswirken.

*Fall 6:* Ein Gesetz unterwirft jedermann einer jährlichen Kopfsteuer in Höhe von 2 000 Euro. Für A übersteigt dieser Betrag sein gesamtes Jahreseinkommen, für B entspricht er lediglich einem Hundertstel seiner Einkünfte.

Das Prädikat „verpflichtet (jemanden) zu einer Zahlung von 2 000 Euro" trifft auf A und B in gleicher Weise zu, sie werden insofern („formal"[213] oder „aktbezogen"[214]) nicht ungleich behandelt. Das Prädikat „verpflichtet (jemanden) zu einer Zahlung oberhalb seines Jahreseinkommens" trifft dagegen, ebenso wie möglicherweise das Prädikat „verpflichtet (jemanden) zu einer existenzbedrohenden Zahlung", nur auf A, das Prädikat „verpflichtet (jemanden) zu einer Zahlung von einem Hundertstel seiner Einkünfte" nur auf B zu; bezüglich dieser („materiellen", „folgenbezogenen") Prädikate ist damit jeweils eine Ungleichbehandlung gegeben. Die nur zweiwertigen Kennzeichnungen als „formal" oder „materiell", als „akt-" oder „folgenbezogen" dürfte die Vielfalt der denkbaren Prädikate indes nicht hinreichend widerspiegeln.[215]

### c) Vergleich

Stellt man das herkömmliche und das hier vorgeschlagene Begriffsverständnis einander gegenüber, so ergeben sich Unterschiede unter einer Reihe von Gesichtspunkten. Der Tatbestand der neuen Definition ist erheblich weiter (dazu aa); er setzt wie der herkömmliche *wenigstens*, anders als dieser aber auch *nur* eine Handlung des Verpflichteten voraus

---

[212] Zur Rechtfertigung dieser Ungleichbehandlung durch die unterschiedlichen Zeitpunkte der Antragstellung (vergleiche § 37 Abs. 2 S. 1 SGB II) siehe Kapitel 3, V 3 b aa (1) (a).

[213] Das Begriffspaar formal/materiell verwendet in diesem Zusammenhang *Magdalena Pöschl*, Gleichheit vor dem Gesetz, 2008, S. 143 f.

[214] Das Begriffspaar aktbezogen/folgenbezogen verwendet in diesem Zusammenhang *Robert Alexy*, Theorie der Grundrechte, 2. Aufl., 1994, S. 377 f.

[215] Anders *Magdalena Pöschl*, Gleichheit vor dem Gesetz, 2008, S. 143–145; *Tilmann Altwicker*, Menschenrechtlicher Gleichheitsschutz, 2010, S. 46 f.

(dazu bb, ee); statt von Vergleichsgruppen geht er dementsprechend nur von der Betrachtung von Vergleichspaaren aus (dazu cc); Unterschiede innerhalb dieser Vergleichspaare sind auf der Stufe der Ungleichbehandlung noch nicht von Bedeutung, sondern höchstens auf einer späteren Stufe der Rechtfertigung (dazu dd).

### *aa) Weiter gefasster Tatbestand*

Zunächst ist zu bemerken, dass die hier vorgeschlagene Begriffsbestimmung den Tatbestand der Ungleichbehandlung wesentlich weiter fasst, als üblich ist.[216] Es genügt ihr zufolge jede Unterscheidung, die ein Verpflichteter trifft; alles andere – namentlich die Rechtmäßigkeit oder Rechtswidrigkeit dieser Unterscheidung – ist dann eine Frage der weiteren Tatbestandsvoraussetzungen des Gleichheitssatzes, insbesondere der Rechtfertigung.[217] Bei jedem Sachverhalt lässt sich deshalb eine nahezu beliebige Zahl von Ungleichbehandlungen feststellen.[218] Diese weite Fassung bietet den Vorteil, im Wesentlichen wertfrei die Ungleichbehandlung feststellen und die Wertungsfragen auf der späteren Prüfungsstufe der Rechtfertigung bündeln zu können.[219]

### *bb) Nur eine Handlung erforderlich, nicht zwei*

Die Definition unterscheidet sich von anderen Verständnissen der Ungleichbehandlung strukturell dadurch, dass nicht eine unterschiedliche Behandlung zweier Fälle und damit zwei Handlungen vorausgesetzt werden, sondern nur *eine* Handlung in *einem* Falle, die in einem ande-

---

[216] Bedenken, dass schon das herkömmliche Modell der allgemeinen Gleichheitssätze zu weit sei und der Rechtsprechung die Befugnis zur „‚totalen' Gleichheitsprüfung" einräume – so *Ernst-Werner Fuss*, JZ 1959, 329, 335 –, hilft dementsprechend auch der hier gemachte Vorschlag nicht ab.

[217] Ähnlich *Uwe Kischel*, AöR 124 (1999), S. 174 (183): „Es ist kein Grund ersichtlich, dem Rechtsanwender die Rechtfertigungsprüfung von vornherein zu untersagen." Gleichsinnig versteht auch *Christian Tomuschat*, ZaöRV 68 (2008), S. 327 (331) die Intention der grundgesetzlichen Gleichheitssätze, wenn er schreibt: „Alles und jedes bedarf der Rechtfertigung."

[218] In ähnlicher Weise betont *Martin Heckel*, Gleichheit oder Privilegien?, 1993, S. 13, an einem Rechtsverhältnis könne „gleichzeitig eine *Vielzahl* von Grundrechtsträgern des Art. 3 I GG in sehr verschiedenen, miteinander konkurrierenden und *sich überlagernden* Vergleichsbeziehungen beteiligt sein" (Hervorhebung im Original); dort wird der Zusammenhang am Beispiel der Wehrpflichtbefreiung für Geistliche verdeutlicht.

[219] Zu diesem Gesichtspunkt siehe bereits oben in und bei Fn. 194 sowie (zu dem Topos der „Unvergleichbarkeit", die schon zum begrifflichen Ausschluss einer Ungleichbehandlung führen soll) Kapitel 3, I 3 b.

ren Falle *nicht* erfolgte.[220] Die Betrachtung von Prädikaten enthebt dabei zugleich von der Notwendigkeit, über die inhaltliche „Identität" zweier Handlungen zu entscheiden.[221]

Auf diese Weise löst sich außerdem das Problem auf, dass nur Ungleichbehandlungen „durch denselben Hoheitsträger" gerügt werden können sollen:[222] Wenn eine Ungleichbehandlung als nur aus *einer* Handlung bestehend angesehen wird, wird ohnehin nur *ein* Hoheitsträger als Handelnder betrachtet.[223] Zur Veranschaulichung diene

*Fall 7:* U und V sind öffentliche Angestellte verschiedener Länder. V erhält von seinem Arbeitgeber-Land eine Jahressonderzahlung, U erhält keine.

Nach der hier vertretenen Auffassung ist es so, dass in Fällen wie diesem durchaus eine tatbestandsmäßige Ungleichbehandlung vorliegt: Das Arbeitgeber-Land des V zahlt an V und unterlässt eine Zahlung an U. Diese Ungleichbehandlung dürfte vor einem Gleichheitssatz wie Art. 3 Abs. 1 GG, Art. 20 EUGRCh freilich ohne Weiteres durch den objektiven Unterschied gerechtfertigt sein, dass mit U kein Arbeitsverhältnis besteht. Keine Ungleichbehandlung nimmt das Arbeitgeber-Land des U vor: Dieses gewährt weder U noch V eine Jahressonderzahlung.

Mit dem Verständnis der Ungleichbehandlung als aus einer einzigen Handlung bestehend sind schließlich auch ohne Schwierigkeiten die Fälle zu erklären, in denen auf den ersten Blick keine Personen einander gegenüberstehen, sondern vermeintlich nur Gegenstände.[224] Wenn unter-

---

[220] Für abstrakt-generelle Regelungen ebenso *Michael Sachs*, in: Klaus Stern, Staatsrecht, Bd. IV/2, 2011, S. 1470 f.

[221] Dazu ausführlich *Michael Sachs*, in: Klaus Stern, Staatsrecht, Bd. IV/2, 2011, S. 1474–1477 m. w. N.

[222] So zum Unionsrecht *Walter Frenz*, Handbuch Europarecht, Bd. 4, 2009, Rn. 3201 m. N.; zu Art. 3 GG etwa *Stefan Huster*, in: Karl Heinrich Friauf/Wolfram Höfling (Hg.), Berliner Kommentar zum GG, 37. Lfg., 2012 (Stand der Bearbeitung: 7. Lfg., 2002), Art. 3 Rn. 47 (m. N. aus der Rechtsprechung); *Friedhelm Hufen*, Staatsrecht II, 2. Aufl., 2009, § 39 Rn. 6 („von der gleichen staatlichen Stelle"); *Volker Epping*, Grundrechte, 4. Aufl., 2010, Rn. 781 („durch den gleichen Hoheitsträger in seinem eigenen Kompetenzbereich" [Hervorhebung nicht wiedergegeben]).

[223] Ebenso wohl *Stefan Plötscher*, Der Begriff der Diskriminierung im Europäischen Gemeinschaftsrecht, 2003, S. 48 f., wenn er das Erfordernis der „Einwirkung auf die zu vergleichenden Sachverhalte durch ein und denselben Akteur" „aus dem relationalen Gehalt des Diskriminierungsbegriffs" folgert (Hervorhebungen nicht wiedergegeben).

[224] Es handelt sich insoweit auch nicht um ein „Ausufern der Rechtsprechung", wie von *Christian Tomuschat*, ZaöRV 68 (2008), S. 327 (331 f.), behauptet. *Brun-Otto Bryde/Ralf Kleindiek*, Jura 1999, 36 (40), betonen richtigerweise: „Recht regelt immer menschliches Verhalten, die Unterschiedlichbehandlung von Sachverhalten ist daher immer auch eine Unterschiedlichbehandlung von Menschen." Ähnlich *Konrad*

schiedliche Regelungen für Margarine und Halbfettmargarine im Streit stehen,[225] genügt nämlich für die Annahme der Ungleichbehandlung die Betrachtung der einen Regelung (zum Beispiel der für die Halbfettmargarine geltenden Regelung) als Handlung – mit dem Prädikat „verpflichtet (jemanden) zur Kennzeichnung seines Fettprodukts mit einem roten Streifen" – und die Feststellung ihres Unterlassens – des Fehlens dieser Verpflichtung – hinsichtlich eines anderen. Sobald es jemanden gibt, der verpflichtet wird, und jemanden, der nicht verpflichtet wird, seine Fettprodukte zu kennzeichnen, ist eine Ungleichbehandlung gegeben – die vor vielen Gleichheitssätzen freilich noch gerechtfertigt sein kann. Vertreibt der nicht Verpflichtete etwa gar keine Fettprodukte, so dürfte dieser Unterschied die Ungleichbehandlung rechtfertigen; vertreibt er Margarine, so muss entschieden werden, ob der Unterschied zwischen Halbfettmargarine und dieser die Ungleichbehandlung tragen kann.[226]

#### *cc) Vergleichspaare statt Vergleichsgruppen*

Weiterhin unterscheidet sich die hier gegebene Definition von anderen Verständnissen dadurch, dass sie nicht eine unterschiedliche Behandlung von zwei Vergleichs*gruppen* verlangt, sondern nur eine unterschiedliche Behandlung des Gleichzubehandelnden und einer einzelnen Vergleichsperson.[227] Dass sonst oft Vergleichsgruppen gebildet werden, ist aus dem Umstand erklärlich, dass bei der Prüfung einer Ungleichbehandlung durch (generelle) Rechtsnorm hypothetische Vergleichspaare abstrakt über bestimmte Eigenschaften definiert werden müssen und statt von einer einzelnen Vergleichsperson, die diese Eigenschaften aufweist, auch gleichbedeutend von der ganzen Klasse der Personen mit diesen Eigenschaften gesprochen werden kann. Für die Gleichheitssätze stehen jedoch stets einzelne Personen und nicht Gruppen einander gegenüber; das gilt gleichermaßen für die individual- wie für die staatsrechtlichen Gleichheitssätze.

Denkbar ist bei einer generellen Rechtsnorm auch der Extremfall, dass eine Vergleichsperson der abstrakt definierten Art tatsächlich über-

---

*Hesse*, in: FS für Peter Lerche, 1993, S. 121 (129); *Magdalena Pöschl*, JBl 1997, 413 (416).

[225] Wie in BVerfGE 46, 246.

[226] Zur Struktur der Rechtfertigung noch ausführlich Kapitel 3, V.

[227] Ebenso *Christoph Kölbel*, Gleichheit „im Unrecht", 1998, Rn. 117; *Jörn Ipsen*, Staatsrecht II, 15. Aufl., 2012, Rn. 801; im Ausgangspunkt auch *Adalbert Podlech*, Gehalt und Funktionen des allgemeinen verfassungsrechtlichen Gleichheitssatzes, 1971, S. 45–48, der erst im weiteren Verlauf seiner Untersuchung zur Betrachtung von „Klassen" übergeht (ebd., S. 64).

haupt nicht vorhanden ist. Hier liegt es nahe, den Tatbestand der Ungleichbehandlung gleichwohl verwirklicht zu sehen, weil der Normgeber gegenüber einer hypothetischen Vergleichsperson eine Ungleichbehandlung vorgenommen hat:

*Fall 8:* Unterstellt, alle Menschen seien katholisch. Regelt das Gesetz dann: „Alle katholischen Einwohner müssen eine Katholikensteuer zahlen", so werden tatsächlich keine zwei Menschen ungleich behandelt, solange niemand konvertiert.

In diesem Falle trifft das Gesetz für jeden Nichtkatholiken eine andere Regelung als für einen Katholiken, auch wenn Nichtkatholiken im Beispiel tatsächlich nicht existieren. Erst die gedankliche Einbeziehung eines hypothetischen Nichtkatholiken in den Tatbestand kann hier eine Ungleichbehandlung begründen. Der Berücksichtigung einer hypothetischen Vergleichsperson bedarf es indes nur dann, wenn überhaupt keine taugliche Vergleichsperson existiert – nicht etwa schon dann, wenn eine solche nur im Zuständigkeitsbereich eines Verpflichteten nicht vorhanden ist.[228]

Auf das Erfordernis der Bildung von Vergleichsgruppen zu verzichten ist vorteilhaft, weil dadurch Unschärfen vermieden werden. In der Praxis werden die Vergleichsgruppen nämlich oft jeweils eigenständig, positiv bestimmt („A" und „B")[229]. Dabei kann es vorkommen, dass die Gruppen nicht disjunkt gebildet werden. So heißt es beispielsweise in einem Beschluss des Bundesverfassungsgerichts:

„Art. 120 Abs. 1 Satz 4 GG enthält kein spezielles verfassungsrechtliches Differenzierungsverbot, das die ungleiche Behandlung der Mitglieder ausgleichsverpflichteter Krankenkassen einerseits und der Gesamtheit der Steuerzahler andererseits verbieten würde."[230]

Hier ist die erste Gruppe möglicherweise eine Teilmenge der zweiten, jedenfalls aber gibt es eine große Schnittmenge. Richtigerweise zu vergleichen sind deshalb jeweils die Mengen „A" und „Nicht-A" sowie „B" und „Nicht-B".[231]

---

[228] Hierin liegt denn auch der insoweit maßgebliche Unterschied zwischen dem eben gebildeten Fall 8 und dem unten erörterten Fall 9 (S. 62).

[229] Stattdessen könnte auch eine Gruppe positiv und die andere, daran angelehnt, negativ bestimmt werden („A" und „Nicht-A"). Dann träten die im Folgenden angesprochenen Unschärfen nicht auf.

[230] BVerfGE 113, 167 (213).

[231] Einen ähnlichen Fehler durch Nebeneinanderstellung zweier positiv bestimmter Rechtsinstitute begeht BGH, NJW 2011, 139 (141 f.), wo die unterschiedliche Ausgestaltung der Gefährdungshaftung für Kraftfahrzeuge (§ 7 StVG) und für (Luxus-)Tiere (§ 833 BGB) unter dem Gesichtspunkt des Art. 3 Abs. 1 GG verglichen wird. Die Ungleichbehandlung betrifft eigentlich die Anrechnung der Betriebsgefahr

Da die Personenkreise der Gleichzubehandelnden und der Vergleichspersonen nicht notwendig disjunkt sind, lässt sich auch an die Möglichkeit von Ungleichbehandlungen denken, welche dasselbe Subjekt sowohl als Gleichzubehandelnden als auch als Vergleichsperson betreffen. Hinsichtlich desselben Subjekts kann ein und dasselbe Prädikat jedoch nicht zugleich wahr und falsch sein. Deshalb kann ein so gebildetes „Vergleichspaar" nie im Sinne der obigen Begriffsbestimmung ungleich behandelt werden.

*dd) Unterschiede innerhalb des Vergleichspaars gleichgültig („differentia specifica")*

Die innerhalb des Vergleichspaars bestehenden Unterschiede einschließlich der *differentia specifica* bleiben mit der vorgeschlagenen Begriffsbestimmung bei der Betrachtung der Ungleichbehandlung zunächst außer Betracht. Es geht an dieser Stelle nur darum, ob der Verpflichtete sich überhaupt unterschiedlich gegenüber dem Gleichzubehandelnden und der Vergleichsperson verhält. Etwaige Unterschiede zwischen dem Gleichzubehandelnden und der Vergleichsperson sind für diese Feststellung nicht von Belang, sondern können allenfalls für eine Rechtfertigung der Ungleichbehandlung herangezogen werden.[232] Dieser Gesichtspunkt wird aber auch sonst einer späteren Prüfungsstufe vorbehalten, und mit der hier gegebenen Begriffsbestimmung geschieht dies nur noch folgerichtiger.[233]

*ee) Nur, aber auch wenigstens eine Handlung erforderlich („Selbstbindung")*

Mit anderen Verständnissen stimmt die vorgeschlagene Definition darin überein, dass nur, aber auch wenigstens in *einem* Falle eine andere Behandlung stattgefunden haben muss. Schon eine einmalige Handlung und nicht erst eine ständige Praxis eines Verpflichteten bewirkt deshalb in dem Sinne eine „Selbstbindung", dass ein späteres anderes Verhalten jedenfalls an dem für die Zulässigkeit einer Ungleichbehandlung gelten-

des beschädigten Gegenstands (Prädikat), die für den ersteren vorgesehen ist (Handlungsseite) und für den letzteren nicht (Unterlassungsseite der Ungleichbehandlung).

[232] Für den Ungleichbehandlungsbegriff kommt es dann auch nicht auf eine „Vergleichbarkeit" von Gleichzubehandelndem und Vergleichsperson an; vergleiche Kapitel 3, I 3 b.

[233] Siehe Kapitel 3, V 3.

den Maßstab zu messen ist (Selbstbindung durch Präzedenzfall).[234] (Erst zu diesem Maßstab gehört dann auch die Frage nach der Rechtmäßigkeit der Handlung in dem Präzedenzfall.[235])

Dagegen ist infolge der bloßen Ankündigung eines bestimmten Verhaltens, etwa durch Verwaltungsvorschrift (Selbstbindung durch Regel), wohl noch keine Ungleichbehandlung anzunehmen.[236] Eine nur potentielle Ungleichbehandlung ist keine tatbestandliche Ungleichbehandlung.[237] „Potentiell" bezieht sich hier auf die Handlungsseite der Ungleichbehandlung, also darauf, dass der Verpflichtete überhaupt tätig wird; dies unterscheidet die hier angesprochenen Fälle von der Ungleichbehandlung gegenüber einer bloß hypothetischen Vergleichsperson wie in Fall 8. Dort handelt der Verpflichtete – vor allem: durch abstrakt-generellen Rechtsakt – in Richtung auf einen Gleichzubehandelnden, es fehlt nur (zufällig) an einer tauglichen Vergleichsperson. Hier sind dagegen Fälle angesprochen, in denen der Verpflichtete (noch) überhaupt nicht in Richtung auf einen Gleichzubehandelnden handelt.

---

[234] Ebenso *Sigrid Boysen*, in: Ingo von Münch/Philip Kunig (Hg.), GG, Bd. 1, 6. Aufl., 2012, Art. 3 Rn. 78; *Hans-Joachim Mertens*, Die Selbstbindung der Verwaltung auf Grund des Gleichheitssatzes, 1963, S. 88 f.; a. A. *Rainer Riggert*, Die Selbstbindung der Rechtsprechung durch den allgemeinen Gleichheitssatz (Art. 3 Abs. 1 GG), 1993, S. 48 f.; *Maximilian Wallerath*, Die Selbstbindung der Verwaltung, 1968, S. 94–96 (mit Ausnahmen); *Manfred Aschke*, in: Johann Bader/Michael Ronellenfitsch (Hg.), VwVfG, 2010, § 40 Rn. 65; siehe auch schon *Karl August Bettermann* (1962), in: *ders.*, Staatsrecht – Verfahrensrecht – Zivilrecht, 1988, S. 90 (93); *Albrecht Randelzhofer*, JZ 1973, 536 (539). – Eine Selbstbindung der Verwaltung kennt auch das Unionsrecht, vergleiche EuGH, verb. Rs. 129 und 274/82, Slg. 1984, 4127 – Charles Lux; sie ist jetzt normativ rückzubinden an Art. 20 EUGRCh; siehe *Dieter Kugelmann*, in: HGR VI/1, 2010, § 160 Rn. 28 m. w. N. – Zur möglichen Bedeutung der „Selbstbindung" auf der Stufe der Rechtfertigung siehe Kapitel 3, V 3 b aa (2) und bb (3).

[235] Zu dem damit angesprochenen Problemkreis der „Gleichheit im Unrecht" siehe Kapitel 3, II 4 und V 3 b aa (5), sowie Kapitel 4, III 3 a bb pr.

[236] Ebenso zum deutschen Recht etwa BVerwG, GewArch 2003, 476; *Christian Starck*, in: Hermann von Mangoldt/Friedrich Klein/Christian Starck (Hg.), GG, Bd. 1, 6. Aufl., 2010, Art. 3 Rn. 269; *Maximilian Wallerath*, Die Selbstbindung der Verwaltung, 1968, S. 101–107; *Detlev Christian Dicke*, VerwArch 60 (1968), S. 293 (305); *Rüdiger Breuer*, in: FG aus Anlaß des 25jährigen Bestehens des Bundesverwaltungsgerichts, 1978, S. 89 (der stattdessen ähnlich BVerwGE 35, 159 [162] einen auf Vertrauensschutz gegründeten Anspruch konstruiert); a. A. etwa *Markus Möstl*, in: Hans-Uwe Erichsen/Dirk Ehlers (Hg.), Allgemeines Verwaltungsrecht, 14. Aufl., 2010, § 20 Rn. 21, und BVerwG, DÖV 1971, 748. Zum Unionsrecht nimmt eine Selbstbindung durch „Leitlinien" etwa an EuG, Rs. T-214/95, Slg. 1998, II-717 (Tz. 79) – Vlaams Gewest.

[237] So zum Unionsrecht richtig *Stefan Plötscher*, Der Begriff der Diskriminierung im Europäischen Gemeinschaftsrecht, 2003, S. 272 f.

### 2. *Zurechnung der Ungleichbehandlung zum Verpflichteten*

Die eine Ungleichbehandlung begründende Handlung muss dem in Betracht genommenen Verpflichteten auch zuzurechnen sein.[238]

Durch Zurechnung muss zunächst die gedanklich notwendige Verbindung zwischen der für die körperliche Handlung stets erforderlichen natürlichen Person (Organwalter) und einer Körperschaft oder einem Organ als Verpflichtetem hergestellt werden.[239] Das Handeln eines Organwalters wird nach allgemeinen Grundsätzen der Organisationseinheit zugerechnet, für die er nach außen als Handelnder erscheint und mit deren Ermächtigung oder Duldung sich das Handeln vollzieht.[240]

Neben die Zurechnung vom Organwalter zu einem Verpflichteten des Gleichheitssatzes kann aber in bestimmten Fällen noch eine Zurechnung von diesem zu einem anderen Verpflichteten treten. Das betrifft diejenigen Gleichheitssätze, die nicht nur einen Staat als Ganzen zum Verpflichteten erklären wie die unions- und völkerrechtlichen Gleichheitssätze – etwa des Art. 20 EUGRCh, des Art. 14 EMRK oder des Art. 26 IPbürgR, wo schon auf Grund des völkerrechtlichen Wesens dieser Normen[241] stets der Gesamtstaat für alle Handlungen von Körperschaften und Organen, die zum Beispiel deutscher Staatsgewalt zuzurechnen sind, einzustehen hat[242] –, sondern alle Körperschaften und Organe der Staatsgewalt auch selbst verpflichten, wie dies etwa in Art. 1 Abs. 3 GG für die Grundrechte des Grundgesetzes vorgesehen ist.[243] Im Ausgangspunkt zwingen die (bundesstaatlich, kommunalrechtlich und europarechtlich bedingte und gewollte[244]) Aufteilung der Kompetenzen in vertikaler Hinsicht und die Gewaltenteilung in horizontaler Hinsicht jedoch dazu, das Handeln eines Verpflichteten grundsätzlich nicht auch

---

[238] *Stefan Plötscher*, Der Begriff der Diskriminierung im Europäischen Gemeinschaftsrecht, 2003, S. 48.

[239] Vergleiche zu Handlungssubjekten und Handlungszurechnung *Philipp Reimer*, Zur Theorie der Handlungsformen des Staates, 2008, S. 31–35.

[240] Siehe etwa *Matthias Jestaedt*, in: GVwR I, 2. Aufl., 2012, § 14 Rn. 20–22, 34, für das Verwaltungsrecht; *Dieter Reuter*, in: MünchKomm-BGB, Bd. 1, 6. Aufl., 2012, § 31 Rn. 1–3; *Günter Weik*, in: J. von Staudinger (Begr.), BGB, Bd. §§ 21–79, Neubearbeitung 2005, § 31 Rn. 1–3, für das Privatrecht.

[241] Ein „völkerrechtliches Wesen" im hier gemeinten Sinne kommt auch Art. 20 EUGRCh zu, weil die EU-Grundrechtecharta (wie das übrige Unionsprimärrecht) als Vertrag zwischen Staaten verabschiedet worden ist.

[242] Siehe nur *Rainer J. Schweizer*, in: HGR VI/1, 2010, § 138 Rn. 61 (zu Art. 14 EMRK): „Die innerstaatliche Gewaltengliederung ist nicht relevant."

[243] Siehe Kapitel 3, I 1 a.

[244] BVerfGE 52, 95 (111 f.) spricht insofern von „gegliederte[r] Demokratie".

einem anderen zuzurechnen:[245] So darf das Handeln eines Landes im Allgemeinen nicht dem Bunde,[246] das Handeln einer Gemeinde nach den verfassungsrechtlichen Gleichheitssätzen nicht dem Lande zugerechnet werden.[247]

Wo ein Verpflichteter in den Verantwortungsbereich des anderen (übergeordneten) Verpflichteten funktional eingegliedert, das heißt seinen Weisungen unterworfen ist, kann sich der übergeordnete Verpflichtete aber auch gegenüber den verfassungsrechtlichen Gleichheitssätzen nicht auf die formale Selbständigkeit des untergeordneten berufen; dessen Handlung wird jenem zugerechnet.[248] So liegt es etwa innerhalb der hierarchischen Behördenorganisation eines Staatsverbands, aber auch bei der funktionalen Eingliederung der Landesverwaltung in die Bundesverwaltung im Falle der Bundesauftragsverwaltung und bei der Organleihe. Wollte man den verfassungsrechtlichen Gleichheitssätzen nicht eine solche Zurechnung bei funktionaler Eingliederung entnehmen, so

---

[245] Die damit verbundene „verschiedene Auslegung und Anwendung derselben Rechtsvorschriften durch verschiedene Behörden oder Gerichte" nimmt jedenfalls das Grundgesetz in Kauf, so BVerfGE 21, 87 (91).

[246] Vergleiche BVerwGE 129, 116 (121), wo (ohne dass dies ausdrücklich als Frage der Zurechnung behandelt würde) eine Zurechnung für den Fall verneint wird, dass ein Bundesministerium, wie diesem gesetzlich gestattet, eine Ermächtigung zum Erlass einer Rechtsverordnung auf die Landesregierungen (für ihr jeweiliges Staatsgebiet) überträgt und diese dann unterschiedliche Regelungen treffen.

[247] Ständige Rechtsprechung, siehe etwa BVerfGE 106, 225 (241) m. w. N.; siehe auch *Lerke Osterloh*, in: Michael Sachs (Hg.), GG, 6. Aufl., 2011, Art. 3 Rn. 81; *Werner Heun*, in: Horst Dreier (Hg.), GG, Bd. I, 2. Aufl., 2004, Art. 3 Rn. 48; *Reinhard Bergmann*, in: Dieter Hömig (Hg.), GG, 9. Aufl., 2010, Art. 3 Rn. 9; *Hans D. Jarass*, in: Hans D. Jarass/Bodo Pieroth, GG, 12. Aufl., 2012, Art. 3 Rn. 9. Rechtsprechung und Schrifttum verneinen die Zurechnung meist nur stillschweigend und formulieren sinngemäß, jeder Träger öffentlicher Gewalt habe Gleichheitssätze nur innerhalb seines Zuständigkeitsbereichs zu beachten. Letzteres ist indes nach der hier vertretenen Auffassung abzulehnen: die Verpflichteten haben die Gleichheitssätze allenthalben zu beachten; aus den Grenzen ihrer Zuständigkeit kann sich aber eine Rechtfertigung einer Ungleichbehandlung ergeben (siehe Kapitel 3, V 3 b aa (1) (a)); im Ergebnis richtig deshalb *Stefan Huster*, in: Karl Heinrich Friauf/Wolfram Höfling (Hg.), Berliner Kommentar zum GG, 37. Lfg., 2012 (Stand der Bearbeitung: 7. Lfg., 2002), Art. 3 Rn. 47, soweit er in diesem Zusammenhang feststellt, dass Landeskinder- und Einheimischenvorrechte „unproblematisch an Art. 3 I GG überprüft werden können".

[248] Für den Fall des Handelns verschiedener Behörden ein und desselben Rechtsträgers ähnlich *Michael Sachs*, in: Klaus Stern, Staatsrecht, Bd. IV/2, 2011, S. 1504–1506. Siehe auch schon *Hans Peter Ipsen*, Gleichheit, in: Franz L. Neumann/Hans Carl Nipperdey/Ulrich Scheuner (Hg.), Die Grundrechte, Bd. 2, 1954, S. 111 (148 in Fn. 117: „Räumlich erstreckt sich die Gleichheitsbindung auf alle Behörden eines Verwaltungsträgers, die einer gemeinsamen Beschwerdebehörde unterstehen").

könnten Ungleichbehandlungen dort nicht angenommen werden, wo verschiedene Hoheitsträger auf Weisung einer gemeinsamen Aufsichtsbehörde, gegen die kein eigener Rechtsbehelf gegeben ist, ungleich handeln. Dies würde es den Gleichbehandlungsverpflichteten erlauben, durch Recht im Range unterhalb des Gleichheitssatzes (auch Verwaltungsbinnenrecht) die Zuständigkeiten der Verpflichteten zur Verkürzung des Rechtsschutzes gezielt zuzuschneiden.[249] Der vorgeschlagenen Zurechnung in Ansehung der Gleichheitssätze steht in der Staatsorganisation auch kein einem subjektiven Recht ähnlicher Wert entgegen, der einer funktionalen Zusammenfassung zu einem Verantwortungsbereich allgemein widerspräche; es soll schließlich (im Beispielsfall der Bundesauftragsverwaltung) nicht jedes Landeshandeln dem Bunde zugerechnet werden, sondern nur ein solches, wofür der Bund wenigstens die Sachkompetenz innehat.

Für eine derartige Zurechnung zu einem übergeordneten Verpflichteten kommt es darauf an, inwieweit der untergeordnete von ihm abhängig ist. Funktional eingegliedert sind die Länder dem Bund nur im Rahmen der Einwirkungsrechte nach Art. 84, 85 GG,[250] die Gemeinden und Gemeindeverbände dem Land oder auch dem Bund lediglich im übertragenen Wirkungskreis.[251] Dahinter stehen die im Bundesstaatsprinzip des Art. 20 Abs. 1 GG verankerte Eigenstaatlichkeit der Länder und die in Art. 28 Abs. 2 S. 1, 2 GG verankerte Selbstverwaltungsgarantie für die Gemeinden und Gemeindeverbände. In Anbetracht der richterlichen Unabhängigkeit nach Art. 97 Abs. 1 GG kommt eine Zurechnung des Verhaltens eines Gerichts oder auch nur eines Spruchkörpers an ein anderes Gericht oder einen anderen Spruchkörper wohl niemals in Betracht.[252]

Eine Zurechnung zu einem anderen Verpflichteten ist nach dem Vorstehenden vor allem anzunehmen bei vollständiger Eingliederung der unteren Stelle in einen hierarchischen Behördenaufbau wie in

*Fall 9:* Der Bundesminister der Verteidigung weist nach Eintritt des Spannungsfalls (§ 2 S. 1 WPflG) die gemäß Art. 87b Abs. 1 S. 1 GG als bundeseigene Verwaltung errichteten Kreiswehrersatzämter an, nur Männer zum Wehrdienst einzuberufen, de-

---

[249] Ähnliche Überlegungen bei *Detlev Christian Dicke*, VerwArch 60 (1968), S. 293 (310).

[250] Von einem „föderal beschränkten Anwendungsbereich des Art. 3 Abs. 1 GG" spricht *Sigrid Boysen*, Gleichheit im Bundesstaat, 2005, S. 171; siehe auch BVerfGE 10, 354 (371); 11, 299 (305).

[251] *Sigrid Boysen*, Gleichheit im Bundesstaat, 2005, S. 171.

[252] Siehe etwa *Rainer Riggert*, Die Selbstbindung der Rechtsprechung durch den allgemeinen Gleichheitssatz (Art. 3 Abs. 1 GG), 1993, S. 81–86; auch *Michael Sachs*, in: Klaus Stern, Staatsrecht, Bd. IV/2, 2011, S. 1504.

ren Name mit „A“ beginnt. Im Kreis X wohnen ausschließlich Männer mit Anfangsbuchstaben „A“; außerhalb von X kommen alle Anfangsbuchstaben vor. Herr Andresen wird vom Kreiswehrersatzamt in X einberufen.

Ungleichbehandlungen des Herrn Andresen im Verhältnis zu allen Vergleichspersonen, deren Name nicht mit „A“ beginnt (ungeachtet ihres Wohnsitzes), sind dem Kreiswehrersatzamt in X zuzurechnen, weil dieses die zugrunde liegende Handlung vorgenommen hat.[253] Sie werden (vor Art. 3 Abs. 1 GG) allerdings voraussichtlich durch die mangelnde örtliche Zuständigkeit für diese Vergleichspersonen gerechtfertigt sein, weil diese nicht im Kreis X wohnen.[254] Erfolg verspricht Herrn Andresen daher nur die Annahme einer Ungleichbehandlung durch eine übergeordnete Stelle, deren örtliche Zuständigkeit ihn und die Vergleichspersonen erfasst; hierfür kommt der Bundesminister der Verteidigung in Betracht. Dieser kann sich nicht darauf berufen, dass nur das gemäß Art. 87b Abs. 1 S. 1 GG, § 14 Abs. 1 Nr. 3 WPflG als selbständige Behörde verfasste Kreiswehrersatzamt gehandelt habe.

Zwar liegt hier schon in der ministeriellen Weisung selbst eine Ungleichbehandlung. Zu deren Abwehr hat der von einem ihr folgenden Vollzugsakt betroffene Gleichzubehandelnde aber nur ausnahmsweise die Möglichkeit einer allgemeinen Leistungs- oder Feststellungsklage.[255] Daher erscheint es in einem solchen Falle eine sachgerechte Auslegung des einschlägigen Gleichheitssatzes, ihm in jedem Falle auch eine Abwehr des Vollzugsakts unter Berufung auf Ungleichbehandlung zu ermöglichen, weil ihm die handelnden Stellen innerhalb des Behördenaufbaus – hier: innerhalb der Wehrverwaltung – als einheitliche öffentliche Gewalt gegenübertreten.

Nur ausnahmsweise ist dagegen an eine Zurechnung zu denken, wenn die betrachteten Verpflichteten nicht in einem hierarchischen Verhältnis zueinander stehen.

---

[253] Da hier taugliche Vergleichspersonen tatsächlich vorhanden sind (wenn auch nicht im Kreis X), ist das Vorliegen einer Ungleichbehandlung nicht zweifelhaft. Insbesondere bedarf es keines Rückgriffs auf die Figur der hypothetischen Vergleichsperson (dazu Kapitel 3, II 1 c cc).

[254] Vergleiche Kapitel 3, V 3 b aa (1) (a).

[255] Zu den prozessualen Fragen hinsichtlich der Abwehr verwaltungsinterner Bestimmungen siehe *Wolf-Rüdiger Schenke*, Verwaltungsprozessrecht, 12. Aufl., 2009, Rn. 881 f. (a. A. *Peter J. Tettinger/Volker Wahrendorf*, Verwaltungsprozeßrecht, 3. Aufl., 2005, S. 208); *Christoph Sennekamp*, in: Michael Fehling/Berthold Kastner (Hg.), Verwaltungsrecht, 2. Aufl., 2010, § 42 VwGO Rn. 73, § 47 VwGO Rn. 41 f.; *Ferdinand O. Kopp/Wolf-Rüdiger Schenke*, VwGO, 15. Aufl., 2007, § 42 Rn. 94; siehe auch bereits BVerfGE 1, 82 (83 f.): Unzulässigkeit einer Verfassungsbeschwerde gegen eine Verwaltungsanordnung.

*Fall 10 (Wiederaufgreifen von Fall 3 und 4):* A und B haben auf ihren benachbarten Grundstücken jeweils eine gleichermaßen den Straßenverkehr gefährdende morsche Fichte; zwischen ihren Grundstücken verläuft die Gemeindegrenze. Der Bürgermeister der Gemeinde des A gibt diesem die Fällung des Baums auf. B bleibt unbehelligt.

Die Handlung des Bürgermeisters zielt auf A; in Richtung auf B handelt er nicht. Der Bürgermeister behandelt A und B damit in zurechenbarer Weise ungleich. Weil bei dem nächstliegenden Verpflichteten, dem Bürgermeister, hier eine Rechtfertigung dieser Ungleichbehandlung aus der Zuständigkeitsordnung auf der Hand liegt,[256] könnte im Fall 10 versucht werden, die Ungleichbehandlung dem Landrat als Kommunalaufsichtsbehörde zuzurechnen, dessen örtliche Zuständigkeit sich auf die Grundstücke des A und des B erstreckt. Eine solche Zurechnung dürfte nur möglich sein, wenn der Landrat über den Bürgermeister jedenfalls in dem fraglichen Bereich des Ordnungsrechts eine Aufsicht so eng wie über eigene Dienststellen führt; unterliegt der Bürgermeister hier seiner Rechts- und Fachaufsicht, kommt eine Zurechnung durchaus in Betracht.

### *3. Erfasstsein der Ungleichbehandlung ihrem Gegenstande nach*

Bestimmte Gleichheitssätze erfassen jede Ungleichbehandlung ungeachtet ihres Gegenstandes und sind insofern sachlich unbegrenzte Gleichheitssätze. Hierunter fallen vor allem die individualrechtlichen Gleichheitssätze der Art. 3 Abs. 1 GG und Art. 20 EUGRCh sowie die staatsrechtlichen Gleichheitssätze, aber auch die ebenfalls auf alle Bereiche der Staatstätigkeit anwendbaren Diskriminierungsverbote etwa der Art. 3 Abs. 2 und 3 GG[257], Art. 21 Abs. 1, Art. 23 Abs. 1 EUGRCh.[258] Eine sachliche Begrenzung der Ungleichbehandlungen, die von diesen Gleichheitssätzen erfasst werden, kann höchstens im Wege systematischer Auslegung aus der tatbestandlichen Erfassung durch speziellere

[256] Die Zurechnung wird durch die Unzuständigkeit dagegen nicht ausgeschlossen, und erst recht nicht „schon aus logischen Gründen"; so aber *Stefan Plötscher*, Der Begriff der Diskriminierung im Europäischen Gemeinschaftsrecht, 2003, S. 48. – Siehe zur Rechtfertigung durch unterschiedliche Zuständigkeitsbereiche Kapitel 3, V 3 b aa (1) (a).

[257] Als „[b]esondere Gleichheitssätze für den gesamten Bereich staatlicher Tätigkeit" bezeichnet Art. 3 Abs. 2 und 3 GG dementsprechend *Peter Seißer*, Das Verhältnis des allgemeinen Gleichheitssatzes (Art. 3 Abs. 1 Grundgesetz) zu besonderen Gleichheitssätzen, 1969, S. 64.

[258] Ebenfalls hier einzuordnen wäre der – in Deutschland nicht geltende – Art. 1 Abs. 2 Protokoll Nr. 12 zur EMRK.

Gleichheitssätze abgeleitet werden;[259] diese Auslegung ist aber mangels eines Konkurrenzproblems hier nicht geboten, weil zwei Gleichheitssätze grundsätzlich keine unvereinbaren Rechtsfolgen aussprechen.[260]

Andere Gleichheitssätze erfassen tatbestandlich nur solche Ungleichbehandlungen, die auf sachlich eingegrenzten Handlungen eines Verpflichteten beruhen.[261] Bei ihnen erfüllt eine Ungleichbehandlung nur dann den Tatbestand, wenn das ihr zugrunde gelegte handlungsbezogene Prädikat im Sinne der hier entwickelten Begriffsbestimmung[262] in bestimmter Weise qualifiziert ist. Unter diesen sachlich begrenzten Gleichheitssätzen lassen sich angesichts der Mannigfaltigkeit ihrer Gegenstände kaum sinnvoll Gruppen bilden.

Zunächst gibt es sachliche Begrenzungen auf die Tätigkeit einer von mehreren Staatsfunktionen, wenn der Verpflichtete ein Staat als Ganzer ist: so in Art. 26 S. 1 Fall 1 IPbürgR, der eine Ungleichbehandlung durch die Rechtsprechungs- oder Verwaltungstätigkeit des verpflichteten Staates voraussetzt, und in Art. 26 S. 1 Fall 2, S. 2 IPbürgR entsprechend für die Gesetzgebungstätigkeit.[263]

Die Unterscheidung zwischen sachlich unbegrenzten und sachlich begrenzten Gleichheitssätzen ermöglicht es, Gleichheitssätze genauer zu klassifizieren, als dies anhand des herkömmlichen Schemas allgemeine/besondere Gleichheitssätze gelingt. Die Gruppe der sachlich begrenzten Gleichheitssätze ist nämlich nicht mit der der besonderen Gleichheitssätze deckungsgleich, denn diese umfassen nach dem gängigen Sprachgebrauch auch die durchaus sachlich unbegrenzten sogenannten Diskriminierungsverbote wie etwa Art. 3 Abs. 2 und 3 GG, Art. 21 Abs. 1, Art. 23 Abs. 1 EUGRCh.[264]

Unter den besonderen Gleichheitssätzen des Grundgesetzes muss die der Ungleichbehandlung zugrunde liegende Handlung des Verpflichte-

---

259 Dafür bezüglich Art. 3 Abs. 1 GG *Michael Sachs*, in: Klaus Stern, Staatsrecht, Bd. IV/2, 2011, S. 1577.

260 Zur Kollision von Gleichheitssätzen noch unten Kapitel 5.

261 Eine solche Eingrenzung entspricht der Akzessorietät im weiteren Sinne in den Begriffen von *Michael Sachs*, in: FS für Karl Heinrich Friauf, 1996, S. 309 (315). Bei *Peter Seißer*, Das Verhältnis des allgemeinen Gleichheitssatzes (Art. 3 Abs. 1 Grundgesetz) zu besonderen Gleichheitssätzen, 1969, S. 116, heißen die sachlich begrenzten Gleichheitssätze „besondere Gleichheitssätze für bestimmte Teilbereiche“; dort werden Wahlrechtsgleichheit und Chancengleichheit der Parteien als Beispiele genannt.

262 Siehe Kapitel 3, II 1 b aa.

263 Vergleiche die Nachweise oben in Fn. 133.

264 Zur Unabhängigkeit dieser Unterscheidungen voneinander siehe auch noch Kapitel 3, IV 3.

ten (genauer: das handlungsbezogene Prädikat) beispielsweise betreffen bei

- Art. 6 Abs. 5 GG die „Bedingungen für ihre [sc. der unehelichen Kinder] leibliche und seelische Entwicklung und ihre Stellung in der Gesellschaft",
- Art. 33 Abs. 1 GG die „staatsbürgerlichen Rechte und Pflichten",
- Art. 33 Abs. 2, 3 GG den „Zugang zu jedem öffentlichen Amte",
- Art. 36 Abs. 1 GG die Verwendung aus dem Lande stammender Beamter bei den obersten Bundesbehörden,
- Art. 38 Abs. 1 S. 1 GG die Wahl zum Deutschen Bundestage,
- Art. 91a Abs. 3 S. 2 Hs. 2 GG den Anteil der vom Bund zu tragenden Ausgaben für die Gemeinschaftsaufgaben „Verbesserung der Agrarstruktur und des Küstenschutzes".

Unter den unions- und völkerrechtlichen Gleichheitssätzen muss die Ungleichbehandlung beispielsweise betreffen bei

- Art. 39 Abs. 1, Art. 40 EUGRCh die „Bedingungen" für die Ausübung des aktiven und passiven Wahlrechts bei den Wahlen zum Europäischen Parlamente und bei den Kommunalwahlen,
- Art. 18 Abs. 1 AEUV, Art. 21 Abs. 2 EUGRCh einen Gegenstand im Anwendungsbereich der Verträge,
- Art. 49 Abs. 1 AEUV „Beschränkungen der freien Niederlassung" (die Bestimmung sei hier als einziges Beispiel für die europäischen Grundfreiheiten genannt),
- Art. 34 Abs. 2 EUGRCh den „Anspruch auf die Leistungen der sozialen Sicherheit und die sozialen Vergünstigungen",
- Art. 46 EUGRCh die „Bedingungen" für „den Schutz durch die diplomatischen und konsularischen Behörden" und bei
- Art. 14 EMRK den „Genuss der in dieser Konvention anerkannten Rechte und Freiheiten", wobei eine Verletzung dieser Rechte und Freiheiten nicht erforderlich ist[265]. Ebenfalls hier einzuordnen wäre der (in Deutschland nicht geltende) Art. 1 Abs. 1 Protokoll Nr. 12 zur EMRK.

---

[265] EGMR, Urteil vom 23. Juli 1968, Nr. 1474/62, 1691/62, 1769/63 und 2126/64, Rechtsausführungen unter I B, Tz. 9 – Belgischer Sprachenfall; *Rudolf Bernhardt*, in: HGR VI/1, 2010, § 144 Rn. 21 f.; *Christoph Grabenwarter/Katharina Pabel*, Europäische Menschenrechtskonvention, 5. Aufl., 2012, § 26 Rn. 3.

## 4. *Rechtmäßigkeit der Handlung?*

Unter dem „mehr provozierenden als sachlich zutreffenden"[266] Schlagwort „Keine Gleichheit im Unrecht"[267] wird teilweise schon das Vorliegen einer tatbestandlichen Ungleichbehandlung verneint, wenn das ihr zugrunde liegende Verhalten des Verpflichteten (sei es die Handlungs-, sei es die Unterlassungsseite der Ungleichbehandlung) rechtswidrig war.[268] Diese Einschränkung sucht zu verhindern, dass sich auf dem Weg über das Gleichheitsrecht eine rechtswidrige Praxis verbreitet und so die Rechts- und Gesetzesbindung (im Falle der Bundesrepublik Deutschland: nach Art. 20 Abs. 3 GG, im Falle der Europäischen Union: nach Art. 2 S. 1 EUV, Art. 263, 264 AEUV) unterlaufen wird.[269]

Die Aufstellung einer Tatbestandsvoraussetzung, wonach die zugrunde liegende Handlung rechtmäßig sein müsse,[270] dürfte das Merkmal der tatbestandlichen Ungleichbehandlung jedoch zu weitgehend normati-

[266] *Christian Starck*, in: Hermann von Mangoldt/Friedrich Klein/Christian Starck (Hg.), GG, Bd. 1, 6. Aufl., 2010, Art. 3 Rn. 274.

[267] Etwa BVerfGE 50, 142 (166); das Schlagwort geht offenbar zurück auf *Günter Dürig*, Gleichheit. I. Der Gleichheitssatz als Verfassungsrechtssatz, in: Görres-Gesellschaft (Hg.), Staatslexikon, Bd. 3, 6. Aufl., 1959, Sp. 983 (989). Vergleiche zu diesem Thema (systematisch und relativierend) *Ferdinand Kirchhof*, in: FS für Detlef Merten, 2007, S. 109; außerdem *Christoph Kölbel*, Gleichheit „im Unrecht", 1998; *Walter Pauly*, JZ 1997, 647; *Volkmar Götz*, in: FG aus Anlaß des 25jährigen Bestehens des Bundesverwaltungsgerichts, 1978, S. 245.

[268] So etwa *Manfred Gubelt*, in: Ingo von Münch/Philip Kunig (Hg.), GG, Bd. 1, 5. Aufl., 2000, Art. 3 Rn. 42; *Christoph Kölbel*, Gleichheit „im Unrecht", 1998, Rn. 110, 112; *Maximilian Wallerath*, Die Selbstbindung der Verwaltung, 1968, S. 98–100; siehe auch *Hans-Joachim Mertens*, Die Selbstbindung der Verwaltung auf Grund des Gleichheitssatzes, 1963, S. 89 f. Ebenso scheint BVerwGE 5, 1 (8), das *Vorliegen* einer Ungleichbehandlung schon deshalb zu verneinen, weil in dem Falle der Gleichzubehandelnde und seine Vergleichsperson gleichermaßen keinen *Anspruch* auf die erstrebte Behandlung hatten (obgleich die Vergleichsperson diese tatsächlich erfuhr); ausdrücklich ausdifferenziert wird das Tatbestandsmerkmal „Ungleichbehandlung" in dieser frühen Entscheidung freilich nicht.

[269] *Michael Sachs*, Verfassungsrecht II, 2. Aufl., 2003, S. 231; *Friedrich Schoch*, DVBl 1988, 863 (871); vergleiche *Volker Epping*, Grundrechte, 4. Aufl., 2010, Rn. 779.

[270] So zu Art. 20 EUGRCh *Walter Frenz*, Handbuch Europarecht, Bd. 4, 2009, Rn. 3204 m. w. N.; ebenso zu Art. 3 Abs. 1 GG *Rüdiger Breuer*, in: FG aus Anlaß des 25jährigen Bestehens des Bundesverwaltungsgerichts, 1978, S. 89 (101). Kaum folgerichtig lässt BVerwG, NVwZ 1994, 581 (582), wo dieser Ansatz ebenfalls zugrunde gelegt wird, es allerdings allein auf die materielle Rechtmäßigkeit der Handlung ankommen; dort hatte im Präzedenzfall, worauf sich ein Gleichzubehandelnder berief, ein unzuständiges Organ gehandelt; dem BVerwG insoweit folgend aber *Philipp Wittmann*, DVBl 2012, 788 (791).

vieren und damit überlasten.[271] Für eine solche Überlastung besteht kein Grund, denn für das Problem der „Gleichheit im Unrecht" finden sich wenigstens ebenso angemessene Lösungen auf den Ebenen der Rechtfertigung und der Rechtsfolgen der Gleichheitssätze: Auf der Ebene der Rechtfertigung kann die Rechtswidrigkeit der der Ungleichbehandlung zugrundeliegenden Handlung als zureichender Grund dafür angesehen werden, sie nicht zu wiederholen;[272] auf der Ebene der Rechtsfolgen führt die Rechtswidrigkeit (und im Rechtsstaat damit die verfassungsrechtliche Unmöglichkeit) einer Wiederholung der Handlung in Richtung auf den Gleichzubehandelnden jedenfalls zum Wegfall dieser Erfüllungsalternative.[273]

### 5. *Verbotene Gleichbehandlung?*

Aus einer Rechtsnorm, die „Gleichheit" oder das „Gleich"-Sein anordnet, „Diskriminierung" verbietet oder in anderer Weise als Gleichheitssatz erkennbar ist, ein *Verbot* der Gleichbehandlung abzuleiten liegt schon sprachlich fern.[274] Gleichwohl geschieht dies, wenn Gleichheitssätzen – über die logische Folge von Rechtsanwendungsgleichheit, dass die einen Tatbestand erfüllenden Fälle anders behandelt werden als die den Tatbestand nicht erfüllenden Fälle[275], hinaus – ein Gebot entnommen wird, Ungleiches ungleich zu behandeln.[276] Das in dieser Auslegung

---

[271] Kritisch auch *Volkmar Götz*, DVBl 1968, 93 (94).

[272] *Ferdinand Kirchhof*, in: FS für Detlef Merten, 2007, S. 109 (116); hierzu noch Kapitel 3, V 3 b aa (5). Das Schlagwort von der „Gleichheit im Unrecht" versteht als Ausschluss eines „Gleichheitsanspruch[s] auf Fehler-Wiederholung" auch *Hans Peter Ipsen*, Gleichheit, in: Franz L. Neumann/Hans Carl Nipperdey/Ulrich Scheuner (Hg.), Die Grundrechte, Bd. 2, 1954, S. 111 (148); dem folgen etwa *Detlev Christian Dicke*, VerwArch 60 (1968), S. 293 (309); *Günter Dürig*, in: Theodor Maunz/Günter Dürig (Hg.), GG, 65. Lfg., 2012 (Stand der Bearbeitung: 1973 [nicht in allen Drucken angegeben]), Art. 3 Abs. I Rn. 182; *Manfred Gubelt*, in: Ingo von Münch/Philip Kunig (Hg.), GG, Bd. 1, 5. Aufl., 2000, Art. 3 Rn. 42; *Werner Heun*, in: Horst Dreier (Hg.), GG, Bd. I, 2. Aufl., 2004, Art. 3 Rn. 60.

[273] Hierzu noch unten Kapitel 4, III 3 a bb pr.; vergleiche für diese Lösung bereits *Philipp Reimer/Simon Kempny,* Ad Legendum 2010, 137 (141).

[274] Vergleiche *Michael Sachs*, NWVBl 1988, 295 (300), für den hier der „egalitäre Grundgedanke des Gleichheitssatzes" in Frage gestellt ist.

[275] *Hans Kelsen*, Das Problem der Gerechtigkeit, in: *ders.*, Reine Rechtslehre, 2. Aufl., 1960, S. 357 (393 f.). Diese Ungleichbehandlungen werden normalerweise als gerechtfertigt angesehen; vergleiche dazu Kapitel 3, V 3 b aa (1).

[276] So zum Unionsrecht die ständige Rechtsprechung siehe EuGH, Rs. 203/86, Slg. 1988, 4596 (Tz. 25) – Spanien ./. Rat; Rs. C-15/95, Slg. 1997, I-1983 (Tz. 35) – EARL Kerlast; zu Art. 3 Abs. 1 GG die ständige Rechtsprechung seit BVerfGE 1, 14 (52); 4, 144 (155), der das Schrifttum überwiegend folgt, siehe nur *Sigrid Boysen*, in:

ausgedrückte Unbehagen, das Rechtsanwender zu diesem Ergebnis führt, dürfte darin wurzeln, dass es auch hier stets um Ungleichbehandlungen geht, die nur nicht ebenso offen zu Tage liegen wie gewöhnlich.[277] Tatsächlich verhält es sich wohl so, dass alle Fälle, in denen eine verbotene Gleichbehandlung angenommen wird und es nicht in Wirklichkeit um ein freiheitsrechtliches Problem geht,[278] sich auch als Ungleichbehandlungen verstehen lassen, die dann in der gewöhnlichen Weise auf ihre weitere Tatbestandsmäßigkeit und ihre Rechtsfolgen hin untersucht werden können.[279]

Das betrifft insbesondere auch die hiergegen angeführten Beispiele für Fälle, in denen es bei schematischer Gleichbehandlung „keine Vergleichsgruppe, mit der das schutzbedürftige Kind, der Unbemittelte

---

Ingo von Münch/Philip Kunig (Hg.), GG, Bd. 1, 6. Aufl., 2012, Art. 3 Rn. 66 m. N.; anders zu Art. 3 Abs. 3 GG *Michael Sachs*, in: Klaus Stern, Staatsrecht, Bd. IV/2, 2011, S. 1749, m. N. auch zur Gegenansicht. – Diese Ungleichbehandlungsgebote dann als „nichtkomparativ" im Gegensatz zu den „komparativen" Gleichbehandlungsgeboten zu bezeichnen, wie es *Magdalena Pöschl*, Gleichheit vor dem Gesetz, 2008, S. 879, tut, erscheint begrifflich nicht passend, ist doch auch die Ungleichbehandlung immer nur in Beziehung auf einen Dritten, also komparativ denkbar.

[277] *Wolfgang Rüfner*, in: Rudolf Dolzer u. a. (Hg.), Bonner Kommentar zum GG, 157. Lfg., 2012 (Stand der Bearbeitung: 67. Lfg., 1992), Art. 3 Rn. 10. Siehe auch *Ernst Forsthoff* (1955), in: *ders.*, Rechtsstaat im Wandel, 2. Aufl., 1976, S. 105 (117), der hier den „Ausdruck eines und desselben rechtsethischen Gedankens" sieht und meint, die Gebote, Gleiches gleich und Ungleiches ungleich zu behandeln, ließen sich „in theoretischer Sicht nicht trennen".

[278] Zu solchen Konstellationen *Wolfgang Rüfner*, in: FS für Martin Kriele, 1997, S. 271 (276).

[279] Ebenso namentlich *Adalbert Podlech*, Gehalt und Funktionen des allgemeinen verfassungsrechtlichen Gleichheitssatzes, 1971, S. 53–60; *Wolfgang Rüfner*, in: Rudolf Dolzer u. a. (Hg.), Bonner Kommentar zum GG, 157. Lfg., 2012 (Stand der Bearbeitung: 67. Lfg., 1992), Art. 3 Rn. 9 f.; *Bodo Pieroth/Bernhard Schlink*, Grundrechte, 27. Aufl., 2011, Rn. 468; an der Richtigkeit der Lehre von der verbotenen Gleichbehandlung zweifelnd auch *Volker Epping*, Grundrechte, 4. Aufl., 2010, Rn. 777 f.; *Lothar Michael/Martin Morlok*, Grundrechte, 3. Aufl., 2012, Rn. 790; *Michael Sachs*, in: Klaus Stern, Staatsrecht, Bd. IV/2, 2011, S. 1477–1481; *Rudolf Bernhardt*, in: HGR VI/1, 2010, § 144 Rn. 55 (zu Art. 14 EMRK). A. A. *Martin Borowski*, Grundrechte als Prinzipien, 1998, S. 362. – Dies als Anzeichen dafür zu nehmen, dass eine Begründungslast nur für Ungleichbehandlungen, nicht aber für Gleichbehandlungen wegen der Austauschbarkeit dieser Begriffe nicht sinnvoll sei (so *Magdalena Pöschl*, Gleichheit vor dem Gesetz, 2008, S. 160), überzeugt gleichwohl nicht: Unterscheidet man zwischen den verschiedenen jeweils zugrunde liegenden Prädikaten (siehe Kapitel 3, II 1 b aa), verliert diese Überlegung sogleich ihre Einleuchtungskraft. Vor einem Rechtssatz, der (wie die vorgefundenen „allgemeinen Gleichheitssätze") als Grundentscheidung für die Gleichheit gefasst ist, erweist sich ein Verhalten eines Verpflichteten eben nur insoweit als rechtfertigungsbedürftig, als es sich als Ungleichbehandlung erweist.

oder der körperlich Benachteiligte eine Gleichstellung begehren könnten"[280], gäbe. Die Lösung liegt hier in relativen Prädikaten, die die zugrunde liegende Handlung nicht mit absoluten, sondern mit auf die verglichenen Personen bezogenen Begriffen beschreiben: also in der hypothetischen Rechtsordnung, die „Kinder ebenso wie Erwachsene für geschäftsfähig erklärt"[281], nicht: „gewährt (jemandem) Geschäftsfähigkeit", was für Kind wie Erwachsenen zutrifft, sondern „gewährt (jemandem) Geschäftsfähigkeit in seine altersbedingt zu vermutende Verständigkeit überforderndem Maße", was nur auf das Kind zutrifft und damit eine Ungleichbehandlung begründet.[282]

Gleiches gilt für die (wenigen) Fälle der Rechtsprechung, in denen eine Gleichbehandlung für gleichheitswidrig erklärt wurde.[283] Dies sei anhand zweier Entscheidungen des Bundesverfassungsgerichts beispielhaft dargetan.[284] Wenn nach Ansicht des Gerichts die gleichmäßige Bevorratungspflicht aller Erdölimporteure „in einer das Gerechtigkeitsgefühl nicht befriedigenden Weise ‚Ungleiches gleich' behandelt",[285] dann liegt das eigentliche gleichheitsrechtliche Problem darin, dass bestimmte Erdölimporteure im Verhältnis zu ihrem Betriebskapital[286] – mithin bei Anwendung eines relativen Prädikates – stärker belastet werden als andere.[287] Wenn „der Gesetzgeber Dauerpflegschaften mit alleinigem Bezug auf die Personensorge gleichbehandelt mit solchen, die auch Bezüge zu Vermögensangelegenheiten aufweisen", indem für beide Fälle gleich hohe, nämlich vermögensabhängige Gerichtsgebühren vorsieht,[288] dann erlegt er gleichzeitig den einen Gebühren auf, deren Höhe in Abhängig-

---

[280] *Magdalena Pöschl*, Gleichheit vor dem Gesetz, 2008, S. 161; siehe auch *Martin Borowski*, Grundrechte als Prinzipien, 1998, S. 362, mit einem ähnlichen Beispiel.

[281] *Magdalena Pöschl*, Gleichheit vor dem Gesetz, 2008, S. 161.

[282] Auch der von *Gerrit Manssen*, Staatsrecht II, 8. Aufl., 2011, Rn. 794, in Anlehnung an BVerfGE 55, 261 (269–273), gebildete Fall, dass ein akademischer Grad nicht nur an Absolventen wissenschaftlicher Hochschulen, sondern auch an Berufsschulabsolventen verliehen wird, lässt sich als Ungleichbehandlung darstellen; ein geeignetes Prädikat wäre etwa „macht die Verleihung eines akademischen Grades (an jemanden) von einer akademischen Ausbildung abhängig".

[283] Zur Rechtsprechung des Bundesverfassungsgerichts insoweit *Michael Sachs*, in: Klaus Stern, Staatsrecht, Bd. IV/2, 2011, S. 1546 f.

[284] Siehe außerdem etwa BVerfGE 98, 365 (384).

[285] BVerfGE 30, 292 (333).

[286] So auch BVerfGE 30, 292 (330 f.).

[287] Richtig *Wolfgang Rüfner*, in: Rudolf Dolzer u. a. (Hg.), Bonner Kommentar zum GG, 157. Lfg., 2012 (Stand der Bearbeitung: 67. Lfg., 1992), Art. 3 Rn. 10 in Fn. 49; *ders.*, in: FS für Martin Kriele, 1997, S. 271, 276 in Fn. 32.

[288] BVerfGE 115, 381 (390).

keit vom Gegenstand der Fürsorgemaßnahme bestimmt ist, und den anderen nicht.

Die „verbotene Gleichbehandlung" erweist sich damit als eine Chimäre, jedenfalls aber als ein Fremdkörper in der Struktur der Gleichheitssätze. Sie in diese hineinzulesen, ohne dass eine solche Auslegung zwingend wäre, verursacht eine entbehrliche Komplizierung der Dogmatik der Gleichheitssätze.[289]

## III. Nachteiligkeit der Ungleichbehandlung für den Ungleichbehandelten

Die vorgefundenen Gleichheitssätze verbieten nach überwiegender Auffassung eine Ungleichbehandlung nur, wenn sie dem Ungleichbehandelten nachteilig ist.[290] Das gilt insbesondere für die des Grundgesetzes,[291] des Unionsrechts[292] und der EMRK[293]. In der Tat darf eine Ungleichbe-

---

[289] Gegen eine entsprechende Auslegung von Art. 3 Abs. 1 GG etwa auch *Wolfgang Rüfner*, in: FS für Martin Kriele, 1997, S. 271 (279).

[290] Ebenso zu den privatrechtlichen Gleichbehandlungspflichten *Michael Grünberger*, Personale Gleichheit, 2011, § 7 III 4.

[291] Herrschende Meinung, siehe BVerfGE 66, 100 (106); 67, 239 (244); *Hans D. Jarass*, in: Hans D. Jarass/Bodo Pieroth, GG, 12. Aufl., 2012, Art. 3 Rn. 10 f.; *Lerke Osterloh*, in: Michael Sachs (Hg.), GG, 6. Aufl., 2011, Art. 3 Rn. 84–87; *Werner Heun*, in: Horst Dreier (Hg.), GG, Bd. I, 2. Aufl., 2004, Art. 3 Rn. 45 (dort als „Grundrechtsbetroffenheit"); a. A. BVerfGE 18, 38 (46), wo es allerdings nur darum ging, ob die – auch Rechte begründende – Sozialversicherungspflicht *insgesamt* als Benachteiligung anzusehen sei; *Michael Sachs*, DÖV 1984, 411 (417); *ders.*, in: FS für Karl Heinrich Friauf, 1996, S. 309 (324 f.); auch *Michael Kloepfer*, Gleichheit als Verfassungsfrage, 1980, S. 57 in Fn. 109, und *Rainer Riggert*, Die Selbstbindung der Rechtsprechung durch den allgemeinen Gleichheitssatz (Art. 3 Abs. 1 GG), 1993, S. 59 in Fn. 261; offengelassen bei *Philipp Reimer/Simon Kempny*, Ad Legendum 2010, 137 (138).

[292] *Dieter Kugelmann*, in: HGR VI/1, 2010, § 160 Rn. 42; *Thorsten Kingreen*, in: Dirk Ehlers (Hg.), Europäische Grundrechte und Grundfreiheiten, 3. Aufl., 2009, § 17 Rn. 15; wohl ebenso *Hans D. Jarass*, Charta der Grundrechte der Europäischen Union, 2010, Art. 21 Rn. 13 („kommt vor allem zum Tragen", wenn Ungleichbehandlung nachteilig), deutlicher noch (zum seinerzeit unverbindlichen Art. 20 EU-GRCh) *ders.*, EU-Grundrechte, 2005, § 24 Rn. 11. Für *Walter Frenz*, Handbuch Europarecht, Bd. 4, 2009, Rn. 3202, ist das Erfordernis der Nachteiligkeit im Wortlaut des Art. 20 EUGRCh nicht verankert; er geht aber davon aus, dass in der Praxis nur solche Fälle Bedeutung erlangen, und möchte im Übrigen diesen Gesichtspunkt der „Verhältnismäßigkeitsprüfung" zuordnen.

[293] *Doris König/Anne Peters*, in: Rainer Grote/Thilo Marauhn (Hg.), EMRK/GG, 2006, Kap. 21 Rn. 48 f.; *Heiko Sauer*, in: Ulrich Karpenstein/Franz C. Mayer (Hg.), EMRK, 2012, Art. 14 Rn. 21.

handlung wohl nicht lediglich an eine Eigenschaft des Gleichzubehandelnden anknüpfen, ohne irgendwelche Folgen für ihn auszulösen.[294] Eine quantitative Erheblichkeitsschwelle für Ungleichbehandlungen soll durch das Erfordernis, dass den Gleichzubehandelnden irgendwelche Folgen treffen oder getroffen haben müssen, aber nicht begründet werden.[295] Die möglichen Folgen für den Ungleichbehandelten sind deshalb denkbar weit, so dass durch das Merkmal der Nachteiligkeit nur wenige Fälle aus dem Tatbestand ausgeschieden werden (dazu sogleich unter 3).

Die Nachteiligkeit ist ein alternativ strukturiertes Tatbestandsmerkmal. Nachteilig ist eine Ungleichbehandlung zum einen dann, wenn den Ungleichbehandelten eine Belastung trifft; diese Merkmalsalternative ist sinnvollerweise so zu verstehen, dass sie dann verwirklicht ist, wenn zugleich ein Eingriff in ein Freiheits(grund)recht vorliegt (dazu 1). Spezifisch gleichheitsrechtlich ist dagegen die andere Merkmalsalternative, in der der Verpflichtete eine begünstigende Handlung vornimmt, mit der der Ungleichbehandelte selbst nicht in Berührung kommt[296] (dazu 2).

### *1. Belastung des Ungleichbehandelten*

Dem Ungleichbehandelten ist eine Ungleichbehandlung zunächst dann nachteilig, wenn sie ihm wenigstens auch[297] eine Belastung einträgt.[298]

[294] Das gilt auch für eine Anknüpfung an die in Art. 3 Abs. 3 GG genannten Merkmale, siehe *Stefan Huster*, Rechte und Ziele, 1993, S. 321.

[295] Siehe zu den Gleichheitssätzen des Grundgesetzes etwa BVerfGE 71, 39 (50): schon eine geringe finanzielle Einbuße genügt; *Peter Martini*, Art. 3 Abs. 1 GG als Prinzip absoluter Rechtsgleichheit, 1997, S. 243–247; a. A. *Michael Kloepfer*, Gleichheit als Verfassungsfrage, 1980, S. 57; ebenso die frühe Rechtsprechung, siehe BVerfGE 11, 50 (58); 12, 151 (166); 13, 331 (341). – Zum Unionsrecht ebenso *Stefan Plötscher*, Der Begriff der Diskriminierung im Europäischen Gemeinschaftsrecht, 2003, S. 273.

[296] Tatsächlich dürfte es in solchen Fällen häufig so sein, dass der Ungleichbehandelte die Begünstigung auch für sich erreichen möchte. Dies ist aber keine Voraussetzung für die Bejahung der Merkmalsalternative.

[297] Ob eine Saldierung von durch dieselbe Handlung erfolgenden Belastungen und Begünstigungen möglich ist, blieb in BVerfGE 5, 17 (21 – betreffend Eintritt der Volljährigkeit, der vor Art. 3 Abs. 3 GG als Belastung geltend gemacht wurde) offen; dafür aber offenbar BVerfGE 96, 288 (303). Gegen eine Saldierung *Guy Beaucamp*, DVBl 2002, 997 (998); kritisch auch *Johanna Hey*, AöR 128 (2003), S. 226, die entsprechende Argumente allenfalls als Rechtfertigung zulassen will (ebd., S. 238). Für eine Saldierung von Belastungen und Begünstigungen (hinsichtlich des seinerzeit unverbindlichen Art. 20 EUGRCh) *Hans D. Jarass*, EU-Grundrechte, 2005, § 24 Rn. 11.

[298] *Werner Heun*, in: Horst Dreier (Hg.), GG, Bd. I, 2. Aufl., 2004, Art. 3 Rn. 45; *Lerke Osterloh*, in: Michael Sachs (Hg.), GG, 6. Aufl., 2011, Art. 3 Rn. 86.

Soll diese nicht rein subjektiv zu beurteilen sein,[299] bedarf es eines objektivierten Maßstabs für die Feststellung einer Belastung. Insofern liegt es nahe, die Gleichheitssätze mit den Freiheitsrechten derselben Rechtsetzungsebene im Einklang zu sehen[300] und eine Belastung dann anzunehmen, wenn die der Ungleichbehandlung zugrundeliegende Handlung in den Schutzbereich eines dem Ungleichbehandelten zustehenden Abwehrrechts eingreift (sei es auch gerechtfertigterweise).[301]

Für die individualrechtlichen Gleichheitssätze des Grundgesetzes bedeutet dies, dass die Handlung des Verpflichteten den Ungleichbehandelten dann belastet, wenn sie zugleich in den Schutzbereich eines Freiheitsgrundrechts oder grundrechtsgleichen Rechts eingreift.[302] Die Handlung bedarf dann einer doppelten Rechtfertigung: einmal vor dem Freiheitsgrundrecht und einmal vor dem Gleichheitssatz. Die gleichheitsrechtliche Prüfung dieser Fälle verschafft dem Grundrechtsträger vor allem dort einen weitergehenden Schutz, wo der Verpflichtete ein (gesetzgeberisches, behördliches oder richterliches) Ermessen auszuüben hat.

Nichts anderes gilt für die unionseuropäischen individualrechtlichen Gleichheitssätze und für Art. 14 EMRK. Letztere Bestimmung bezieht sich schon tatbestandlich ausdrücklich nur auf die Ungleichbehandlung beim „Genuss der in dieser Konvention anerkannten Rechte und Freiheiten", was die Annahme des Einklangs zwischen Belastung und Freiheitsrechten zusätzlich stützt.[303]

Bei den staatsrechtlichen Gleichheitssätzen liegt eine Belastung ebenfalls dann vor, wenn die Handlung des Verpflichteten einen Eingriff in den Schutzbereich von Abwehrrechten beinhaltet. Eine wehrfähige Position der Länder ist vor allem ihre auf das Bundesstaatsprinzip des Art. 20 Abs. 1 GG zu stützende Eigenstaatlichkeit. Auch für die Mit-

---

[299] Dafür – im Falle des Art. 3 Abs. 3 S. 2 GG – aber *Guy Beaucamp*, DVBl 2002, 997 (998) m. N.

[300] Zu den Freiheitsgrundrechten als „notwendige[m] Kontext" für die Deutung des Art. 3 Abs. 1 GG (mit Blick auf den Übergang zur sogenannten „Neuen Formel") *Lerke Osterloh*, EuGRZ 2002, 309 (311).

[301] Im Rahmen dieser Variante der Nachteiligkeit wäre dann von einer Akzessorietät im engeren Sinne zu sprechen, was *Michael Sachs*, in: FS für Karl Heinrich Friauf, 1996, S. 309 (315 f.), als allgemeines Tatbestandsmerkmal einer Ungleichbehandlung zutreffend ausschließt.

[302] Für einen weiten Begriff, der keine „Rechtsbeeinträchtigung oder Rechtsverletzung" erfordert, schon *Hans Peter Ipsen*, Gleichheit, in: Franz L. Neumann/Hans Carl Nipperdey/Ulrich Scheuner (Hg.), Die Grundrechte, Bd. 2, 1954, S. 111 (180).

[303] Ebenso *Lothar Michael*, Der allgemeine Gleichheitssatz als Methodennorm komparativer Systeme, 1997, S. 271.

gliedstaaten der Europäischen Union ist ihre Eigenstaatlichkeit das zentrale Abwehrrecht gegenüber dem „Staatenverbund"[304], niedergelegt vor allem in Art. 4 Abs. 2 EUV. Wichtigstes Abwehrrecht der Gemeinden ist die Selbstverwaltungsgarantie des Art. 28 Abs. 2 S. 1 GG, der Gemeindeverbände das Recht aus Art. 28 Abs. 2 S. 2 GG.

### 2. *Begünstigung der Vergleichsperson*

Begünstigt der Verpflichtete eine Vergleichsperson, folgt schon hieraus die Nachteiligkeit der Ungleichheit für den Ungleichbehandelten. Die Begünstigung des einen ist immer zugleich eine Belastung des anderen.[305]

Wenn dadurch die Ungleichbehandlung (vorbehaltlich etwaiger Rechtfertigung[306]) tatbestandsmäßig ist, dann erscheint dies als Ergebnis der Auslegung sachgerecht, weil zumindest (aber keineswegs nur[307]) die allgemeinen Gleichheitssätze nach ihrem historischen Sinn gerade auch die willkürlich ungleiche Verteilung von Begünstigungen durch einen Verpflichteten abwehren sollen.[308]

Im Falle der Unzulässigkeit einer solchen Ungleichbehandlung gebieten die Gleichheitssätze, entweder dem Ungleichbehandelten die entsprechende Begünstigung zu gewähren oder der Vergleichsperson die Begünstigung zu entziehen.[309] Der Annahme der Nachteiligkeit steht es nicht entgegen, wenn eine entsprechende Begünstigung des Ungleichbehandelten rechtswidrig wäre und der Verpflichtete die Gleichbehandlungspflicht deshalb nur in der Variante erfüllen kann, dass er der Vergleichsperson die Begünstigung entzieht.[310] Hierfür sprechen schon sys-

---

[304] BVerfGE 89, 155 (181).

[305] In den Worten des Bundesverfassungsgerichts: „Einzelne Gruppen fördern heißt bereits, andere ungleich behandeln" (BVerfGE 12, 354 [367]).

[306] Hierzu Kapitel 3, V.

[307] Ein besonderer Gleichheitssatz, in dessen Wortlaut sich dieser Sinn augenfällig niedergeschlagen hat, ist § 173 FRV (dazu insoweit *Simon Kempny*, Die Staatsfinanzierung nach der Paulskirchenverfassung, 2011, S. 185 f.).

[308] *Rupert Stettner*, BayVBl 1988, 545, spricht in diesem Zusammenhang von der „wohl größte[n] emanzipatorischen Sprengkraft" des Gleichheitssatzes. Vergleiche *Marc Desens*, AöR 133 (2008), S. 404 (405), und *Konrad Hesse*, AöR 109 (1984), S. 174 (175), beide unter Verweis auf § 137 FRV (siehe oben bei Fn. 44). – A. A. offenbar *Hans-Joachim Mertens*, Die Selbstbindung der Verwaltung auf Grund des Gleichheitssatzes, 1963, S. 95; enger auch *Jost Pietzcker*, JZ 1989, 305 (310): eigene „Rechtsbetroffenheit" sei erforderlich.

[309] *Ferdinand Kirchhof*, in: FS für Detlef Merten, 2007, S. 109 (110 f.), spricht insoweit von einer „Gleichheit ins Recht".

[310] Vergleiche unten Kapitel 4, III 3 a bb (2); siehe auch schon *Philipp Reimer/Simon Kempny*, Ad Legendum 2010, 137 (140 f.).

tematische Gründe, weil die Frage der Rechtsfolgen des Gleichheitssatzes von der nach seinem Tatbestand zu trennen ist. Darüber hinaus besteht auch kein Bedürfnis, den sich in dieser Konstellation ergebenden Anspruch auf Belastung eines anderen als „Neidanspruch" zu verhindern, denn auch ohne Besserstellung des Anspruchstellers hat die Gleichbehandlung einen Eigenwert im Hinblick auf dessen Würde, Selbstachtung und Persönlichkeit.[311]

Die Freiheitsrechte geben für die Frage, wann eine Begünstigung einer Person vorliegt, anders als für die Belastung[312] keinen unmittelbaren Aufschluss.[313] Um gleichwohl sprachlich an sie anzuknüpfen, lässt sich sagen, dass jede Erweiterung der Freiheitssphäre, jede Schaffung einer anschließend dann durch die Freiheitsrechte geschützten Position begünstigend wirkt. Dieses denkbar weite Verständnis wird ausgedrückt durch eine Definition der Begünstigung als Zuwendung eines rechtlichen oder tatsächlichen (wirtschaftlichen oder ideellen) Vorteils gleich welcher Art. Die Varianten dieser Definition seien noch näher betrachtet:

Zuwendung eines rechtlichen Vorteils ist die Schaffung oder Erweiterung von Rechten oder die Aufhebung oder Einschränkung von Pflichten. Individualrechtliche Beispiele sind die Gewährung von Immunität[314], eine Erhöhung der Ausbildungsförderung, eine Senkung des Um-

---

[311] So *Marc Desens*, AöR 133 (2008), S. 404 (426 f.); *Michael Sachs*, in: FS für Karl Heinrich Friauf, S. 309 (325–328); *ders.*, Verfassungsrecht II, 2. Aufl., 2003, S. 231; *ders.*, NWVBl 1988, 295 (300); außerdem *Uwe Kischel*, in: BeckOK GG, Edition 15, 2012, Art. 3 Rn. 20–22.1, der das Argument vom „neidgetrieben[en]" Anspruch als kennzeichnend für die „Abwehrhaltung der Privilegierten" bezeichnet. – Anders aber *Wolfgang Rüfner*, in: Rudolf Dolzer u. a. (Hg.), Bonner Kommentar zum GG, 157. Lfg., 2012 (Stand der Bearbeitung: 67. Lfg., 1992), Art. 3 Rn. 158.

[312] Siehe Kapitel 3, III 1.

[313] Durch die Hinzunahme der Begünstigungsvariante haben die allgemeinen Gleichheitssätze ein breiteres „Anwendungsfeld" als die allgemeinen Freiheitsrechte, worauf *Michael Sachs*, in: Klaus Stern, Staatsrecht, Bd. IV/2, 2011, S. 1570, hinweist (zu Art. 3 Abs. 1 GG im Verhältnis zu Art. 2 Abs. 1 GG).

[314] Dies verkennt BVerfG, Urteil vom 12. September 2012, 2 BvR 1390/12, Rn. 199. In dem Verfahren hatte ein Verfassungsbeschwerdeführer unter Berufung auf Art. 3 Abs. 1 GG eine Regelung als willkürlich gerügt, die den Amtswaltern einer bestimmten Einrichtung Immunität gewährte. Das Bundesverfassungsgericht erklärte die Rüge für unzulässig, da der Beschwerdeführer durch die Regelung „nicht nachteilig betroffen" sei. – Richtigerweise wäre die Nachteiligkeit hier zu bejahen gewesen, und zwar in der Erscheinungsform „Begünstigung der Vergleichsperson". Was der Rüge entgegengehalten werden konnte, war etwas anderes: Soweit sie dahin auszulegen war, dass der Beschwerdeführer beanstande, selbst keine Immunität gewährt zu bekommen, war auf einen objektiv bestehenden Unterschied zwischen einem Amtswalter und dem Beschwerdeführer abzustellen. Die besonderen Aufgaben

satzsteuersatzes für bestimmte Wirtschaftszweige oder (im Sachbereich des Art. 38 Abs. 1 S. 1 GG) eine Erhöhung des Stimmgewichts bei der Wahl zum Deutschen Bundestag. Im Staatsrecht begünstigt zum Beispiel der Bund die Länder durch die Gewährung einer Ergänzungszuweisung nach Art. 107 Abs. 2 S. 3 GG.

Zuwendung eines wirtschaftlichen Vorteils ist die tatsächliche Verbesserung der Einkommens- oder Vermögenslage. Die Anschließung eines Grundstücks an das gemeindliche Straßennetz begünstigt den Grundstückseigentümer wirtschaftlich, die Ansiedlung (und Erhaltung) einer Bundesbehörde[315] im Gebiet eines Landes dieses.

Zuwendung eines ideellen Vorteils ist zum Beispiel – im individualrechtlichen Bereich – die Verleihung eines Ordens oder Ehrenzeichens, einer Ehrenbürgerschaft, eines akademischen Grades ehrenhalber oder eines Titels („Justizrat", „Kammersänger")[316] an einen Grundrechtsträger oder – im staatsrechtlichen Bereich – die Verleihung eines protokollarischen Ranges an einen Landesvertreter bei einem Festakt des Bundes.

Ein typisches Anzeichen für das Vorliegen einer (jedenfalls ideellen) Begünstigung besteht darin, dass taugliche Vergleichspersonen sich um die fragliche Behandlung beworben, sie etwa beantragt haben. Auch eine Handlung, die rechtlich eine Belastung bewirkt – zum Beispiel die Feststellung der Wehrdienstfähigkeit nach § 19 Abs. 4 WPflG –, kann in ideeller Hinsicht noch als Begünstigung aufgefasst werden. Soll die Nachteiligkeit auch in der Begünstigungsvariante nicht rein subjektiv zu bestimmen sein, so kann es nicht darauf ankommen, ob die (oder gar alle) von der Handlung Betroffenen sie tatsächlich als Begünstigung empfinden. Daraus folgt wiederum, dass eine Ungleichbehandlung sich zu-

---

eines Amtswalters mochten die Ungleichbehandlung tragen und so zu ihrer Rechtfertigung führen (siehe Kapitel 3, V 3); insoweit wäre die Rüge als unbegründet anzusehen gewesen (so argumentiert denn auch die vom Bundesverfassungsgericht zitierte Vorentscheidung BVerfGE 63, 255 [265 f.], zu Vergünstigungen „aus besonderem [sc. nur in der Person des Begünstigten vorliegendem] Anlaß"; auf derselben Linie BVerfGE 49, 192 [208]; 50, 177 [191]; 52, 264 [277]; 60, 68 [79]; 125, 39 [94]). Soweit die Rüge dahin auszulegen war, dass zwischen einem von der angegriffenen Regelung begünstigten Amtswalter und einer weiteren von dem Beschwerdeführer verschiedenen Person, etwa einem Amtswalter einer anderen Einrichtung, kein tragfähiger Unterschied bestehe, fehlte es dem Beschwerdeführer an einer eigenen Beschwer im Sinne des § 90 Abs. 1 BVerfGG.

315 Man denke auch an Kasernen, gegen deren Schließung sich Standortgemeinden regelmäßig aussprechen.

316 Etwa im Saarland nach § 2 Abs. 1 Nr. 3 und 4 Verordnung über Titel vom 30. Januar 1934 (RGBl. I, 73), zuletzt geändert durch Verordnung vom 8. September 2008 (Amtsblatt des Saarlandes, 1546).

gleich als Belastung und als Begünstigung derselben Person erweisen kann.

Wird die Ungleichbehandlung durch institutionell-organisatorische Unterschiede bewirkt, ist das Vorliegen einer Begünstigung mitunter schwierig zu beurteilen. So lässt sich etwa fragen, ob schon ein erweitertes Unterrichtsangebot an der einen Schule deren Schüler gegenüber denjenigen einer anderen Schule begünstigt.[317] Die hiermit zusammenhängenden Probleme können hier nicht vertieft werden.

### *3. Ausgeschlossene Fallgruppen*

Angesichts der Weite der beiden soeben betrachteten Varianten werden durch das Merkmal der Nachteiligkeit nur zwei Arten von Ungleichbehandlungen ausgeschlossen: diejenigen, die nur die Vergleichsperson belasten oder nur den Ungleichbehandelten begünstigen (dazu a), und diejenigen, die keinen von beiden benachteiligen (dazu b).[318]

#### *a) Benachteiligung nur der Vergleichsperson*

Zum einen sind solche Ungleichbehandlungen dem Ungleichbehandelten nicht nachteilig, die darin bestehen, dass ihm im Gegensatz zu einer Vergleichsperson eine Begünstigung gewährt wird oder dass einer Vergleichsperson im Gegensatz zu ihm eine Belastung auferlegt wird. An dieser Abwehrmöglichkeit besteht kein rechtliches Interesse.[319]

Wird nur die Vergleichsperson belastet, so würde die Annahme einer Nachteiligkeit für den (verschont gebliebenen) Ungleichbehandelten im Falle der auch subjektive Rechte gewährenden Gleichheitssätze[320] auf die Zulassung der Popularklage hinauslaufen. Jedenfalls in der deutschen Rechtsordnung ist diese, wie schon der Wortlaut des Art. 19 Abs. 4 S. 1

---

[317] Dagegen BVerwG, DÖV 1979, 911, weil ein subjektives Recht (auf Erweiterung des Unterrichtsangebots?) nicht bestehe; zustimmend *Christoph Kölbel*, Gleichheit „im Unrecht", 1998, Rn. 113.

[318] Nicht hierher gehört – trotz des missverständlichen Ausdrucks in BVerfGE 6, 389 (423) – das Fehlen einer Benachteiligung oder Bevorzugung wegen Unvergleichbarkeit der Sachverhalte; wie in Kapitel 3, I 3 b, dargelegt, sollte die Nachteiligkeit der Ungleichbehandlung nicht mit der Wertungsfrage der Vergleichbarkeit, die besser im Zusammenhang mit einer Rechtfertigung (Kapitel 3, V) betrachtet wird, vermengt werden.

[319] Ebenso etwa VGH Mannheim, ZBR 1984, 19; offengelassen in VGH Mannheim, VBlBW 1987, 72; a. A. *Michael Sachs*, DÖV 1984, 411 (417); *ders.*, in: Klaus Stern, Staatsrecht, Bd. IV/2, 2011, S. 1628 f. (zu Art. 3 Abs. 2 S. 1 GG); *Christoph Kölbel*, Gleichheit „im Unrecht", 1998, Rn. 116.

[320] Dazu noch unten Kapitel 4, IV 1 a.

GG zeigt, von Verfassungs wegen nicht vorgesehen,[321] weshalb ihre materiell-grundrechtliche Ableitung aus den Gleichheitssätzen nicht naheliegt.

Wird der Ungleichbehandelte durch die Ungleichbehandlung selbst nur begünstigt, wird er in der Abwehr dieser Begünstigung als solcher ebenfalls nicht als schutzwürdig angesehen.[322] Insbesondere gebietet der Wortlaut des Art. 3 Abs. 3 S. 1 GG keine andere Auslegung für diesen Gleichheitssatz; denn das hierin enthaltene Verbot der „Bevorzugung“ bezieht sich auf die Bevorzugung *eines anderen* gegenüber dem Ungleichbehandelten.[323] Dieses grundsätzlich auf alle Gleichheitssätze übertragbare Verbot wird durch die Zweigleisigkeit der obigen Definition der Nachteiligkeit, die die Begünstigung der Vergleichsperson als Nachteil erfasst, schon hinreichend berücksichtigt.

In den Fällen, wo eine „aufgedrängte“ Begünstigung nicht erwünscht ist und abgewehrt werden soll, hat dieses Interesse oft eine freiheitsrechtliche Dimension. Die Aufdrängung des Vorteils kann beispielsweise ehrenrührig wirken, weil sie den Ruch der Korruption oder des Opportunismus mit sich bringt, und daher etwa nach deutschem Recht den Schutzbereich des Allgemeinen Persönlichkeitsrechts, das aus Art. 2 Abs. 1, Art. 1 Abs. 1 GG abgeleitet wird, berühren.[324] Damit aber ist die Gewährung der Begünstigung im Sinne der obigen Definition ohnehin zugleich eine Belastung und die Ungleichbehandlung damit nachteilig.

Im Übrigen könnten etwa verbleibende Fälle, soweit subjektiv berechtigende Gleichheitssätze in Rede stehen,[325] auch einer prozessualen Lösung zugeführt werden, indem dem Ungleichbehandelten – obwohl materiell berechtigt – das Rechtsschutzinteresse abgesprochen würde.[326]

---

[321] Vergleiche *Walter Krebs*, in: Ingo von Münch/Philip Kunig (Hg.), GG, Bd. 1, 5. Aufl., 2000, Art. 19 Rn. 58 („Systementscheidung für den Individualrechtsschutz“). Ob Art. 19 Abs. 4 S. 1 GG die (einfachgesetzliche) Einführung einer (neben die Individualklage tretenden) Popularklage auch *verbietet*, steht freilich auf einem anderen Blatt, war sein geschichtlicher Sinn doch die Erweiterung und nicht die Begrenzung von Rechtsschutz gegen die öffentliche Gewalt (für die grundsätzliche Zulässigkeit *Johannes Dietlein*, in: Klaus Stern, Staatsrecht, Bd. IV/2, 2011, S. 1876 f.).

[322] BVerfGE 66, 100 (106).

[323] Siehe *Wolfgang Rüfner*, in: Rudolf Dolzer u. a. (Hg.), Bonner Kommentar zum GG, 157. Lfg., 2012 (Stand der Bearbeitung: 76. Lfg., 1996), Art. 3 Rn. 552–556; *Lerke Osterloh*, in: Michael Sachs (Hg.), GG, 6. Aufl., 2011, Art. 3 Rn. 251.

[324] Vergleiche *Philip Kunig*, in: Ingo von Münch/Philip Kunig (Hg.), GG, Bd. 1, 5. Aufl., 2000, Art. 2 Rn. 35 f.

[325] Dazu noch unten Kapitel 4, IV 1 a.

[326] So etwa VGH Mannheim, VBlBW 1987, 72; kritisch zu solchen Versuchen *Michael Sachs*, DÖV 1984, 411 (418).

### b) Benachteiligung weder des Ungleichbehandelten noch der Vergleichsperson

Zum anderen sind dem Ungleichbehandelten Ungleichbehandlungen nicht nachteilig, die weder für den Ungleichbehandelten noch für die Vergleichsperson eine Belastung oder Begünstigung bedeuten.[327] Diese erscheinen wiederum in zwei Gruppen.

Erstens sind dies allein im internen, technisch-organisatorischen Bereich des Verpflichteten stattfindende Ungleichbehandlungen:

*Fall 11:* Ein Justizwachtmeister entschließt sich dazu, eine Verfahrensakte auf die obere und eine andere auf die untere Ablage eines Aktenwagens zu legen, ohne dass sich dies auf den Verfahrensablauf auswirkte.

Diese Entscheidung hat keinerlei Auswirkungen auf Interessen der Verfahrensbeteiligten. In diesem Falle bleibt selbst für ein Willkürverbot kein Raum. Der Justizwachtmeister ist deshalb nicht einmal gehalten, für seine Entscheidung eine Begründung angeben zu können. Das gilt sowohl im Grundrechts- (die Verfahrensakte gehört zu einem Rechtsstreit unter Privaten, einem entsprechenden Verwaltungsstreitverfahren oder einer Verfassungsbeschwerde) als auch im staatsrechtlichen Bereich (die Verfahrensakte gehört zu einem Bund-Länder-Streit beim Bundesverfassungsgericht oder beim Bundesverwaltungsgericht[328]).

Zweitens fehlt die Nachteiligkeit bei Ungleichbehandlungen, die zwar an einen Ungleichbehandelten und eine Vergleichsperson tatbestandlich anknüpfen, deren rechtliche und tatsächliche Folgen jedoch weder geschützte Interessen des Ungleichbehandelten noch der Vergleichsperson berühren.

*Fall 12:* Der Bund erlässt ein Gesetz, wonach jedes Land für jeden seiner katholischen Einwohner eine jährliche Zahlung zur freien Verwendung erhält. Die Länder vereinnahmen die Zahlung für das Jahr 2012 und verwenden sie teilweise zur Tilgung von Schulden, teilweise als nicht zweckgebundene Zuwendung an die katholischen Einwohner.

Ungeachtet der Fragen nach der finanzverfassungsrechtlichen und der bundesstaatlich-gleichheitsrechtlichen Zulässigkeit solcher Zahlungen kann dieses Gesetz auch unter dem Gesichtspunkt des Art. 3 Abs. 1 und Abs. 3 S. 1 GG betrachtet werden. Legt man (im Sinne der oben gegebenen Begriffsbestimmung[329]) das Prädikat „Der Bund zahlt einen Geldbe-

---

[327] Hierzu auch *Michael Sachs*, Grenzen des Diskriminierungsverbotes, 1987, S. 266–269; *ders.*, in: Klaus Stern, Staatsrecht, Bd. IV/2, 2011, S. 1636 (zu Art. 3 Abs. 2 GG), 1743 mit Fn. 243 (zu Art. 3 Abs. 3 GG).

[328] § 50 Abs. 1 Nr. 1 VwGO.

[329] Siehe Kapitel 3, II 1 b aa.

trag an das Wohnsitzland für X" zugrunde, so bewirkt das Gesetz eine Ungleichbehandlung: setzt man für X einen Katholiken ein, so ergibt sich eine zutreffende Aussage, bei Einsetzung eines Nichtkatholiken dagegen eine unzutreffende. Diese Ungleichbehandlung ist jedoch unmittelbar rechtlich und wirtschaftlich weder für einen Katholiken noch für einen Nichtkatholiken nachteilig, weil die vorgesehenen Zahlungen lediglich vom Bunde an das jeweilige Wohnsitzland erfolgen sollen und das Gesetz weitere Folgen nicht hat.[330] In einem solchen Fall kann deshalb nur mittelbare wirtschaftliche Nachteiligkeit angenommen werden, nämlich wenn dem Gesetz ein solcher Anreiz für das Land innewohnt, Katholiken zu bevorzugen, dass derartige weitere Ungleichbehandlungen durch das Land schon dem Bunde zuzurechnen wären. Nimmt man dies an, so bedarf das Gesetz als Ungleichbehandlung einer verfassungsrechtlichen Rechtfertigung. Verneint man dagegen die Ungleichbehandlung von Katholiken und Nichtkatholiken durch den Bund, so ist das Gesetz gleichheitsrechtlich unbedenklich.[331] (Zur Klarstellung: Eine Zuwendung des Landes nur an seine katholischen Einwohner verstieße dagegen sicherlich gegen Art. 3 Abs. 3 S. 1 GG.)

## IV. Anknüpfung der Ungleichbehandlung an bestimmte Eigenschaften

Bei manchen Gleichheitssätzen erfüllt nicht jede Ungleichbehandlung den Tatbestand, sondern nur eine solche, die der Verpflichtete an eine bestimmte Eigenschaft des Gleichzubehandelnden knüpft. Dieser Anknüpfungspunkt wird im Normtext häufig mit der Präposition „wegen" bezeichnet. In den Blick geraten hier deshalb die bei der Sichtung des Normenbefundes als Verbote der Ungleichbehandlung „wegen etwas" eingereihten sogenannten Diskriminierungsverbote.[332] Diese Gleichheitssätze werden hier nicht als ein *aliud* gegenüber anderen Gleich-

[330] Insbesondere ist keine Nachteiligkeit wegen Eingriffs in das Recht auf informationelle Selbstbestimmung anzunehmen, weil die bloße Auszählung eines vorhandenen öffentlichen Registers – wie hier des Melderegisters, vergleiche § 2 Abs. 1 Nr. 11 MRRG – nicht personenbezogene Daten nutzt und dieses Grundrecht nur hinsichtlich personenbezogener Daten schützt (siehe BVerfGE 65, 1 [41–43]).

[331] Eine andere, hier nicht zu beantwortende Frage ginge dahin, ob derartige „steckengebliebene Ungleichbehandlungen" wie hier die des Bundes, die auf der Landesebene (wegen Unterbrechung des Zurechnungszusammenhangs) „steckenbleibt", nicht auf ein objektivrechtliches, auf Art. 3 Abs. 3 S. 1 GG zu stützendes Verbot treffen.

[332] Siehe oben Kapitel 2, I 2 a.

heitssätzen[333], sondern nur als durch ein zusätzliches Tatbestandsmerkmal besonders qualifiziert eingeordnet.

Diejenigen Gleichheitssätze, welche die Anknüpfung einer Ungleichbehandlung an bestimmte, im Sinne eines Katalogs aufgezählte Eigenschaften des Gleichzubehandelnden oder der Vergleichsperson verbieten, sollen hier anknüpfungsabhängige oder Kataloggleichheitssätze heißen. Zu ihnen gehören aus dem deutschen Verfassungsrecht Art. 3 Abs. 2 S. 1, Abs. 3 S. 1, Abs. 3 S. 2, Art. 6 Abs. 5, Art. 33 Abs. 1 und 3 GG, aus dem Unionsrecht etwa Art. 10, 18 Abs. 1 AEUV, Art. 21 Abs. 1 und 2, Art. 23 Abs. 1 EUGRCh und aus dem Völkerrecht Art. 14 EMRK, Art. 26 S. 2 IPbürgR. Wurde derlei Bestimmungen früher nur das Verbot der mehr oder weniger ausdrücklichen Begründung einer Handlung mit dem Vorliegen einer über den Katalog einbezogenen Eigenschaft[334] entnommen[335] (mit der Folge ihrer Einordnung in die Unzulässigkeitsprüfung des allgemeinen Gleichheitssatzes[336]), so hat es sich inzwischen weitgehend durchgesetzt, in ihnen das Verbot zu sehen, überhaupt eine Ungleichbehandlung an eine solche Eigenschaft anzuknüpfen.[337] Der letztgenannten Auffassung zufolge ist die Anknüpfung

[333] In diese Richtung aber *Tilmann Altwicker*, Menschenrechtlicher Gleichheitsschutz, 2010, S. 29 f. und passim, der in „allgemeinem Gleichheitsrecht“ und „Nichtdiskriminierungsrecht“ zwei grundlegende Modelle sieht.

[334] Diese Wortwahl soll dafür Raum lassen, dass Eigenschaften zum einen in einem Kataloggleichheitssatz ausdrücklich genannt, zum anderen aber auch dadurch einbezogen werden können, dass in der Aufzählung Kategorien genannt werden, deren Ausprägung die Eigenschaften sind; dazu und zu der Unterscheidung Eigenschaft/Kategorie eingehend noch Kapitel 3, IV 1 a.

[335] So wurde die frühere Verfassungsrechtsprechung verstanden, vergleiche BVerfGE 2, 266 (286: „kausaler Zusammenhang“ erforderlich); 3, 225 (240: „Differenzierungen“ seien verboten); 5, 17 (21 f.: „ursächlich“ müsse die Eigenschaft sein); vergleiche dazu *Manfred Gubelt*, in: Ingo von Münch/Philip Kunig (Hg.), GG, Bd. 1, 5. Aufl., 2000, Art. 3 Rn. 104; siehe auch *Adalbert Podlech*, Gehalt und Funktionen des allgemeinen verfassungsrechtlichen Gleichheitssatzes, 1971, S. 94.

[336] *Adalbert Podlech*, Gehalt und Funktionen des allgemeinen verfassungsrechtlichen Gleichheitssatzes, 1971, S. 91; *Stefan Huster*, Rechte und Ziele, 1993, S. 322 f. BVerfGE 3, 225 (239 f.), lässt sich freilich auch anders verstehen, wenn es dort heißt, Art. 3 Abs. 2 GG sei eine Konkretisierung des Art. 3 Abs. 1 GG. Siehe zum selbständigen oder unselbständigen Charakter der Gleichheitssätze des Grundgesetzes außerhalb des Art. 3 Abs. 1 GG auch *Christoph Spielmann*, Konkurrenz von Grundrechtsnormen, 2008, S. 198 m. w. N.

[337] So jetzt BVerfGE 85, 191 (206); vergleiche *Michael Sachs*, Grenzen des Diskriminierungsverbots, 1987, S. 428–489; *ders.*, in: HStR VIII, 3. Aufl., 2010, § 182 Rn. 29–32; *ders.*, in: Klaus Stern, Staatsrecht, Bd. IV/2, 2011, S. 1752–1758, sowie – a. A. – *Werner Heun*, in: Horst Dreier (Hg.), GG, Bd. I, 2. Aufl., 2004, Art. 3 Rn. 119–124, jeweils m. w. N.; kritisch auch *Stefan Huster*, Rechte und Ziele, 1993, S. 322. Zur Anknüpfung an eine nur vermeintlich vorliegende Eigenschaft siehe Ka-

an eine Katalogeigenschaft ein eigenständiges Tatbestandsmerkmal bestimmter Gleichheitssätze und können derartige Gleichheitssätze dementsprechend nicht nur als Konkretisierung allgemeinerer Gleichheitssätze verstanden werden.

Gleichheitssätze, die nicht im eben eingeführten Sinne Kataloggleichheitssätze sind, bei denen es also nicht auf die Anknüpfung der Ungleichbehandlung an eine bestimmte Eigenschaft ankommt, sollen hier anknüpfungsunabhängig heißen. Hierunter fallen vor allem die allgemeinen Gleichheitssätze der Art. 3 Abs. 1 GG, Art. 20 EUGRCh (einschließlich seines Vorläufers, des ungeschriebenen europarechtlichen Gleichheitsgrundrechts[338]), Art. 26 S. 1 IPbürgR sowie die sachlich begrenzten, aber anknüpfungsunabhängigen Gleichheitssätze wie etwa die Wahlrechtsgleichheit nach Art. 28 Abs. 1 S. 2, Art. 38 Abs. 1 S. 1 GG.[339] Für die anknüpfungsunabhängigen Gleichheitssätze gelten die in diesem Abschnitt (IV) dargelegten Einschränkungen des Tatbestandes nicht.

Im Hinblick auf die Bestimmungen der Art. 21 Abs. 1 EUGRCh, Art. 14 EMRK, Art. 26 S. 1 Fall 2, S. 2 IPbürgR ist dabei noch ein Vorbehalt zu machen, weil ihre nicht abschließend gefassten Merkmalskataloge den Weg zu verschiedenen dogmatischen Konstruktionen – sowohl anknüpfungsabhängig als auch anknüpfungsunabhängig – offenlassen; darauf ist noch zurückzukommen.[340]

Bei den anknüpfungsabhängigen Kataloggleichheitssätzen macht die Tatbestandsprüfung es erforderlich, eine Katalogeigenschaft zu identifizieren (dazu 1) und die Anknüpfung der Ungleichbehandlung an diese Eigenschaft festzustellen (dazu 2).

### 1. *Katalogeigenschaft*

Die Kataloge der anknüpfungsabhängigen Gleichheitssätze führen sowohl Eigenschaften als auch Kategorien auf, zwischen denen aber zu unterscheiden ist, weil eine Ungleichbehandlung nur an Erstere anknüpfen kann (dazu a). Manche Kataloge werfen zusätzliche Fragen dadurch auf, dass sie textlich nicht abschließend gefasst sind (dazu b). Als ein Problem der Bestimmung der Katalogeigenschaften wäre außerdem das Thema „mittelbare Diskriminierung“ einzuordnen, wenn man die ver-

---

pitel 3, IV 2 b cc; zum älteren Meinungsstand ausführlich *Michael Sachs*, Grenzen des Diskriminierungsverbotes, 1987, S. 390–428.

[338] *Dieter Kugelmann*, in: HGR VI/1, 2010, § 160 Rn. 36 m. w. N.

[339] Ständige Rechtsprechung, siehe BVerfGE 16, 130 (138 f.); 41, 399 (413 f.); 95, 335 (353); vergleiche dazu *Siegfried Magiera*, in: Michael Sachs (Hg.), GG, 6. Aufl., 2011, Art. 38 Rn. 90–96.

[340] Siehe Kapitel 3, IV 1 b aa.

mittelnden Eigenschaften selbst als Katalogeigenschaften begreifen wollte (dazu c).

### a) Eigenschaften und Kategorien

Eine Ungleichbehandlung kann immer nur an eine Eigenschaft (die nur entweder vorliegen oder fehlen kann) und nicht an eine Kategorie von Eigenschaften anknüpfen, etwa: an eine bestimmte „Heimat" des Ungleichbehandelten (z. B. „Brandenburg"), aber nicht an „Heimat" schlechthin. In Kataloggleichheitssätzen kommen allerdings sowohl Eigenschaften als auch Kategorien vor.[341] Die durch Kategorien bezeichneten Anknüpfungsverbote müssen erst dadurch ausführbar gemacht werden, dass der Kategorie („Heimat") bestimmte Eigenschaften zugeordnet werden („Brandenburg", „Island" usf.). Die Anknüpfung an jede dieser Eigenschaften ist dann ebenso vom Tatbestand des Kataloggleichheitssatzes erfasst wie die Anknüpfung an eine ausdrücklich genannte Eigenschaft.

Eigenschaften, an die der Verpflichtete eines Kataloggleichheitssatzes eine Ungleichbehandlung nicht knüpfen darf, müssen insofern nicht selbst im Katalog aufgeführt sein. Soll begrifflich genau gearbeitet werden, ist deshalb innerhalb der Kataloge zwischen zwei Gruppen von Eigenschaften zu unterscheiden: solchen, die selbst genannt sind, und solchen, die sich einer im Katalog enthaltenen Kategorie zuordnen lassen. Die Eigenschaften aus beiden Gruppen sollen im Folgenden zusammengenommen als Katalogeigenschaften bezeichnet werden.

Zu der erstgenannten Gruppe, der der selbst in einem Katalog genannten Eigenschaften, zählen beispielsweise die „Behinderung" in Art. 3 Abs. 3 S. 2 GG,[342] Art. 10 Fall 6 AEUV, Art. 21 Abs. 1 Fall 15 EUGRCh, das „Verheiratetsein" in Art. 6 Abs. 1 GG und die „Unehelichkeit" in Art. 6 Abs. 5 GG. Diese Eigenschaften kann ein Mensch nur entweder aufweisen oder nicht aufweisen.

Eine Kategorie, die bestimmte Eigenschaften zu Katalogeigenschaften der zweiten Gruppe macht, ist – neben der einführend genannten „Heimat" – beispielsweise das „Geschlecht" (Art. 3 Abs. 2[343], Abs. 3 S. 1

[341] Vergleiche *Michael Sachs*, in: Klaus Stern, Staatsrecht, Bd. IV/2, 2011, S. 1771, der den Begriff „Kategorie" offenbar in demselben Sinne wie hier verwendet.

[342] Ebenso *Michael Sachs*, in: Klaus Stern, Staatsrecht, Bd. IV/2, 2011, S. 1771.

[343] Nach herrschender Ansicht bezieht sich „Geschlecht" in Art. 3 Abs. 3 S. 1 GG ausschließlich auf die in Art. 3 Abs. 2 S. 1 genannten „Männer und Frauen" (siehe *Uwe Kischel*, in: BeckOK GG, Edition 15, 2012, Art. 3 Rn. 162, 198; *Christian Starck*, in: Hermann von Mangoldt/Friedrich Klein/Christian Starck [Hg.], GG, Bd. 1, 6. Aufl., 2010, Art. 3 Rn. 305; *Günter Dürig*, in: Theodor Maunz/Günter Dü-

Fall 1 GG, Art. 10 Fall 1 AEUV, Art. 21 Abs. 1 Fall 1, Art. 23 Abs. 1 EUGRCh, Art. 26 S. 2 Beispiel 3 IPbürgR) mit wenigstens[344] zwei Katalogeigenschaften: „männlich“ und „weiblich“. Eine Kategorie in diesem Sinne ist auch die Landeszugehörigkeit (Art. 33 Abs. 1 GG) mit sechzehn Katalogeigenschaften: „Geburt, längerer Wohnsitz oder dergleichen[345] in Baden-Württemberg“, „Geburt, längerer Wohnsitz oder dergleichen in Bayern“ usf.; das Gleiche gilt im Unionsrecht für die (Mitglied-)Staatsangehörigkeit (Art. 18 Abs. 1 AEUV, Art. 21 Abs. 2 EUGRCh). Darüber hinaus enthalten die Art. 3 Abs. 3 S. 1 GG, Art. 10 AEUV, Art. 21 Abs. 1 EUGRCh, Art. 26 S. 2 IPbürgR zahlreiche weitere Kategorien, etwa „Abstammung“, „Rasse“, „Herkunft“, im Unionsrecht neuerdings auch „Alter“ und „sexuelle Ausrichtung“[346].

Gibt ein Gleichheitssatz nur eine Kategorie vor, so ist jede ihr zuzuordnende Eigenschaft eine Katalogeigenschaft, an die eine Ungleichbehandlung nicht anknüpfen darf. Anders liegt jedoch der Fall der in einem Gleichheitssatz unmittelbar benannten binären (ja/nein-)Eigenschaften, bei denen die Negation der Eigenschaft selbst keine Katalogei-

---

rig [Hg.], GG, 65. Lfg., 2012 [Stand der Bearbeitung: 1973 <nicht in allen Drucken angegeben>], Art. 3 Abs. III Rn. 4); a. A. *Beate Rudolf*, in: Beate Rudolf/Matthias Mahlmann (Hg.), Gleichbehandlungsrecht, 2007, § 6 Rn. 34: „Die medizinische Erkenntnis, dass es […] Mischformen gibt, die unter dem Begriff der Intersexualität zusammengefasst werden, muss […] konsequenterweise dazu führen, dass das verfassungsrechtliche Verbot der Diskriminierung aufgrund des Geschlechts auch die Diskriminierung aufgrund der Intersexualität erfasst. Insoweit hat Art. 3 Abs. 3 S. 1 GG eine […] eigenständige Funktion“ (Hervorhebung nicht wiedergegeben).

[344] Die Zweiwertigkeit der Kategorie „Geschlecht“ wird teilweise bestritten; vergleiche *Laura Adamietz*, Geschlecht als Erwartung, 2011, S. 62–110, 237–271, und im Überblick *Anja Schmidt*, in: Ulrike Lembke/Lena Foljanty (Hg.), Feministische Rechtswissenschaft, 2006, Kap. X, Rn. 2 m. w. N., sowie *Deutscher Ethikrat*, Intersexualität, 2012, S. 177 f.; weitere Nachweise bei *Michael Sachs*, in: Klaus Stern, Staatsrecht, Bd. IV/2, 2011, S. 1629. – Unabhängig von diesem soziologischen und gesellschaftspolitischen Diskurs handelt es sich hinsichtlich der einzelnen Kataloggleichheitssätze aber jeweils um eine spezifische Auslegungsfrage.

[345] Da es derzeit keine Staatsangehörigkeitsgesetze der Länder gibt, bezieht die herrschende Meinung Art. 33 Abs. 1 GG auf Merkmale, die üblicherweise für den Erwerb einer Staatsangehörigkeit herangezogen werden, wobei Einzelheiten umstritten sind; a. A. etwa *Johannes Masing*, in: Horst Dreier (Hg.), GG, Bd. II, 2. Aufl., 2006, Art. 33 Rn. 30 f. Zum Ganzen *Philipp Kunig*, in: Ingo von Münch/ Philip Kunig (Hg.), GG, Bd. 1, 6. Aufl., 2012, Art. 33 Rn. 4–7; *Wolfram Höfling*, in: Rudolf Dolzer u. a. (Hg.), Bonner Kommentar zum GG, 157. Lfg., 2012 (Stand der Bearbeitung: 130. Lfg., 2007), Art. 33 Abs. 1 bis 3 Rn. 34–39; *Hans D. Jarass*, in: Hans D. Jarass/Bodo Pieroth, GG, 12. Aufl., 2012, Art. 33 Rn. 3; *Michael Sachs*, in: HStR VIII, 3. Aufl., 2010, § 182 Rn. 129–133.

[346] Für deren Einbeziehung in den Begriff „Geschlecht“ des Art. 3 Abs. 3 S. 1 GG *Laura Adamietz*, Geschlecht als Erwartung, 2011, S. 254–264.

genschaft darstellt; denn wenn der Verfassungsgeber in Art. 3 Abs. 3 S. 2 GG nur die „Behinderung" und in Art. 6 Abs. 5 GG nur die „unehelichen Kinder" erwähnt, soll dies gerade einseitig zugunsten der Behinderten und Unehelichen wirken, während an die „Nichtbehinderung" oder die „Ehelichkeit" durchaus angeknüpft werden darf.[347]

### *b) Nicht abschließende Kataloge*

Ein Sonderproblem werfen solche Kataloggleichheitssätze auf, deren Kataloge nicht abschließend sind. Unter den betrachteten Gleichheitssätzen gilt dies besonders für die Bestimmungen der Art. 21 Abs. 1 EU-GRCh, Art. 14 EMRK, Art. 26 S. 1 Fall 2, S. 2 IPbürgR. Dass die Merkmalskataloge nicht abschließend gefasst sind, führt dazu, dass jene Gleichheitssätze sowohl als anknüpfungsabhängig als auch als anknüpfungsunabhängig verstanden werden können.

Rechtstechnisch gibt es zwei Wege, derlei Kataloge als nicht abschließend zu gestalten. Zum einen kann der Aufzählung der Eigenschaften und Kategorien ein unbenannter Fall zur Seite gestellt werden, indem die Aufzählung als ganze mit „insbesondere" eingeleitet oder auf ähnliche Weise als bloß beispielhaft ausgewiesen wird – diesen Weg gehen Art. 21 Abs. 1 EUGRCh[348], Art. 14 EMRK[349], Art. 26 S. 2 IPbürgR[350].

[347] Vergleiche BVerfGE 96, 288 (302 f.); *Bodo Pieroth/Bernhard Schlink*, Grundrechte, 27. Aufl., 2011, Rn. 482; *Stefan M. Straßmair*, Der besondere Gleichheitssatz aus Art. 3 Abs. 2 Satz 3 GG, 2002, S. 175, 178 f.; *Guy Beaucamp*, DVBl 2002, 997 (998). – Sprachlich findet dies im Falle des Art. 3 Abs. 3 S. 2 GG seinen Ausdruck darin, dass nur von der Benachteiligung wegen der Behinderung die Rede ist und nicht auch – wie in Art. 3 Abs. 3 S. 1 GG – von der Bevorzugung; vergleiche die Begründung im Gesetzentwurf der Fraktion der SPD, BT-Drucks. 12/6323, S. 12, sowie aus dem Schrifttum etwa *Manfred Gubelt*, in: Ingo von Münch/Philip Kunig (Hg.), GG, Bd. 1, 5. Aufl., 2000, Art. 3 Rn. 104a. Zu Art. 6 Abs. 5 GG siehe BVerfGE 84, 168 (185); 85, 80 (88); 118, 45 (62).

[348] Englisch „on any ground such as [...]"; französisch „notamment". Auch die deutsche Sprachfassung ist verbindlich.

[349] Englisch „on any ground such as [...]"; französisch „notamment". Nur die englische und die französische Sprachfassung sind verbindlich. – Der beispielhafte Charakter der Eigenschaften und Kategorien in Art. 14 EMRK ist in der Rechtsprechung und im Schrifttum anerkannt, siehe EGMR, Urteil vom 8. Juni 1976, Nr. 5100/71, 5101/71, 5102/71, 5354/72 und 5370/72, Tz. 72 – Engel u. a. ./. Niederlande („illustrative and not exhaustive"); *Doris König/Anne Peters*, in: Rainer Grote/Thilo Marauhn (Hg.), EMRK/GG, 2006, Kap. 21 Rn. 21.

[350] Englisch „on any ground such as [...]"; französisch „notamment"; russisch „как-то". Die chinesische Sprachfassung hat am Ende des Merkmalskatalogs „等" („usf."). In der spanischen Sprachfassung heißt es „cualquier discriminación", eine genaue Entsprechung zu „insbesondere" fehlt jedoch. Verbindlich sind die englische, französische, russische, spanische und chinesische Sprachfassung.

Zum anderen kann die Aufzählung um einen offenen (Auffang-)Bestandteil ergänzt werden – so dürfte die Kategorie „sonstiger Status" in Art. 14 EMRK[351], Art. 26 S. 2 IPbürgR[352] zu verstehen sein.[353] Wie die zuletzt genannten beiden Bestimmungen zeigen, können beide Wege auch gleichzeitig beschritten werden. Bei einer Öffnung des ganzen Katalogs dünkt freilich das Auffangmerkmal unnötig[354] und müsste eigentlich der Gleichheitssatz als anknüpfungsunabhängig behandelt werden.[355] Künftig wird dementsprechend für beide Arten der Öffnung des Katalogs nur noch vom „unbenannten Fall" gesprochen.

Im Folgenden sollen drei Möglichkeiten, wie Gleichheitssätze dieser Art verstanden werden können (dazu aa), und anschließend Überlegungen dazu, wie an einen „unbenannten Fall" angeknüpft werden kann (dazu bb), vorgestellt werden.

*aa) Drei Möglichkeiten zum Verständnis nicht abschließender Kataloge*

Eine erste Möglichkeit des Verständnisses von Gleichheitssätzen mit nicht abschließend gefassten Katalogen geht dahin, das Merkmal „insbesondere wegen [...]" als nur veranschaulichend außer Betracht zu lassen und diese Gleichheitssätze damit als anknüpfungsunabhängig anzusehen. Das in diesem Abschnitt (IV) behandelte Tatbestandsmerkmal wiesen sie dann überhaupt nicht auf; zur Verwirklichung ihres Tatbestands wäre nicht zusätzlich zur Ungleichbehandlung noch deren Anknüpfung an eine bestimmte Eigenschaft des Gleichzubehandelnden erforderlich. Unter einer „Diskriminierung" im Sinne dieser Gleichheitssätze würde also schlicht eine (ungerechtfertigte) Ungleichbehandlung verstanden, eine Bedeutung des Katalogs läge nur im Ausschluss bestimmter Gründe zur Rechtfertigung von Ungleichbehandlungen.

---

[351] Englisch „other status"; französisch „toute autre situation".

[352] Englisch „other status"; französisch „toute autre situation"; spanisch „otra condición social"; russisch „иного обстоятельства"; chinesisch „其他 身分".

[353] Vergleiche *Jens Meyer-Ladewig*, Europäische Menschenrechtskonvention, 3. Aufl., 2011, Art. 14 Rn. 16; *Wolfgang Peukert*, in: Jochen Abr. Frowein/Wolfgang Peukert (Hg.), Europäische Menschenrechtskonvention, 3. Aufl., 2009, Art. 14 Rn. 13, 33; *Wouter Vandenhole*, Non-Discrimination and Equality in the View of the UN Human Rights Treaty Bodies, 2005, S. 128–132 m. N. aus der Fallpraxis des Menschenrechtsausschusses.

[354] *Doris König/Anne Peters*, in: Rainer Grote/Thilo Marauhn (Hg.), EMRK/GG, 2006, Kap. 21 Rn. 21.

[355] Der EGMR wendet ungeachtet dessen beide Wege nebeneinander an, siehe Urteil vom 8. Juni 1976, Nr. 5100/71, 5101/71, 5102/71, 5354/72 und 5370/72, Tz. 72 – Engel u. a. ./. Niederlande.

Möglich wäre es stattdessen auch, die Gleichheitssätze dieser Gruppe jeweils aufzuspalten in einen anknüpfungsabhängigen und einen anknüpfungsunabhängigen Gleichheitssatz. Das hätte Sinn, wenn man diesen Ansatz mit einer entsprechenden Konstruktion der Rechtfertigungsebene[356] verbände. Eine Anknüpfung an eine der bestimmten Katalogeigenschaften wäre dann stets tatbestandlich, ohne dass noch eine Rechtfertigung in Betracht käme; fehlte es an einer solchen Anknüpfung, hinge die Tatbestandsmäßigkeit noch vom Fehlen einer Rechtfertigung ab.[357]

Die dritte Möglichkeit besteht schließlich darin, auch Gleichheitssätze mit nicht abschließend gefassten Katalogen insgesamt als anknüpfungsabhängig zu verstehen. Das Merkmal „wegen [...]" würde auf diese Weise in allen Fällen in der Tatbestandsstruktur abgebildet, während es nach den beiden anderen Möglichkeiten ganz oder teilweise ausgeblendet werden müsste. Der Begriff „Diskriminierung" würde also dahin verstanden, dass er stets Anknüpfungsabhängigkeit anzeige. In Gleichheitssätzen, die eine Diskriminierung nur „insbesondere" wegen bestimmter Merkmale erfassen, würde dieses Wort dann freilich nicht ernstgenommen.

Von dem Verständnis des Begriffs „Diskriminierung" bei den einzelnen Gleichheitssätzen hängt somit ab, ob eine Anknüpfung an bestimmte Eigenschaften jeweils Tatbestandsvoraussetzung ist. Für Art. 21 Abs. 1 EUGRCh gilt etwa, dass nur ein Begriffsverständnis, das in einer „Diskriminierung" mehr sieht als nur eine (ungerechtfertigte) Ungleichbehandlung, geeignet ist, dieser Bestimmung einen eigenen Anwendungsbereich gegenüber dem eindeutig anknüpfungsunabhängigen Art. 20 EUGRCh zu eröffnen. Das spricht dafür, jedenfalls für diesen Gleichheitssatz die Begriffe „Diskriminierung" und „ungerechtfertigte Ungleichbehandlung" nicht gleichzusetzen, sondern eine Diskriminierung in der Tat nur bei einer Ungleichbehandlung „wegen etwas", also nur bei Anknüpfung der Ungleichbehandlung an eine bestimmte Eigenschaft anzunehmen.[358] Welche Eigenschaften insoweit in Betracht kom-

---

[356] Dazu Kapitel 3, V.

[357] So zu Art. 14 EMRK *Christian Hillgruber/Matthias Jestaedt*, Die Europäische Menschenrechtskonvention und der Schutz nationaler Minderheiten, 1993, S. 40 f.

[358] Ähnlich denn auch die von *Tilmann Altwicker*, Menschenrechtlicher Gleichheitsschutz, 2010, S. 112, vorgeschlagene Definition der Diskriminierung für den Bereich des völkerrechtlichen Menschenrechtsschutzes („auf personenbezogene Differenzierungsgründe gestützt"). Anders *Manfred Nowak*, CCPR Commentary, 2. Aufl., 2005, Art. 26 Rn. 47 („If differential treatment is not justified by reasonable and objective grounds, any general distinction might qualify as discrimination.").

men, muss bei so offen gefassten Gleichheitssätzen dann in einem zweiten Schritt geklärt werden (dazu sogleich bb).

#### *bb) Die Auslegung des unbenannten Falles*

Bei Kataloggleichheitssätzen, deren Kataloge nicht abschließend sind, stellt sich die Frage, welche Eigenschaften oder Kategorien den unbenannten Fall ausfüllen können. Diese Frage kann nur die Auslegung des einzelnen Gleichheitssatzes beantworten, wofür sich zwei übertragbare Argumente anbieten.

Erstens kann systematisch dahingehend argumentiert werden, dass der unbenannte Fall den benannten Fällen an Gewicht und Bedeutung nicht nachstehen dürfe, vielmehr die gleiche Tragweite aufweisen müsse. Diese Tragweite hätte man dann etwa solchen Merkmalen zuzusprechen, „die in der Vergangenheit oder Gegenwart Anlaß zur Versagung des gleichen Menschenrechtsanspruches waren oder sind“[359]. Mit diesem Argument könnte es etwa bei der Anwendung des Art. 26 S. 1 Fall 2, S. 2 IPbürgR näher liegen, eine Kategorie wie „Körpergröße“ als erfasst anzusehen denn eine Kategorie wie „Musikgeschmack“.

Zweitens bezeichnet der Begriff „Diskriminierung“, der in den betrachteten Gleichheitssätzen erscheint, solche Ungleichbehandlungen, die gerade wegen solcher Eigenschaften des Gleichzubehandelnden erfolgen, die diesem als Person anhaften und die dieser nicht abstreifen kann. Haltungen, die ein Gleichzubehandelnder nicht bewusst verändern kann – hier kommt der Musikgeschmack durchaus in Frage –, oder etwa das Alter, das in Art. 26 S. 2 IPbürgR nicht genannt ist (anders als in dem jüngeren Art. 21 Abs. 1 EUGRCh), würden sich diesem Argument zufolge für eine Subsumtion unter den unbenannten Fall anbieten.

So kann die Auslegung des „sonstigen Status“ etwa ergeben, gemeint seien alle persönlichen Eigenschaften, die sich „dem (zumutbaren) Einfluss des Einzelnen entziehen, die für die Identität eines Menschen bedeutsam und zudem häufig mit stereotypen Eigenschaftszuschreibungen verbunden sind“[360]. In der Rechtsprechung wurde im Falle des Art. 14 EMRK hierzu etwa die sexuelle Ausrichtung gerechnet.[361]

---

[359] *Michael Sachs*, ÖZöR 34 (1984), S. 333 (379 – zu Art. 14 EMRK). Das erinnert nicht von ungefähr an das Modell des „Antidiskriminierungsgrundsatzes“ bei *Alexander Somek*, Rationalität und Diskriminierung, 2001, S. 31–33.

[360] *Magdalena Pöschl*, Gleichheit vor dem Gesetz, 2008, S. 650 (zu Art. 14 EMRK). Der dritte Teil der wiedergegebenen Beschreibung („zudem häufig […]“) eignet sich wohl nicht als Bestandteil einer Definition; die beiden ersten Teile entsprechen den zuvor genannten Argumenten.

[361] EGMR, Urteil vom 21. Dezember 1999, Nr. 33290/96, Tz. 28 – Salgueiro da

### c) „Mittelbare Diskriminierung"

Eine weitere Frage betrifft das Thema der „mittelbaren Diskriminierung". Unter mittelbarer Diskriminierung wird eine Fallgestaltung verstanden, worin eine (abstrakt-generell vorgenommene) Ungleichbehandlung tatsächlich weitgehend eine anhand einer Katalogeigenschaft abgegrenzte Gruppe betrifft, weil diese mit der eigentlich betroffenen Gruppe eine große Schnittmenge aufweist. Will man nicht für derlei Fälle die Einschlägigkeit von Kataloggleichheitssätzen überhaupt verneinen (und mittelbare Diskriminierung dementsprechend bloß als Anwendungsfall anknüpfungsunabhängiger Gleichheitssätze begreifen),[362] so bestehen zwei Möglichkeiten der dogmatischen Konstruktion. Das Thema kann entweder schon auf der Prüfungsstufe der Katalogeigenschaften oder erst auf der späteren Prüfungsstufe der Anknüpfung an eine Katalogeigenschaft[363] behandelt werden. Um die zwei im Rahmen von Kataloggleichheitssätzen bestehenden Konstruktionsmöglichkeiten für „mittelbare Diskriminierung" mit einem Beispiel zu veranschaulichen: wenn die Teilzeitbeschäftigten weit überwiegend, wenn auch nicht ausschließlich, Frauen sind, soll dann „Teilzeitbeschäftigung" selbst als eine Katalogeigenschaft verstanden werden, an die nicht angeknüpft werden darf (erste Konstruktionsmöglichkeit: Erweiterung des Katalogs), oder soll eine Regelung der Teilzeitbeschäftigung selbst als an die Katalogeigenschaft „weibliches Geschlecht" anknüpfend begriffen werden (zweite Konstruktionsmöglichkeit: Erweiterung des Anknüpfungsbegriffs)?

Während zu den europäischen Kataloggleichheitssätzen eine Tendenz zu derartiger Erweiterung der Kataloge um weitere Eigenschaften im Wege teleologischer Extension oder des Analogieschlusses besteht[364] und

Silva Mouta ./. Portugal („a concept which is undoubtedly covered by Article 14 of the Convention"); Urteil vom 26. Februar 2002, Nr. 36515/97, Tz. 32 – Fretté. Weitere Beispiele m. N. bei *Magdalena Pöschl*, Gleichheit vor dem Gesetz, 2008, S. 629; zur weiten Auslegung durch den EGMR *Heiko Sauer*, in: Ulrich Karpenstein/Franz C. Mayer (Hg.), EMRK, 2012, Art. 14 Rn. 29. – Für Beispiele aus der Rechtsprechung zu Art. 26 IPbürgR vergleiche *Sarah Joseph/Jenny Schultz/Melissa Castan*, The International Covenant on Civil and Political Rights, 2. Aufl., 2004, Tz. 23.24–23.25A.

[362] In diesem Sinne wohl *Michael Sachs*, Rechtswissenschaft 1 (2010), S. 92 (96).

[363] Dazu sogleich Kapitel 3, IV 2 b bb.

[364] Vergleiche *Thorsten Kingreen*, in: Dirk Ehlers (Hg.), Europäische Grundrechte und Grundfreiheiten, 3. Aufl., 2009, § 17 Rn. 45–48; siehe auch die unten in Fn. 390 aufgeführten Nachweise. – Gegen eine solche Erweiterung der Kataloge bei den unionsrechtlichen Gleichheitssätzen *Stefan Plötscher*, Der Begriff der Diskriminierung im Europäischen Gemeinschaftsrecht, 2003, S. 282, der stattdessen die „mittelbare

zu Art. 3 Abs. 3 S. 1 GG das Bundesverfassungsgericht inzwischen den Anknüpfungsbegriff erweiternd versteht[365], überwiegt im Schrifttum zum Grundgesetz die wohl systematischere Auffassung, dass derartige Schnittmengenbeziehungen nicht die Kataloge und auch nicht den Anknüpfungsbegriff erweitern; gewissermaßen im Gegenzug sollen sie aber die Anforderungen an die Rechtfertigung vor dem anknüpfungsunabhängigen Gleichheitssatz des Art. 3 Abs. 1 GG erhöhen.[366]

### 2. *Anknüpfung der Ungleichbehandlung an die Katalogeigenschaft des Ungleichbehandelten*

Die Ungleichbehandlung darf an eine Katalogeigenschaft im eben bestimmten Sinne nicht anknüpfen.[367] Im Wortlaut der Kataloggleichheitssätze wird dieser Zusammenhang oft mit der Präposition „wegen" ausgedrückt.[368]

Die Ungleichbehandlung muss an eine Katalogeigenschaft gerade des Ungleichbehandelten anknüpfen (dazu a). Wann genau davon gesprochen werden kann, dass der Verpflichtete an eine Katalogeigenschaft des

---

Diskriminierung" als Beweisregel (Indiz für verbotene Zwecksetzung) rekonstruiert (ebd., S. 288 f.).

[365] BVerfGE 104, 373 (393); 113, 1 (15 f., 19 f.); 121, 241 (254 f.; besonders 255: „Entscheidend ist die Frage, ob eine als solche geschlechtsneutral formulierte Regelung Frauen ohne hinreichenden verfassungsrechtlichen Grund benachteiligt."); BVerfG, Beschluss vom 10. Juli 2012, 1 BvL 2/10, Rn. 73 f.

[366] Siehe *Michael Sachs*, in: HStR VIII, 3. Aufl., 2010, § 182 Rn. 32, 95–98; *Wolfgang Rüfner*, in: Rudolf Dolzer u. a. (Hg.), Bonner Kommentar zum GG, 157. Lfg., 2012 (Stand der Bearbeitung: 76. Lfg., 1996), Art. 3 Rn. 566–572, 738, 740–743 (mit dem Hinweis darauf, dass eine möglicherweise mittelbar diskriminierende hoheitliche Maßnahme, die vor Art. 3 Abs. 1 GG noch gerechtfertigt sei, gleichwohl gegen Art. 3 Abs. 2 S. 2 GG verstoßen könne [Rn. 743]). Differenzierend *Gesche Heidorn*, Bucerius Law Journal 2012, 20: eine mittelbare Diskriminierung wegen des Geschlechts verbiete zwar nicht Art. 3 Abs. 3 S. 1 GG, wohl aber Art. 3 Abs. 2 S. 1 GG.

[367] Skeptisch allerdings *Martin Heckel*, Gleichheit oder Privilegien?, 1993, S. 87–90, jedenfalls in Bezug auf die Kategorien „religiöse Anschauungen" und „Glaube" in Art. 3 Abs. 3 S. 1 GG, weil das Grundgesetz selbst verschiedentlich an Religiöses anknüpfe; dieser Schluss erscheint jedoch nicht zwingend. – Zu verschiedenen möglichen Modellen dessen, was hier zusammenfassend als Anknüpfung bezeichnet wird, vergleiche *Magdalena Pöschl*, Gleichheit vor dem Gesetz, 2008, S. 316–320.

[368] Siehe Art. 3 Abs. 3 S. 1, 2 GG (zur Auslegung der Präposition vergleiche *Michael Sachs*, in: Klaus Stern, Staatsrecht, Bd. IV/2, 2011, S. 1756–1758), Art. 18 Abs. 1 AEUV, Art. 21 Abs. 1 und 2 EUGRCh; in Art. 10 AEUV heißt es ähnlich „aus Gründen". Für einen Vergleich dieses Sprachgebrauchs mit zahlreichen Vorläuferbestimmungen siehe *Michael Sachs*, Grenzen des Diskriminierungsverbots, 1987, S. 434–450.

Ungleichbehandelten anknüpfe, wird im Anschluss untersucht werden (dazu b).

### *a) Katalogeigenschaft des Ungleichbehandelten als Anknüpfungspunkt*

Zunächst muss eine Katalogeigenschaft gerade des Ungleichbehandelten in Rede stehen.[369] Behandelt ein Verpflichteter bei Eintritt eines gewissen Tatbestandes jedermann unterschiedslos in einer bestimmten Weise, so liegt in der hierdurch begründeten Ungleichbehandlung (der in dieser Weise Behandelten im Vergleich zu denjenigen, die den Tatbestand nicht verwirklichen) auch dann keine verbotene Anknüpfung hinsichtlich des Ungleichbehandelten, wenn der Tatbestand selbst auf die Katalogeigenschaft eines Dritten Bezug nehmen sollte.

Mit einem Beispiel ausgedrückt: Sollte sich der Bundesgesetzgeber entschließen, für Totschlag eine höhere Strafe anzudrohen, wenn das Opfer eine Frau ist,[370] so würden Täter nicht in ihrem Recht aus Art. 3 Abs. 2 S. 1, Abs. 3 Fall 1 GG verletzt, weil an *ihr* Geschlecht nicht angeknüpft würde. Dagegen würde ein solches Strafgesetz Frauen und Männern unterschiedlichen Schutz angedeihen lassen und damit, falls es an einer Rechtfertigung gebricht, (objektiv) dieselben Gleichheitssätze wegen verbotener Anknüpfung an das Geschlecht der potentiellen Opfer verletzen (worauf ein Verurteilter sich – nach der Elfes-Rechtsprechung des Bundesverfassungsgerichts[371] – freilich wiederum berufen könnte).[372]

### *b) Voraussetzungen der Anknüpfung an die Katalogeigenschaft*

Voraussetzung der Anknüpfung ist die Verursachung der Handlung durch die – wirkliche oder vermeintliche – Katalogeigenschaft des Un-

[369] Siehe *Michael Sachs*, in: Klaus Stern, Staatsrecht, Bd. IV/2, 2011, S. 1727 m. N.

[370] Wie unlängst in Peru geschehen; siehe Ley No. 29819 – Ley que modifica el artículo 107 del Código Penal, incorporando el Feminicidio – vom 26. Dezember 2011, El Peruano vom 27. Dezember 2011, S. 455898, http://www.congreso.gob.pe/ntley/imagenes/Leyes/29819.pdf (abgerufen am 2. September 2012).

[371] BVerfGE 6, 32 (41).

[372] Eine vergleichbare Fallgestaltung weisen auch BVerfGE 17, 1 (27: Gleichbehandlung von Söhnen und Töchtern, aber Anknüpfung an das Geschlecht eines wegfallenden Elternteils) und 85, 191 (Gleichbehandlung aller Arbeitgeber, aber Anknüpfung eines Beschäftigungsverbots an das Geschlecht des Arbeitnehmers) auf.

gleichbehandelten.[373] Nicht erforderlich, wenngleich wohl genügend,[374] ist dabei – entgegen der früher herrschenden Meinung[375] –, dass der für den Verpflichteten handelnde Organwalter (Verwaltungsbeamte, Abgeordnete, Richter) Diskriminierungsvorsatz habe oder dass die Ungleichbehandlung subjektiv bezweckt sei.[376] Es kommt demgemäß auch nicht auf das wirkliche, objektive Vorliegen einer Katalogeigenschaft an,[377] sondern darauf, ob ihr Vorliegen in der Vorstellung des handelnden Verpflichteten für dessen Handlung ursächlich geworden ist[378] – auf diese Weise werden auch „versteckte Diskriminierungen" tatbestandlich erfasst, die ohne ausdrückliche Bezugnahme auf das Merkmal auskommen[379]. Zu fragen ist: Hätte der Verpflichtete anders gehandelt, wenn er nicht diese Vorstellung gehabt hätte?

Findet sich in einer sprachlichen Handlung keine ausdrückliche Bezugnahme auf die Katalogeigenschaft oder liegt der Ungleichbehandlung eine nichtsprachliche Handlung zugrunde, so kommt eine An-

---

[373] Vergleiche *Doris König/Anne Peters*, in: Rainer Grote/Thilo Marauhn (Hg.), EMRK/GG, 2006, Kap. 21 Rn. 57–60; zum Problem der Verursachung bei der so genannten „mittelbaren Diskriminierung", die das Unionsrecht verbieten soll, *Robert Rebhahn/Christoph Kietaibl*, Rechtswissenschaft 1 (2010), S. 373. – In der Praxis dürfte das Erfordernis der Verursachung zumindest bei nichtsprachlichen Anknüpfungen häufig zu einem Beweisproblem führen, wenn nicht etwa eine verräterische Aktennotiz vorliegt wie im Falle des ArbG Stuttgart, NZA-RR 2010, 344 (Vermerk „Ossi" mit einem eingekreisten Minuszeichen daneben).

[374] Ebenso *Stefan Plötscher*, Der Begriff der Diskriminierung im Europäischen Gemeinschaftsrecht, 2003, S. 289 f., der hier von „intendierte[r] Diskriminierung" spricht.

[375] Nachweise zu Art. 3 Abs. 3 GG bei *Manfred Gubelt*, in: Ingo von Münch/Philip Kunig (Hg.), GG, Bd. 1, 5. Aufl., 2000, Art. 3 Rn. 104; zum früheren Verständnis des Art. 3 Abs. 3 GG als bloßen „Begründungsverbots" siehe auch oben bei und in Fn. 335.

[376] So jetzt BVerfGE 85, 191 (206). Fälle wie BVerfGE 13, 46 (49); 75, 40 (70) wären auf dieser Grundlage unter Umständen anders zu entscheiden.

[377] So aber wohl *Adalbert Podlech*, Gehalt und Funktionen des allgemeinen verfassungsrechtlichen Gleichheitssatzes, 1971, S. 95: „Nur wenn die behandelte Klasse und die Restklasse durch Merkmale getrennt *sind*" (Hervorhebung nur hier), sei Art. 3 Abs. 2, Abs. 3 GG einschlägig.

[378] Ähnlich *Michael Sachs*, in: Klaus Stern, Staatsrecht, Bd. IV/2, 2011, S. 1752, wonach „bei Einzelfallentscheidungen" die „Entscheidungsmaxime" maßgeblich sei (der Unterschied zu dem ebd., S. 1753, abgelehnten „Modell des Kausalzusammenhangs", das auf „Beweggründe" abstelle, wird insoweit nicht ganz klar); ebenso wohl auch *Ernst-Werner Fuss*, JZ 1959, 329 (336). – BVerfGE 2, 266 (286), wo ein „kausaler Zusammenhang" verlangt wird, hatte keinen Anlass, hierzu Stellung zu nehmen.

[379] *Michael Sachs*, in: Klaus Stern, Staatsrecht, Bd. IV/2, 2011, S. 1642; dort auch zur Abgrenzung der versteckten von der mittelbaren Diskriminierung.

knüpfung in Betracht, es muss aber die Verursachung anderweit festgestellt werden. Einfacher ist die Feststellung einer Anknüpfung an eine Katalogeigenschaft dagegen dort, wo der Ungleichbehandlung eine sprachliche Handlung zugrundeliegt, die auf die Eigenschaft ausdrücklich Bezug nimmt (dazu aa). Auch bei sprachlichen Handlungen treten aber Schwierigkeiten insbesondere dort auf, wo eine Anknüpfung an eine andere als die vordergründig, ausdrücklich, in Bezug genommene Eigenschaft festgestellt werden soll (dazu bb). Die dogmatische Rekonstruktion der Anknüpfung als Verursachung durch die Vorstellung erweist sich als geeignet, auch Irrtumsfälle auf sinnvolle Weise einzubeziehen (dazu cc).

#### *aa) Anknüpfung durch ausdrückliche Bezugnahme auf die Katalogeigenschaft (bei sprachlicher Handlung)*

Liegt der Ungleichbehandlung eine sprachliche Handlung des Verpflichteten zugrunde – sei es ein Rechtsetzungs- oder ein sonstiger Kommunikationsakt –,[380] so ist eine Anknüpfung jedenfalls dann gegeben, wenn die Katalogeigenschaft des Ungleichbehandelten ausdrücklich darin vorkommt und die Ungleichbehandlung insofern mit der Katalogeigenschaft begründet wird. Dies ist der einfache Fall der sprachlichen Anknüpfung.

Bei einem abstrakt-generellen Rechtsetzungsakt ist eine sprachliche Anknüpfung vor allem gegeben, wenn die Katalogeigenschaft ausdrücklich zur Voraussetzung des Eintritts einer Rechtsfolge (z. B. „Wer katholisch ist, hat eine Steuer zu zahlen.“) oder zum Gegenstand einer Rechtsfolge (z. B. „Wer eine Gebühr entrichtet, erwirbt das Recht, einen Katholiken zu beschimpfen.“) gemacht wird.[381] Ebenso möglich wäre auch, dass zur Begründung einer Maßnahme ausdrücklich auf eine Katalogeigenschaft Bezug genommen wird (z. B. „Diese Steuer wird Ihnen auferlegt, weil Sie katholisch sind.“).

Die Verwendung eines Synonyms zu dem Begriff des Kataloggleichheitssatzes (auch euphemistisch oder beleidigend: „Assistenzbedarf“ oder „Verkrüppelung“ statt „Behinderung“) hindert die Bejahung der Anknüpfung nicht,[382] ebenso wenig die nur sprachlich umgekehrte An-

[380] Hierfür hat *Peter Krause*, Rechtsformen des Verwaltungshandelns, 1974, S. 60 f., den Begriff der „symbolischen Handlung“ eingeführt; siehe auch *Philipp Reimer*, Zur Theorie der Handlungsformen des Staates, 2008, S. 110, 174.

[381] Ebenso *Stefan Plötscher*, Der Begriff der Diskriminierung im Europäischen Gemeinschaftsrecht, 2003, S. 53, der diese Fallgruppe „unmittelbare Diskriminierung“ nennt; *Michael Sachs*, in: Klaus Stern, Staatsrecht, Bd. IV/2, 2011, S. 1752.

[382] *Michael Sachs*, in: HStR VIII, 3. Aufl., 2010, § 182 Rn. 31.

knüpfung an das kontradiktorische Gegenteil der Katalogeigenschaft bei der Vergleichsperson (z. B. „Jeder hat eine Steuer zu zahlen, es sei denn, er ist nicht behindert.")[383] oder an eine Eigenschaft, die immer und nur die Träger der Katalogeigenschaft aufweisen.[384]

### *bb) Anknüpfung bei Teil- und Schnittmengenbeziehungen*

Die umstrittene Frage, ob auch eine Teilmengenbeziehung (z. B. „Mutter", „schwanger" statt „weiblich";[385] „Priester", „ordinierter Geistlicher" statt „Christ"[386]) für die Anknüpfung genügt, kann hier nicht abschließend behandelt werden. Es geht dabei um spezifische Begleitmerkmale[387], deren Träger notwendig auch Träger der Katalogeigenschaft sind, wobei aber das Umgekehrte nicht gilt.[388]

Nicht spezifische, sondern bloß typische Begleitmerkmale, deren Träger nur eine große Schnittmenge mit den Trägern der Katalogeigenschaft aufweisen, sollen für die Anknüpfung im Allgemeinen nicht genügen;[389] für die unionsrechtlichen Grundfreiheiten ist eine solche Anknüpfung als „mittelbare Diskriminierung" dagegen anerkannt.[390] Konstruktiv wäre eine „mittelbare Diskriminierung" – so man diese Fälle nicht insgesamt den anknüpfungsunabhängigen Gleichheitssätzen zuweisen

[383] Hierin liegt keine Anknüpfung an die „Nichtbehinderung" (wie oben unter Kapitel 3, IV 1 a, ausgeschlossen), weil es nicht um die Nichtbehinderung des Ungleichbehandelten, sondern um die der Vergleichsperson und damit – logisch zwingend – um die Behinderung des Ungleichbehandelten geht.

[384] Siehe *Michael Sachs*, ÖZöR 34 (1984), S. 333 (384).

[385] Für die Annahme einer Anknüpfung hier etwa *Michael Sachs*, in: HStR VIII, 3. Aufl., 2010, § 182 Rn. 31; *ders.*, ÖZöR 34 (1984), S. 333 (387); *Stefan Plötscher*, Der Begriff der Diskriminierung im Europäischen Gemeinschaftsrecht, 2003, S. 288.

[386] Für die Annahme einer Anknüpfung hier zumindest *Martin Heckel*, Gleichheit oder Privilegien?, 1993, S. 94 in Fn. 65, am Beispiel der Wehrpflichtbefreiung von Geistlichen.

[387] Den Begriff verwendet *Michael Sachs*, in: HStR VIII, 3. Aufl., 2010, § 182 Rn. 31; *ders.*, in: Klaus Stern, Staatsrecht, Bd. IV/2, 2011, S. 1642 f.

[388] Ausdrücklich für die Einbeziehung spezifischer Begleitmerkmale *Michael Sachs*, in: HStR VIII, 3. Aufl., 2010, § 182 Rn. 31; a. A. etwa *Manfred Gubelt*, in: Ingo von Münch/Philip Kunig (Hg.), GG, Bd. 1, 5. Aufl., 2000, Art. 3 Rn. 87; *Stefan Huster*, Rechte und Ziele, 1993, S. 317.

[389] Siehe *Michael Sachs*, in: HStR VIII, 3. Aufl., 2010, § 182 Rn. 32, 95–98 m. w. N.; offen gelassen in BVerfGE 97, 35 (43 f.); für eine Anknüpfung jetzt BVerfG, Beschluss vom 10. Juli 2012, 1 BvL 2/10, Rn. 73 f.

[390] *Juliane Kokott*, NJW 1995, 1049 (1054–1057); *Roland Bieber/Astrid Epiney/Marcel Haag*, Die Europäische Union, 9. Aufl., 2011, S. 500 f., 287; *Rudolf Streinz*, Europarecht, 9. Aufl., 2012, Rn. 1132; *Thomas Oppermann/Claus Dieter Classen/Martin Nettesheim*, Europarecht, 5. Aufl., 2011, § 17 Rn. 67 f.

möchte[391] – allerdings besser hier zu verankern als bei der Definition der Katalogeigenschaften[392].

### *cc) Irrtumsfälle der Anknüpfung („error in discriminatione")*

Da es auf die Vorstellung des Verpflichteten ankommt, sind die Kataloggleichheitssätze grundsätzlich so zu verstehen, dass sie auch dann eingreifen, wenn der Handelnde sich irrtümlich eine Lage vorstellt, worin, wenn sie der Wirklichkeit entspräche, ein Kataloggleichheitssatz verletzt wäre. Schon deshalb ist der persönliche Anwendungsbereich von Kataloggleichheitssätzen nicht auf diejenigen beschränkt, die eine Katalogeigenschaft selbst aufweisen, sondern umfasst alle diejenigen, die sie aufweisen könnten.[393]

Dieses Verständnis der Anknüpfung ermöglicht es, Irrtumsfälle angemessen einzubeziehen.[394] Denn auch bei einem „*error in discriminatione*"[395] des Verpflichteten ist dann eine Anknüpfung an eine Katalogeigenschaft denkbar, auch wenn der Ungleichbehandelte diese Eigenschaft möglicherweise objektiv gar nicht aufweist.[396] Irrtumsfälle können hinsichtlich mehrwertiger Diskriminierungsmerkmale zwar nicht auftreten, wenn man – entgegen der hier vertretenen Auffassung – nicht überall von Katalogeigenschaften, sondern bloß von Kriterien ausgeht und etwa annähme, auch die Diskriminierung wegen des vermeintlichen Herstammens aus einer bestimmten Heimat sei jedenfalls eine Diskriminierung „wegen" der Heimat. Das gilt aber keinesfalls für die schon in den Katalogen als (binäre) Eigenschaften ausgewiesenen Diskriminierungsmerk-

---

[391] In diesem Sinne wohl *Michael Sachs*, Rechtswissenschaft 1 (2010), S. 92 (96).

[392] Zu dieser Möglichkeit siehe bereits Kapitel 3, IV 1 c. Die Verankerung hier entspricht der dort beschriebenen zweiten Konstruktionsmöglichkeit.

[393] Zur Frage eines „Sondergrundrechts" der Träger der Katalogeigenschaft siehe bereits Kapitel 3, I 2 a.

[394] Zur verwandten Frage des Irrtums hinsichtlich der Eignung eines Grundes zur Rechtfertigung einer Ungleichbehandlung *Hans D. Jarass*, Charta der Grundrechte der Europäischen Union, 2010, Art. 20 Rn. 14, mit der Tendenz, nur objektiv vorliegende Gründe als Rechtfertigung einer Ungleichbehandlung vor Art. 20 EUGRCh zuzulassen.

[395] Bezeichnung in Anlehnung an die aus dem Strafrecht bekannte Figur des *error in persona vel obiecto* (dazu *Claus Roxin*, Strafrecht Allgemeiner Teil, Bd. I, 4. Aufl., 2006, S. 530–535; *Rudolf Rengier*, Strafrecht Allgemeiner Teil, 2. Aufl., 2010, S. 114 f.).

[396] Ausdrücklich angesprochen ist die Möglichkeit von Irrtumsfällen im arbeitsrechtlichen Benachteiligungsverbot des § 7 Abs. 1 Hs. 2 AGG; dort wird der Irrtum (und damit das objektive Vorliegen der Katalogeigenschaft) für unbeachtlich erklärt.

male, weshalb es sich im Interesse der Einheitlichkeit anbietet, überall auf Katalog*eigenschaften* abzustellen.

Zwar legen Bestimmungen wie Art. 3 Abs. 3 GG, die gerade „seines Geschlechts" usf. wegen erfolgende Ungleichbehandlungen ansprechen, ein objektives Verständnis nahe. Dem steht aber der Wortlaut „wegen" gegenüber, der gerade die Gründe des Verpflichteten für seine Handlung in den Blick nimmt und damit eher das subjektive Verständnis nahelegt.[397]

Hinzu kommt vor allem ein Argument aus dem Normzweck: Die Kataloggleichheitssätze sollen die Berücksichtigung bestimmter Eigenschaften im Recht verhindern, was nur dann voll wirksam wird, wenn schon der Anschein der Benachteiligung wegen einer Katalogeigenschaft vermieden wird. Unter dem Grundgesetz und den betrachteten Verträgen soll es keine Gesetze oder sonstigen Maßnahmen geben, die die aufgeführten Eigenschaften in Bezug nehmen.[398] Damit geht einher, dass ein Gericht über den Irrtum und das Vorliegen der Katalogeigenschaft bei dem Ungleichbehandelten nicht Beweis zu erheben braucht, weil das Recht diese Eigenschaften außer Betracht lassen soll, wie ein Beispiel *ad absurdum* zeigt:

*Fall 13:* An der Pforte einer Behörde wird A mit der Begründung zurückgewiesen, als Schwarzer könne er nicht eingelassen werden, es seien „schon genug Schwarze drin"[399]. Tatsächlich ist A aber Chinese.

Auch wenn Art. 3 Abs. 3 S. 1 GG, Art. 21 Abs. 1 Fall 2 EUGRCh die problematische Kategorie „Rasse" kennen,[400] darf die Auslegung keines-

[397] Vergleiche *Martin Heckel*, Gleichheit oder Privilegien?, 1993, S. 97 f.; für den Parallelfall des § 19 Abs. 1 AGG ebenso *Gregor Thüsing*, in: MünchKomm-BGB, Bd. 1, 6. Aufl., 2012, § 19 AGG, Rn. 142.

[398] Neben den (subjektivrechtlichen) Gleichheitssätzen gibt es insoweit wohl auch ein objektivrechtliches Verbot, das bei fehlender Nachteiligkeit einer unzulässig anknüpfenden Ungleichbehandlung wie im obigen Fall 12 (S. 79) zum Tragen kommt.

[399] Zitat aus dem Tatbestand des OLG Stuttgart, VersR 2012, 329 (330), der nach dem AGG zu beurteilen war; es handelte sich dort nicht um eine Behörde, sondern um eine Gaststätte.

[400] Zu den Schwierigkeiten dieses Rechtsbegriffs, ins Grundgesetz gelangt „wie Pontius Pilatus ins Credo" (*Horst Dreier*, in: IPE I, 2007, § 1 Rn. 13), *Werner Heun*, in: Horst Dreier (Hg.), GG, Bd. I, 2. Aufl., 2004, Art. 3 III Rn. 128; *Uwe Kischel*, in: BeckOK GG, Edition 15, 2012, Art. 3 Rn. 202 f.; *Michael Sachs*, in: Klaus Stern, Staatsrecht, Bd. IV/2, 2011, S. 1730 f. – Für eine Ersetzung des Verbots der Benachteiligung oder Bevorzugung „wegen der Rasse" durch ein Verbot „rassistischer" Benachteiligung oder Bevorzugung *Hendrik Cremer*, Ein Grundgesetz ohne „Rasse" – Vorschlag für eine Änderung von Artikel 3 Grundgesetz, 2010.

falls dazu führen, dass eine konkrete „Rasse“ des Ungleichbehandelten sachverständig oder sonst gerichtlich festgestellt werden müsste.[401]

### *3. Anknüpfungsabhängigkeit und sachliche Begrenztheit von Gleichheitssätzen*

Das Tatbestandsmerkmal bestimmter Gleichheitssätze, wonach die Ungleichbehandlung an eine Katalogeigenschaft anknüpfen muss, ist nicht zu verwechseln mit dem Tatbestandsmerkmal der sachlichen Begrenztheit, das nur bestimmte Ungleichbehandlungen ihrem Gegenstande nach erfasst.[402] Verwechslungsgefahr besteht hier insofern, als Gleichheitssätze mit dem einen wie mit dem anderen Merkmal oft undifferenziert „besondere“ genannt werden.[403]

Die nachstehende Tabelle soll die beiden zur Tatbestandsstruktur eingeführten Unterscheidungen zwischen Arten von Gleichheitssätzen veranschaulichen. Aus den Unterscheidungen sachlich unbegrenzter und sachlich begrenzter Gleichheitssätze einerseits, anknüpfungsunabhängiger und anknüpfungsabhängiger Gleichheitssätze andererseits ergeben sich vier Kombinationen (die genannten Gleichheitssätze sind nur beispielhaft, nicht abschließend zu verstehen):

| | *Sachlich unbegrenzt* | *Sachlich begrenzt* |
|---|---|---|
| *Anknüpfungs-unabhängig* | Art. 3 Abs. 1 GG, Art. 20 EUGRCh;[404] ungeschriebener bundesstaatlicher Gleichheitssatz[405]<br><br>(„allgemeine Gleichheitssätze“) | Art. 38 Abs. 1 S. 1 GG, Art. 14 Abs. 1 S. 1 IPbürgR, Art. 26 S. 1 Fall 1 IPbürgR |
| *Anknüpfungs-abhängig (Kataloggleichheitssätze, Diskriminierungsverbote)* | Art. 3 Abs. 2 S. 1, Abs. 3 GG, Art. 21 Abs. 1, Art. 23 Abs. 1 EUGRCh | Art. 14 EMRK, Art. 26 S. 1 Fall 2, S. 2 IPbürgR[406] |

[401] Hierzu dürfte nicht einmal erforderlich sein, dem Grundgesetz ein mit Verfassungsrang ausgestattetes Gebot zu entnehmen, seinen Charakter als „Gegenentwurf“ zum nationalsozialistischen Weltbild nicht zu verletzen, wie in BVerfGE 124, 300 (327 f.), unternommen; vergleiche kritisch zu dieser Entscheidung *Uwe Volkmann*, NJW 2010, 417.

[402] Zu letzterem Tatbestandsmerkmal Kapitel 3, II 3.

[403] Dazu oben Kapitel 2, I 2 pr. Eine saubere Unterscheidung zwischen den beiden Merkmalen trifft etwa *Christoph Spielmann*, Konkurrenz von Grundrechtsnormen, 2008, S. 201–204.

Während sich die übliche Bezeichnung „allgemeine Gleichheitssätze" der Kombination „anknüpfungsunabhängig und sachlich unbegrenzt" zuordnen lässt, erweist sich hier die Mehrdeutigkeit des Begriffs „besondere Gleichheitssätze", die ganz verschiedene Gestalt haben können.

## V. Fehlen einer Rechtfertigung

Rechtstatsächlich dürften angesichts der großen Menge von Fällen, die von den bisher beschriebenen Tatbestandsmerkmalen erfasst werden, die allermeisten Ungleichbehandlungen im Ergebnis nicht unzulässig sein.[407] Ihrer Ausscheidung dient die – bei den meisten Gleichheitssätzen anzuerkennende – Prüfungsstufe der Rechtfertigung, die im Tatbestand des Gleichheitssatzes als ein negatives Merkmal „Fehlen einer Rechtfertigung" erscheint. Auch dieses Merkmal ist ein Tatbestandsmerkmal, da sein Vorliegen für den Eintritt der Rechtsfolge – dem Verbot der Ungleichbehandlung – notwendig ist.[408]

Ob ein Gleichheitssatz ein solches Tatbestandsmerkmal aufweist, muss jeweils im Wege der Auslegung ermittelt werden (dazu 1). Wird danach die Rechtfertigungsmöglichkeit für einen Gleichheitssatz anerkannt, so stellt sich die Frage nach den Anforderungen an die Rechtfertigung der zuvor festgestellten Ungleichbehandlung, die ebenfalls durch Auslegung des Gleichheitssatzes zu beantworten ist. Wie dies bei den einzelnen Gleichheitssätzen herkömmlicherweise geschieht, soll zunächst im Überblick rekapituliert werden (dazu 2). Anschließend wird der Versuch unternommen, die vorhandenen Ansätze zu einer generischen Rechtfertigungsdogmatik zusammenzufügen (dazu 3).

---

[404] Zu den individualrechtlichen Gleichheitssätzen dieser Gruppe siehe oben Kapitel 2, I 1.

[405] Siehe oben Kapitel 2, II 2.

[406] Sofern diese Gleichheitssätze als anknüpfungsabhängig betrachtet werden; zu den Auslegungsmöglichkeiten siehe Kapitel 3, IV 1 b aa.

[407] So etwa in Fall 4 (S. 52), Fall 5 (S. 53), Fall 7 (S. 55) und Fall 10 (S. 64), wo hier begrifflich jeweils eine Ungleichbehandlung angenommen wurde.

[408] Das Fehlen einer Rechtfertigung erscheint als Tatbestandsmerkmal auch etwa bei *Christoph Spielmann*, Konkurrenz von Grundrechtsnormen, 2008, S. 32 f., 205 (dort als „Ausschlusstatbestand", dem die übrigen Merkmale als „Grundtatbestand" gegenübergestellt werden). Zum hier zugrundeliegenden Begriffsverständnis vergleiche bereits Kapitel 3, I 3 b.

### 1. *Möglichkeit einer Rechtfertigung*

Bevor eine konkrete Rechtfertigung in Betracht gezogen werden kann, bedarf es einer Vergewisserung darüber, dass bei dem fraglichen Gleichheitssatz eine Rechtfertigung auch wirklich möglich ist. Das strukturell bei allen Gleichheitssätzen denkbare negative Tatbestandsmerkmal „Fehlen einer Rechtfertigung" ist nämlich kein notwendiger Bestandteil jedes Gleichheitssatzes.

#### *a) Ausdrückliche Zulassung einer Ungleichbehandlung*

Eine Ungleichbehandlung kann durch eine Rechtsnorm ausdrücklich zugelassen sein; das kann schon in der den Gleichheitssatz aufstellenden Bestimmung selbst geschehen, wie Art. 45 Abs. 3 AEUV zeigt[409]. Eine derartige Zulassung rechtfertigt die Ungleichbehandlung dann, wenn die sie aussprechende Rechtsnorm gegenüber dem fraglichen Gleichheitssatz rechtsverdrängende Kraft hat (also höherrangig, speziell oder jünger ist)[410] oder wegen ihrer Zugehörigkeit zu derselben Rechtsetzungsebene zu dessen systematischer Auslegung herangezogen werden kann[411]. Beide Fälle führen dazu, dass der Gleichheitssatz sich im praktischen Ergebnis nicht durchsetzt (weil er entweder verdrängt wird oder von selbst weicht); zwischen den beiden Wegen zu diesem Ziel wird deshalb meist nicht unterschieden.[412] Die vorrangige Norm, die den Gleichheitssatz verdrängt oder der dieser weicht, wirkt dann jedenfalls als Unterscheidungserlaubnis (oder als Unterscheidungsgebot, wenn sie zur Unterscheidung sogar verpflichtet[413]).

Solche Unterscheidungserlaubnisse enthalten etwa Art. 12a Abs. 1 GG, wonach die Belastung mit einer Wehrpflicht nur Männern auferlegt werden darf, und womöglich auch Art. 3 Abs. 2 S. 2, Abs. 3 S. 2, Art. 6 Abs. 4 GG, Art. 23 Abs. 2 EUGRCh, wonach eine sogenannte „positive

---

[409] Vergleiche *Astrid Epiney*, in: Christoph Vedder/Wolff Heintschel von Heinegg (Hg.), Europäisches Unionsrecht, 2012, Art. 45 AEUV Rn. 19.

[410] Gleichsinnig *Ernst-Werner Fuss*, JZ 1959, 329 (337).

[411] Für systematische Auslegung des Art. 3 Abs. 1 GG im Hinblick auf Unterscheidungserlaubnisse des Grundgesetzes *Reinhold Zippelius*, VVDStRL 47 (1989), S. 7 (29).

[412] So sprechen etwa *Bodo Pieroth/Bernhard Schlink*, Grundrechte, 27. Aufl., 2011, Rn. 493, nur davon, „dass von den Anforderungen der Abs. 2 und 3 [sc. des Art. 3 GG] durch spezielle Verfassungsnormen Ausnahmen zugelassen werden" (Hervorhebung nicht wiedergegeben).

[413] Zu einigen Unterscheidungsgeboten des Grundgesetzes vergleiche *Christian Starck*, in: Hermann von Mangoldt/Friedrich Klein/Christian Starck (Hg.), GG, Bd. 1, 6. Aufl., 2010, Art. 3 Rn. 19.

Diskriminierung"[414] zur Ausgleichung tatsächlich bestehender Nachteile unter Umständen zulässig sein soll.[415] Ähnlich verhält es sich auch bei der Regelung des Art. 140 GG i. V. m. Art. 137 Abs. 4 und 5 WRV; die dort vorgesehene Unterscheidung von Religionsgesellschaften in bürgerlichrechtlicher einer- und in öffentlichrechtlicher Organisationsform andererseits lässt die daraus folgenden weiteren Ungleichbehandlungen zu.[416] Art. 131 S. 1 GG gestattete es dem Bundesgesetzgeber, zwischen früheren Angehörigen des öffentlichen Dienstes und anderen Personen zu unterscheiden, ohne Art. 3 Abs. 1 GG zu verletzen.[417] Art. 6 Abs. 1 GG, wonach Ehe und Familie unter dem besonderen Schutze des Staates stehen, wird dagegen trotz seines anderes andeutenden Wortlauts nicht als Unterscheidungserlaubnis angesehen, die die Anknüpfung rechtlicher Vorteile an das Bestehen einer Ehe ohne Weiteres zuließe.[418] Für den bundesstaatlichen Gleichheitssatz hat das Bundesverfassungsgericht eine Unterscheidungserlaubnis auch Art. 118 S. 2 GG entnommen.[419]

Als Unterscheidungserlaubnisse werden darüber hinaus teilweise auch alle Freiheitsrechte angesehen. Diese sollen die Auslegung der

---

[414] Diesen Ausdruck beanstandend *Sven Hölscheid*, in: Jürgen Meyer (Hg.), Charta der Grundrechte der Europäischen Union, 3. Aufl., 2011, Art. 21 Rn. 27.

[415] Die Reichweite dieser Besserstellungssätze ist im Einzelnen umstritten, namentlich die Frage, ob Art. 3 Abs. 2 S. 2 GG eine „Frauenquote" für den öffentlichen Dienst und für Leitungsorgane von Privatunternehmen zulässt; siehe zu letzterer Teilfrage etwa *Fritz Ossenbühl*, NJW 2012, 417, *Michael Sachs*, ZG 27 (2012), S. 52 (61–67), zu ersterer Teilfrage insbesondere *Lerke Osterloh*, in: Michael Sachs (Hg.), GG, 6. Aufl., 2011, Art. 3 Rn. 286–290, *Heide M. Pfarr*, Quoten und Grundgesetz, 1988, sowie (kritisch) *Stefan Huster*, Rechte und Ziele, 1993, S. 323–340 m. w. N.; zur Problematik auch *Udo Di Fabio*, AöR 122 (1997), S. 404. – Einen Besserstellungssatz enthält auch Art. 36 Abs. 1 GG, dessen Gebot zur angemessenen Verwendung von Beamten aus allen Ländern bei den obersten Bundesbehörden den Bund berechtigt, nachrangig zu den Auswahlkriterien des Art. 33 Abs. 2 GG ausnahmsweise auch die Landeszugehörigkeit eines Bewerbers als Kriterium heranzuziehen, was Art. 33 Abs. 1 GG sonst ganz ausschließt; siehe *Klaus Joachim Grigoleit*, in: Klaus Stern/Florian Becker (Hg.), Grundrechte-Kommentar, 2010, Art. 33 Rn. 39.

[416] So BVerfGE 19, 129 (134); siehe dazu *Bernd Jeand'Heur/Stefan Korioth*, Grundzüge des Staatskirchenrechts, 2000, Rn. 170, die dies als „zweistufige Parität" bezeichnen. – Eine weitere staatskirchenrechtliche Unterscheidungserlaubnis gibt Art. 138 Abs. 1 WRV, der die Staatsleistungen aufgrund vorkonstitutioneller Rechtstitel gewährleistet; vergleiche *Josef Isensee*, in: Joseph Listl/Dietrich Pirson (Hg.), Handbuch des Staatskirchenrechts, Bd. 1, 2. Aufl., 1994, S. 1009 (1046).

[417] BVerfGE 6, 257 (273).

[418] BVerfGE 126, 400 (419–421); vergleiche kritisch *Uwe Kischel*, in: BeckOK GG, Edition 15, 2012, Art. 3 Rn. 50a–50a.1.

[419] BVerfGE 1, 14 (52). Der bundesstaatliche Gleichheitssatz wurde dort noch auf Art. 3 Abs. 1 GG gestützt.

Gleichheitssätze gleichen Ranges dahin beeinflussen, dass die dem Gesetzgeber gestattete Schrankenziehung – und die damit getroffene Unterscheidung zwischen erlaubter und verbotener Freiheitsbetätigung – eine zulässige Ungleichbehandlung darstellt.[420] (Freilich dürfte sich die Schrankenziehung zumeist selbst vor Gleichheitssätzen rechtfertigen müssen.)

Möglich, aber praktisch selten ist die ausdrückliche Zulassung von Ungleichbehandlungen im Wege einer Generalklausel. Eine derartige sachlich offene (das heißt: nicht wie etwa Art. 45 Abs. 3 AEUV, Art. 12a Abs. 1 GG auf bestimmte Lebensbereiche beschränkte) Unterscheidungserlaubnis gäbe etwa der Satz: „Sie dürfen in den Gesetzen nur soweit ungleich behandelt werden, als es sachliche Gründe rechtfertigen.“[421]

### *b) Annahme eines ungeschriebenen Tatbestandsmerkmals*

Findet sich keine Rechtsnorm, die in Bezug auf den fraglichen Gleichheitssatz oder unter Verdrängung desselben eine Ungleichbehandlung ausdrücklich zulässt, dann liegt nach allgemeiner Methodik der Schluss darauf nahe, dass es keine Ausnahme gebe. Es kann in diesen Fällen nur dann eine Rechtfertigungsmöglichkeit geben, wenn die Auslegung des Gleichheitssatzes zur Annahme eines ungeschriebenen Tatbestandsmerkmals „Fehlen einer Rechtfertigung“ führt. Dies gilt zumal dann, wenn es wie etwa bei Art. 3 Abs. 1 GG, Art. 20 EUGRCh für ein solches Tatbestandsmerkmal im Wortlaut der Norm keinen Anhaltspunkt gibt. Die Annahme einer Rechtfertigungsmöglichkeit muss dementsprechend stets das Ergebnis eines Auslegungsvorgangs sein, der auch die Anforderungen an die Rechtfertigung ergeben muss. Möglich ist dann aber auch, dass eine ungeschriebene Rechtfertigung *neben* einer ausdrücklichen Zulassung – im Sinne von oben a – eröffnet ist.

Nicht mit einer ausdrücklichen Einschränkung versehen, sondern vorbehaltlos gefasst sind insbesondere die allgemeinen Gleichheitssätze

---

[420] So *Christian Starck*, in: Hermann von Mangoldt/Friedrich Klein/Christian Starck (Hg.), GG, Bd. 1, 6. Aufl., 2010, Art. 3 Rn. 20; *Magdalena Pöschl*, Gleichheit vor dem Gesetz, 2008, S. 567.

[421] So überraschenderweise Art. 16 Abs. 1 S. 2 der autoritär-ständestaatlichen Verfassung 1934 des Bundesstaats Österreich (österreichisches BGBl. Nr. 1934/1); zu ihm *Adolf Merkl*, Die ständisch-autoritäre Verfassung Österreichs, 1935, S. 38 f., der in dieser Kodifikation der seinerzeitigen Rechtsprechung zu Art. 7 B-VG eine (noch) ungleichbehandlungsfreundlichere Gesetzgebungspraxis angelegt und befördert sah; die daneben bestehenden besonderen Anknüpfungsverbote als „unübersteigliche Schranken“ würden dadurch an Bedeutung gewinnen (ebd., S. 39).

des Typs „Alle Menschen sind vor dem Gesetz gleich“ wie Art. 3 Abs. 1 GG, Art. 20 EUGRCh. Bliebe ihre Auslegung bei dieser Ausnahmslosigkeit stehen, so würden sie die schon zur entsprechenden Bestimmung der Paulskirchen-Grundrechte abgelehnte „rohe, materialistisch-communistische Gleichheit“[422] anstreben.[423] Dieses Auslegungsergebnis liefe wohl bei allen Gleichheitssätzen dieses Typs den Vorstellungen ihrer Normgeber zuwider.[424] Die allgemeinen Gleichheitssätze sollten keine grundstürzende Veränderung bringen, sondern eine (sach)gerechte Gesetzesvollziehung und teilweise auch Gesetzgebung absichern.[425] Überdies lassen nebenher bestehende Kataloggleichheitssätze wie Art. 3 Abs. 3 S. 1 GG, Art. 21 Abs. 1 EUGRCh erkennen, dass die allgemeinen Gleichheitssätze nicht jede Bevorzugung und Benachteiligung verbieten, denn wäre dies der Fall, so käme den Kataloggleichheitssätzen keine eigene Bedeutung zu.[426] Diese Erwägungen legen nahe, in vorbehaltlos gefasste allgemeine Gleichheitssätze eine Rechtfertigungsmöglichkeit als ungeschriebenes negatives Tatbestandsmerkmal hineinzulesen, von dessen möglichem Inhalt sogleich die Rede sein soll.[427]

Die Kataloggleichheitssätze sind ebenfalls überwiegend vorbehaltlos gefasst, so dass die ausnahmslose Geltung auch bei ihnen den gedanklichen Ausgangspunkt bildet.[428] Zur Zulassung von Ungleichbehandlungen gelangt die überwiegende Auffassung mit Hilfe derselben Argumente wie bei den vorbehaltlos gefassten Freiheitsrechten des Grundgeset-

---

[422] So der Abgeordnete *Heinrich Julius Ahrens* in der seinerzeitigen Debatte (siehe oben Fn. 6).

[423] Dies gilt jedenfalls dann, wenn man ihnen auch ein Gebot der Rechtssetzungsgleichheit entnimmt.

[424] Ähnlich zu Art. 14 EMRK der EGMR, Urteil vom 23. Juli 1968, Nr. 1474/62, 1691/62, 1769/63 und 2126/64, Rechtsausführungen unter I B, Tz. 10 – Belgischer Sprachenfall.

[425] Vor diesem Hintergrund nimmt es nicht wunder, wenn einem allgemeinen Gleichheitssatz auch die Funktion einer allgemeinen Handlungsfreiheit mitübertragen wird, wo letztere nicht selbständig im Verfassungstext niedergelegt ist; zur entsprechenden Kontroverse in Österreich um die Tragweite von Art. 7 Abs. 1 S. 1 B-VG *Magdalena Pöschl*, Gleichheit vor dem Gesetz, 2008, S. 583–588.

[426] So für die Gleichheitssätze des Grundgesetzes *Bodo Pieroth/Bernhard Schlink*, Grundrechte, 27. Aufl., 2011, Rn. 460.

[427] Siehe Kapitel 3, V 2 (insbesondere a) und 3.

[428] So etwa für Art. 33 Abs. 1 GG *Theodor Maunz*, in: GS Hans Peters, 1967, S. 558 (560 f.). Anders liest sich *Stefan Huster*, Rechte und Ziele, 1993, S. 321, wonach die Gleichbehandlung von Männern und Frauen nur dann ein Wert sei, „wenn sie auch normativ geboten [gemeint wohl: nicht mit ‚internen Zwecken‘ begründet] ist“; das dürfte aber Regel und Ausnahme verkehren.

zes:[429] Eine widerspruchsfreie Auslegung der zusammenhängenden Normen kann nur erreicht werden, wenn im Sinne praktischer Konkordanz ein befriedigender Ausgleich aller beteiligten Zwecke herbeigeführt wird.[430] Das kann zur Folge haben, dass wegen eines anderen, auf derselben Rechtsetzungsebene anerkannten Belangs eine Ungleichbehandlung im Einzelfall auch einmal zugelassen werden muss. So sieht es wohl die überwiegende Ansicht zu Art. 3 Abs. 3 S. 2 GG im Hinblick auf die getrennte Beschulung behinderter und nichtbehinderter Kinder, die durch die Funktionsfähigkeit eines geregelten Schulbetriebs zu rechtfertigen sein soll.[431]

Ein weiterer Argumentationsansatz für die Rechtfertigung einer Ungleichbehandlung vor einem vorbehaltlos gefassten Kataloggleichheitssatz geht dahin, dass die verbotene Anknüpfung unvermeidlich gewesen sei, weil das geregelte Sachproblem nur bei einer der über die Katalogeigenschaft identifizierten Gruppen auftrete, also in der Natur der Sache liege.[432] Dieser Argumentationsansatz wird hauptsächlich zur Rechtfertigung von Ungleichbehandlungen bemüht, die an das Geschlecht[433] oder die Behinderung[434] anknüpfen, weil hier nach herkömmlichem Verständnis – anders als etwa bei „Rasse" oder „Abstammung" – ein natürlicher Unterschied zugrunde liegen soll.[435]

Die Argumente der praktischen Konkordanz oder der Natur der Sache dürfen freilich nicht schablonenhaft gegen den Wortlaut in Stellung gebracht werden. Die Auslegung des Gleichheitssatzes kann sehr wohl ergeben, dass es bei dem vorbehaltlosen Wortlaut bewendet.

---

[429] Siehe nur BVerfGE 28, 243 (260 f.); 30, 173 (193); 32, 98 (107 f.); 47, 327 (368–370); *Michael Sachs*, in: ders. (Hg.), GG, 6. Aufl., 2011, vor Art. 1, Rn. 118–133.

[430] So BVerfGE 85, 191 (209); 92, 91 (109: eine Ungleichbehandlung im Sinne von Art. 3 Abs. 3 GG lasse sich „im Wege einer Abwägung mit kollidierendem Verfassungsrecht legitimieren"); 114, 357 (364); zu Art. 3 Abs. 3 S. 2 GG auch *Guy Beaucamp*, DVBl 2002, 997 (999 m. N.). Auf Probleme dieser Lösung weist hin *Michael Sachs*, in: HStR VIII, 3. Aufl., 2010, § 182 Rn. 153–161 m. w. N.

[431] BVerfGE 96, 288.

[432] Speziell zum – problematischen – Begriff der Natur der Sache vergleiche (befürwortend) *Hans Justus Rinck*, JZ 1963, 521 m. N. aus dem älteren, (differenzierend) *Paul Kirchhof*, in: HStR VIII, 3. Aufl., 2010, § 181 Rn. 193 m. N. aus dem jüngeren Schrifttum.

[433] Siehe BVerfGE 89, 151 (207); 92, 91 (109); 114, 357 (364).

[434] Siehe BVerfGE 99, 341 (357 f.).

[435] Zu abweichenden Auffassungen siehe die Nachweise in Fn. 344.

### c) Gleichheitssätze ohne Rechtfertigungsmöglichkeit

Gestatten es weder eine ausdrückliche Normierung wie unter a noch die Auslegung mit Hilfe der unter b vorgestellten Gedanken, eine Ausnahme von einem Gleichheitssatz anzunehmen, so verbleibt es bei dem Ausgangspunkt, dass eine Rechtfertigung ausgeschlossen ist. Die Auslegung kann nämlich durchaus dazu führen, dass ein Gleichheitssatz ausnahmslos gilt und keinen Raum für wie auch immer geartete Rechtfertigungen lässt. Eines der (tatsächlich wohl eher seltenen) Beispiele eines ausnahmslos geltenden Gleichheitssatzes bietet Art. 91a Abs. 3 S. 2 Hs. 2 GG.[436] Will man der gespaltenen Auslegung vordergründig anknüpfungsabhängiger Gleichheitssätze mit nicht abschließendem Katalog folgen,[437] so lassen sich die als definitiv anknüpfungsabhängig verstandenen Teilgleichheitssätze ebenfalls so verstehen, dass bei Anknüpfung an eines der genannten Merkmale eine Rechtfertigung nicht mehr möglich sein soll.[438]

## 2. Anforderungen an eine Rechtfertigung

Soweit bei einem Gleichheitssatz die Möglichkeit der Rechtfertigung einer Ungleichbehandlung überhaupt besteht, ist hinsichtlich der Anforderungen an diese Rechtfertigung wiederum zu unterscheiden. Soll die Rechtfertigung auf einen Satz des geschriebenen Rechts gestützt werden, der gewisse Ungleichbehandlungen ausdrücklich zulässt (oben 1 a), so kommt es darauf an, ob die fragliche Ungleichbehandlung von diesem Satz gedeckt ist. Soll die Rechtfertigung dagegen durch Verwirklichung eines für den Gleichheitssatz angenommenen ungeschriebenen negativen Tatbestandsmerkmals – oder, wo ausnahmsweise vorhanden, einer sachlich offenen Unterscheidungserlaubnis[439] – erfolgen (oben 1 b), so muss dieses Tatbestandsmerkmal inhaltlich näher bestimmt werden. Wie diese Inhaltsbestimmung der Rechtfertigungsanforderungen herkömmlicherweise geschieht, sei zunächst kurz wiedergegeben, bevor (unter 3) der Versuch unternommen wird, die einzelnen Gesichtspunkte dieser Inhaltsbestimmung in geordneter Weise zusammenzufügen.

Soweit im Tatbestand eines Gleichheitssatzes ein ungeschriebenes negatives Merkmal der fehlenden Rechtfertigung angenommen wird, werden dieses Tatbestandsmerkmal und damit die Rechtfertigungsanforde-

---

[436] Siehe oben Kapitel 2, II 2.

[437] Siehe Kapitel 3, IV 1 b aa.

[438] So zu Art. 14 EMRK *Christian Hillgruber/Matthias Jestaedt*, Die Europäische Menschenrechtskonvention und der Schutz nationaler Minderheiten, 1993, S. 40 f.

[439] Siehe Kapitel 3, V 1 a.

rungen allgemein – mit nur leicht unterschiedlichem sprachlichem Ausdruck – dahingehend bestimmt, dass es eines sachlichen Grundes für die Ungleichbehandlung bedürfe.[440] Für die hier sogenannten Kataloggleichheitssätze pflegen dabei erhöhte Anforderungen gestellt zu werden.[441] Der sachliche Grund entzieht sich einer erschöpfenden allgemeinen Definition.[442]

Angesichts der bisher meist getrennten Betrachtung muss die Darstellung der herkömmlichen Dogmatik nach den einzelnen Gleichheitssätzen geordnet erfolgen. Unter diesen sollen zunächst die Rechtfertigungsanforderungen bei Art. 3 Abs. 1 GG (dazu a), den besonderen Gleichheitssätzen des Grundgesetzes (dazu b) und den Gleichheitssätzen des Unionsrechts dargestellt werden (dazu c); kurz einzugehen ist anschließend noch auf Art. 14 EMRK (dazu d) und Art. 26 IPbürgR (dazu e).[443] Auf dieser Grundlage soll dann später eine Zusammenfügung versucht werden (dazu 3).

#### *a) Art. 3 Abs. 1 GG*

Für die Beschreibung des allgemeinen Gleichheitssatzes des Grundgesetzes sind in Rechtsprechung und Schrifttum verschiedene Modelle herangezogen worden.

Am Anfang der Verfassungsrechtsentwicklung der Bundesrepublik Deutschland stand ein weites Verständnis der Rechtfertigung durch sachlichen Grund: jede nicht willkürliche Erwägung sollte dafür genügen.[444] Dieses Verständnis konnte schon wenige Jahre nach Einrichtung

---

[440] Mit drei heterogenen Beispielen: zum gemeinschaftsrechtlichen allgemeinen Gleichheitssatz (heute Art. 21 EUGRCh) *Uwe Kischel*, EuGRZ 1997, 1 (4: „sachliche Rechtfertigung"); zu Art. 109 Abs. 1 WRV *Heinrich Triepel*, Goldbilanzenverordnung und Vorzugsaktien, 1924, S. 30 („bei vernünftig und gerecht denkenden Menschen verfangender Grund"); zum staatskirchenrechtlichen Grundsatz der Parität *Bernd Jeand'Heur/Stefan Korioth*, Grundzüge des Staatskirchenrechts, 2000, Rn. 169 („sachlicher Grund").

[441] So mit Blick auf die speziellen Gleichheitssätze des Grundgesetzes *Werner Heun*, in: HGR II, 2006, § 34 Rn. 46, und hinsichtlich der Diskriminierungsverbote der EU-Grundrechtecharta *Dieter Kugelmann*, in: HGR VI/1, 2010, § 160 Rn. 38.

[442] *Albert Bleckmann*, Die Struktur des allgemeinen Gleichheitssatzes, 1995, S. 72.

[443] Zu Art. 7 Abs. 1 S. 1 B-VG vergleiche *Magdalena Pöschl*, Gleichheit vor dem Gesetz, 2008, S. 172–189; *Peter Marginter*, JBl 1964, 592; zu Art. 7 Abs. 1 S. 2 B-VG *Michael Sachs*, ÖZöR 35 (1984), S. 305.

[444] So schon seit seinem ersten Urteil das Bundesverfassungsgericht, siehe BVerfGE 1, 14 (52: „ein vernünftiger, sich aus der Natur der Sache ergebender oder sonstwie sachlich einleuchtender Grund"); in anderen Worten BVerfGE 4, 7 (18: „Überschreitung oder [...] Mißbrauch des gesetzgeberischen Ermessens"). Die spätere Rechtsprechung gebraucht die kürzere Wendung vom „vernünftigen oder sonstwie

des Bundesverfassungsgerichts als eine „‚eingefahrene' Formel" bezeichnet werden.[445] Diskutiert wurde nur, ob die Bindung der Grundrechtsverpflichteten womöglich weiter reichen könnte als die Kontrollbefugnis des Bundesverfassungsgerichts.[446]

Später begann das Bundesverfassungsgericht, Zonen persönlicher und sachlicher Rechtsgleichheit zu unterscheiden, wobei nur noch in der letzteren jede nicht willkürliche Erwägung genügen, in der Zone persönlicher Rechtsgleichheit dagegen eine strengere Kontrolle stattfinden solle, bei der der mit der Ungleichbehandlung verfolgte Zweck mit der Art und dem Gewicht der Ungleichbehandlung abzuwägen sei;[447] eine dreistufige Verhältnismäßigkeitsprüfung wie bei den Freiheitsrechten war damit aber nicht verbunden.[448] Art. 3 Abs. 1 GG sollte in der Zone persönlicher Rechtsgleichheit dann verletzt sein, „wenn eine Gruppe von Normadressaten im Vergleich zu anderen Normadressaten anders behandelt wird, obwohl zwischen beiden Gruppen keine Unterschiede von solcher Art und solchem Gewicht bestehen, daß sie die ungleiche Behandlung rechtfertigen könnten" – so die sogenannte „Neue Formel"

---

sachlich einleuchtenden Grund" (etwa BVerfGE 42, 374 [388]; 75, 108 [157]; 78, 249 [278]; 93, 319 [349]; 101, 275 [291]) – man fragt sich etwas verwundert, was neben den Vernunftgründen mit den sonst „einleuchtenden" noch gemeint sein könnte.

Die heutige Auffassung vom Gleichheitssatz als einem Willkürverbot – bereits herrschend in der Frankfurter Nationalversammlung, siehe *Simon Kempny*, Die Staatsfinanzierung nach der Paulskirchenverfassung, 2011, S. 170 f. – geht zurück auf *Heinrich Triepel*, Goldbilanzenverordnung und Vorzugsaktien, 1924, S. 30, *Gerhard Leibholz*, DVBl 1951, 193 (195 f.), und *dens.*, Die Gleichheit vor dem Gesetz, 2. Aufl., 1959; siehe auch *Konrad Hesse,* AöR 109 (1984), S. 174 (178 f.).

445 *Ernst-Werner Fuss*, JZ 1959, 329 (329).

446 Zu dem Thema der Unterscheidung von Handlungs- und Kontrollnormen, das hier nicht weiter behandelt werden kann, vergleiche die kritische Darstellung bei *Matthias Jestaedt*, Grundrechtsentfaltung im Gesetz, 1999, S. 186–201 m. w. N. Für diese Unterscheidung neuerdings wieder *Sigrid Boysen*, in: Ingo von Münch/Philip Kunig (Hg.), GG, Bd. 1, 6. Aufl., 2012, Art. 3 Rn. 30.

447 So die Rechtsprechung seit BVerfGE 55, 72; vergleiche *Hans D. Jarass*, NJW 1997, 2545 (2547). Monographisch zum Wandel der Rechtsprechung des Bundesverfassungsgerichts *Michael Kallina*, Willkürverbot und Neue Formel, 2000.

448 Die Wendung von der „strengen Bindung an Verhältnismäßigkeitserfordernisse" erscheint wohl erstmals in BVerfGE 88, 87 (96). Dort wird nach der Feststellung, dass „eine strenge Prüfung [...] geboten" sei (ebd., S. 97), nicht die Geeignetheit, Erforderlichkeit und Angemessenheit bezogen auf einen verfolgten Zweck geprüft, sondern vielmehr die Benachteiligung des Beschwerdeführers für sich bewertet (Handlungsseite im hier vertretenen Sinne) und dann untersucht, ob es „Gründe von solcher Art und solchem Gewicht gäbe, daß sie die ungleiche Behandlung rechtfertigen könnten" (ebd., S. 98), was im konkreten Falle verneint wurde.

des Bundesverfassungsgerichts.[449] (Freilich deutete sich eine Betrachtung von Art und Gewicht der Unterschiede auch schon in der früheren Rechtsprechung an.[450]) Diese Zone persönlicher Rechtsgleichheit wurde in der Folgezeit ausgedehnt, indem auch eine bloß mittelbare Personenbezogenheit der Ungleichbehandlung zum Anlass für die strengere Prüfung genommen wurde.[451]

Im Einzelnen unterscheiden sich die angewandten Maßstäbe dabei nicht unerheblich zwischen den verschiedenen Sachgebieten, welche die Rechtsprechung beschäftigt haben.[452] Namentlich im Bereich des Steuerrechts haben sich die Maßstäbe, die das Bundesverfassungsgericht aus Art. 3 Abs. 1 GG ableitet, weitgehend verselbständigt.[453] Hier wird seit 1991[454] anhand eines „Gebot[s] der Folgerichtigkeit in der Umsetzung einmal getroffener Belastungsentscheidungen" geprüft[455] und Art. 3 Abs. 1 GG außerdem ein Gebot der „Lastengleichheit" entnommen.[456]

---

[449] BVerfGE 55, 72 (88). Ausführlich zur Entwicklung dieser Rechtsprechungslinie *Michael Sachs*, in: Klaus Stern, Staatsrecht, Bd. IV/2, 2011, S. 1529–1542; *Rudolf Wendt*, in: FS für Klaus Stern, 2012, S. 1553.

[450] Vergleiche BVerfGE 3, 225 (240: „zu unterschiedlicher Behandlung im Recht führen dürfen [...] nur solche tatsächliche Ungleichheiten, denen aus Erwägungen der Gerechtigkeit und Zweckmäßigkeit auch für das Recht unterscheidende Bedeutung zukommt"); 4, 219 (243 f.: „Differenzierungen sind dabei nicht ausgeschlossen, wenn sie in tatsächlichen Verschiedenheiten der Lebensverhältnisse ihren Grund haben, deren Berücksichtigung für eine am Gerechtigkeitsgedanken orientierte Betrachtungsweise notwendig oder doch gerechtfertigt erscheint"); 6, 55 (71: Anschluss an BVerfGE 3, 225); 21, 292 (298: „zureichende sachliche Gründe"); siehe außerdem – bezogen auf das Ungleichbehandlungsgebot – schon BVerfGE 1, 264 (276: „ob [...] die tatsächlichen Ungleichheiten in dem jeweils in Betracht kommenden Zusammenhang so bedeutsam sind, daß der Gesetzgeber sie bei seiner Regelung beachten muß") und 2, 118 (119 f.). Auch von „Unangemessenheit" einer Ungleichbehandlung ist schon früh die Rede gewesen, siehe BVerfGE 2, 266 (281); 13, 248 (257). Siehe schließlich auch BVerfGE 18, 121 (125), wo eine „Differenzierung" auch noch auf ihre „Erforderlichkeit und Verhältnismäßigkeit" überprüft wurde.

[451] So die Präzisierung der „Neuen Formel" in BVerfGE 88, 5 (12).

[452] Von einer „Vielzahl unterschiedlicher Gleichheitssysteme" spricht *Martin Heckel*, Gleichheit oder Privilegien?, 1993, S. 10 und nennt als Beispiele u. a. „Wahlrechtsgerechtigkeit, Steuergerechtigkeit, Wehrgerechtigkeit, Besoldungsgerechtigkeit, Subventionsgerechtigkeit". Zu den Besonderheiten der Anwendung des Art. 3 Abs. 1 GG auf verschiedenen Rechtsgebieten siehe auch den Überblick bei *Michael Sachs*, in: Klaus Stern, Staatsrecht, Bd. IV/2, 2011, S. 1570–1577.

[453] Vergleiche kritisch dazu schon *Hans-Wolfgang Arndt*, NVwZ 1988, 787.

[454] BVerfGE 84, 239 (271), seitdem zur ständigen Rechtsprechung geworden. Zu Vorläuferentscheidungen *Hans Heinrich Rupp*, in: FG aus Anlaß des 25jährigen Bestehens des Bundesverfassungsgerichts, Bd. II, 1976, S. 364 (380–384).

[455] So die ständige Formulierung seit BVerfGE 105, 17 (47).

[456] BVerfGE 84, 239 (268 f.); 96, 1 (6); 99, 280 (289); 105, 17 (46). Zusammenfas-

Das Zonenmodell ist Gegenstand verschiedener Änderungsvorschläge des Schrifttums gewesen.[457] So sollten an die Stelle der zwei Zonen drei („Egalitär-", „Auswirk-" und „Willkürbereich" [sic!])[458] oder nur eine einheitliche Verhältnismäßigkeitsprüfung[459] treten und an die Stelle der Unterscheidung sachlicher und persönlicher Rechtsgleichheit eine Unterscheidung interner und externer Zwecke des handelnden Gleichbehandlungsverpflichteten.[460] Fundamentalere Kritik an der gedanklichen Grundlage der verfassungsgerichtlichen „Neuen Formel" macht – nicht ganz zu Unrecht – geltend, die Anerkennung einer Rechtfertigung durch Unterschiede, die rechtfertigen können, enthalte einen Zirkelschluss.[461]

### *b) Besondere Gleichheitssätze des Grundgesetzes*

Die besonderen individualrechtlichen Gleichheitssätze des Grundgesetzes, insbesondere Art. 3 Abs. 2 und 3 GG, werden im Vergleich zu Art. 3 Abs. 1 GG als strenger aufgefasst.[462] Eine tatbestandliche Ungleichbehandlung soll hier nur durch die Natur der Sache und ausnahmsweise im Sinne praktischer Konkordanz durch ein kollidierendes

send zur Bedeutung des Art. 3 Abs. 1 GG im Steuerrecht etwa *Werner Heun*, in: Horst Dreier (Hg.), GG, Bd. I, 2. Aufl., 2004, Art. 3 Rn. 74–80; *Stefan Huster*, in: Karl Heinrich Friauf/Wolfram Höfling (Hg.), Berliner Kommentar zum GG, 37. Lfg., 2012 (Stand der Bearbeitung: 9. Lfg., 2003), Art. 3 Rn. 134–141.

[457] Vergleiche die zeitgenössische Darstellung verschiedener Positionen zur „Neuen Formel" bei *Rainald Maaß*, NVwZ 1988, 14 (19 f.).

[458] *Joo-Hwan Kim*, Zur Konkretisierung des allgemeinen Gleichheitssatzes des Art. 3 Abs. 1 GG, 2000, S. 210–230. Der „Egalitärbereich" soll danach anscheinend dem nach Art. 19 Abs. 2 GG unantastbaren Wesensgehalt entsprechen, gleichwohl aber verhältnismäßigen Eingriffen zugänglich sein (ebd., S. 220).

[459] Dafür *Christoph Brüning*, JZ 2001, 669 (673).

[460] *Stefan Huster*, Rechte und Ziele, 1993, S. 173–175; *ders.*, JZ 1994, 541, der damit zugleich einen konstruktiven Unterschied verbindet; ihm folgend *Magdalena Pöschl*, Gleichheit vor dem Gesetz, 2008, S. 194–203; hierzu bereits Kapitel 1, II. Skeptisch gegenüber der Abgrenzbarkeit interner und externer Zwecke etwa *Uwe Kischel*, AöR 124 (1999), S. 174 (191 in Fn. 80); *Brun-Otto Bryde/Ralf Kleindiek*, Jura 1999, 36 (38 f.).

[461] So schon früher *Ernst-Werner Fuss*, JZ 1959, 329 (331); *ders.*, JZ 1962, 565 (565). Der von *Fuss* gegebene Verweis auf *Hans Peter Ipsen*, Gleichheit, in: Franz L. Neumann/Hans Carl Nipperdey/Ulrich Scheuner (Hg.), Die Grundrechte, Bd. 2, 1954, S. 111 (157, 185 f.), trägt indes nicht.

[462] Dieses Ergebnis ist keineswegs zwingend, wie der Blick auf das Verhältnis der vergleichbaren österreichischen Bestimmungen des Art. 7 Abs. 1 S. 1 und 2 B-VG zeigt; dazu *Michael Sachs*, ÖZöR 35 (1984), S. 305 m. w. N.

Verfassungsgut gerechtfertigt werden können.[463] Eine Fallgruppe wären hier beispielsweise „Ausgleichsleistungen zur Wiederherstellung der Gleichheit".[464] Als kollidierendes Verfassungsgut genügen keinesfalls Sitte und Herkommen, weil gerade auch deren diskriminierende Inhalte mit den besonderen Gleichheitssätzen bekämpft werden sollten.[465] Das Argument von der „Natur der Sache" wird hierfür leicht zum Einfallstor.[466]

Freilich sondert die Rechtsprechung Fälle (angeblich) fehlender Vergleichbarkeit – entgegen dem hier vertretenen Ansatz – bereits aus dem Begriff der Ungleichbehandlung aus,[467] so dass sich tatsächlich doch eine Zweispurigkeit von Rechtfertigungsmöglichkeiten ergibt: es kann entweder schon die Vergleichbarkeit abgelehnt oder aber erst das Überwiegen eines anderen Verfassungsguts festgestellt werden. Im letztgenannten Falle wird in der Rechtsprechung aber mitunter (wenig folgerichtig) schon die Anknüpfung an die Katalogeigenschaft verneint.[468]

### c) *Unionsrechtliche Gleichheitssätze*

Für den ungeschriebenen gemeinschaftsrechtlichen allgemeinen Gleichheitssatz sprach der EuGH von der Möglichkeit einer „objektiv gerecht-

---

[463] Vergleiche *Michael Sachs*, in: Klaus Stern, Staatsrecht, Bd. IV/2, 2011, S. 1668–1685 (zu Art. 3 Abs. 2 GG), 1762–1765 (zu Art. 3 Abs. 3 GG).

[464] Vergleiche *Martin Heckel*, Gleichheit oder Privilegien?, 1993, S. 87 in Fn. 52; dort sind die Beispiele: „Das Waisengeld wird an die ‚Abstammung' angeknüpft, die Regelung der Kriegsfolgen, des Lastenausgleichs, der Wiedergutmachung knüpfen an Heimat, Herkunft, Rasse als Tatbestandsmerkmal an". Als kollidierendes Verfassungsgut müsste hier wohl jeweils das Sozialstaatsprinzip, Art. 20 Abs. 1 GG, bemüht werden.

[465] So etwa zu Art. 3 Abs. 2 GG BVerfGE 15, 337 (345); 48, 327 (339 f.); 84, 9 (18 f.); siehe auch *Friedelind Binder-Wehberg*, Ungleichbehandlung von Mann und Frau, 1970, S. 33 f. Noch nicht so entschieden die frühe Rechtsprechung, etwa BVerfGE 3, 225 (242); 5, 9 (12: „funktionaler Unterschied", wie es dort heißt, sollte ja gerade die überkommene Arbeitsteilung sein); für die Beachtlichkeit funktionaler Unterschiede auch *Gerhard Robbers*, DÖV 1988, 749 (753).

[466] Seine Zeitgebundenheit wird etwa deutlich, wenn *Willibalt Apelt*, JZ 1951, 353 (358), als Beispiel für „Einschränkungen, die der Natur der Sache entsprechen", ausführt: „Es wäre absurd, wollte man z. B. bei einer Wiederaufrüstung als Konsequenz der Gleichheit die Frauen ebenso wie die Männer zum Heeresdienst heranziehen."

[467] Siehe Kapitel 3, I 3 b. Vergleiche beispielsweise die Nachweise bei *Michael Sachs*, in: Klaus Stern, Staatsrecht, Bd. IV/2, 2011, S. 1652–1655 (zu Art. 3 Abs. 2 GG), 1781 f. (zu Art. 3 Abs. 3 S. 2 GG).

[468] So in BVerfGE 74, 163 (180), wo eine Ungleichbehandlung „wegen des Geschlechts" mit Blick darauf abgelehnt wurde, dass die Maßnahme „auf eine Kompensation erlittener Nachteile zielt".

fertigt[en]" Differenzierung;[469] der Gleichheitssatz wurde dementsprechend wie Art. 3 Abs. 1 GG mit einem Willkürverbot gleichgesetzt.[470] Allerdings wird in Anlehnung an eine Rechtsprechungslinie des EuGH erwogen, neben die „objektive Rechtfertigung" eine sogenannte Verhältnismäßigkeitsprüfung zu stellen; in der hier verwendeten Begrifflichkeit füllten dann beide Merkmale zusammen die Rechtfertigungsstufe des Tatbestandes dieses allgemeinen Gleichheitssatzes aus. Für Art. 20 EUGRCh, der weitestgehend an die Stelle des ungeschriebenen allgemeinen Gleichheitssatzes getreten sein sollte, dürfte derselbe Maßstab wie für diesen anzunehmen sein.[471] Erwogen wird daneben eine Anwendung der allgemeinen Schrankenregelung des Art. 52 Abs. 1 EUGRCh.[472]

Für die anknüpfungsabhängigen Gleichheitssätze, wie sie auch vor dem Vertrag von Lissabon ausdrücklich im Gemeinschaftsrecht niedergelegt waren, wurden und werden ähnliche, wenn auch im Einzelnen leicht abweichend formulierte Maßstäbe angewandt.[473] Nicht eindeutig auszumachen ist dabei, in welchen Fällen und mit welchem Gewicht die Unionsgerichte die „objektive Rechtfertigung" durch eine Verhältnismäßigkeitsprüfung ergänzen.[474]

Die Kataloggleichheitssätze des Art. 21 Abs. 1, 2 EUGRCh sind zwar vorbehaltlos formuliert; sie sollen aber der „allgemeine[n] Einschränkungsregelung" der EUGRCh unterliegen,[475] die Art. 52 Abs. 1 EUGRCh entnommen wird[476], soweit dieser nicht Art. 52 Abs. 3 S. 1 EU-

---

[469] EuGH, verb. Rs. 117/76 und 16/77, Slg. 1977, 1753 (1770) – Ruckdeschel.

[470] Vergleiche *Uwe Kischel*, EuGRZ 1997, 1 (5) m. N.

[471] So wohl *Walter Frenz*, Handbuch Europarecht, Bd. 4, 2009, Rn. 3205–3209.

[472] Dafür *Hans-Peter Folz*, in: Christoph Vedder/Wolff Heintschel von Heinegg (Hg.), Europäisches Unionsrecht, 2012, Art. 20 EUGRCh, Rn. 4; dagegen *Sven Hölscheid*, in: Jürgen Meyer (Hg.), Charta der Grundrechte der Europäischen Union, 3. Aufl., 2011, Art. 20 Rn. 13 a. E., und *Sebastian Glock*, Der Gleichheitssatz im Europäischen Recht, 2007, S. 235 f.

[473] Vergleiche *Uwe Kischel*, EuGRZ 1997, 1 (5) m. N.

[474] Vergleiche die Darstellung einschlägiger Entscheidungen bei *Corinna Wahle*, Der allgemeine Gleichheitssatz in der Europäischen Union, 2002, S. 107–110.

[475] So *Dieter Kugelmann*, in: HGR VI/1, 2010, § 160 Rn. 19; *Sven Hölscheid*, in: Jürgen Meyer (Hg.), Charta der Grundrechte der Europäischen Union, 3. Aufl., 2011, Vor Titel III Rn. 17c, der auch betont (ebd., Art. 21 Rn. 29): „Eine Diskriminierung kann grundsätzlich wie eine Ungleichbehandlung gerechtfertigt sein" (Hervorhebungen nicht wiedergegeben).

[476] So die Erläuterungen zur Charta der Grundrechte, ABl. EU C 2007/303, S. 17, 32, die nach Art. 52 Abs. 7 EUGRCh „gebührend zu berücksichtigen" sind und jedenfalls ihrem eigenen Vorspruch zufolge „eine nützliche Interpretationshilfe" darstellen (ebd., S. 17; zu Recht betont dagegen *Hans-Peter Folz*, in: Christoph Vedder/Wolff Heintschel von Heinegg [Hg.], Europäisches Unionsrecht, 2012, Art. 52 EUGRCh, Rn. 15, der Wert der Erläuterungen für die Rechtserkenntnis sei begrenzt).

GRCh vorgeht[477]. Für Art. 18 AEUV soll eine Rechtfertigung durch „objektive Umstände" möglich sein.[478]

### *d) Art. 14 EMRK*

Ungeachtet seines vorbehaltlosen Wortlauts, der die Möglichkeit einer Rechtfertigung nicht zulässt, wird der (sachlich auf den Genuss der Konventionsrechte beschränkte) Kataloggleichheitssatz des Art. 14 EMRK von der Rechtsprechung so verstanden, dass die ihm zufolge grundsätzlich verbotenen Ungleichbehandlungen gerechtfertigt werden können.[479] Die Rechtfertigung setzt grundsätzlich einen „objektiven und vernünftigen Grund" sowie „Verhältnismäßigkeit zwischen dem eingesetzten Mittel und dem verfolgten Zwecke" voraus;[480] die Verhältnismä-

Art. 52 Abs. 1 EUGRCh lässt freilich auch eine Deutung als Schranken-Schranken-Regelung zu, die die Einschränkung von Grundrechten nicht selbst zulässt, sondern vielmehr Bindungen unterwirft, soweit sie andernorts zugelassen ist. Auch *Kerstin Odendahl*, in: F. Sebastian M. Heselhaus/Carsten Nowak (Hg.), Handbuch der Europäischen Grundrechte, 2006, § 45 Rn. 66, betont, dass bei jeder Diskriminierung zu prüfen sei, ob diese nicht objektiv gerechtfertigt sei.

[477] *Hans-Peter Folz*, in: Christoph Vedder/Wolff Heintschel von Heinegg (Hg.), Europäisches Unionsrecht, 2012, Art. 21 EUGRCh, Rn. 6, spricht in diesem Zusammenhang von Art. 52 Abs. 3 EUGRCh als einer „besondere[n] Schrankenbestimmung".

[478] EuGH, Rs. C-29/95, Slg. 1997, I-300, Tz. 19 – Eckehard Pastoors; dazu *Matthias Rossi*, EuR 2000, 197 (214 f.); beide zu Vorläuferbestimmungen.

[479] Vergleiche *Rudolf Bernhardt*, in: HGR VI/1, 2010, § 144 Rn. 46–49; *Christoph Grabenwarter/Thilo Marauhn*, in: Rainer Grote/Thilo Marauhn (Hg.), EMRK/GG, 2006, Kap. 7 Rn. 16 f. m. w. N.

[480] Die Wendung vom „objektiven und vernünftigen Grund" einerseits (englisch „objective and reasonable justification", französisch „justification objective et raisonnable") und der Verhältnismäßigkeit der eingesetzten Mittel andererseits (englisch „proportionality between the means employed and the aim sought to be realised", französisch „proportionnalité entre les moyens employés et le but visé") entspricht ständiger Rechtsprechung seit EGMR, Urteil vom 23. Juli 1968, Nr. 1474/62, 1691/62, 1769/63 und 2126/64, Rechtsausführungen unter I B, Tz. 10 – Belgischer Sprachenfall; siehe etwa Urteil vom 13. Juni 1979, Nr. 6833/74, Tz. 48 – Marckx ./. Belgien; Urteil vom 23. Juni 1993, Nr. 12875/87, Tz. 33 – Hoffmann ./. Österreich; Urteil vom 18. Juli 1994, Nr. 13580/88, Tz. 24 – Karlheinz Schmidt ./. Deutschland; Urteil vom 1. Februar 2000, Nr. 34406/97, Tz. 48 – Mazurek ./. Frankreich; diesem Maßstab folgt das Schrifttum überwiegend, etwa *Rudolf Bernhardt*, in: HGR VI/1, 2010, § 144 Rn. 41. – Vergleiche auch die Darstellung der einschlägigen Leitentscheidungen des EGMR bei *Corinna Wahle*, Der allgemeine Gleichheitssatz in der Europäischen Union, 2002, S. 134–143, und die Auswertung des Fallrechts bei *Magdalena Pöschl*, Gleichheit vor dem Gesetz, 2008, S. 631–639.

ßigkeitsprüfung soll dabei nur „Evidenzfälle" ausschließen.[481] Knüpft die Ungleichbehandlung allerdings an das Geschlecht an, so werden „sehr gewichtige Gründe" gefordert;[482] bei anderen Kategorien mag eine Rechtfertigung auch ganz ausgeschlossen sein[483]. Im Schrifttum wird die hierin liegende weitreichende Zulassung von Ausnahmen vom grundsätzlichen Verbot teilweise zugunsten eines „strikten Unterscheidungsverbot[s]" abgelehnt.[484]

*e) Art. 26 IPbürgR*

Der Menschenrechtsausschuss der Vereinten Nationen, der zur Überwachung des Art. 26 IPbürgR berufen ist, trennt nicht immer scharf zwischen dessen beiden Regelungsgehalten,[485] auch wenn andere die Anknüpfungsunabhängigkeit und die Anknüpfungsabhängigkeit sogar als zwei verschiedene „Modelle" völkerrechtlicher Gleichheitssätze ansehen.[486]

Der ständigen Rechtsprechung des Menschenrechtsausschusses zufolge liegt eine Diskriminierung durch das Gesetz im Sinne des Art. 26 S. 1 Fall 2, S. 2 IPbürgR nicht vor, wenn der Ungleichbehandlung „vernünftige und objektive Kriterien" zugrunde liegen.[487] Dafür soll es insbeson-

---

[481] *Christian Hillgruber/Matthias Jestaedt*, Die Europäische Menschenrechtskonvention und der Schutz nationaler Minderheiten, 1993, S. 42.

[482] EGMR, Urteil vom 28. Mai 1985, Nr. 9214/80, 9473/81 und 9474/81, Tz. 78 – Abdulaziz u. a. ./. Großbritannien (mit der methodisch fragwürdigen Begründung, dass „the advancement of the equality of the sexes is today a major goal in the member States of the Council of Europe"); Urteil vom 24. Juni 1993, Nr. 14518/89, Tz. 67 – Schuler-Zgraggen ./. Schweiz; Urteil vom 22. Februar 1994, Nr. 16213/90, Tz. 27 – Burghartz ./. Schweiz; Urteil vom 18. Juli 1994, Nr. 13580/88, Tz. 24 – Karlheinz Schmidt ./. Deutschland; aus dem Schrifttum nur *Rudolf Bernhardt*, in: HGR VI/1, 2010, § 144 Rn. 48.

[483] So *Rudolf Bernhardt*, in: HGR VI/1, 2010, § 144 Rn. 47, im Hinblick auf die Kategorie „Rasse".

[484] *Michael Sachs*, ÖZöR 34 (1984), S. 333 (390).

[485] Ebenso *Tilmann Altwicker*, Menschenrechtlicher Gleichheitsschutz, 2010, S. 53 f.; *Manfred Nowak*, CCPR Commentary, 2. Aufl., 2005, Art. 26 Rn. 49. Siehe etwa MRA, Auffassungen vom 31. März 1992, Nr. 395/1990, Tz. 7.2 – Sprenger ./. Niederlande („such legislation must comply with article 26 of the Covenant"). – Differenziert zur Rechtsprechung des Menschenrechtsausschusses *Altwicker*, ebd., S. 71–84 m. w. N.

[486] So die Klassifikation bei *Tilmann Altwicker*, Menschenrechtlicher Gleichheitsschutz, 2010, S. 49–115, der im Hinblick auf den konkreten Fall des Art. 26 IPbürgR freilich den zweiten Satz inhaltlich bereits im ersten enthalten sieht (ebd., S. 53).

[487] Ständige Rechtsprechung seit MRA, Auffassungen vom 9. April 1987, Nr. 180/1984, Tz. 13 – Danning ./. Niederlande („differentiation based on reasonable and objective criteria"); Auffassungen vom 31. März 1992, Nr. 395/1990, Tz. 7.4

dere sprechen, wenn das Vorliegen des Kriteriums von dem Ungleichbehandelten beeinflusst werden kann.[488] Dieser Argumentationsgesichtspunkt, der von der Erörterung des bei einigen Gleichheitssätzen vorgesehenen unbenannten Falles der Katalogeigenschaften bekannt ist,[489] erscheint hier nicht als Kriterium für das Vorliegen einer Katalogeigenschaft „sonstiger Status", sondern als Rechtfertigungsgesichtspunkt; dass im Katalog des Art. 26 S. 2 IPbürgR mit dem „sonstigen Status" ein unbenanntes Merkmal erscheint, wird als Zeichen dafür aufgefasst, dass der Anknüpfung an eine Katalogeigenschaft insgesamt der Charakter eines Tatbestandsmerkmals abgehe und einer solchen Anknüpfung nur die Bedeutung eines Regelbeispiels für das Vorliegen von „Diskriminierung" zukomme.[490] Legt man dieses Verständnis zugrunde, so lässt sich der Begriff der Diskriminierung rekonstruieren als eine Ungleichbehandlung, für die vernünftige und objektive Kriterien fehlen; er umgriffe also in der hier verwendeten Beschreibung der Tatbestandsstruktur die Merkmale der Ungleichbehandlung und des Fehlens einer Rechtfertigung. Die Anknüpfung an eine Katalogeigenschaft soll dann nur noch die Anforderungen an die Vernünftigkeit, also den Maßstab der Rechtfertigung verschärfen.[491]

Auch zu Art. 26 S. 1 Fall 1 IPbürgR, also für die verwaltende und rechtsprechende Tätigkeit der Vertragsstaaten[492], wird der Maßstab der „vernünftigen und objektiven Kriterien" angewandt[493], wenngleich der Menschenrechtsausschuss praktisch zumeist mit gesetzlichen Regelungen befasst ist, die nur der Regelung des Art. 26 S. 1 Fall 2, S. 2 IPbürgR unterfallen.[494] Angesichts dieser gleichlaufenden Maßstäbe kann der Menschenrechtsausschuss die Frage unbeantwortet lassen, ob eine ge-

– Sprenger ./. Niederlande („reasonable and objective grounds"); auch Auffassungen vom 27. Juli 1993, Nr. 402/1990, Tz. 9.3 – Brinkhof ./. Niederlande (nur „reasonable" geprüft).

[488] MRA, Auffassungen vom 9. April 1987, Nr. 180/1984, Tz. 14 – Danning ./. Niederlande.

[489] Siehe Kapitel 3, IV 1 b bb.

[490] Zu den verschiedenen Konstruktionsmöglichkeiten siehe Kapitel 3, IV 1 b aa.

[491] Siehe MRA, Auffassungen vom 26. März 2002, Nr. 919/2000, Tz. 6.7 – Müller und Engelhard ./. Namibia („a heavy burden on the State party to explain the reason for the differentiation").

[492] Siehe die Nachweise oben in Fn. 133.

[493] Siehe etwa MRA, Auffassungen vom 4. April 2001, Nr. 819/1998, Tz. 10.2, 10.3 – Kavanagh ./. Irland.

[494] Siehe CCPR General Comment No. 18: Non-discrimination vom 10. November 1989, Tz. 13; *Sarah Joseph/Jenny Schultz/Melissa Castan*, The International Covenant on Civil and Political Rights, 2. Aufl., 2004, Tz. 23.105.

setzgeberische Maßnahme selbst oder erst deren verwaltungsmäßiger Vollzug die Verletzung darstellt.[495]

### 3. Versuch einer Zusammenfügung

Vor dem Hintergrund dieser Auseinandersetzungen auf den verschiedenen dogmatischen Schauplätzen kann hier nur umrissen werden, wie eine allgemeine Dogmatik der Rechtfertigung (als eines, wie gezeigt, meist ungeschriebenen negativen Tatbestandsmerkmals) im Verhältnis zu den übrigen dargestellten Strukturelementen von Gleichheitssätzen beschaffen sein müsste. In der Tat ist es hierfür „methodisch geboten, inhaltlich möglichst klare Maßstäbe herauszuarbeiten"[496]. Dabei ist daran zu erinnern, dass es im Folgenden grundsätzlich nur noch um die oben gebildete Gruppe derjenigen Gleichheitssätze geht, denen ein entsprechendes ungeschriebenes negatives Tatbestandsmerkmal entnommen werden soll;[497] von den Fällen, für die Rechtsnormen bestimmte Ungleichbehandlungen in Ansehung bestimmter Gleichheitssätze ausdrücklich zulassen,[498] sind hier nur noch diejenigen betroffen, die eine konkretisierungsbedürftige Generalklausel (wie „sachliche Gründe") vorsehen.

Als Ausgangspunkt für die Auslegung eines jeden Gleichheitssatzes, bei dem die Möglichkeit einer Rechtfertigung von Ungleichbehandlungen anerkannt wird und der Wortlaut über die Anforderungen der Rechtfertigung nichts Näheres besagt, wird hierzu vorgeschlagen:

*Eine Ungleichbehandlung ist gerechtfertigt, wenn zwischen dem Ungleichbehandelten und der Vergleichsperson objektiv ein Unterschied besteht, der aus dem Blickwinkel des jeweiligen Gleichheitssatzes die Ungleichbehandlung tragen kann.*

Angesichts der herkömmlichen Begriffsverwendung erscheint es angezeigt, darauf hinzuweisen, dass die Wendung vom „Tragenkönnen" keine Entscheidung in dem zu Art. 3 Abs. 1 GG geführten Streit über den Rechtfertigungsmaßstab zugunsten der „Neuen Formel" ausdrücken soll. Denn ungeachtet der Frage, ob innerhalb des herkömmlichen Will-

[495] So in MRA, Auffassungen vom 31. Oktober 2001, Nr. 774/1997, Tz. 7.4 – Brok und Brokova ./. Tschechische Republik.

[496] *Lothar Michael*, Der allgemeine Gleichheitssatz als Methodennorm komparativer Systeme, 1997, S. 245.

[497] Siehe Kapitel 3, V 1 b.

[498] Siehe Kapitel 3, V 1 a.

kürverbots eine Abstufung möglich ist oder nicht,[499] bedarf es begrifflich auch für dessen Anwendung eines Unterschieds zwischen den verglichenen Fällen. Bei einem bloßen Willkürverbot verhält es sich lediglich so, dass etwaige weitere Voraussetzungen des „Tragenkönnens" keine bedeutende Rolle spielen. Im „Willkürbereich"[500] trägt es sich eben leichter.

Die vorgeschlagene Blickverengung auf Unterschiede zwischen Ungleichbehandeltem und Vergleichsperson soll dazu dienen, möglichst alle Gesichtspunkte abzuschichten, die zur Rechtfertigung allgemein – ungeachtet der Anwendbarkeit des einen oder des anderen Maßstabs – taugen, und auf diese Weise den dogmatischen Flurschaden des genannten Streits einzugrenzen. Verzichtet wird auf eine vorgreifliche Entscheidung zwischen den „Formeln" (deren strenge Dichotomie in der Literatur ohnehin angegriffen wird[501]), damit bei der Prüfung möglichst lange ein gemeinsamer Pfad verfolgt werde. Die Anlegung unterschiedlicher Maßstäbe an die Rechtfertigung wird auch in dem hier vorzuschlagenden Prüfungsaufbau einen Ort bekommen, weil die damit verbundenen Wertungsfragen unumgänglich sind; aber der Aufbau der Prüfung soll dadurch nicht mehr berührt werden, als es unbedingt notwendig ist.

Diesem Vorschlag liegt die Überlegung zugrunde, dass die Gedanken, die sich derjenige macht, der eine herkömmliche Willkürprüfung vornimmt, jedenfalls teilweise deckungsgleich sind mit denen, die derjenige sich macht, der den Verhältnismäßigkeitsmaßstab anwendet. Die Überschneidung beider Maßstäbe liegt – mit den Begriffen der Verhältnismäßigkeitsprüfung ausgedrückt – in der Legitimität eines mit der Ungleichbehandlung verfolgten Zwecks und der Geeignetheit der Ungleichbehandlung zu seiner Erreichung. Die Überlegungen, die bei Anwendung des Willkürverbots dazu führen, einen sachlichen Grund anzuerkennen, sind dieselben wie die, die bei Anwendung des Verhältnismäßigkeitsmaßstabs zu dem Ergebnis führen, die Ungleichbehandlung sei von einem legitimen Zweck getragen und zu dessen Erreichung geeignet.

---

[499] Dagegen *Konrad Hesse*, in: FS für Peter Lerche, 1993, S. 121 (130), der aus der Unmöglichkeit einer solchen Abstufung folgert, es komme „nur eine Differenzierung der Maßstäbe in Betracht". Diese Differenzierung fände in der hier gewählten Formulierung des Problems aber erst auf der Stufe des „Tragenkönnens" statt.

[500] Der (hier durchaus kritisch gesehene) Begriff stammt von *Joo-Hwan Kim*, Zur Konkretisierung des allgemeinen Gleichheitssatzes des Art. 3 Abs. 1 GG, 2000, S. 210–230.

[501] Etwa von *Uwe Kischel*, in: BeckOK GG, Edition 15, 2012, Art. 3 Rn. 29, 29.1, 46–46.2.

Im Folgenden werden nun die Teile der gegebenen Begriffsbestimmung beleuchtet. Zunächst wird das Erfordernis des objektiv bestehenden Unterschieds erläutert (dazu a). Danach wird erörtert, unter welchen Voraussetzungen ein solcher Unterschied eine gegebene Ungleichbehandlung tragen kann (dazu b).

### *a) Objektiv bestehender Unterschied*

Mit dem vorgeschlagenen Ausgangspunkt wird zunächst betont, dass eine Rechtfertigung nur aus einem Unterschied zwischen dem Ungleichbehandelten und der Vergleichsperson folgen kann;[502] auf Gemeinsamkeiten kommt es erst bei der Bewertung eines Unterschieds an. An dieser Stelle hat also die Bestimmung der *differentia* zwischen beiden, die oben aus dem Begriff der Ungleichbehandlung ausgeschlossen wurde,[503] ihren systematisch richtigen Platz.[504] Auch dann, wenn man dem Eingriffsmodell folgt und zwischen „internen" und „externen" Zwecken unterscheidet, muss man der Rechtfertigung doch stets einen Unterschied zugrundelegen, woran auch bei Verfolgung eines „externen" Zwecks der Verpflichtete seine Ungleichbehandlung knüpft.[505]

Damit ein Unterschied zwischen Ungleichbehandeltem und Vergleichsperson vorliegt, muss der Ungleichbehandelte eine gewisse Eigenschaft aufweisen, die die Vergleichsperson nicht hat. Diese Definition des Unterschieds ähnelt der oben gegebenen Bestimmung des Be-

---

[502] Ebenso *Georg Müller*, VVDStRL 47 (1988), S. 37 (40) m. w. N.; *Magdalena Pöschl*, Gleichheit vor dem Gesetz, 2008, S. 155 f.; *dies.*, JBl 1997, 413 (427 f.); *Michael Sachs*, in: Klaus Stern, Staatsrecht, Bd. IV/2, 2011, S. 1512 (die trotz „weitgehende[r] Gemeinsamkeiten […] verbleibenden Verschiedenheiten" [Hervorhebung nicht wiedergegeben]). Eine andere Möglichkeit lässt (wohl unbewusst) offen MRA, Auffassungen vom 21. Oktober 2005, Nr. 1249/2004, Tz. 7.4 – Sister Immaculate Joseph and 80 Teaching Sisters of the Holy Cross of the Third Order of Saint Francis in Menzingen of Sri Lanka ./. Sri Lanka („The State party has provided no reasons why the authors' Order is *differently situated, or otherwise* why reasonable and objective grounds exist for distinguishing their claim" [Hervorhebung nur hier]).

[503] Siehe Kapitel 3, II 1 c dd.

[504] Wird die Willkürprüfung richtigerweise auf einen Unterschied bezogen, trifft auch der Vorwurf nicht, dieser Prüfungsmaßstab beurteile keine Vergleichslage mehr, sondern nur noch eine falsche Anwendung des Rechts; so aber *Heiko Alexander Haller*, Die Verrechnung von Vor- und Nachteilen im Rahmen von Art. 3 Abs. 1 GG, 2007, S. 213–216.

[505] Nicht ganz deutlich wird die Verschiedenheit von Zwecken und Unterschieden bei *Volker Epping*, Grundrechte, 4. Aufl., 2010, Rn. 789, wonach „Ungleichbehandlungen sowohl in den vorhandenen Unterschieden (internen Zwecken) als auch in sonstigen Gründen (externen Zwecken) ihre Rechtfertigung finden können".

griffs der Ungleichbehandlung[506] insofern, als auch hier ein Prädikat im logischen Sinne zugrundegelegt wird, das auf den einen Fall zutreffen muss und auf den anderen nicht (anders als das einer Ungleichbehandlung zugrundeliegende Prädikat muss das einen Unterschied begründende Prädikat nicht handlungsbezogen sein; es darf außerdem nicht transitiv, sondern muss vielmehr einstellig sein). Ein Unterschied wird demgemäß immer durch eine Gegenüberstellung kontradiktorischer Gegensätze gebildet.

*Fall 14:* A erzielt ein Jahreseinkommen von 50 000 Euro, B eines von 100 000 Euro.

Nicht dass A ein Jahreseinkommen von 50 000 Euro und B eines von 100 000 Euro erzielt, begründet einen Unterschied in diesem Sinne, sondern dass A ein Jahreseinkommen von genau 50 000 Euro erzielt und B nicht. Ein weiterer Unterschied liegt dementsprechend darin, dass B ein Jahreseinkommen von genau 100 000 Euro erzielt und A nicht.

Unterschiede im hier gemeinten Sinne sind hinsichtlich tatsächlicher und hinsichtlich normativer Eigenschaften denkbar. Tatsächliche Unterschiede können insbesondere in zeitlicher oder räumlicher Hinsicht bestehen.[507] Aber auch normative Unterschiede, also solche hinsichtlich durch Rechtsnormen zugeschriebener Eigenschaften, sind auf dieser Stufe in den Blick zu nehmen; wenn mit dem „Jahreseinkommen" in Fall 14 etwa dasjenige nach § 14 WoGG und nicht nur ein tatsächlicher Mittelzufluss gemeint wäre, läge hier schon ein Unterschied hinsichtlich einer normativen Eigenschaft vor.

Zur Rechtfertigung genügt es, wenn auch nur *ein* solcher Unterschied gefunden werden kann, der aus dem Blickwinkel des jeweiligen Gleichheitssatzes die Ungleichbehandlung tragen kann (auch wenn es noch andere Unterschiede geben mag, die die Ungleichbehandlung nicht tragen könnten). Besteht zwischen dem Ungleichbehandelten und der Vergleichsperson keinerlei Unterschied (und sei es auch nur ihre Lage im Raum), so sind die beiden identisch,[508] liegt keine Ungleichbehandlung vor und stellt sich die Frage nach einer Rechtfertigung nicht.

[506] Siehe Kapitel 3, II 1 b aa.

[507] Siehe auch *Lothar Michael/Martin Morlok*, Grundrechte, 3. Aufl., 2012, Rn. 803.

[508] Vergleiche *Ota Weinberger*, ÖZöR 25 (1974), S. 23 (25 f.).

Der Unterschied muss objektiv, wirklich gegeben sein.[509] Ein nur in der Vorstellung des Gleichbehandlungsverpflichteten vorhandener Unterschied kann dem Ungleichbehandelten nicht entgegengehalten werden.[510] Es zeigt sich damit eine gewisse Asymmetrie: Während nur ein objektiv gegebener Unterschied zur Rechtfertigung taugen kann, genügt bei den anknüpfungsabhängigen Gleichheitssätzen bereits die Anknüpfung an einen nur subjektiv vorgestellten Unterschied zur Auslösung des Verbotstatbestands.[511] Dagegen genügt ein objektiv gegebener Unterschied auch dann zur Rechtfertigung vor einem Gleichheitssatz, wenn sich der Verpflichtete ihn gar nicht vorgestellt hat.[512]

### *b) Tragfähigkeit des Unterschieds*

Wann ein Unterschied eine Ungleichbehandlung trägt, ist die entscheidend verbleibende Wertungsfrage[513]. Die im Einzelfall erforderliche Wertung lässt sich an dieser Stelle – schon gar nicht im Rahmen der hier beabsichtigten übergreifenden dogmatischen Modellbildung – nicht ein für allemal vornehmen. Es lassen sich jedoch einige Kriterien erörtern, mit deren Hilfe die Tragfähigkeit eines Unterschieds zur Rechtfertigung

---

[509] BVerfGE 2, 266 (281); 4, 144 (155); *Paul Kirchhof*, in: HStR VIII, 3. Aufl., 2010, § 181 Rn. 24 m. w. N.; *Hans D. Jarass*, Charta der Grundrechte der Europäischen Union, 2010, Art. 20 Rn. 14. – Die europarechtliche Bezeichnung des sachlichen Grundes als „objektiver Grund" (und die entsprechende bei *Heinrich Triepel*, Goldbilanzenverordnung und Vorzugsaktien, 1924, S. 31, wiedergegebene schweizerische Begrifflichkeit) bezieht sich allerdings nicht auf das Vorliegen des Grunds in Vorstellung oder Wirklichkeit, sondern auf die Abgrenzung zu irrationalen oder ideologischen Begründungen; vergleiche *Michael Sachs*, in: Peter J. Tettinger/Klaus Stern (Hg.), EUGRCh, 2006, Art. 20 Rn. 23 (zu Ungleichbehandlungen durch die Exekutive).

[510] Infolgedessen kommt es hier auch nicht zu den Schwierigkeiten, denen sich die Strafrechtsdogmatik bei der Frage nach den Voraussetzungen des Vorsatzes bezüglich normativer Tatbestandsmerkmale ausgesetzt sieht (Stichwort „Parallelwertung in der Laiensphäre"), siehe nur *Thomas Fischer*, StGB, 59. Aufl., 2012, § 16 Rn. 14. Gleichwohl ist „Objektivität" erkenntnistheoretisch hinsichtlich normativer Eigenschaften wenigstens ebenso problematisch wie hinsichtlich tatsächlicher Eigenschaften. Rechtsrealistisch betrachtet, liegt eine normative Eigenschaft dann objektiv vor, wenn die letzte zur Entscheidung darüber berufene Instanz sie anerkennt.

[511] Siehe Kapitel 3, IV 2 b (insbesondere unter cc).

[512] *Michael Sachs*, in: Klaus Stern, Staatsrecht, Bd. IV/2, 2011, S. 1513.

[513] Vergleiche schon *Heinrich Triepel*, Goldbilanzenverordnung und Vorzugsaktien, 1924, S. 29 f.; auch *Ota Weinberger*, ÖZöR 25 (1974), S. 23 (32); *Robert Alexy*, Theorie der Grundrechte, 2. Aufl., 1994, S. 373.

einer Ungleichbehandlung formal beurteilt und die Wertungsfrage damit hinausgeschoben werden kann.[514]

Einerseits sind Kriterien denkbar, deren Einschlägigkeit sofort die Tragfähigkeit des betrachteten Unterschieds begründet (dazu aa). Andererseits gibt es Kriterien, die bei den betrachteten Gleichheitssätzen eine Rechtfertigung durch den betrachteten Unterschied ohne Weiteres ausschließen (dazu bb). Erfüllt der betrachtete Unterschied weder eines der positiven noch eines der negativen Kriterien, so kommen die verschiedenen denkbaren Wertungsmaßstäbe – wie die mit den Schlagworten „Willkürverbot" und „Verhältnismäßigkeit" bezeichneten – zum Einsatz (dazu cc).

*aa) Positive Kriterien für die Tragfähigkeit*

Regelmäßig ohne Weiteres fähig, eine Ungleichbehandlung zu tragen, ist der Unterschied, der darin liegt, dass der Ungleichbehandelte den Tatbestand einer wirksamen Rechtsnorm erfüllt, die Vergleichsperson dagegen nicht oder umgekehrt (dazu (1)). Ebenso tragfähig ist das zeitliche Auseinanderliegen von Tatbestandsverwirklichungen durch den Ungleichbehandelten und die Vergleichsperson, wenn der Verpflichtete zwischenzeitlich in zulässiger Weise seine Übung ändert (dazu (2)).

Nicht auf ohne Weiteres tragfähige Unterschiede deuten dagegen die oft in diesem Sinne angeführten Gesichtspunkte des Ausgleichs früherer Benachteiligung (dazu (3)), der Typisierung (dazu (4)), der „Gleichheit im Unrecht" (dazu (5)), der „Unvergleichbarkeit" (dazu (6)) und der Entsprechung zu einem „internen Zweck" (dazu (7)).

---

[514] So auch *Wolfgang Rüfner*, in: Rudolf Dolzer u. a. (Hg.), Bonner Kommentar zum GG, 157. Lfg., 2012 (Stand der Bearbeitung: 67. Lfg., 1992), Art. 3 Rn. 12.

### *(1) Erfüllung des Tatbestands einer (wirksamen) Rechtsnorm*

Als tragfähiger Unterschied ist es typischerweise anzusehen, wenn der Ungleichbehandelte den Tatbestand einer (wirksamen) Rechtsnorm erfüllt, worauf die zugrundeliegende Handlung gestützt werden kann, die Vergleichsperson dagegen nicht oder umgekehrt. Dies ist die Kehrseite der Rechtsanwendungsgleichheit, wie sie in der hergebrachten Sprechweise vieler Gleichheitssätze von der Gleichheit „vor dem Gesetz" zum Ausdruck kommt: Wenn ein Gesetz gleichmäßig angewandt werden soll, dann gehört dazu eben auch, dass die von dem Gesetz erfassten Fälle anders behandelt werden als die von ihm nicht erfassten Fälle – dass es insofern also zu Ungleichbehandlungen kommt und kommen soll.[515]

#### (a) In Betracht kommende Rechtsnormen

Als Rechtsnormen, auf die eine Handlung gestützt werden kann, kommen rechtliche Vorgaben aller Art in Betracht. Nicht nur „normativ abschließend gebundene Einzelakte"[516], sondern schon einzelne Gesichtspunkte der Zulässigkeit einer Handlung regelnde Normen – etwa über die Zuständigkeit einer Behörde – können hierfür genügen.

Ein tragfähiger Unterschied liegt insbesondere vor, wenn eine unterschiedliche Zuständigkeitsregelung für den Ungleichbehandelten und die Vergleichsperson besteht (wie im oben gebildeten Fall 4[517]).[518] Liegt nur der Ungleichbehandelte, aber nicht die Vergleichsperson (oder umgekehrt) im persönlichen, räumlichen oder zeitlichen Zuständigkeitsbereich des Gleichbehandlungsverpflichteten, so liegt hierin ein tragfähiger Unterschied zwischen beiden.[519] Diese Erwägungen zur Tragfähigkeit

[515] Statt aller vergleiche *Hans Kelsen*, Das Problem der Gerechtigkeit, in: *ders.*, Reine Rechtslehre, 2. Aufl., 1960, S. 357 (392 f.).

[516] *Michael Sachs*, in: Klaus Stern, Staatsrecht, Bd. IV/2, 2011, S. 1508.

[517] Siehe oben S. 52.

[518] So richtig *Ernst-Werner Fuss*, JZ 1959, 329 (338), zur Zuständigkeitsteilung im Bundesstaat sowie zwischen verschiedenen Staatsorganen; in den Begriffen der hier abgelehnten „wesentlichen Gleichheit" formuliert *Friedhelm Hufen*, Staatsrecht II, 2. Aufl., 2009, § 39 Rn. 6: „Im Bundesstaat sind die Bürger eben nur innerhalb der gleichen Verfassungsgemeinschaft wesensmäßig gleich." (Gegen diese Redeweise aber *Stefan Huster*, in: Karl Heinrich Friauf/Wolfram Höfling [Hg.], Berliner Kommentar zum GG, 37. Lfg., 2012 [Stand der Bearbeitung: 7. Lfg., 2002], Art. 3 Rn. 47 in Fn. 78.) – Der Unterschied der Zuständigkeit erscheint umgekehrt als zeitliche und räumlich-organisatorische Grenze der Selbstbindung; so ausführlich bei *Maximilian Wallerath*, Die Selbstbindung der Verwaltung, 1968, S. 55–80.

[519] Hierin liegt der richtige Kern des „Vorrang[s] der Organisation vor der Gleichheit", den *Sigrid Boysen*, in: Ingo von Münch/Philip Kunig (Hg.), GG, Bd. 1,

der Zuordnung zu unterschiedlichen Zuständigkeitsbereichen gelten etwa für die in der Bundesrepublik Deutschland auf der Länderebene horizontal verteilte Gesetzgebungs- und Verwaltungszuständigkeit, die es mit sich bringt, dass nicht jedes Land die gleichen Gesetze zu haben[520] oder die Bundesgesetze in gleicher Weise auszuführen braucht[521].

*Fall 15:* Das Land A gewährt seinen Einwohnern (unter anderem V) aufgrund eines Landesgesetzes eine Subvention, anderen Personen (unter anderem U, der im Lande B wohnt) nicht.

Hier dürfte der zwischen U und V bestehende räumlich-tatsächliche Unterschied des Wohnorts die Ungleichbehandlung rechtfertigen, weil die Gesetzgebungszuständigkeit des Landes A grundsätzlich nur für seine Einwohner besteht.

Eine weitere bedeutsame Gruppe von Unterschieden der hier betrachteten Art betrifft das zeitliche Auseinanderliegen der von dem Ungleichbehandelten und der Vergleichsperson verwirklichten Sachverhalte, wenn zwischen den beiden Sachverhalten ein durch Rechtsnorm bestimmter Stichtag liegt (wie im oben gebildeten Fall 5[522], wo gemäß § 37 Abs. 2 S. 1 SGB II Leistungen nicht für Zeiten vor der Antragstellung erbracht werden).[523]

Rechtsnormen, hinsichtlich deren Tatbestands ein tragfähiger Unterschied vorliegen kann, können nicht zuletzt auch die Gleichheitssätze selbst sein. Soweit diese nicht nur (primär) zur Unterlassung einer Ungleichbehandlung, sondern zugleich (sekundär) zur Beseitigung von deren Folgen verpflichten,[524] stellt diese Beseitigung ihrerseits natürlich wieder eine Ungleichbehandlung dar. Jedenfalls vor dem sie gebietenden Gleichheitssatz muss diese als gerechtfertigt angesehen werden, will man

6. Aufl., 2012, Art. 3 Rn. 69, annimmt. Dieser „Vorrang" steht freilich unter dem Vorbehalt der Wirksamkeit der fraglichen Organisationsrechtsnormen, die insbesondere wegen eines Verstoßes gegen höherrangiges Gleichheitsrecht fehlen kann; dazu sogleich Kapitel 3, V 3 b aa (1) (b).

[520] Siehe BVerfGE 34, 139 (151 f.); *Hans-Werner Rengeling*, in: HStR VI, 3. Aufl., 2008, § 135 Rn. 28.

[521] Siehe BVerwGE 70, 127 (132). Gleiches gilt für die Durchführung des Unionsrechts durch die Mitgliedstaaten, siehe nur *Walter Frenz*, Handbuch Europarecht, Bd. 4, 2009, Rn. 3201.

[522] Siehe oben S. 53.

[523] Diese Fälle sind zu unterscheiden von der anderen Fallgruppe, wo nicht eine den Verpflichteten bindende Rechtsnorm den Stichtag vorgibt, sondern nur der Verpflichtete selbst sich zu einer Änderung seiner Übung entschließt; dazu noch Kapitel 3, V 3 b aa (2) und bb (3).

[524] Ausführlich dazu unten Kapitel 4, I.

dem Gleichheitssatz nicht einen selbstwidersprüchlichen Gehalt zusinnen.

(b) Wirksamkeit der Rechtsnorm

Die Rechtsnorm (z. B. die Zuständigkeits- oder Stichtagsregelung), deren Tatbestand die eine Seite des Vergleichspaars erfüllt und die andere nicht, muss ihrerseits wirksam sein und darf insbesondere nicht gegen einen bei ihrem Erlass zu beachtenden Gleichheitssatz verstoßen,[525] wenn ein solcher Verstoß die Fehlerfolge ihrer Unwirksamkeit nach sich zöge. Insofern ist es möglich, wenn eine Ungleichbehandlung in Ausführung einer Rechtsnorm (z. B. eines Gesetzes) stattfindet, über den Gleichheitssatz die Wirksamkeit dieser Rechtsnorm (z. B., in einer Rechtsordnung mit Vorrang der Verfassung und Nichtigkeitsdogma: die Verfassungsmäßigkeit des Gesetzes[526]) zu rügen.[527]

Hierzu betrachte man den am Beispiel einer Zuständigkeitsregelung gebildeten

*Fall 16:* Ein Landgericht bildet durch Geschäftsverteilungsplan (§ 21e GVG) eine „Katholikenkammer" für Verfahren katholischer Kläger.

Wenn ein anhängig werdendes Verfahren wegen des Bekenntnisses des Klägers nun von der Katholikenkammer bearbeitet wird, ein anderes Verfahren wegen des anderen Bekenntnisses des dortigen Klägers jedoch nicht, so könnte deren auf Verfahren katholischer Kläger begrenzte Zuständigkeit einen Grund für diese Ungleichbehandlung abgeben. Dieser Grund ist aber nur tragfähig, wenn die Zuständigkeitsregelung selbst wirksam ist. Das ist hier nicht der Fall, da das Präsidium des Landgerichts durch die Aufstellung des Geschäftsverteilungsplans gegen Art. 3 Abs. 3 S. 1 Merkmal 7 GG verstoßen hat, was wegen des deutschen Nichtigkeitsdogmas für abstrakt-generelle Regelungen die Unwirksamkeit der Zuständigkeitsregelung zur Folge hat.

---

[525] Zu den entsprechenden Anforderungen im Falle der Stichtagsregelungen *Günter Dürig*, in: Theodor Maunz/Günter Dürig (Hg.), GG, 65. Lfg., 2012 (Stand der Bearbeitung: 1973 [nicht in allen Drucken angegeben]), Art. 3 Abs. I Rn. 200–204; *Uwe Kischel*, in: BeckOK GG, Edition 15, 2012, Art. 3 Rn. 118, 94; vergleiche auch *Werner Heun*, in: Horst Dreier (Hg.), GG, Bd. I, 2. Aufl., 2004, Art. 3 Rn. 38–42.

[526] Siehe nur *Stephan Meyer*, JZ 2012, 434 (434–438).

[527] Dies steht für den Bereich des Grundgesetzes in Parallele zu der „Elfes"-Konstruktion der Grundrechtsdogmatik, der zufolge im Rahmen der Prüfung einer Freiheitsrechtsverletzung durch Einzelakt die Verfassungsmäßigkeit des zum Eingriff ermächtigenden Gesetzes vollumfänglich überprüft werden kann (so die Rechtsprechung seit BVerfGE 6, 32 [42]).

Auch Stichtagsregelungen müssen wirksam sein, damit sie zur Begründung der Tragfähigkeit des Unterschieds bezüglich der Erfüllung ihres Tatbestandes taugen. Soweit sie ihrerseits an Gleichheitssätzen zu messen sind, dürfte eine Auslegung dieser Gleichheitssätze fernliegen, die es ausschlösse, ein Gesetz (erst) zu einem bestimmten Datum (und nicht etwa mit unbegrenzter Rückwirkung) in Kraft zu setzen.[528] Die Bedenken, die sich insoweit mit Stichtagsregelungen verbinden können, wurzeln eher im Bereich des Vertrauensschutzes als in dem der Gleichheitssätze.[529]

*(2) Zeitliches Auseinanderliegen bei zwischenzeitlicher (zulässiger) Änderung der Verwaltungsübung*

Über den Fall der Bestimmung eines Stichtags durch eine Rechtsnorm, die der Verpflichtete vorfindet, hinaus vermag das zeitliche Auseinanderliegen der Tatbestandsverwirklichung durch den Ungleichbehandelten und der Tatbestandsverwirklichung durch die Vergleichsperson die Ungleichbehandlung überdies dann zu tragen, wenn der Gleichbehandlungsverpflichtete im Rahmen seiner Ermessensausübung in zulässiger Weise[530] seine Übung ändert. In diesem Zusammenhang liegt die gleichheitsrechtliche Wurzel der staatlichen „Selbstbindung"[531]: Der Verpflichtete verletzt den Gleichheitssatz, wenn er seine Übung ändert, *ohne* dass dies gerechtfertigt wäre. Kann dann der durch die in der Vergangenheit liegenden Handlungen hervorgerufene Zustand aus tatsächlichen oder rechtlichen Gründen nicht mehr behoben werden, so folgt aus dem Gleichheitssatz eine Pflicht, den späteren Fall ebenso zu behandeln wie diese.[532]

Dieselbe Überlegung passt auch auf die Fälle einer Verwaltungspraxis der Zulassung zu öffentlichen Einrichtungen, die nicht durch Rechtsnorm (Widmung) generell geregelt ist. Die Figur der „konkludenten

---

[528] So *Michael Sachs*, in: Klaus Stern, Staatsrecht, Bd. IV/2, 2011, S. 1557 f.; im Ergebnis auch *Sigrid Boysen*, in: Ingo von Münch/Philip Kunig (Hg.), GG, Bd. 1, 6. Aufl., 2012, Art. 3 Rn. 94, die allerdings in einem solchen Falle schon keine Ungleichbehandlung annimmt, was mit dem hier gewählten, weiten Ungleichbehandlungsbegriff freilich unvermeidlich ist.

[529] *Sigrid Boysen*, in: Ingo von Münch/Philip Kunig (Hg.), GG, Bd. 1, 6. Aufl., 2012, Art. 3 Rn. 94, im Anschluss an BVerwGE 70, 127 (136 f.).

[530] Die Praxis darf in Anbetracht des Art. 3 Abs. 1 GG aus „sachgerechten Erwägungen geändert werden, siehe nur BVerwGE 104, 200 (223); BVerwG, NVwZ 1994, 581 (582). Das ist etwa der Fall, wenn bisher ein Gesetz „irrtümlich nicht beachtet" wurde: BVerwG, DVBl 1963, 65 (66); BVerwGE 104, 220 (226).

[531] Zur „Selbstbindung" bereits Kapitel 3, II 1 c ee.

[532] Zu diesem Gesichtspunkt der Rechtsfolgenseite noch unten Kapitel 4, III 3 a.

Widmung" erscheint entbehrlich, weil aus einem (unbemerkt) einschlägigen Gleichheitssatz die sonst mittels jener Figur begründete Rechtspflicht sowieso herrührt.

Auf den ersten Blick erscheint das zeitliche Auseinanderliegen der Tatbestandsverwirklichung dabei nur tragfähig, wenn diese Rechtfertigung von dem Verpflichteten auch folgerichtig gehandhabt wird. So können, würde man meinen, wohl nicht verschiedenen Personen verschiedene Stichtage für das Gleiche entgegengehalten werden:

*Fall 17:* A beantragt eine Leistung am 2. Januar, B am 1. Februar, C am 1. März. Die zuständige Behörde gibt dem Antrag des A statt und weist den des B mit der Begründung zurück, die Ausschlussfrist für die Beantragung der Leistung sei der 31. Januar gewesen (Stichtag); dem Antrag des C gibt sie jedoch mit der Begründung statt, die Ausschlussfrist für die Beantragung der Leistung laufe bis zum 31. März.

Hier werden die Vergleichspaare A–B sowie B–C jeweils ungleich behandelt im Hinblick auf die Bewilligung der beantragten Leistung. In beiden Verhältnissen, je für sich betrachtet, lässt sich das zeitliche Auseinanderliegen um den jeweils angegebenen Stichtag herum als tragfähiger Unterschied ansehen. Denkbar wäre es, Abhilfe zu schaffen, indem man für die Tragfähigkeit zusätzlich die Anwendung des Stichtags in allen entsprechenden Fällen verlangte; dann wäre in dem Beispielsfalle die Tragfähigkeit zu verneinen. Eine einfachere und deshalb vorzugswürdige Lösung besteht demgegenüber in der Betrachtung einer weiteren Ungleichbehandlung, deren Handlungsseite nicht die Bewilligung der Leistung, sondern die Anwendung des Stichtags ist: C gegenüber wird der spätere Stichtag 31. März angewandt, B gegenüber jedoch nicht. Die ungleiche Bestimmung des Stichtags erweist sich dann nämlich selbst als rechtfertigungsbedürftig, und hierzu müsste ein weiterer Unterschied zwischen B und C festgestellt und bewertet werden.

### *(3) Frühere Benachteiligung oder Zugehörigkeit zu einer früher benachteiligten Gruppe*

Ein Unterschied kann auch darin liegen, dass die Vergleichsperson, nicht aber der Ungleichbehandelte (oder umgekehrt) in der Vergangenheit Nachteile erlitten hat oder einer Gruppe angehört, deren Angehörige in der Vergangenheit Nachteile erlitten haben. Diesen Unterschied könnte ein Gleichheitssatz als tragfähig dafür ansehen, nunmehr zum Ausgleich allein der Vergleichsperson eine Begünstigung zu gewähren oder allein den Ungleichbehandelten zu belasten.[533] Der solchen Überlegungen zu-

[533] So im Falle von BVerfGE 1, 418 (426), wo landesgesetzlich eine Verjährungshemmung für zwischen 1933 und 1945 aus politischen Gründen nicht verfolgte

grundeliegende Gedanke einer gewissermaßen kollektiven Kompensation[534] ist jedoch zumindest dann problematisch, wenn die rechtswidrige Behandlung in der Vergangenheit das konkrete Vergleichspaar nicht mehr erfasst hat, die Vergleichsperson etwa noch gar nicht gelebt hat.[535] Außerdem dürfte sich die Frage, ob (oder inwieweit) eine gewährte Begünstigung überhaupt (oder noch) als Kompensation in diesem Sinne anzusehen sei, nicht ohne Wertung beantworten lassen. Daher können Unterschiede der hier betrachteten Art nicht als ohne Weiteres tragfähig angesehen werden.

#### *(4) Verwaltungspraktische Unterschiede („Typisierung")?*

Dass eine Unterscheidung der typisierten Behandlung von Fallgruppen dient, genügt für sich noch nicht zur Annahme der Tragfähigkeit des betrachteten Unterschieds. Wenn eine Rechtfertigung von Ungleichbehandlungen unter dem Gesichtspunkt der „Typisierung"[536] für möglich gehalten wird,[537] so ist hiermit noch kein *Unterschied* bezeichnet, der die Ungleichbehandlungen tragen kann. Vielmehr ist die „Typisierung" selbst gerade in bestimmten Fällen rechtfertigungsbedürftig, nämlich dann, wenn sich die vordergründige Gleichbehandlung im Hinblick auf

---

Straftaten vorgesehen worden war. – Diesen Gedanken rundweg ablehnend *Ingo von Münch*, Staatsrecht, Bd. 2, 5. Aufl., 2002, Rn. 598.

[534] Dazu auch *Gerhard Robbers*, DÖV 1988, 749 (756 f.).

[535] Zu diesem Fragenkreis vergleiche *Stefan Huster*, AöR 118 (1993), S. 109 (112–118), in Auseinandersetzung mit BVerfGE 74, 163 (180), wo ein geringeres Renteneintrittsalter für Frauen auf ähnliche Weise gerechtfertigt wurde.

[536] Die „Pauschalierung" („Typisierung rechnerischer Grundlagen" [*Joachim Lang*, in: Joachim Lang u. a., Steuerrecht, 20. Aufl., 2010, § 4 Rn. 132]) ist hier jeweils mitgemeint.

[537] So zu Art. 3 Abs. 1 GG die ständige Rechtsprechung, vergleiche nur BVerfGE 11, 105 (122: „zulässige Typisierung [...], die vom Regelfall ausgeht und die Möglichkeit einer Korrektur im Einzelfall offenhält"); 11, 245 (254: „Jede gesetzliche Regelung muß generalisieren. Der Gesetzgeber ist daher gezwungen, aber auch berechtigt, bei seinen Entscheidungen von dem Gesamtbild auszugehen, das sich aus den vorliegenden Erfahrungen ergibt."); 13, 331 (341: „weil sie [sc. Steuergesetze], um praktikabel zu sein, typisieren, also geringfügigere oder nur in besonders gelagerten Fällen auftretende Ungleichheiten in Kauf nehmen müssen"); 17, 210 (220: „Dem Gesetzgeber muß soviel Gestaltungsfreiheit zugestanden werden, daß er sich an der durchschnittlichen Lebenserfahrung orientieren darf [... Er darf] seine Förderungsmaßnahme auf diesen typischen Sachverhalt ausrichten."); 21, 12 (26: „Da die Sachverhalte in der Lebenswirklichkeit sich nie völlig gleichen, müssen gewisse Verschiedenheiten stets vernachlässigt werden."); zu Art. 3 Abs. 2 GG BVerfGE 17, 1 (17: „Grenzen zulässiger Typisierung"); zu Art. 6 Abs. 1 GG BVerfGE 18, 97 (109: „Diese seltenen Fälle können jedoch außer Betracht bleiben.").

ein bestimmtes Prädikat als *Un*gleichbehandlung erweist.[538] (Es handelt sich bei den mit „Typisierung" überschriebenen Fällen deshalb um solche, die – wollte man diese Konstruktion anerkennen – als möglicherweise „verbotene Gleichbehandlung" erschienen.[539]) Dieser Zusammenhang soll verdeutlicht werden durch

*Fall 18:* Nach § 9a S. 1 Nr. 1 Buchstabe a, § 52 Abs. 23e S. 1 EStG war im Veranlagungszeitraum 2011 bei der Ermittlung der Einkünfte von den Einnahmen aus nichtselbständiger Arbeit grundsätzlich ein „Arbeitnehmer-Pauschbetrag" von 1 000 Euro abzuziehen, wenn nicht höhere Werbungskosten nachgewiesen wurden. A hatte Werbungskosten von 800 Euro, B solche von 900 Euro; von ihren Einnahmen wird deshalb jeweils der Arbeitnehmer-Pauschbetrag abgezogen. C hatte Werbungskosten von 1 100 Euro; von seinen Einnahmen wird deshalb (gemäß § 9 Abs. 1 S. 1, 2 EStG) dieser Betrag abgezogen.

A kommt hier in den Genuss eines Abzugs von der Steuerbemessungsgrundlage, der um 200 Euro höher liegt als seine tatsächlichen Werbungskosten; C dagegen kann nur seine tatsächlichen Werbungskosten ansetzen. In diesem Falle werden A und C also ungleich behandelt im Hinblick auf das Prädikat „gesteht (jemandem) einen um 200 Euro die tatsächlichen Werbungskosten übersteigenden Abzug von der Steuerbemessungsgrundlage zu". Im Verhältnis von A und B liegt eine Ungleichbehandlung im Hinblick auf dasselbe Prädikat vor, weil B nur in den Genuss eines um 100 Euro seine tatsächlichen Werbungskosten übersteigenden Abzugsbetrags kommt.

Typisierungen sind, wie dieses Fallbeispiel zeigt, im Stande, zweierlei Ungleichbehandlungen hervorzurufen: zum einen innerhalb ihres Anwendungsbereichs – wie oben zwischen A und B –, zum anderen zwischen den von ihnen erfassten und nicht erfassten Fällen – wie oben zwischen A und C (sowie entsprechend zwischen B und C).

Eine Rechtfertigung für diese Ungleichbehandlungen kann nur in einem Unterschied liegen, der zwischen den beiden Teilen des jeweils betrachteten Vergleichspaars besteht. Ein solcher Unterschied vermag eine Ungleichbehandlung in Gestalt einer Typisierung möglicherweise dann zu tragen, wenn er sich als ein Unterschied im Hinblick auf das Verhältnis zwischen dem durch die Typisierung ersparten Aufwand und dem

---

[538] So richtig *Werner Heun*, in: Horst Dreier (Hg.), GG, Bd. I, 2. Aufl., 2004, Art. 3 Rn. 33.

[539] Dazu Kapitel 3, II 5. Die Typisierung beschreibt dementsprechend als eine „Gleichbehandlung ungleicher Fälle" *Uwe Kischel*, in: BeckOK GG, Edition 15, 2012, Art. 3 Rn. 115.1; ebenso *Rainer Wernsmann*, in: Walter Hübschmann/Ernst Hepp/Armin Spitaler (Begr.), AO/FGO, 216. Lfg., 2012 (Stand der Bearbeitung: 203. Lfg., 2009), § 4 AO, Rn. 452 f.; *Felix Weyreuther*, DÖV 1997, 521 (523).

bei Verzicht auf die Typisierung erzielbaren Ertrag verstehen lässt[540] – aber auch dies steht unter dem Vorbehalt einer wertenden Betrachtung[541]. Unterschiede dieser Art lassen sich als „verwaltungspraktische" bezeichnen.[542]

Eine Typisierung kommt insbesondere dann in Betracht, wenn der zur Berücksichtigung bestimmter Unterschiede erforderliche Aufwand besonders hoch wäre.

*Fall 19:* Das Rentenversicherungsrecht sieht vor, dass Beitragszeiten unter gewissen Umständen als so genannte Ausfallzeiten behandelt werden; für diese Ausfallzeiten werden fiktive Beiträge bei der Rentenberechnung berücksichtigt, die tatsächlich geleisteten Beiträge bleiben dagegen außer Betracht, weil es in vielen Fällen nur mit erheblichem Aufwand möglich ist, die Höhe dieser Beiträge noch zu ermitteln. Dies führt für die meisten Versicherten mit Ausfallzeiten zu einem höheren Rentenanspruch, weil sie in den Ausfallzeiten typischerweise nur geringe Beiträge geleistet haben. Für einige wenige Versicherte mit Ausfallzeiten führt die Regelung aber zu einem geringeren Rentenanspruch, weil sie tatsächlich höhere Beiträge geleistet haben, als ihnen bei der Rentenberechnung aufgrund von Ausfallzeiten fiktiv zugerechnet werden.[543]

Die Versicherten mit Ausfallzeiten werden insoweit gegenüber anderen Versicherten ungleich behandelt, als bei ihnen gewisse geleistete Beiträge nicht in die Rentenberechnung einbezogen werden. Wenn zwischen den Angehörigen beider Versichertengruppen tatsächlich ein Unterschied

---

540 Das kommt deutlich zum Ausdruck in BVerfGE 21, 12 (27 f.: „Wirkt sich jedoch ein Steuergesetz, das durch eine besonders weite Fassung des typisierten Sachverhalts äußerlich eine ungleiche Behandlung vermeidet, praktisch dahin aus, daß ganze Gruppen von Steuerpflichtigen wesentlich stärker belastet sind als andere und dadurch in eine empfindlich ungünstigere Wettbewerbslage geraten, so können diese ungleichen Folgen in einem Mißverhältnis zu den mit der Typisierung verbundenen Vorteilen stehen."); siehe auch BVerfGE 31, 145 (179: „Hierdurch verletzte er Art. 3 Abs. 1 GG nicht, sofern die Betroffenen im allgemeinen gleich behandelt wurden und die Vorteile der Typisierung im rechten Verhältnis zu der mit ihr in einzelnen Fällen verbundenen, geringfügig ungleichen steuerlichen Belastung standen").

541 Siehe für das Gebiet des Steuerrechts etwa *Sebastian Müller-Franken*, Maßvolles Verwalten, 2004, S. 295: „Der Rechtsstaat verlangt dem Steuerstaat ab, es auszuhalten, daß in *einzelnen* Fällen der Aufwand des Besteuerungsverfahrens den Ertrag der Steuererhebung übersteigt" (Hervorhebung im Original). Vergleiche auch ebd., S. 351–353 m. N., zu Einwänden gegen die Rechtfertigung von Ungleichbehandlungen durch verwaltungspraktische Unterschiede.

542 Ähnlich die ständige Rechtsprechung des Bundesverfassungsgerichts, vergleiche etwa BVerfGE 6, 55 (83: „verwaltungstechnische Erwägungen"); 9, 3 (16: „Vereinfachung"); 9, 20 (32: „aus praktischen Erfordernissen der Verwaltung"); 87, 234 (256: „praktische Erfordernisse der Verwaltung"). Siehe auch BVerfGE 103, 392 (402: „bei der Ordnung der Sozialversicherung als Massenverwaltung im Beitragsrecht unverzichtbar").

543 Fall in Anlehnung an BVerfGE 63, 119.

dahingehend besteht, dass (nur) bei den von der Typisierung erfassten Versicherten die Ermittlung der geleisteten Beiträge einen im Verhältnis zum erreichbaren Ertrag erheblichen Verwaltungsaufwand nach sich zieht, dann mag dieser Unterschied die Ungleichbehandlung tragen können.[544] Wann aber der Aufwand in diesem Sinne erheblich ist, kann nicht rein formal, sondern muss wertend entschieden werden.[545] Dabei ist nicht nur die materielle Seite, die bei Verzicht auf die Typisierung möglicherweise verringerten Ansprüche der Versicherten gegen die Rentenkasse, sondern auch die immaterielle Seite, der dann mögliche Gewinn an Gleichbehandlung, in den Blick zu nehmen.[546]

Wegen der stets notwendigen wertenden Betrachtung sind „verwaltungspraktische" Unterschiede nicht schlechthin tragfähig, und „Typisierung" als Ziel gibt kein hinreichendes positives Kriterium für die Tragfähigkeit von Unterschieden ab. Im Gegenteil mögen manche Gleichheitssätze sogar als gänzlich „typisierungsfeindlich" auszulegen sein.[547]

#### *(5) Rechtswidrigkeit der Handlungs- oder der Unterlassungsseite der Ungleichbehandlung aus anderen Gründen („Gleichheit im Unrecht")?*

Unter dem Schlagwort „(keine) Gleichheit im Unrecht" wird das Problem erörtert, dass das einer Ungleichbehandlung zugrunde liegende Verhalten (sei es die Handlungs-, sei es die Unterlassungsseite der Ungleichbehandlung) aus anderen Gründen als dem betrachteten Gleichheitssatz rechtswidrig ist und der bisher rechtmäßig Behandelte die Erstreckung der rechtswidrigen Behandlung auf sich begehrt.[548] „Keine

[544] Einen Anwendungsfall des Verhältnismäßigkeitsgrundsatzes im Rahmen des Art. 3 Abs. 1 GG sieht hierin *Eberhard Grabitz*, AöR 98 (1973), S. 568 (599).

[545] Vergleiche *Felix Weyreuther*, DÖV 1997, 521 (525), unter Verweis auf Versuche der Rechtsprechung, der Typisierung eine quantifizierte „Verfehlungsgrenze" zu ziehen.

[546] Siehe zu den Anforderungen, die das Bundesverfassungsgericht an Typisierungen zu stellen pflegt, überblicksartig *Uwe Kischel*, in: BeckOK GG, Edition 15, 2012, Art. 3 Rn. 115–117.1; aus der Rechtsprechung stellvertretend BVerfGE 87, 234 (255: „Die Typisierung setzt allerdings voraus, daß die durch sie eintretenden Härten und Ungerechtigkeiten nur eine verhältnismäßig kleine Zahl von Personen betreffen und der Verstoß gegen den Gleichheitssatz nicht sehr intensiv ist.").

[547] So zu Art. 6 Abs. 1 GG BVerfGE 6, 55 (83); zu Art. 3 Abs. 2, Art. 6 Abs. 1 GG *Josef Isensee*, Die typisierende Verwaltung, 1976, S. 170; vergleiche auch ebd., S. 169 f., zum ganzen Zusammenhang.

[548] Vergleiche bereits Kapitel 3, II 4, wo eine Behandlung des Problems im Zusammenhang mit dem Ungleichbehandlungsbegriff diskutiert (und verworfen) wurde. Einschlägige Fälle aus verschiedenen Rechtsgebieten sind zusammengestellt bei

Gleichheit im Unrecht“ dient dann als schlagwortartige Begründung dafür, dass diesem Begehren nicht stattzugeben sei.

Es ist möglich, dieses Problem im Tatbestand der Gleichheitssätze auf der Stufe der Rechtfertigung zu behandeln. Man kann annehmen, dass ein tragfähiger Unterschied in der Rechtmäßigkeit oder Rechtswidrigkeit des der Ungleichbehandlung zugrunde liegenden Verhaltens des Verpflichteten liegen könne.[549] Ein tragfähiger Unterschied läge danach vor, wenn die Handlung in Bezug auf den Ungleichbehandelten rechtmäßig und ihr Unterlassen in Bezug auf die Vergleichsperson rechtswidrig ist oder umgekehrt. Ein Beispiel hierfür wäre

*Fall 20:* U und V sind Selbständige und erzielen im Jahre 01 das gleiche zu versteuernde Einkommen (§ 2 Abs. 5 S. 1 EStG). Aufgrund eines Versehens des Finanzamts ergeht an V kein Einkommensteuerbescheid für den Veranlagungszeitraum 01, wohl aber an U.

Das Finanzamt nimmt hier gegenüber U eine Handlung vor (Erlassung eines Einkommensteuerbescheids für den Veranlagungszeitraum 01), die es gegenüber V unterlässt, und behandelt U und V damit ungleich. Wollte man mit der genannten Konstruktion das Problem der „Gleichheit im Unrecht“ auf der Stufe der Rechtfertigung behandeln, so ergäbe sich ein diese Ungleichbehandlung tragender Unterschied aus der Rechtmäßigkeit der Handlung gegenüber U und der Rechtswidrigkeit des entsprechenden Unterlassens gegenüber V[550].

Die Einordnung auf der Stufe der Rechtfertigung ist neben derjenigen auf der Stufe des Ungleichbehandlungsbegriffs[551] eine weitere konstruktive Möglichkeit der Behandlung des Problems der „Gleichheit im Unrecht“. Wie diese engt sie freilich die Position des rechtmäßig Behandelten ein: Ihm kommt aus dem Gleichheitssatz dann – auch wenn er sonst subjektive Rechte vermittelt[552] – kein Recht zu, insbesondere nicht das Recht, eine rechtswidrige Begünstigung der Vergleichsperson anzugreifen. Will man dieses Interesse nicht als rechtlich nicht geschützten Neid

---

*Volkmar Götz*, in: FG aus Anlaß des 25jährigen Bestehens des Bundesverwaltungsgerichts, 1978, S. 245 (247–253).

[549] So *Ferdinand Kirchhof*, in: FS für Detlef Merten, 2007, S. 109 (116: „Sachlich legitimierender Grund für die Abweisung des späteren Antrags auf Subvention ist indessen stets das Argument, dass sie unter Verstoß gegen das Gesetz gewährt [...] würde.“). – Gleichheitsrechtswidrigkeit kann hierfür aber dann nicht genügen, wenn die jetzige Ungleichbehandlung der Erfüllung eines Gleichbehandlungsanspruchs wegen früherer Ungleichbehandlung dient, denn sonst wäre die Forderung des Gleichheitssatzes gar nicht erfüllbar.

[550] Vergleiche § 85 S. 1 AO.

[551] Dazu bereits Kapitel 3, II 4.

[552] Zu subjektiv berechtigenden und nicht berechtigenden Gleichheitssätzen noch unten Kapitel 4, IV 1.

ansehen, sondern es in den Wirkraum der Gleichheitssätze hineinnehmen,[553] so sollte diese Konstruktion (ebenfalls) nicht gewählt werden.

Überdies muss man im Auge behalten, dass unter dem Schlagwort der „Gleichheit im Unrecht" erörterte Fälle in der Regel im Bereich der gleichheitsrechtlichen Sekundärverpflichtung spielen, in denen eine erste Ungleichbehandlung bereits stattgefunden hat.[554] Bei der Erörterung derartiger Fälle geht es weniger um die Rechtfertigung dieser vorausgegangenen Ungleichbehandlung als vielmehr um die Frage, ob infolge der ersten Ungleichbehandlung eine Verpflichtung zur Erstreckung des rechtswidrigen Verhaltens auf den zunächst rechtmäßig Behandelten besteht. Dies spricht dafür, das Problem der „Gleichheit im Unrecht" dogmatisch erst bei der Betrachtung der Rechtsfolgen der Gleichheitssätze zu verorten, also im Rahmen der Frage, zu welchem Verhalten ein Gleichheitssatz nach Eintritt einer tatbestandsmäßigen Ungleichbehandlung verpflichtet. Hier ließe sich dann eine grundsätzlich bestehende Verpflichtung, soweit ihre Erfüllung im Einzelfall aus anderen Gründen rechtswidrig wäre, als rechtlich unmöglich ausscheiden.[555]

*(6) Unvergleichbarkeit?*

„Unvergleichbarkeit" des Ungleichbehandelten und der Vergleichsperson ist dagegen als solche schon kein Unterschied, weil damit keine unterschiedlichen Eigenschaften benannt, sondern nur vorausgesetzt werden. Mit „unvergleichbar" bezeichnet man keine dem Ungleichbehandelten und der Vergleichsperson anhaftenden Eigenschaften, sondern vielmehr das Ergebnis eines Wertungsvorgangs. Ein Gleichheitssatz mag der Ungleichbehandlung eines „unvergleichbaren" Vergleichspaares nicht entgegenstehen; dann ist dies aber ein Rechtsbegriff, dem ein tatsächlicher Umstand erst subsumiert werden muss.[556] Immerhin ist die „Unvergleichbarkeit" aber auf der Rechtfertigungsstufe am sinnvollsten verortet;[557] anders ausgedrückt: wo von „Unvergleichbarkeit" die Rede ist, geht es der Sache nach immer um Rechtfertigung.

Aus demselben Grunde ist auch der Topos der „Natur der Sache" für sich genommen nicht genügend, um die Tragfähigkeit eines Unterschie-

---

[553] Vergleiche in diesem Sinne die Nachweise in Fn. 311.

[554] Zur Unterscheidung gleichheitsrechtlicher Primär- und Sekundärverpflichtungen vergleiche unten Kapitel 4, I (insbesondere unter 1).

[555] Dazu unten Kapitel 4, III 3 a bb.

[556] So denn auch das Bundesverfassungsgericht, wenn es die Annahme der Unvergleichbarkeit begründet, siehe BVerfGE 6, 389 (422–432).

[557] Siehe Kapitel 3, I 3 b.

des zu begründen.[558] Er ergibt jedoch immerhin dann einen Sinn, wenn die der Ungleichbehandlung zugrundeliegende Handlung in Richtung auf den Rechtsträger, dem gegenüber sie unterlassen wurde, aus in dessen Person liegenden tatsächlichen Gründen nicht vorgenommen werden kann.[559] Wollte man dies als Rechtfertigung nicht genügen lassen, so wäre eine Gleichbehandlung infolge dieser tatsächlichen Unmöglichkeit nur noch in der Weise möglich, dass die Handlung auch gegenüber der anderen Person unterlassen würde. Hier liegt es nahe, die Gleichheitssätze dahingehend auszulegen, dass der Handlungsspielraum des Verpflichteten nicht eingeschränkt werden soll, wenn eine Handlung überhaupt nur nach einer Richtung hin möglich ist. Das sei verdeutlicht durch

*Fall 21:* Im Rahmen der freien Heilfürsorge werden einem weiblichen Soldaten bei einer Entbindung die Dienste einer Hebamme zur Verfügung gestellt. Ein männlicher Soldat erhält diese Leistung nicht.

Bei Zugrundelegung des Prädikates „gewährt (jemandem) eine Dienstleistung bei einer Entbindung“ bedeutet dies eine Ungleichbehandlung. Da die Tatbestandsvoraussetzung „bei einer Entbindung“ bei einem männlichen Soldaten niemals auftritt, kann diese Ungleichbehandlung nicht dadurch vermieden werden, dass die Handlung – Zurverfügungstellen der Hebammendienste – auch ihm gegenüber vorgenommen wird. Gleichbehandlung kann nur erreicht werden, indem weder der männliche noch der weibliche Soldat die Leistung erhält. – Hier erscheint Gleichbehandlung nicht als ein sinnvolles Ziel; die prinzipielle tatsächliche Unmöglichkeit in der Person des ungleich behandelten männlichen Soldaten sollte als tragfähiger Unterschied angesehen werden.

### *(7) Entsprechung zu einem „internen Zweck“?*

Das Eingriffsmodell der Gleichheitssätze unterscheidet zwischen Ungleichbehandlungen, die „internen“, und solchen, die „externen“ Zwecken[560] dienen; unter diesen sollen nur die letzteren einen „Eingriff in den Schutzbereich“ darstellen, die ersteren dagegen nicht tatbestands-

---

[558] Dafür aber *Hans Justus Rinck*, JZ 1963, 521, m. N. zur damaligen Diskussion des Konzepts einer „Natur der Sache“; siehe dazu auch *Paul Kirchhof*, in: HStR VIII, 3. Aufl., 2010, § 181 Rn. 193.

[559] Von „logischer Unvergleichbarkeit“ spricht insoweit *Michael Sachs*, in: Klaus Stern, Staatsrecht, Bd. IV/2, 2011, S. 1650 f.

[560] *Stefan Möckel*, DVBl 2003, 488 (492–494), verwendet hierfür den Begriff „Individualgerechtigkeit“.

mäßig sein. In der hier vorgenommenen Strukturierung des Tatbestands haben diese Überlegungen bei der Tragfähigkeit eines Unterschieds zwischen Gleichzubehandelndem und Vergleichsperson ihren Standort. Entspricht ein solcher Unterschied einem internen Zweck, so könnte er dem Eingriffsmodell zufolge die Ungleichbehandlung tragen; mit anderen Worten: die Möglichkeit der Zuordnung des Unterschieds zu einem internen Zweck wäre ein hinreichendes positives Kriterium für die Tragfähigkeit. Entspricht der Unterschied keinem internen Zweck, so verbliebe es nach dem Eingriffsmodell bei der Erforderlichkeit einer wertenden Entscheidung.[561]

Nicht ganz leicht abzugrenzen ist freilich, was ein „interner" Zweck in diesem Sinne ist und welche Unterschiede zwischen Gleichzubehandelndem und Vergleichsperson seiner Verfolgung entsprechen.[562] Ein „interner" Zweck soll vorliegen, wenn der Verpflichtete einem vorgefundenen Unterschied zwischen den beiden Rechnung tragen will,[563] es also „keinen äußeren Zweck, der sich von der Gerechtigkeit unterscheiden ließe", gibt.[564] Ein tragfähiger, weil einem „internen" Zweck entsprechender Unterschied soll etwa das verschiedene Maß der Schuld zweier Straftäter sein, die durch unterschiedliche Bestrafung ungleich behandelt werden, oder die verschiedene finanzielle Leistungsfähigkeit zweier Steuerpflichtiger, die durch unterschiedliche Besteuerung ungleich behandelt werden.[565] Der „interne" Charakter dieser Unterschiede soll sich jeweils daraus ergeben, dass ihre Berücksichtigung „gerecht"[566] und mangels Interessenkollision einer Abwägung nicht zugänglich sei.

Diese Abgrenzung vermag nicht zu überzeugen.[567] Abgesehen davon, dass von einem Gleichbehandlungsverpflichteten gewiss oftmals zugleich interne und externe Zwecke verfolgt werden,[568] muss in beiden Fällen bewertet werden, ob der angeführte Unterschied tragfähig ist. Gerade bei den beiden Beispielen – Schuld, Leistungsfähigkeit – handelt

[561] Dazu noch Kapitel 3, V 3 b cc.

[562] Ebenso *Uwe Kischel*, AöR 124 (1999), S. 174 (191 in Fn. 80).

[563] *Volker Epping*, Grundrechte, 4. Aufl., 2010, Rn. 787.

[564] *Stefan Huster*, Rechte und Ziele, 1993, S. 173 f.

[565] Die Beispiele bei *Stefan Huster*, Rechte und Ziele, 1993, S. 165.

[566] *Stefan Huster*, Rechte und Ziele, 1993, S. 173.

[567] Kritisch auch *Sigrid Boysen*, in: Ingo von Münch/Philip Kunig (Hg.), GG, Bd. 1, 6. Aufl., 2012, Art. 3 Rn. 59; *Brun-Otto Bryde/Ralf Kleindiek*, Jura 1999, 36, 38 f.; *Uwe Kischel*, AöR 124 (1999), S. 174 (191 in Fn. 80); *Wolfram Höfling*, NJW 1995, 2539.

[568] Siehe *Brun-Otto Bryde/Ralf Kleindiek*, Jura 1999, 36 (38); ähnlich auch *Magdalena Pöschl*, JBl 1997, 413 (419).

es sich um rechtlich geprägte Kategorien, die der Gesetzgeber nicht (nur) vorfindet, sondern wesentlich selbst schafft. Von internen Zwecken ist denn bei den Befürwortern des Eingriffsmodells der Sache nach dann die Rede, wenn die Ungleichbehandlung als innerhalb des Regelungszusammenhangs sachgerecht erscheint. Die anzuwendenden Rechtfertigungsanforderungen – Sachgerechtigkeit oder Verhältnismäßigkeit – von der Sachgerechtigkeit abhängig zu machen wäre aber ein Zirkelschluss.

#### *bb) Negative Kriterien für die Tragfähigkeit*

Sicher nicht fähig, eine Ungleichbehandlung zu tragen, ist ein Unterschied zwischen Gleichzubehandelndem und Vergleichsperson, dessen Anführung als zulässiger Grund durch eine andere Norm ausgeschlossen ist (dazu (1)) oder völlig sinn- und zwecklos wäre (dazu (2)). Tragfähigkeit scheidet auch aus für den Unterschied des bloßen zeitlichen Auseinanderliegens, solange der Verpflichtete einer Selbstbindung unterliegt (dazu (3)). Als negatives Kriterium ist systematisch auch „folgewidriges Vorgehen“ einzuordnen, wenn einem Gleichheitssatz ein entsprechendes Verbot entnommen wird (dazu (4)).

##### *(1) Ausschluss als zulässiger Grund durch eine (mindestens) gleichrangige Norm*

Als hinreichendes negatives Kriterium für die Tragfähigkeit eines Unterschieds lässt sich zunächst angeben, dass der Unterschied nicht durch eine andere, dem Gleichheitssatz (mindestens) gleichrangige Norm als zulässiger Grund ausgeschlossen sein darf.[569] Solche Normaussagen finden sich selten ausdrücklich; einigen Bestimmungen wird aber ein entsprechender Gehalt zugeschrieben: So soll etwa Art. 6 Abs. 1 GG es ausschließen, dass das Verheiratetsein als solches zur Rechtfertigung einer Ungleichbehandlung vor Art. 3 Abs. 1 GG herangezogen wird.[570]

In größerem Umfang lassen sich aber bestimmte Kataloggleichheitssätze zur Auslegung anderer Gleichheitssätze heranziehen und als Kata-

---

[569] Vergleiche *Christian Starck*, in: Hermann von Mangoldt/Friedrich Klein/Christian Starck (Hg.), GG, Bd. 1, 6. Aufl., 2010, Art. 3 Rn. 16 f.; *Werner Heun*, in: Horst Dreier (Hg.), GG, Bd. I, 2. Aufl., 2004, Art. 3 Rn. 124; *Michael Sachs*, HStR VIII, 3. Aufl., 2010, § 182 Rn. 153–161; siehe auch *Martin Heckel*, Gleichheit oder Privilegien?, 1993, S. 26.

[570] So *Peter Badura*, in: Theodor Maunz/Günter Dürig (Hg.), GG, 65. Lfg., 2012 (= Stand der Bearbeitung), Art. 6 Rn. 78. In der Rechtsprechung wird insofern freilich ein Art. 6 Abs. 1 GG entnommener „besonderer Gleichheitssatz“ angewandt, siehe BVerfGE 99, 216 (232).

loge ohne Weiteres nicht tragfähiger Unterschiede lesen, wenn nämlich Katalogeigenschaften bei dem Gleichzubehandelnden vorliegen und bei der Vergleichsperson nicht oder umgekehrt.[571] Herangezogen werden können für die so vorgehende systematische Auslegung vor allem diejenigen Kataloggleichheitssätze desselben Normgebers (also: jeweils innerhalb des Grundgesetzes, des Unionsprimärrechts usf.), die denselben Gleichzubehandelndenkreis und Verpflichtetenkreis aufweisen; diesen Zusammenhang kann man insofern als „materiale Gleichheitsentscheidung"[572] des Normgebers durch den herangezogenen Kataloggleichheitssatz verstehen. Auch vor dem Wahlrechtsgleichheitssatz des Art. 38 Abs. 1 S. 1 GG beispielsweise ließen sich so die Merkmale des Art. 3 Abs. 3 GG als nicht tragfähige Unterschiede ausscheiden.

Dies gilt freilich nur, soweit die Kataloggleichheitssätze nicht ausnahmsweise eine Anknüpfung zulassen. Diese Einschränkung ist notwendig, damit nicht der Tatbestand des (typischerweise schwächeren) anknüpfungsunabhängigen Gleichheitssatzes bejaht werden muss, wo der (typischerweise stärkere) Kataloggleichheitssatz einmal keine Geltung beansprucht.

Zu erinnern ist hier allerdings daran, dass die Einschlägigkeit eines derartigen negativen Kriteriums nur hinreichend ist, um dem gerade untersuchten Unterschied die Tragfähigkeit für die Ungleichbehandlung zu nehmen. Sie entfaltet aber keine Sperrwirkung. Nur weil ein Unterschied bezüglich einer Katalogeigenschaft besteht, kann doch ein anderer Unterschied die Ungleichbehandlung tragen.

*Fall 22:* Eine Gebühr wird von einer Frau erhoben, die eine Bibliothek benutzt, aber nicht von einem Mann, der dies nicht tut.

Hier bestehen zwei Unterschiede – Frau/Nicht-Frau und Benutzung/Nicht-Benutzung –, deren ersterer eine Katalogeigenschaft betrifft und bereits deshalb nicht tragfähig ist, während der letztere zur Rechtfertigung durchaus immer noch taugen kann.

---

[571] BVerfGE 3, 225 (240); *Kerstin Odendahl*, in: F. Sebastian M. Heselhaus/Carsten Nowak (Hg.), Handbuch der Europäischen Grundrechte, 2006, § 43 Rn. 29; vergleiche *Adalbert Podlech*, Gehalt und Funktionen des allgemeinen verfassungsrechtlichen Gleichheitssatzes, 1971, S. 91; ähnlich zu Art. 14 EMRK *Rudolf Bernhardt*, in: HGR VI/1, 2010, § 144 Rn. 47: insbesondere bei der Kategorie „Rasse" sei ein Spielraum kaum denkbar.

[572] *Hans Peter Ipsen*, in: Franz L. Neumann/Hans Carl Nipperdey/Ulrich Scheuner (Hg.), Die Grundrechte, Bd. 2, 1954, S. 111 (156).

*(2) Absolute Sinn- oder Zwecklosigkeit?*

Sofern eine solche absolute Zuschreibung überhaupt denkbar sein sollte, lässt sich ein Unterschied auch dann sofort, also unabhängig von der betrachteten Ungleichbehandlung, als nicht tragfähig ausscheiden, wenn er eine „völlig sinn- und zwecklose Differenzierung" bedeutete.[573] Zu denken wäre dabei wohl in erster Linie an Merkmale der in Art. 3 Abs. 3 GG, Art. 21 EUGRCh, Art. 26 S. 2 IPbürgR bezeichneten Art, von denen einige jedenfalls heute *keinerlei* sinnvolle Anknüpfung zu ermöglichen scheinen; zumindest einem derartigen Bezug zur Auffassung der Zeit ist aber wohl nicht auszuweichen. Und selbst ein Unterschied bezüglich eines Prädikats wie „benannte im Alter von vier Jahren blau als seine Lieblingsfarbe" mag nach psychologischen Erkenntnissen noch zur sinnvollen Anknüpfung einer Rechtsfolge taugen. Ein selbständiges Kriterium absoluter Sinn- oder Zwecklosigkeit scheint damit kaum möglich. Sinn- und Zwecklosigkeit lassen sich wohl nur bei Inbezugsetzung zu der jeweils betrachteten Ungleichbehandlung angemessen beurteilen.[574]

*(3) Zeitliches Auseinanderliegen ohne zwischenzeitliche (zulässige) Änderung der Verwaltungsübung („Selbstbindung der Verwaltung")*

Weiter oben wurde als ein tragfähiger Unterschied das zeitliche Auseinanderliegen der Tatbestandsverwirklichung durch den Ungleichbehandelten und der Tatbestandsverwirklichung durch die Vergleichsperson angeführt, wenn der Gleichbehandlungsverpflichtete zwischendurch in zulässiger Weise seine Übung ändert.[575] Spiegelbildlich hierzu lässt sich eine Fallgruppe *nicht* tragfähiger Unterschiede bilden, in denen das zeitliche Auseinanderliegen nicht von einer zulässigen Änderung der Übung begleitet wird. Hier führt die Verpflichtung aus einem Gleichheitssatz zu einer „Selbstbindung" des Verpflichteten.[576]

Der Verpflichtete verletzt den Gleichheitssatz, wenn er seine Übung ändert, *ohne* dass dies gerechtfertigt wäre. Kann dann der durch die in der Vergangenheit liegenden Handlungen hervorgerufene Zustand nicht mehr behoben werden, so folgt aus dem Gleichheitssatz eine Pflicht, den späteren Fall ebenso zu behandeln wie jeden früheren.[577] Diese ob-

---

[573] *Ernst-Werner Fuss*, JZ 1959, 329 (331).

[574] Dazu Kapitel 3, V 3 b cc (1).

[575] Siehe Kapitel 3, V 3 b aa (2).

[576] Zur „Selbstbindung" auch schon Kapitel 3, II 1 c ee; siehe insbesondere die Nachweise in Fn. 234.

[577] Zu diesem Gesichtspunkt der Rechtsfolgenseite vergleiche unten Kapitel 4, III 3 a.

jektivrechtliche Folge[578] ist nicht davon abhängig, ob ein etwaiges Ermessen des Verpflichteten (zumindest auch) dem privaten Interesse des Ungleichbehandelten zu dienen bestimmt ist.[579]

*(4) Systemwidrigkeit?*

Zur Verneinung der Tragfähigkeit eines Unterschieds kann es möglicherweise auch genügen, dass der Unterschied (beziehungsweise seine Beachtlicherklärung) sich nicht in ein von dem Gleichbehandlungsverpflichteten sonst verfolgtes „System" einfügt.[580] Dieses Kriterium der Systemwidrigkeit, mangelnden Folgerichtigkeit oder Inkonsequenz kommt dort zum Tragen, wo die Ungleichbehandlung durch eine abstrakt-generelle Regelung erfolgt und in einem komplexen Zusammenhang mit anderen Regelungen steht.[581] Für derartige Fälle wird jedenfalls der Gleichheitssatz des Art. 3 Abs. 1 GG dahingehend ausgelegt, dass Durchbrechungen einer „vom Gesetz selbst statuierten Sachgesetzlichkeit" die Unzulässigkeit der Unterscheidung indizierten, für sich genommen aber nicht zu einem Verstoß gegen den Gleichheitssatz führten.[582] Danach wären Unterschiede also nicht für tragfähig zu halten, wenn sie in dem sonst verfolgten System nicht angelegt wären und diese Indizwirkung nicht durch andere Gesichtspunkte aufgehoben wäre.

Die wesentliche Schwierigkeit einer solchen Auslegung von Gleichheitssätzen liegt darin, dass es nicht möglich ist, zu sagen, welche Regelungen das System ausmachen und welche am Maßstab der Folgerichtig-

[578] Zur subjektivrechtlichen Seite der Gleichheitssätze unten Kapitel 4, IV.

[579] Anders aber BVerwGE 45, 197 (199), zu Art. 3 Abs. 1 GG im Rahmen der Auswahlermessensausübung der Wehrersatzbehörde bei der Einberufung Wehrpflichtiger zum Grundwehrdienst. Die jüngere Entscheidung BVerwGE 79, 68 (71), trennt die verwaltungsrechtliche Ermessensfehlerfrage richtigerweise von der verfassungsrechtlichen Frage einer Verletzung des Art. 3 Abs. 1 GG; zu beiden *Jost Pietzcker*, JZ 1989, 305 (308 f.).

[580] Zu diesem „Kriterium der Sachgerechtheit" („ob der Gesetzgeber sich selbst treugeblieben") schon *Ernst-Werner Fuss*, JZ 1959, 329 (330); vorsichtig befürwortend auch *Gerhard Robbers*, DÖV 1988, 749 (755 f.), der den Gesichtspunkt schon „in der Gleichheitsidee" ansiedelt (ebd., S. 756).

[581] Zwischen Systemwidrigkeit und mangelnder Folgerichtigkeit unterscheidet begrifflich *Paul Kirchhof*, in: FS für Peter Lerche, 1993, S. 133 (142).

[582] Ständige Rechtsprechung, siehe BVerfGE 34, 103 (115); der Sache nach auch schon in der älteren Judikatur; vergleiche insoweit *Josef Isensee*, Die typisierende Verwaltung, 1976, S. 166 m. w. N., sowie *Michael Sachs*, in: Klaus Stern, Staatsrecht, Bd. IV/2, 2011, S. 1527–1529. Gleichsinnig zum österreichischen Recht *Magdalena Pöschl*, Gleichheit vor dem Gesetz, 2008, S. 188.

keit zu messen sind.[583] „Systemgerechtigkeit" eines Unterschieds lässt sich schon deshalb nicht als ein formales Kriterium für die Ablehnung seiner Tragfähigkeit gebrauchen.[584] Die Forderung nach Stimmigkeit ist möglicherweise sogar insgesamt besser bei der Rechtfertigung von Eingriffen in Freiheitsrechte aufgehoben.[585]

### *cc) Erforderlichkeit wertender Entscheidung*

Erfüllt der betrachtete Unterschied weder ein hinreichendes negatives noch ein hinreichendes positives Kriterium, so wird eine wertende Entscheidung darüber erforderlich, ob eine Verletzung des jeweiligen Gleichheitssatzes gerade deshalb verneint werden kann, weil der fragliche Unterschied besteht. Für diese wertende Entscheidung sind verschiedene Wertungsmaßstäbe denkbar, wie sie zu den vorgefundenen Gleichheitssätzen – namentlich in der Diskussion um die Tragweite des Art. 3 Abs. 1 GG[586] – auch vorgeschlagen wurden.

---

[583] So *Uwe Kischel*, AöR 124 (1999), S. 174 (210: „Jede Regelung eines Normkomplexes kann ebensogut zum Bestandteil des Systems wie zu dessen Durchbrechung erklärt werden."); *ders.*, in: BeckOK GG, Edition 15, 2012, Art. 3 Rn. 88; *Mehrdad Payandeh*, AöR 136 (2011), S. 578 (590); *Rainer Wernsmann*, in: Walter Hübschmann/Ernst Hepp/Armin Spitaler (Begr.), AO/FGO, 216. Lfg., 2012 (Stand der Bearbeitung: 203. Lfg., 2009), § 4 AO, Rn. 516–520; *Oliver Lepsius*, JZ 2009, 260 (260, 262 f.); *Philipp Dann*, Der Staat 49 (2010), S. 630 (630, 632–635, 637–640); zu den Grenzen eines Folgerichtigkeitsgebots auch *Rolf Eckhoff*, in: FS für Udo Steiner, 2009, S. 118 (122: „Ein Gesetzgeber, der systematische Zusammenhänge vermeidet und bisher vorhandene beseitigt, ist mit der Forderung nach Folgerichtigkeit kaum noch zu kontrollieren"). – Das Problem der „Systemgerechtigkeit" stellt sich in vergleichbarer Weise im europäischen Beihilfenrecht des Art. 107 AEUV, wo die Rechtsprechung für steuerrechtliche und sozialabgabenrechtliche Begünstigungen die Selektivität nur bejaht, wenn die Begünstigung nicht „durch die Natur oder den inneren Aufbau dieses Systems" (so EuGH, Rs. 173/73, Slg. 1974, 710, Tz. 33/35 – Italien ./. Kommission; Rs. C-148/04, Slg. 2005, I-11169, Tz. 51 – Unicredito Italiano) oder auch „durch das Wesen oder die allgemeinen Zwecke des Systems" (so EuGH, Rs. C-172/03, Slg. 2005, I-1648, Tz. 43 – Heiser) gerechtfertigt ist.

[584] So zu Art. 3 Abs. 1 GG eine starke Auffassung im Schrifttum; siehe nur *Christoph Gusy*, JuS 1982, 30 (35); *Franz-Joseph Peine*, Systemgerechtigkeit, 1985, S. 287–291; *Ingo von Münch*, Staatsrecht, Bd. 2, 5. Aufl., 2002, Rn. 576 („Mehr als ein Indiz kann der Gedanke der Systemgerechtigkeit/Systemwidrigkeit […] nicht sein."); *Werner Heun*, in: Horst Dreier (Hg.), GG, Bd. I, 2. Aufl., 2004, Art. 3 Rn. 36 („der Gedanke der Folgerichtigkeit […] gilt allenfalls nach Maßgabe des Willkürverbots und ist kein selbständiger Verfassungsgrundsatz"); *Mehrdad Payandeh*, AöR 136 (2011), S. 578 (611); zweifelnd auch *Christoph Möllers*, NJW 2005, 1973 (1978), der auf „Versteinerungstendenzen" des Kriteriums der Systemgerechtigkeit hinweist.

[585] Dafür jetzt *Mehrdad Payandeh*, AöR 136 (2011), S. 578 (610).

[586] Siehe Kapitel 3, V 2 a.

Welcher Wertungsmaßstab bei einem bestimmten Gleichheitssatz anzuwenden ist, muss ebenso methodengerecht im Wege der Auslegung ermittelt werden wie der sonstige dogmatische Überbau über diesem Gleichheitssatz. Soweit die Gleichheitssätze justitiabel sind, entsteht hier (wie auch sonst) eine maßgebliche Auslegung durch die letztinstanzlichen Gerichte, die das jeweilige Schrifttum meist prägt. Die „normative Ergänzung" eines Gleichheitssatzes „durch materiale Maßstabregelungen außerhalb seiner selbst"[587] ist keine Inkorporation im rechtstechnischen Sinne, sondern obliegt als Aufgabe dem Rechtsanwender, der den Gleichheitssatz auszulegen hat. Der den allgemeinen Gleichheitssätzen im Interesse ihrer näheren Inhaltsbestimmung zugeschriebene Verweis „auf die inhaltlichen Maßstäbe des gesamten ungeschriebenen und geschriebenen positiven Rechts"[588] ist nur als Anleitung zu verstehen, als Hinweis auf einen Vorrat von Wertungen der positiven Rechtssätze, woraus sich der Rechtsanwender bei der Auslegung bedienen kann (oder muss). Diese Maßstäbe sind in erster Linie in den für die systematische Auslegung in Frage kommenden gleichrangigen Normen selbst zu suchen.[589]

### *(1) Maßstab der Sachlichkeit*

Der überkommene Wertungsmaßstab für die Tragfähigkeit von Unterschieden im Hinblick auf die Gleichheitssätze besteht in dem Verbot willkürlicher, das heißt unsachlicher Ungleichbehandlung. Nach diesem Maßstab genügt es zur Rechtfertigung einer Ungleichbehandlung, wenn für diese irgendein sachlicher Grund vorgetragen werden kann. Die Tragfähigkeit des festgestellten Unterschieds ist hier also gleichbedeutend mit der Sachlichkeit seiner Anführung als Grund für die Ungleichbehandlung. Den Gegenstand dieser Sachlichkeitsprüfung bildet also nicht der Unterschied als solcher, sondern seine Anführung als Grund zum Zwecke der Rechtfertigung der Ungleichbehandlung durch den Verpflichteten. – Dieser Ausgangspunkt ist unabhängig davon, ob die Rechtfertigung voraussetzt, dass der Verpflichtete bei der Ungleichbehandlung *selbst* den Unterschied ins Feld geführt hat, oder ob die Gerichte befugt sind, tragfähige Unterschiede zu ermitteln. Wie diese Frage

---

[587] *Martin Heckel*, Gleichheit oder Privilegien?, 1993, S. 25.

[588] *Lothar Michael*, Der allgemeine Gleichheitssatz als Methodennorm komparativer Systeme, 1997, S. 244.

[589] *Christian Starck*, in: Hermann von Mangoldt/Friedrich Klein/Christian Starck (Hg.), GG, Bd. 1, 6. Aufl., 2010, Art. 3 Rn. 13–22; *Georg Müller*, VVDStRL 47 (1988), S. 37 (45–52) m. w. N.

beantwortet wird,[590] hat insofern weitreichende Folgen, als im ersten Falle bereits eine unzureichende Begründung die Rechtfertigung ausschließt („formeller“ Fehler), im zweiten Falle nur die fehlende Begründbarkeit („materieller“ Fehler).[591]

Überprüft wird im Rahmen dieses Wertungsmaßstabs die Sachlichkeit des Grundes. Das bloße Bestehen irgendeines Unterschiedes, der als Grund angeführt werden kann, genügt dementsprechend in keinem Falle, denn irgendeine Motivation dürfte der Verpflichtete, der zwei Fälle ungleich behandelt, immer haben (und irgendein Unterschied besteht auch immer, weil sonst Identität und damit keine Ungleichbehandlung vorliegt[592]). Schon die frühe Rechtsprechung des Bundesverfassungsgerichts mit ihrem weiten Maßstab hat sich zu den Gleichheitssätzen des Grundgesetzes deshalb stets die Prüfung vorbehalten, ob ein Grund auch sachlich sei.[593] Nichts anderes gilt für Art. 14 EMRK.[594]

Sachlichkeit ist freilich kein wertungsfreier Begriff, sondern nur ein Ausdruck dafür, dass der Spielraum des Gleichbehandlungsverpflichteten für Ungleichbehandlungen im Geltungsbereich eines bloßen Sachlichkeitsmaßstabs besonders weit sein soll. Wie weit dieser Spielraum im Einzelfalle bleibt, hängt allerdings von der Handhabung desjenigen ab, der den Maßstab letztlich anwendet. Entsprechend lässt sich auch die „Neue Formel“ des Bundesverfassungsgerichts zu Art. 3 Abs. 1 GG letztlich verstehen: als ein Verlangen nach einem höheren Grad an Sachlichkeit und damit als eine engere Bestimmung des Spielraums des Verpflichteten.[595] Die in bestimmten Fällen angenommene „Bindung an Ver-

---

[590] Vergleiche einerseits *Rainer Wernsmann*, NVwZ 2000, 1360, andererseits *Wolfram Cremer*, NVwZ 2004, 668; auch *Rainer Wernsmann*, in: Walter Hübschmann/Ernst Hepp/Armin Spitaler (Begr.), AO/FGO, 216. Lfg., 2012 (Stand der Bearbeitung: 203. Lfg., 2009), § 4 AO, Rn. 457.

[591] Vergleiche *Uwe Kischel*, Die Begründung, 2003, S. 96–99.

[592] Siehe Kapitel 3, V 3 a (bei Fn. 508).

[593] Siehe die Nachweise in Fn. 444.

[594] Vergleiche *Rudolf Bernhardt*, in: HGR VI/1, 2010, § 144 Rn. 41 f.

[595] Ähnlich *Matthias Jestaedt*, Grundrechtsentfaltung im Gesetz, 1999, S. 253 in Fn. 188, der anregt, den strengeren Maßstab des Bundesverfassungsgerichts als Kombination „aus den – stets identischen – Anforderungen des grundrechtlichen Willkürverbotes und sonstigen, tendenziell strengeren freiheitsgrundrechtlichen Maßstäben“ zu deuten; auch *Christian Starck*, in: Hermann von Mangoldt/Friedrich Klein/Christian Starck (Hg.), GG, Bd. 1, 6. Aufl., 2010, Art. 3 Rn. 11, der (mit Blick auf die Bindung des Gesetzgebers an Art. 3 Abs. 1 GG) ausführt, wenn Freiheits- oder Justizgrundrechte im Spiel seien, müssten sich die gesetzlichen Regelungen ohnehin am Maßstab des Verhältnismäßigkeitsprinzips rechtfertigen lassen – dafür brauche man die Dogmatik des allgemeinen Gleichheitssatzes nicht umzubauen –; wenn hingegen solche Rechte oder sonstige verfassungsrechtliche Vorgaben – als

hältnismäßigkeitserfordernisse"[596] stellt sich dementsprechend nicht als ein den Sachlichkeitsmaßstab ersetzender Verhältnismäßigkeitsmaßstab,[597] sondern als eine Verfeinerung des Sachlichkeitsmaßstabs ohne grundlegenden Systemwechsel dar.[598]

Der Sachlichkeitsmaßstab wird selten abstrakt weiter konkretisiert. Ein Versuch in diese Richtung geht etwa dahin, für Art. 3 Abs. 1 GG unter Aufnahme der Gesichtspunkte der Systemgerechtigkeit und Folgerichtigkeit ein vierstufiges Prüfungsschema aufzustellen.[599] Dieser Versuch begegnet allerdings den Schwierigkeiten, die für die Systemgerechtigkeit bereits oben aufgezeigt wurden.[600]

### *(2) Maßstab der Verhältnismäßigkeit*

Ein anderer Wertungsmaßstab liegt in Anlehnung an die Dogmatik der Freiheitsrechte im Grundsatz der Verhältnismäßigkeit. Dieser Maßstab wird heute im Schrifttum für Art. 3 Abs. 1 GG und die anderen individualrechtlichen Gleichheitssätze des Grundgesetzes befürwortet[601] und

---

Beispiel hierfür nennt er institutionelle Garantien – nicht berührt seien, sei „der Gesetzgeber erheblich freier, ein politisch erlaubtes Ziel (z. B. Förderung) durch Differenzierungen zu verfolgen".

[596] So die ständige Rechtsprechung seit BVerfGE 88, 87 (96).

[597] In diese Richtung deuten denn auch nur wenige, als Ausnahmeerscheinungen zu bewertende Formulierungen, siehe BVerfGE 118, 79 (100: „Die [...] Voraussetzungen für eine strikte Bindung des Gesetzgebers an das Verhältnismäßigkeits*prinzip* liegen [...] nicht vor" [Hervorhebung nur hier]); dazu wie hier *Marion Albers*, JuS 2008, 945 (948 f.: nur „missverständlich").

[598] Die Gemeinsamkeit betonen auch *Jörn Ipsen*, Staatsrecht II, 15. Aufl., 2012, Rn. 808; *Marion Albers*, JuS 2008, 945 (948 f.); *Brun-Otto Bryde/Ralf Kleindiek*, Jura 1999, 36 (44); *Wolfgang Rüfner*, in: Rudolf Dolzer u. a. (Hg.), Bonner Kommentar zum GG, 157. Lfg., 2012 (Stand der Bearbeitung: 67. Lfg., 1992), Art. 3 Rn. 28, und *Stefan Huster*, Rechte und Ziele, 1993, S. 194.

[599] *Paul Kirchhof*, NJW 1987, 2354 (2355 f.).

[600] Siehe Kapitel 3, V 3 b bb (4).

[601] *Bodo Pieroth/Bernhard Schlink*, Grundrechte, 27. Aufl., 2011, Rn. 472–479; *Reinhold Zippelius/Thomas Würtenberger*, Deutsches Staatsrecht, 32. Aufl., 2008, § 23 Rn. 19–26; *Friedhelm Hufen*, Staatsrecht II, 2. Aufl., 2009, § 39 Rn. 16; *Philip Kunig*, in: FS für Jürgen Prölss, 2009, S. 143 (149); *Christoph Brüning*, JZ 2001, 669 (673); *Peter Martini*, Art. 3 Abs. 1 GG als Prinzip absoluter Rechtsgleichheit, 1997, S. 266–272; *Stefan Huster*, Rechte und Ziele, 1993, S. 240, 242 f., 470; eingeschränkt *Gerhard Robbers*, DÖV 1988, 749 (752); *Volker Epping*, Grundrechte, 4. Aufl., 2010, Rn. 804–814; *Lothar Michael/Martin Morlok*, Grundrechte, 3. Aufl., 2012, Rn. 799–806; ablehnend dagegen *Jörn Ipsen*, Staatsrecht II, 15. Aufl., 2012, Rn. 813–821; *Werner Heun*, in: Horst Dreier (Hg.), GG, Bd. I, 2. Aufl., 2004, Art. 3 Rn. 26–30 m. w. N. – Vereinzelt geblieben ist offenbar BVerfGE 18, 121 (125), wo im Vorbeigehen von der „Erforderlichkeit und Verhältnismäßigkeit" einer Ungleichbehandlung gesprochen wurde.

gilt – sofern die Schranken-Schranke des Art. 52 Abs. 1 S. 2 EUGRCh auch auf die unionsrechtlichen Gleichheitsgrundrechte anwendbar sein sollte – auch für Art. 20, 21 EUGRCh. Soweit dagegen zu Art. 14 EMRK von Verhältnismäßigkeit gesprochen wird,[602] verbirgt sich dahinter jedenfalls in der Rechtsprechung nicht der aus der deutschen Verfassungsrechtsprechung bekannte dreistufige Maßstab[603]. Im Bereich der staatsrechtlichen Gleichheitssätze ist die Anwendung eines Verhältnismäßigkeitsmaßstabs bislang offenbar nicht vorgeschlagen worden.

(a) Grundlagen

Der Verhältnismäßigkeitsmaßstab dient in der Dogmatik der Freiheitsrechte, woraus er übernommen wurde,[604] der Überprüfung einer in ein Freiheitsrecht eingreifenden Maßnahme daraufhin, ob sie zur Förderung eines ihr gesetzten, zunächst auf seine Legitimität hin zu untersuchenden Zwecks überhaupt geeignet ist, ob dem Verpflichteten nicht weniger eingriffsintensive Handlungsalternativen gleicher Geeignetheit zu Gebote stünden („Erforderlichkeit") und ob die Schwere des Eingriff nicht außer Verhältnis zum Gewicht des zu erreichenden Zwecks steht („Angemessenheit"); dieser Prüfungsfolge ist die ursprüngliche Herkunft des Verhältnismäßigkeitsmaßstabs aus dem Polizeirecht deutlich anzusehen.[605]

Inwieweit der so entwickelte Verhältnismäßigkeitsmaßstab auf die Gleichheitssätze überhaupt sinnvoll übertragen werden kann, ist durchaus fraglich. So erfordert die von ihm vorausgesetzte Angemessenheitsprüfung, also die Güterabwägung zwischen dem Gleichbehandlungsinteresse auf der einen und dem mit der Ungleichbehandlung verfolgten Zweck[606] auf der anderen Seite eine Beurteilung der „Schwere" der Un-

[602] Siehe Kapitel 3, V 2 d.

[603] Hierzu und zu der Frage, ob dieser Maßstab tatsächlich dreistufig oder nicht vielmehr vier- oder gar fünfstufig gebildet werden sollte, siehe nur *Detlef Merten*, in: HGR III, 2009, § 68 Rn. 52.

[604] Die Verortung des Verhältnismäßigkeitsprinzips ist auch dort freilich eher unklar; manche haben ihn früher auch aus einem allgemeinen Gleichheitssatz ableiten wollen, wie wohl *Hans Peter Ipsen*, AöR 78 (1952/1953), S. 284 (314 in Fn. 46), zu verstehen ist; dagegen schon *Peter Lerche*, Übermaß und Verfassungsrecht, 2. Aufl., 1999, S. 29 f. In Österreich wird der Verhältnismäßigkeitsgrundsatz dagegen tatsächlich auf den allgemeinen Gleichheitssatz zurückgeführt, vergleiche *Magdalena Pöschl*, JBl 1997, 413 (413).

[605] Siehe nur *Detlef Merten*, in: HGR III, 2009, § 68 Rn. 6–11 m. N.

[606] Will man dem Eingriffsmodell folgen, so verbleiben an dieser Stelle nur noch „externe" Zwecke; siehe bereits Kapitel 3, V 3 b aa (7), und *Stefan Huster*, Rechte

gleichbehandlung; jedoch stellen weder der Zweck der Ungleichbehandlung (wenn er nicht mit dem Zweck ihrer Handlungsseite identifiziert werden soll) noch die Schwere der Ungleichbehandlung (wenn sie nicht mit der Schwere ihrer Handlungsseite identifiziert werden soll) gut fassbare Kategorien dar.

Bei einer gleichheitsrechtlichen Rechtfertigungsprüfung steht die Tragfähigkeit eines aufgefundenen Unterschieds zwischen dem Ungleichbehandelten und einer Vergleichsperson im Vordergrund – das gilt nach der hier vorgeschlagenen Vorgehensweise ebenso wie nach der herkömmlichen Bestimmung der Ungleichbehandlung, die an dieser Stelle die Tragfähigkeit der früher festgestellten *differentia (specifica)* zu beurteilen hat. Der festgestellte Unterschied muss, damit der Verhältnismäßigkeitsmaßstab in seiner von den Freiheitsrechten übernommenen Gestalt angewandt werden könne, zunächst zu einem Zweck in Beziehung gesetzt werden, den der Gleichbehandlungsverpflichtete verfolgt.[607] Der verfolgte Zweck muss im Hinblick auf den betrachteten Gleichheitssatz ein legitimer, bezüglich der Gleichheitssätze des Grundgesetzes also ein verfassungsmäßiger Zweck sein. Wird mit einer Ungleichbehandlung kein legitimer Zweck verfolgt, so gilt die Ungleichbehandlung als unsachlich und willkürlich; sie verstieße dann auch bereits gegen das Willkürverbot als den großzügigeren Rechtfertigungsmaßstab.[608] Verfassungsmäßige Zwecke, die zur Rechtfertigung von Ungleichbehandlungen vor den Gleichheitssätzen des Grundgesetzes herangezogen werden können, sind insbesondere die – inzwischen weitgehend erfüllten – Verfassungsaufträge aus Art. 6 Abs. 4, 5 GG.[609] Aber auch andere Zwecke,

und Ziele, 1993, S. 182 f. Dagegen übernimmt *Volker Epping*, Grundrechte, 4. Aufl., 2010, Rn. 813 f., zwar die Unterscheidung „interner" und „externer" Zwecke, hält aber hinsichtlich beider eine Verhältnismäßigkeits-, namentlich Angemessenheitsprüfung für möglich.

[607] Siehe *Christoph Gusy*, JuS 1982, 30 (34). Hier stellt sich wiederum auch die Frage nach der Bestimmung des vom Verpflichteten verfolgten Zwecks. Die damit verbundene Schwierigkeit der Feststellung eines Willens ist aber die gleiche wie bei der Rechtfertigungsprüfung im Rahmen der Freiheitsrechte und wird deshalb nicht weiter vertieft. – Es handelt sich hierbei um ein verfassungsdogmatisches, nicht rechtstheoretisches Problem; für eine rechtstheoretische Auseinandersetzung mit konstruierten und fingierten Staatswillen vergleiche *Hans Kelsen*, Hauptprobleme der Staatsrechtslehre, 1911, S. 162–188 = HKW 2, 2008, S. 21 (272–300).

[608] Nicht von ungefähr lesen sich Formulierungen zur freiheitsrechtlichen Legitimitäts- ähnlich solchen zur gleichheitsrechtlichen Sachlichkeitsprüfung, etwa in BVerfGE 30, 292 (316: ein Verpflichteter „muß den Eingriff in das Grundrecht mit sachgerechten und vernünftigen Erwägungen des Gemeinwohls begründen können und darf seine Rechtsetzungsmacht nicht zu sachfremden Zwecken mißbrauchen").

[609] Siehe BVerfGE 58, 377, worin es als mit Art. 3 Abs. 1 GG vereinbar angesehen

deren Verfolgung das Grundgesetz nicht ausdrücklich verbietet, sollen verfassungsmäßig sein.[610] Im Hinblick auf den gefundenen Zweck muss die Ungleichbehandlung ein geeignetes, erforderliches und angemessenes Mittel darstellen.

(b) Verhältnismäßigkeit der Ungleichbehandlung als solcher

Will man Ernst machen mit der spezifisch gleichheitsrechtlichen Verhältnismäßigkeitsprüfung, dann muss ihr Bezugspunkt gerade die Ungleichbehandlung sein und nicht nur deren Handlungsseite.[611] Die Ungleichbehandlung als solche müsste also zu einem Zwecke geeignet, erforderlich und angemessen sein.

Im Hinblick auf die Geeignetheit kommt es darauf an, zu zeigen, dass gerade die unterschiedliche Behandlung des Ungleichbehandelten und der Vergleichsperson (und nicht nur die Behandlung des einen, die gegebenenfalls freiheitsrechtlich überprüft wird) den Zweck fördere.[612] Wird etwa die Setzung eines Verhaltensanreizes bezweckt, so ist die Ungleichbehandlung hierfür geeignet, wenn ihr die Inaussichtstellung einer positiven oder negativen Sanktion für eine bestimmte Verhaltensweise zugrundeliegt.[613]

*Beispiel:* Dem Zwecke, die Bevölkerung zum Unterlassen schädlicher Handlungen anzureizen, dient die Androhung eines Übels nur gegenüber Schädigern und nicht gegenüber anderen Personen. Dem Zwecke dienten dagegen nicht die beiden denk-

---

wurde, dass ein Vater nur seinen unehelichen Kindern einen vorzeitigen Erbausgleich schuldete, weil der Staat zugunsten dieser Gruppe nach Art. 6 Abs. 5 GG besonders tätig werden müsse.

[610] So wurde etwa in BVerfGE 6, 132 (217 f.) aus Art. 33 Abs. 5 GG der Verfassungsbelang der „Integrität der staatlichen Verwaltung" entnommen, um den Ausschluss früherer Gestapo-Beamter von der Wiedereinstellung nach dem G 131 zu rechtfertigen.

[611] In diesem Sinne formuliert etwa *Philip Kunig*, in: FS für Jürgen Prölss, 2009, S. 143 (149); ähnlich BVerfGE 18, 121 (125), wo die Feststellung, eine Differenzierung genüge den „Grundsätze[n] der Erforderlichkeit und Verhältnismäßigkeit", aber nicht von einer schulmäßigen Verhältnismäßigkeitsprüfung gefolgt wird.

[612] Vergleiche *Peter Martini*, Art. 3 Abs. 1 GG als Prinzip absoluter Rechtsgleichheit, 1997, S. 268 f. – Nach *Lothar Michael/Martin Morlok*, Grundrechte, 3. Aufl., 2012, Rn. 801, soll diese Geeignetheitsprüfung der Willkürprüfung (dazu bereits Kapitel 3, V 3 b cc (1)) entsprechen.

[613] Die Möglichkeit solcher Anreizzwecke übersieht *Christoph Brüning*, JZ 2001, 669 (670 f.), indem er unterstellt, dass es dem Verpflichteten immer bloß um das gehe, was hier die Handlungsseite der Ungleichbehandlung genannt wird (S. 670: „auch wenn der Staat scheinbar ausdrücklich eine Ungleichbehandlung intendiert, ist sie doch nur das Resultat der unmittelbar eine von zwei evidenten Vergleichsgruppen treffenden Belastung oder Begünstigung, auf die es tatsächlich ankommt").

baren Varianten der Gleichbehandlung: die Androhung eines Übels gegenüber jedermann oder der gänzliche Verzicht auf die Androhung des Übels.

In entsprechender Weise lässt sich die Geeignetheit einer Ungleichbehandlung auch begründen, wenn der verfolgte Zweck in der besonderen Förderung der Vergleichsperson gerade gegenüber dem Ungleichbehandelten liegt.[614] Umgekehrt ist die Ungleichbehandlung für einen Zweck sicher ungeeignet, wenn sie gerade bewirkt, dass der Zweck *nicht* erreicht werden kann.[615]

Im Rahmen der Geeignetheitsprüfung ist zu untersuchen, ob eine Förderung des Zwecks gerade aus der Ungleichbehandlung als solcher folgt, ob diese also wirklich ein Mehr an Zweckerreichung erwarten lässt als eine Gleichbehandlung im Hinblick auf dasselbe Prädikat. Hierin liegt ein grundlegender Unterschied zur Geeignetheitsprüfung nur der Handlungsseite einer Ungleichbehandlung. Dort ist nämlich zu fragen, ob die Vornahme dieser Handlung ein Mehr an Zweckerreichung zu erwarten lässt als ihre Unterlassung (ohne dass in diesen Vergleich die Unterlassungsseite der Ungleichbehandlung einbezogen würde).[616] Ungleichbehandlungen nur dann zuzulassen, wenn ihre Unterlassung insgesamt ein Mehr an Zweckerreichung erwarten lässt, führt jedoch mitunter zu fragwürdigen Ergebnissen, weil dann möglicherweise von Gleichheitsrechts wegen erhebliche zusätzliche Freiheitsrechtsbeeinträchtigungen hinzunehmen wären wie in folgendem *ad absurdum* führenden

*Beispiel:* Dem Zwecke, schädliche Handlungen zu verhindern, diente die (gleich behandelnde) Einsperrung der gesamten Bevölkerung mindestens ebenso sehr wie die (ungleich behandelnde) Einsperrung von Personen mit einem Hang (im Sinne des § 66 StGB) zu erheblichen Straftaten. Hier ist es ausgeschlossen, dass der präventive Zweck besser durch die ungleich behandelnde Maßnahme erreicht würde, weil schädliche Handlungen von Spontantätern durch die Einsperrung von Hangtätern nicht verhindert werden könnten. Die Ungleichbehandlung ist zur Förderung des genannten Zwecks deshalb nicht geeignet.

Für die nachstehenden Überlegungen zu den weiteren Prüfungsstufen der Verhältnismäßigkeit sei eine Ungleichbehandlung unterstellt, die zur Förderung des betrachteten Zwecks geeignet ist.

---

[614] So das BVerfGE 85, 238, entnommene Beispiel für eine Geeignetheitsprüfung bei *Bodo Pieroth/Bernhard Schlink*, Grundrechte, 27. Aufl., 2011, Rn. 476: Dem gesetzgeberischen Ziel, der Allgemeinheit die Taxen als kontrahierungspflichtiges Verkehrsmittel für den Individualverkehr zur Verfügung zu stellen, diene es auch, Taxenunternehmen bestimmte Vergünstigungen einzuräumen.

[615] So richtig *Marion Albers*, JuS 2008, 945 (947).

[616] Dazu noch Kapitel 3, V 3 b cc (2) (c).

Soll, bezogen auf die Ungleichbehandlung als solche, nun die Erforderlichkeit geprüft werden, stellt sich die Frage, wann eine Maßnahme „milder" wäre als eine Ungleichbehandlung, wie also ein Schwerevergleich unter Einbeziehung von Ungleichbehandlungen überhaupt möglich ist. Die Möglichkeit einer Erforderlichkeitsprüfung setzt voraus, dass unterschiedliche Schweregrade von Ungleichbehandlungen überhaupt festgestellt werden können.[617] Wäre die Handlungsseite allein der Bezugspunkt, so wäre die Schwere ebenso – und ebenso gut – zu ermitteln wie die Eingriffsintensität bei den Freiheitsrechten, bei einer Belastung des Ungleichbehandelten also etwa durch das Maß einer auferlegten Strafe, bei einer Begünstigung der Vergleichsperson durch deren Umfang. Soll aber die Ungleichbehandlung selbst Bezugspunkt einer Verhältnismäßigkeitsprüfung sein, so bedarf es besonderer Kriterien für die Ermittlung der Schwere der Ungleichbehandlung, andernfalls gelingt schon der für die Erforderlichkeitsstufe notwendige Schwerevergleich nicht.[618]

Als Kriterien für die Schwere einer Ungleichbehandlung als solcher werden genannt: (1) Ähnlichkeit einer Eigenschaft, woran angeknüpft wird, mit einer Katalogeigenschaft eines ranggleichen Gleichheitssatzes, (2) Beeinflussbarkeit einer Eigenschaft, woran angeknüpft wird, durch den Ungleichbehandelten, (3) Beeinträchtigung von Freiheitsrechten in ihrer Wirksamkeit und (4) mangelnde Folgerichtigkeit.[619] Speziell für den Fall einer Begünstigung der Vergleichsperson soll der Vergleich bezogen werden auf (5) die Belastung des Staates durch die Maßnahme,[620]

---

[617] Siehe nur *Reinhold Zippelius/Thomas Würtenberger*, Deutsches Staatsrecht, 32. Aufl., 2008, § 23 Rn. 22, die von „geringfügigeren" Ungleichbehandlungen sprechen, und *Michael Sachs*, in: Klaus Stern, Staatsrecht, Bd. IV/2, 2011, S. 1569, der „weniger weit von den Anforderungen des Gleichheitssatzes entfernte" Lösungen suchen will.

[618] So denn auch in der Tat *Lothar Michael/Martin Morlok*, Grundrechte, 3. Aufl., 2012, Rn. 802; ähnlich *Werner Heun*, in: Horst Dreier (Hg.), GG, Bd. I, 2. Aufl., 2004, Art. 3 Rn. 30; vergleiche *Ekkehart Stein*, in: Erhard Denninger u. a. (Hg.), Alternativkommentar zum GG, 3. Aufl., 2. Lfg., 2002 (Stand der Bearbeitung: Grundwerk, 2001), Art. 3 Abs. 1 Rn. 36, 42.

[619] *Volker Epping*, Grundrechte, 4. Aufl., 2010, Rn. 811 (zur Prüfungsstufe der Angemessenheit) m. N. aus der Rechtsprechung des Bundesverfassungsgerichts, wo diese Kriterien im Rahmen der „Neuen Formel" herangezogen wurden. – Einen anderen Ansatz wählt *Magdalena Pöschl*, JBl 1997, 413 (428 [Hervorhebung im Original]): „Je stärker die Rechtsfolgen sich voneinander unterscheiden, desto gravierender ist eine *Ungleichbehandlung* idR"; sodann stellt sie aber doch auf die Handlungsseite ab: „Die Ungleichbehandlung ist naturgemäß gravierender, wenn das Verbot ein absolutes ist" (ebd., S. 429).

[620] Umkehrung dessen ist der wirtschaftliche Umfang der dem Ungleichbehandel-

(6) den Grad der Erreichung des Förderungszwecks und (7) die Mildheit und Schonung der Behandlung der nicht geförderten Personengruppe.[621] Spätestens bei Punkt 7 stellt sich das eben aufgeworfene Problem des Schwerevergleichs freilich in voller Schärfe erneut.

Ähnliche Kriterien müssten für die Prüfungsstufe der Angemessenheit gebildet werden, soll diese auf eine Ungleichbehandlung als solche bezogen werden. Auch insoweit ist nämlich die Feststellung der Schwere der Ungleichbehandlung notwendig, da diese mit dem Gewicht der bezweckten Wirkung verglichen werden muss.[622] Für die Feststellung der Angemessenheit ließen sich immerhin die Faustregeln aufstellen, dass im Bereich staatlicher Leistungen mehr Spielraum bestehe als im Bereich staatlicher Eingriffe[623] und dass bei den sachlich begrenzten Gleichheitssätzen sowie den Kataloggleichheitssätzen – jeweils im Interesse einer interpretatorischen Berücksichtigung ihrer Heraushebung aus den sachlich unbegrenzten beziehungsweise den anknüpfungsunabhängigen Gleichheitssätzen (systematische Auslegung) – für die Angemessenheit ein besonders gewichtiger gegenläufiger Belang erforderlich sei. So wird etwa der Wahlrechtsgleichheit nach Art. 28 Abs. 1 S. 2, Art. 38

---

ten entgangenen Begünstigung; solcherart prüft BVerfGE 63, 119 (130 f.), ob die dort betrachtete Ungleichbehandlung hinsichtlich der Höhe einer Sozialversicherungsleistung „nicht sehr intensiv" ist.

[621] *Bodo Pieroth/Bernhard Schlink*, Grundrechte, 27. Aufl., 2011, Rn. 475.

[622] *Lothar Michael/Martin Morlok*, Grundrechte, 3. Aufl., 2012, Rn. 803, sprechen treffend vom „Grad der Ungleichbehandlung" gegenüber dem „Grad der Ungleichheit".

[623] Siehe zu Art. 3 Abs. 1 GG etwa BVerfGE 11, 50 (60); 82, 126 (146); *Werner Heun*, in: Horst Dreier (Hg.), GG, Bd. I, 2. Aufl., 2004, Art. 3 Rn. 37; *Christoph Kannengießer*, in: Bruno Schmidt-Bleibtreu/Franz Klein/Hans Hofmann/Axel Hopfauf (Hg.), GG, 12. Aufl., 2011, Art. 3 Rn. 20; *Christoph Brüning*, JZ 2001, 669 (673); *Hans D. Jarass*, in: Hans D. Jarass/Bodo Pieroth, GG, 12. Aufl., 2012, Art. 3 Rn. 11, 21a; *Ingo von Münch*, Staatsrecht, Bd. 2, 5. Aufl., 2002, Rn. 579; *Otto Model/Klaus Müller*, Grundgesetz für die Bundesrepublik Deutschland, 11. Aufl., 1996, Art. 3 Rn. 6; *Theodor Schramm*, Staatsrecht, Bd. II, 4. Aufl., 1988, S. 120; im Hinblick auf Typisierungen auch *Josef Isensee*, Die typisierende Verwaltung, 1976, S. 168; zu Art. 14 EMRK *Rudolf Bernhardt*, in: HGR VI/1, 2010, § 144 Rn. 49; a. A. *Ekkehart Stein/Götz Frank*, Staatsrecht, 21. Aufl., 2010, S. 406; *Cornelia Paehlke-Gärtner*, in: Dieter C. Umbach/Thomas Clemens (Hg.), GG, Bd. I, 2002, Art. 3 I Rn. 107. – Allein mit den Begriffen Begünstigung/Belastung kann aber kein Maßstab gewonnen werden, weil in der Leistungs- ebenso wie in der Eingriffsverwaltung die Belastung des einen als Begünstigung des anderen verstanden werden kann und umgekehrt (so richtig *Uwe Kischel*, in: BeckOK GG, Edition 15, 2012, Art. 3 Rn. 57 f.) und außerdem Maßnahmen vorkommen, die gleichermaßen begünstigen und belasten (siehe Kapitel 3, III 2).

Abs. 1 S. 1 GG[624] ein „formaler Charakter" zugeschrieben[625] und eine Ungleichbehandlung deshalb nur als angemessen erachtet, soweit sie mit dem vom Gesetzgeber gewählten Wahlsystem notwendig einhergeht[626] oder für die Funktionsfähigkeit des Parlaments erforderlich ist[627].

Es erscheint damit nur dann möglich, den Verhältnismäßigkeitsmaßstab auf die Ungleichbehandlung als solche zu beziehen, wenn besondere, gleichheitsspezifische Kriterien für die Ermittlung der Schwere einer Ungleichbehandlung als solcher gefunden werden können. Damit entfernt sich die gleichheitsrechtliche Verhältnismäßigkeitsprüfung jedoch nicht unerheblich von der freiheitsrechtlichen, und es stellt sich die Frage, ob deren Muster wirklich insgesamt übernommen werden muss.[628]

(c) Verhältnismäßigkeit der Handlungsseite der Ungleichbehandlung

Bezöge man den Verhältnismäßigkeitsmaßstab dagegen nicht auf die Ungleichbehandlung, sondern nur auf deren Handlungsseite, so hätte die Verhältnismäßigkeitsprüfung weitgehend denselben Inhalt, den sie auch bei einer freiheitsrechtlichen Prüfung derselben Handlung hätte.[629] Ein Unterschied zwischen Freiheits- und Gleichheitsrecht bestünde inhaltlich noch dort, wo die fragliche Handlung nicht zugleich in ein Freiheitsrecht eingreift. Sorgt man über ein Tatbestandsmerkmal der Nachteiligkeit der Ungleichbehandlung dafür, dass eine Handlung in Richtung auf den Ungleichbehandelten nur dann eine tatbestandliche Ungleichbehandlung ergeben kann, wenn sie diesen belastet,[630] so kommt die gleichheitsrechtliche Verhältnismäßigkeitsprüfung damit lediglich in den Fällen zum Tragen, in denen die Handlungsseite der Ungleichbe-

---

[624] Ständige Rechtsprechung, siehe BVerfGE 16, 130 (138 f.); 41, 399 (413 f.); 95, 335 (353); vergleiche dazu *Siegfried Magiera,* in: Michael Sachs (Hg.), GG, 6. Aufl., 2012, Art. 38 Rn. 90–96.

[625] BVerfGE 13, 243 (246).

[626] So zum Null-Erfolgswert der im Wahlkreis nicht auf den Sieger entfallenden Stimmen bei einem Mehrheitswahlrecht BVerfGE 16, 130 (138 f.); 95, 335 (353); verfassungswidrig war demgegenüber ein „negatives Stimmgewicht", siehe BVerfGE 121, 266, und erneut BVerfG, Urteil vom 25. Juli 2012, 2 BvF 3/11, Rn. 84–97.

[627] So zu Sperrklauseln schon BVerfGE 1, 208 (252).

[628] Für Modifikationen gegenüber der freiheitsrechtlichen Verhältnismäßigkeitsprüfung denn auch etwa *Volker Epping,* Grundrechte, 4. Aufl., 2010, Rn. 804–814; *Lothar Michael/Martin Morlok*, Grundrechte, 3. Aufl., 2012, Rn. 799–806.

[629] Nach *Marion Albers*, JuS 2008, 945 (947), passt die Erforderlichkeitsprüfung nur in dieser Fallgestaltung; es soll dann aber außer der Erforderlichkeit der Handlungsseite („keine weniger belastenden Maßnahmen") auch die Erforderlichkeit der Ungleichbehandlung als solcher („keine weniger belastende Form der Differenzierung") geprüft werden.

[630] Siehe Kapitel 3, III 1.

handlung in einer Begünstigung der Vergleichsperson besteht. Die Gleichheitssätze hätten dann nur noch die spezifische Funktion, Begünstigungen Dritter einer Überprüfung auf Zwecklegitimität, Geeignetheit, Erforderlichkeit und Angemessenheit zu unterwerfen. Dies wiederum stünde in einem Spannungsverhältnis zu der eben wiedergegebenen, weithin anerkannten Faustregel, dass im Bereich staatlicher Leistungen gerade vergleichsweise viel Spielraum der Verpflichteten bestehe[631].

Selbst wenn man dem gleichheitsrechtlichen Verhältnismäßigkeitsmaßstab einen eigenen Anwendungsbereich bei Belastungen des Ungleichbehandelten belassen möchte – etwa weil man Belastungen (Eingriffe in ein Freiheitsrecht) für möglich hält, die nur wegen ihrer ungleich behandelnden Durchführung unangemessen erscheinen –, so bliebe unerklärlich, wieso diese Besonderheit gerade im Wege der Verhältnismäßigkeitsprüfung berücksichtigt werden müsste. Gefordert wäre insoweit vielmehr ein zusätzlicher, gleichheitsspezifischer Maßstab. Die Anwendung des Verhältnismäßigkeitsmaßstabs brächte hier zwar eine möglicherweise als Vorteil empfundene Annäherung an die (herrschende) Dogmatik der Freiheitsrechte, aber keinen sachlichen Mehrwert, was entscheidend sein sollte.

#### (d) Zwischenergebnis

Die Anwendung des von den Freiheitsrechten übernommenen dreistufigen Verhältnismäßigkeitsmaßstabs führt also weder dann, wenn die Ungleichbehandlung als solche, noch dann, wenn deren Handlungsseite allein zum Bezugspunkt genommen wird, zu überzeugenden Ergebnissen. Es spricht deshalb einiges dafür, dass sich mit der Übertragung des Verhältnismäßigkeitsmaßstabs auf Gleichheitssätze kein Rationalitätsgewinn erzielen lässt.[632] Im Hinblick auf die Gleichheitssätze des Grundgesetzes tut das Bundesverfassungsgericht dementsprechend gut daran, trotz des Bekenntnisses zu „Verhältnismäßigkeitsanforderungen" keine eigentliche Verhältnismäßigkeitsprüfung vorzunehmen.

---

[631] Siehe oben bei und in Fn. 623.

[632] Ebenso schon *Peter Lerche*, Übermaß und Verfassungsrecht, 2. Aufl., 1999, S. 29–31; *Georg Müller*, VVDStRL 47 (1988), S. 37 (40 f.); aus dem jüngeren Schrifttum etwa *Jörn Ipsen*, Staatsrecht II, 15. Aufl., 2012, Rn. 821 („dogmatischer Irrweg"); *Christian Starck*, in: Hermann von Mangoldt/Friedrich Klein/Christian Starck (Hg.), GG, Bd. 1, 6. Aufl., 2010, Art. 3 Rn. 11; ähnlich auch *Marion Albers*, JuS 2008, 945 (948 f.).

*(3) Kombinationsmaßstäbe*

Die Auslegung eines Gleichheitssatzes kann auch ergeben, dass der nicht zu vermeidenden wertenden Entscheidung ein Maßstab zugrunde zu legen ist, der je nach Art der betrachteten Ungleichbehandlung entweder den Sachlichkeitsmaßstab oder den Verhältnismäßigkeitsmaßstab zur Anwendung vorsieht oder der beide Maßstäbe zugleich heranzieht. Als einen solchen Kombinationsmaßstab kann man etwa die „Neue Formel" des Bundesverfassungsgerichts zu Art. 3 Abs. 1 GG ansehen, wenn man sie nicht – wie es hier vertreten wird[633] – bloß für eine Verfeinerung des Sachlichkeitsmaßstabs hält. Dagegen verlangt das Eingriffsmodell der Gleichheitssätze in den Fällen, die es überhaupt noch einer wertenden Entscheidung zuführen will, einheitlich die Anwendung des Maßstabs der Verhältnismäßigkeit, stellt also keinen Kombinationsmaßstab in diesem Sinne dar.[634] Ein beide Maßstäbe häufender Kombinationsmaßstab gilt bei Art. 14 EMRK, wenn diese Bestimmung so zu verstehen ist, dass zur Rechtfertigung einer Ungleichbehandlung sowohl eine sachliche Begründung vorhanden sein als auch die Ungleichbehandlung ihrem Zwecke verhältnismäßig sein muss.[635]

## VI. Zusammenfassung

Die Untersuchung hat ergeben, dass nur zwei Prüfungspunkte bei jedem Gleichheitssatz zu beobachten sind: einerseits der persönliche Anwendungsbereich hinsichtlich des Verpflichteten, des Gleichzubehandelnden und einer Vergleichsperson (oben I), andererseits das Vorliegen oder Drohen einer Ungleichbehandlung (oben II). Da ein persönlicher Anwendungsbereich bei jeder Norm bezeichnet werden kann, erscheint allein das Tatbestandsmerkmal der Ungleichbehandlung als dasjenige, was die Gleichheitssätze ausmacht.

Als Ungleichbehandlung wurde es hier bezeichnet, wenn der Verpflichtete ein transitives handlungsbezogenes Prädikat in Bezug auf den Gleichzubehandelnden verwirklicht und er dasselbe Prädikat nicht zugleich auch in Bezug auf eine Vergleichsperson verwirklicht.[636] Diese sehr weite Begriffsbestimmung verzichtet auf die entbehrliche Voraussetzung eines gemeinsamen Oberbegriffs von Gleichzubehandelndem

[633] Siehe Kapitel 3, V 3 b cc (1).
[634] Siehe Kapitel 3, V 3 b aa (7).
[635] Statt aller *Rudolf Bernhardt*, in: HGR VI/1, 2010, § 144 Rn. 41.
[636] Kapitel 3, II 1 b aa.

und Vergleichsperson. Sie wurde überdies gewählt, um alle wertenden Elemente des Tatbestandes auf einer späteren Prüfungsstufe zu vereinen; „Vergleichbarkeit“ oder „wesentliche Gleichheit“ werden damit eindeutig als Fragen einer etwaigen Rechtfertigung eingeordnet.[637] Dieses Verständnis der Ungleichbehandlung bietet sich für alle Gleichheitssätze an, die eine entsprechende Auslegung zulassen.

Die weiteren beschriebenen Punkte – Nachteiligkeit (oben III), verbotene Anknüpfung (oben IV), Fehlen einer Rechtfertigung (oben V) – sind demgegenüber unselbständig. Sie beziehen sich stets gegenständlich auf die Ungleichbehandlung und qualifizieren diese in so unterschiedlicher Weise, dass in ihnen keine allgemeinen Eigenschaften der Gleichheitssätze, sondern nur typische Elemente ihres Baus zu sehen sind. Typischerweise sind Gleichheitssätze dahingehend zu verstehen, dass sie nur nachteiligen Ungleichbehandlungen entgegenstehen, das heißt Belastungen verbieten, die den Gleichzubehandelnden treffen und (mindestens) eine Vergleichsperson nicht, und Begünstigungen verbieten, die (mindestens) einer Vergleichsperson zuteil werden und dem Gleichzubehandelnden nicht. Einige Gleichheitssätze setzen voraus, dass die Ungleichbehandlung an eine bestimmte Eigenschaft – hier „Katalogeigenschaft“ genannt – anknüpft; diese Gestalt weisen die oft als „Diskriminierungsverbote“ bezeichneten Gleichheitssätze auf, die hier technischer anknüpfungsabhängige Gleichheitssätze oder Kataloggleichheitssätze genannt wurden. Die Annahme einer Rechtfertigungsmöglichkeit ist bei der Auslegung der meisten Gleichheitssätze geboten, schon um sie angesichts der Weite des (hiesigen wie des herkömmlichen) Ungleichbehandlungsbegriffs praktisch handhabbar zu machen. Im Rahmen der Rechtfertigungsprüfung stellen sich die entscheidenden gleichheitsrechtlichen Wertungsfragen. Hier wurden einige Kriterien besprochen, mit denen einige Fälle von Ungleichbehandlungen innerhalb der Rechtfertigungsprüfung schon einer formalen Lösung zugeführt werden könnten.[638] Bei der Untersuchung der verbleibenden Wertungsfragen hat sich gezeigt, dass eine Übertragung der Verhältnismäßigkeitsprüfung von den Freiheitsrechten in die Dogmatik der Gleichheitssätze zu Problemen führt und keinen sachlichen Mehrwert erwarten lässt.[639]

[637] Kapitel 3, I 3 b.
[638] Kapitel 3, V 3 b aa und bb.
[639] Kapitel 3, V 3 b cc (2).

## VII. Neue Begriffsbestimmung „Gleichheitssatz“

Diese Beobachtungen geben Anlass dazu, die vorne vorläufig gegebene Begriffsbestimmung des Gleichheitssatzes, wie angekündigt,[640] genauer zu fassen. Nicht die Anordnung der Gleichheit oder Gleichbehandlung, sondern das Verbot der Ungleichbehandlung – das in sachlicher wie in persönlicher Hinsicht unbeschränkt oder beschränkt ausgesprochen sein kann – steht im Mittelpunkt. Dies gilt sowohl für die sich aus der hier vorgenommenen Zergliederung ergebende als auch für die herkömmlicherweise angewandte Prüfungsfolge. So liegt es nahe, diese Gemeinsamkeit zum Ausgangspunkt zu nehmen und unter einem Gleichheitssatz schon begrifflich nur eine solche Norm zu verstehen, die – gegebenenfalls unter Hinzutreten weiterer Voraussetzungen – bestimmte Ungleichbehandlungen in dem oben eingeführten Sinne verbietet.

Unter Einbeziehung der oben gegebenen Begriffsbestimmung der Ungleichbehandlung[641] lässt sich dann definieren:

*Gleichheitssatz ist eine Norm, die es jemandem (dem Verpflichteten) verbietet, ein transitives handlungsbezogenes Prädikat in Bezug auf eine bestimmte Person (den Gleichzubehandelnden) zu verwirklichen und dasselbe Prädikat nicht zugleich auch in Bezug auf eine andere bestimmte Person (die Vergleichsperson) zu verwirklichen.*

Unter Ersetzung der prädikatenlogischen Begrifflichkeit kann einfacher formuliert werden, jedoch nur mit dem Vorbehalt, dass der Ausdruck „Verhalten“ darin so genau bestimmt werden muss, wie es das „transitive handlungsbezogene Prädikat“ ermöglicht:

*Gleichheitssatz ist eine Norm, die es jemandem (dem Verpflichteten) verbietet, ein Verhalten in Bezug auf eine bestimmte Person (den Gleichzubehandelnden) und nicht zugleich auch in Bezug auf eine andere bestimmte Person (die Vergleichsperson) zu zeigen.*

[640] Kapitel 1, I.
[641] Siehe Kapitel 3, II 1 b aa.

# Kapitel 4

# Rechtsfolgen der Gleichheitssätze

Nach dem Vorstehenden sind Gleichheitssätze Normen, die bestimmte Ungleichbehandlungen verbieten. Wenn der Tatbestand eines Gleichheitssatzes erfüllt ist, also eine (gegebenenfalls: nachteilige, an eine Katalogeigenschaft anknüpfende, nicht gerechtfertigte) Ungleichbehandlung droht oder schon vorliegt, so bedarf die Rechtsfolgenseite näherer Betrachtung: Was genau folgt daraus, dass die Ungleichbehandlung „verboten" ist?[642]

Zur Beantwortung dieser Frage wird zunächst die (logisch vorrangige[643]) objektivrechtliche Seite derartiger Verbote in den Blick genommen (dazu I–III) und erst anschließend die sich daraus möglicherweise ergebende subjektive Berechtigung (dazu IV).[644]

---

[642] Diese Trennung auch bei *Bernd Grzeszick*, Rechte und Ansprüche, 2002, S. 423, wo sie als Unterscheidung zwischen Verletzungstatbestand und „haftungsrechtlichen Folgen" erscheint.

[643] Siehe nur *Hans Kelsen*, Hauptprobleme der Staatsrechtslehre, 1911, S. 620 = HKW 2, 2008, S. 21 (779). Einschränkend *Arno Scherzberg*, DVBl 1988, 129 (130), der allerdings offenbar davon ausgeht, ein subjektives Recht sei auf dieser Grundlage notwendig „auf den Reflex des ‚Nicht-Verbotenseins' reduziert"; siehe hierzu noch Kapitel 4, IV 1 a.

[644] Für diese Unterscheidung bei den Grundrechten des Grundgesetzes *Josef Isensee*, in: HStR IX, 3. Aufl., 2011, § 191 Rn. 144 f. Einen vergleichbaren Ansatz verfolgen etwa *Ralf Poscher*, Grundrechte als Abwehrrechte, 2003, S. 112 f., 156–158, und *Jürgen Schwabe*, Probleme der Grundrechtsdogmatik, 2. Aufl., 1997, S. 13. Speziell für Gleichheitsrechte hält die Betonung der Pflichtseite für naheliegend *Niklas Luhmann*, Grundrechte als Institution, 1965, S. 163, 165 (der freilich der dogmatischen Herleitung subjektiver Rechte aus Gleichheitssätzen überhaupt skeptisch begegnet, siehe ebd., S. 167).

## I. Primäre Unterlassungs- und sekundäre Beseitigungsverpflichtung

Ein Gleichheitssatz wirkt unterschiedlich, je nachdem, ob die tatbestandsmäßige Ungleichbehandlung (nur von ihr soll im Folgenden die Rede sein) erst noch droht oder bereits verwirklicht ist.[645] Im Falle der drohenden, aber noch nicht verwirklichten Ungleichbehandlung gibt er dem Verpflichteten auf, diese zu unterlassen. Im Falle der schon verwirklichten Ungleichbehandlung gebietet er dem Verpflichteten, diese zu beseitigen. Nicht zufällig entspricht diese Alternativität der Struktur der privatrechtlichen Pflichten zunächst zur Unterlassung von Störungen und dann, nach Eintritt einer Störung, zu deren Beseitigung[646] – als Beispiel genannt seien die beiden Sätze des § 1004 Abs. 1 BGB, der weiträumig, auch auf dem Gebiete des öffentlichen Rechts, analog angewandt wird.[647]

Die zunächst bestehende Unterlassungspflicht soll hier als Primärverpflichtung, die später entstehende Beseitigungspflicht als Sekundärverpflichtung bezeichnet werden. Diese Begriffsbildung lehnt sich an die für das Privatrecht entwickelte, aber auch darüber hinaus verwendete[648] Unterscheidung primärer und sekundärer Pflichten aus dem Schuldverhältnis an. Denn dessen eigentlicher Zweck liegt genauso wie bei den Gleichheitssätzen darin, die Erfüllung der Primärverpflichtung zu sichern – bei Unterlassungspflichten also das Ausbleiben des verbotenen Verhaltens. Die Sekundärverpflichtung soll nur in dem unerwünschten Falle einer „Störung" der Primärverpflichtung eingreifen und hierfür vorsorgen, indem von vornherein ein Korrekturmechanismus bereitge-

[645] Zur Gegenüberstellung von Unterlassungs- und Beseitigungsverpflichtungen aus subjektivrechtlichem Betrachtungswinkel vergleiche *Josef Isensee*, in: HStR IX, 3. Aufl., 2011, § 191 Rn. 145; *Michael Sachs*, in: HGR II, 2006, § 39 Rn. 38–52.

[646] Ebenso denn auch das Verständnis von *Michael Grünberger*, Personale Gleichheit, 2011, § 7 I 1, für den dort vorausgesetzten privatrechtlichen Gleichbehandlungsanspruch.

[647] Es handelt sich dabei um eine in Privatrechtsgesetzen öfter anzutreffende Regelungstechnik, siehe nur etwa § 12 BGB, § 21 Abs. 1 AGG, § 33 Abs. 1 S. 1 GWB, § 8 Abs. 1 S. 1 UWG, § 97 Abs. 1 S. 1 UrhG, § 42 Abs. 1 S. 1 GeschmMG. Die Stufenfolge von Störungsvorfeld (= Gefahr) und Störung findet sich natürlich auch im Ordnungsrecht; sie tritt dort, anders als im Privatrecht, aber nicht unmittelbar in der Form von Unterlassungs- und Beseitigungspflichten auf.

[648] Man denke an das Recht der verwaltungsrechtlichen Schuldverhältnisse; vergleiche dazu nur *Elke Gurlit*, in: Hans-Uwe Erichsen/Dirk Ehlers (Hg.), Allgemeines Verwaltungsrecht, 14. Aufl., 2010, §§ 33–35, und *Heinrich de Wall*, Die Anwendbarkeit privatrechtlicher Vorschriften im Verwaltungsrecht, 1999, S. 40 und passim.

stellt wird. Vergleichbar ist im öffentlichen Rechte das Verhältnis zwischen den (primären) Amtspflichten der Hoheitsträger und der ebenfalls nur für „Störungsfälle", nämlich Amtspflichtverletzungen, vorgesehenen (sekundären) Amtshaftung.

## *1. Umschlagen der Primär- in die Sekundärverpflichtung*

Nur die Sekundärverpflichtung kommt noch in Betracht, sobald einmal eine Ungleichbehandlung eingetreten ist. Dies kann nach der hier vorgeschlagenen Begriffsbestimmung bereits zu einem frühen Zeitpunkt der Fall sein. Hierzu soll ein Fallbeispiel mit Ergänzungen betrachtet werden:

*Fall 23:* Die deutsche Gemeinde G plant, wie alljährlich im Dezember 2012 einen Weihnachtsmarkt zu veranstalten, und fordert Gewerbetreibende auf, sich bis zum 31. Januar 2012 für Standplätze zu bewerben. A beantragt am 29. Dezember 2011, B am 11. Januar 2012 einen Standplatz auf dem Weihnachtsmarkt.

G trifft in dieser Lage die Primärverpflichtung, bei der Vergabe der verfügbaren Standplätze eine Ungleichbehandlung von A und B zu unterlassen.

*Fall 24 (Fortsetzung zu Fall 23):* Am 13. Januar 2012 teilt G dem A einen Standplatz zu; über den Antrag des B ist noch nicht entschieden.

Mit der Zuteilung des Standplatzes zeigt G ein bestimmtes Verhalten in Bezug auf A. Solange dem B nicht ebenfalls ein Standplatz zugeteilt wird, liegt damit eine Ungleichbehandlung vor.[649] Ob über den Antrag des B schon entschieden wurde oder ob eine stattgebende Entscheidung noch möglich ist, ist für das Vorliegen einer Ungleichbehandlung nicht entscheidend. Diese Ungleichbehandlung ist freilich während der üblichen Bearbeitungs- und Entscheidungszeit vor den in Betracht kommenden Gleichheitssätzen der Art. 3 Abs. 1 GG, Art. 56 Abs. 1 AEUV

[649] Die durch das Wort „solange" angedeutete Möglichkeit, die Ungleichbehandlung noch zu heilen, besteht nur dann, wenn das transitive, handlungsbezogene Prädikat (das „Verhalten") nicht zeitbezogen gewählt wird. Wählt man das Prädikat „weist (jemandem) einen Standplatz zu", so kann die Ungleichbehandlung beseitigt werden – entweder, indem dem A sein Standplatz wieder entzogen wird, oder indem dem B ein Standplatz zugewiesen wird. Wählt man hingegen das zeitbezogene Prädikat „weist (jemandem) am 13. Januar 2012 einen Standplatz zu", so kann die Ungleichbehandlung nach dem Ablauf dieses Tages nicht mehr beseitigt werden (man könnte hier höchstens an eine Beseitigung mittels rückwirkender Entziehung [des dem A zugewiesenen Standplatzes] oder rückwirkender Zuweisung [eines Standplatzes an B] denken, was hier nicht weiter verfolgt werden soll; vergleiche [zur Auslegungsbedürftigkeit „rückwirkender" Anordnungen] *Henning Tappe*, Das Haushaltsgesetz als Zeitgesetz, 2008, S. 25 f.).

sicher gerechtfertigt, also nicht tatbestandsmäßig, so dass aus ihr so lange noch keine Sekundärverpflichtung folgt.

Ist die Ungleichbehandlung dagegen ungerechtfertigt, so trifft den Gleichheitsverpflichteten bereits jetzt die Pflicht, die rechtswidrige Lage abzustellen:

*Fall 25 (Fortsetzung zu Fall 23):* G verweigert B den Standplatz deshalb, weil dieser Katholik sei.

In diesem Falle hat G die genannte Ungleichbehandlung an das religiöse Bekenntnis des Gleichzubehandelnden geknüpft. Die Ungleichbehandlung löst deshalb jedenfalls die Sekundärverpflichtung des Gleichheitssatzes des Art. 3 Abs. 3 S. 1 GG aus.

Ein weiteres Fallbeispiel soll zeigen, wie Primär- und Sekundärverpflichtungen hinsichtlich verschiedener Ungleichbehandlungen einander überlagern können.

*Fall 26:* Die deutsche Behörde H hält in einem Vermerk fest, für eine ausgeschriebene Beamtenstelle werde B ausgewählt, weil er Katholik sei. B solle in zwei Monaten ernannt werden. Hiervon solle der einzige Mitbewerber A nächste Woche schriftlich unterrichtet werden.

Sofern A hiervon vorab Kenntnis bekäme, könnte er, bezogen auf das geplante Schreiben, eine bevorstehende Verletzung der gleichheitsrechtlichen Primärverpflichtung geltend machen.[650]

*Fall 27 (Fortsetzung zu Fall 26):* Die Behörde schickt das Schreiben an A, und es geht ihm zu.

Bezüglich des Schreibens ist nun der Primärbereich verlassen und der Sekundärbereich betreten worden. Die entsprechende Sekundärverpflichtung geht dahin, dass entweder auch B ein entsprechendes Schreiben erhalte oder dass das an A gerichtete aufgehoben werde.[651] Anders verhält es sich mit der als nächstes vorgesehenen Ernennung. In Bezug auf diese befindet man sich hier nämlich noch im Primärbereich, denn insoweit hat die Behörde noch nicht gehandelt: Sie hat noch niemanden ernannt. Es besteht also noch immer die Primärverpflichtung, entweder beide Bewerber oder keinen der beiden zu ernennen. A kann natürlich (und so wird es in der Praxis auch geschehen) das Schreiben der Behörde zum Anlass nehmen, diese nun ersichtlich gefährdete Primärver-

[650] Gerichtlicher Rechtsschutz würde ihm *de lege lata* insofern wohl durch § 44a VwGO versperrt.

[651] Die Geltendmachung dieser Sekundärverpflichtung dürfte *de lege lata* ebenfalls durch § 44a VwGO versperrt sein.

pflichtung mittels einer einstweiligen Anordnung nach § 123 Abs. 1 S. 1 VwGO sichern zu lassen.

### 2. *Exkurs: Abgrenzung der Gleichbehandlungspflichten von den Ansprüchen auf fehlerfreie Ermessensausübung*

Aus der Unterscheidung von Primär- und Sekundärverpflichtungen erhellt auch die Abgrenzung der (individualrechtlichen) Gleichheitssätze zum „Anspruch auf fehlerfreie Ermessensausübung" des Verwaltungsrechts[652]. Während die sich aus Gleichheitssätzen primär ergebende Unterlassungspflicht erst auf der Sekundärebene in eine Verpflichtung zu einem Tätigwerden umschlagen kann,[653] richtet sich dort der Anspruch von vornherein auf ein Tätigwerden, nämlich auf die Ausübung des Ermessens. Dies zeigt erneut, dass zwischen den Ermessensausübungsansprüchen und den Gleichheitssätzen sorgfältig unterschieden werden muss.[654] Von einer „Verstärkung" eines aus anderen Normen herrührenden Ermessensausübungsanspruchs durch einen Gleichheitssatz sollte deshalb nicht gesprochen werden.[655]

### 3. *Gang der Darstellung*

Die einzelnen Inhalte der Primär- (dazu II) und der Sekundärverpflichtung (dazu III) sollen im Folgenden herausgearbeitet werden. Im Anschluss an die Betrachtung dieser objektivrechtlichen Verpflichtungsinhalte sind dann die aus ihnen im Falle der meisten Gleichheitssätze folgenden subjektiven Rechte (Ansprüche) der Gleichzubehandelnden oder Dritter und ihre Geltendmachung näher zu betrachten (dazu IV).

---

[652] Zu dessen verfassungsrechtlicher Grundlegung vergleiche BVerfGE 27, 297 (307).

[653] Auch wenn die auf Unterlassung gerichtete Primärverpflichtung ihrerseits bereits durch ein positives Tun – nämlich einem dem Gleichzubehandelnden und der Vergleichsperson gegenüber einheitlichen Tun – erfüllt werden kann. Zu dieser Verwickelung noch ausführlich Kapitel 4, II 1.

[654] So bereits *Hans-Uwe Erichsen*, VerwArch 64 (1973), S. 299 (304), gegen BVerwGE 39, 235; *Michael Hoffmann-Becking*, DVBl 1970, 850 (857); heute etwa *Michael Sachs*, in: Paul Stelkens/Heinz Joachim Bonk/Michael Sachs (Hg.), VwVfG, 7. Aufl., 2008, § 40 Rn. 143. Nicht ganz klar BVerfGE 116, 1 (12): Ermessensausübungsanspruch, weil materielle Bewerberinteressen durch Art. 3 Abs. 1 GG (!) geschützt seien; richtig differenzierend dagegen beispielsweise BVerwGE 79, 68 (71). – Der „Ermessensmissbrauch" als Fehler bei der Ermessensausübung korrespondiert aber hinsichtlich des Prüfungsmaßstabs nach *Gerhard Leibholz*, Die Gleichheit vor dem Gesetz, 2. Aufl., 1959, S. 33, dem Verstoß gegen den Gleichheitssatz.

[655] So aber viele, etwa *Lerke Osterloh*, in: Michael Sachs (Hg.), GG, 6. Aufl., 2011, Art. 3 Rn. 53.

## II. Inhalt der primären Unterlassungsverpflichtung

Die Primärverpflichtung des Gleichheitsverpflichteten ist auf die Unterlassung einer Ungleichbehandlung gerichtet und entspricht insoweit dem Abwehrgehalt der Freiheitsrechte.

Rechtstatsächlich wird diese Unterlassungspflicht namentlich dann bedeutsam, wenn – etwa im Wege des vorläufigen Rechtsschutzes – die in der Begünstigung eines Konkurrenten, etwa einer beamtenrechtlichen Ernennung oder einer Auftragsvergabe liegende Ungleichbehandlung noch verhindert werden kann und soll.

*Fall 28:* Bei der Behörde H ist eine Planstelle für einen Beamten zu besetzen. Auf die Ausschreibung bewerben sich A und B.

H ist in dieser Lage verpflichtet, bei der Auswahlentscheidung eine (tatbestandsmäßige) Ungleichbehandlung von A und B zu unterlassen.

Die Primärverpflichtung weist insofern eine alternative Struktur auf, als sie grundsätzlich zwei Erfüllungsalternativen kennt (dazu 1). Besonderheiten ergeben sich, wenn Erfüllungsalternativen wegfallen (dazu 2).

### *1. Alternativstruktur der Primärverpflichtung*

Eine Ungleichbehandlung ist nach der oben eingeführten Definition ein aus zwei Verhaltensteilen zusammengesetzter Begriff. Sie ist gegeben, wenn der Verpflichtete ein bestimmtes Verhalten *v* (Tun oder Unterlassen) in Bezug auf den Gleichzubehandelnden zeigt (erster Verhaltensteil), in Bezug auf eine Vergleichsperson dagegen nicht (zweiter Verhaltensteil: Nicht-*v*).[656]

Besteht der erste Verhaltensteil in einem Tun, so setzt die Ungleichbehandlung in Bezug auf die Vergleichsperson als zweiten Verhaltensteil das entsprechende Unterlassen (Nicht-Tun) voraus, besteht der erste Verhaltensteil in einem Unterlassen, so als zweiten das entsprechende Tun (Nicht-Unterlassen). Von diesem Unterlassen als erstem oder zweitem Verhaltensteil muss das Unterlassen der Ungleichbehandlung als ganzer geschieden werden. Nur auf Letzteres richtet sich die Primärverpflichtung der Gleichheitssätze.

Eine Ungleichbehandlung insgesamt zu unterlassen ist auf zwei Arten möglich: Der Verpflichtete kann entweder das fragliche Verhalten sowohl in Bezug auf den Gleichzubehandelnden als auch auf die Ver-

---

[656] Wortwahl im Anschluss an die zweite Fassung der Begriffsbestimmung oben in Kapitel 3, VII (S. 151). „Ein Verhalten zeigen" ist also zu lesen als „ein handlungsbezogenes Prädikat verwirklichen".

gleichsperson zeigen oder aber von diesem Verhalten sowohl in Bezug auf den Gleichzubehandelnden als auch auf die Vergleichsperson absehen. Insofern kann von einer „Alternativstruktur" der Primärverpflichtung gesprochen werden.[657]

Die beiden Arten, die Primärverpflichtung zu erfüllen, stehen einander im Hinblick auf den Gleichheitssatz wertungsmäßig gleich. Dem Verpflichteten steht die Wahl zwischen ihnen frei. Einen Begriff des allgemeinen Schuldrechts heranziehend, kann man von einer „Wahlschuld" des Verpflichteten sprechen.[658] Dieser Gesichtspunkt ist gemeint, wenn im Schrifttum von dem Gleichheitssatz als einer nur „modalen" Verpflichtung gesprochen wird.[659]

## 2. *Wegfall von Erfüllungsalternativen*

Die Wahlmöglichkeit des Verpflichteten ist der Normalfall, besteht jedoch nicht immer. Sie fällt nämlich dann aus, wenn dem Verpflichteten Erfüllungsalternativen aus anderen, außerhalb des Gleichheitssatzes liegenden Gründen ausnahmsweise einmal nicht zu Gebote stehen. Nicht zu Gebote stehen Erfüllungsalternativen, wenn ihre Verwirklichung dem Verpflichteten unmöglich ist. Dabei besteht kein grundsätzlicher Unterschied zwischen anfänglicher und nachträglicher Unmöglichkeit; der hier gewählte Begriff des „Wegfalls" von Erfüllungsalternativen ist entsprechend weit zu verstehen.

Die Unmöglichkeit kann tatsächliche oder (außerhalb des Gleichheitssatzes liegende) rechtliche Gründe haben.[660] In beiden Fällen führt

---

[657] Richtig deshalb der Hinweis von *Ralf Poscher*, Grundrechte als Abwehrrechte, 2003, S. 158, „daß eine Ungleichbehandlung auch durch ein Handeln unterlassen werden kann".

[658] So auch schon *Michael Sachs*, DÖV 1984, 411 (417).

[659] Etwa von *Jürgen Schwabe*, Probleme der Grundrechtsdogmatik, 1977, S. 23; *Michael Sachs*, Grenzen des Diskriminierungsverbots, 1987, S. 27–32; *dems.*, DÖV 1984, 411 (414); *Kerstin Odendahl*, in: F. Sebastian M. Heselhaus/Carsten Nowak (Hg.), Handbuch der Europäischen Grundrechte, 2006, § 43 Rn. 4; vergleiche *Stefan Huster*, in: Karl Heinrich Friauf/Wolfram Höfling (Hg.), Berliner Kommentar zum GG, 37. Lfg., 2012 (Stand der Bearbeitung: 7. Lfg., 2002), Art. 3 Rn. 42–44; *Michael Droege*, StuW 2011, 105 (108). – Etwas anderes ist wohl gemeint, wenn der „modale" zugunsten eines „substantiellen" Charakters nunmehr abgelehnt wird bei *Michael Sachs*, in: Klaus Stern, Staatsrecht, Bd. IV/2, 2011, S. 1484 f. (zu Art. 3 Abs. 1 GG), 1627 (zu Art. 3 Abs. 2 GG), 1725 (zu Art. 3 Abs. 3 GG); bei dem dort als Schutzgegenstand ausgemachten „Gleichbehandlungsinteresse" dürfte es sich um einen verfassungstheoretischen Begriff, also etwas kategorial anderes als die hier gemeinte dogmatische Konstruktion handeln.

[660] Ebenso *Bernd Grzeszick*, Rechte und Ansprüche, 2002, S. 423. Näher zu den zur Unmöglichkeit führenden Gründen noch Kapitel 4, III 3 a, wo dieses Thema im

sie *tatsächlich* dazu, dass der Verpflichtete die unmögliche Handlung nicht vornehmen kann. Fraglich ist allerdings, welche *rechtlichen* Auswirkungen solche (tatsächliche oder rechtliche) Unmöglichkeit auf die aus dem Gleichheitssatz folgende Verpflichtung hat.

Dem Wortlaut der vorgefundenen Gleichheitssätze ist nicht zu entnehmen, ob bei Unmöglichkeit die Verpflichtung ausgeschlossen sein soll, wie es § 275 Abs. 1 BGB für privatrechtliche Verpflichtungen vorsieht. Es ist gedanklich nicht zwingend, Gleichheitssätze in diesem Sinne auszulegen. Denkbar wäre nämlich auch eine Auslegung dahingehend, die Verpflichtung aus dem Gleichheitssatz bestehe unbeschadet der Unmöglichkeit einer Erfüllungsalternative in ihrer Doppelgestalt fort – auch wenn der Verpflichtete aus anderen Gründen an einer Erfüllungsalternative gehindert sein möge. Mit einer solchen Auslegung (gegen die sich auch das vielbeschworene, wenn auch nicht unproblematische Argument von der Einheit der Rechtsordnung[661] ins Feld führen ließe) wäre jedoch nichts gewonnen. Näherliegend erscheint es vielmehr, den allgemeinen Rechtsgedanken *nemo ultra posse obligatur*[662] auch auf die gleichheitsrechtlichen Verpflichtungen zu übertragen und anzunehmen, dass bei Unmöglichkeit einer sonst gebotenen Verhaltensweise eine auf diese gerichtete Verpflichtung nicht besteht.

Im Folgenden soll nun untersucht werden, welche Auswirkungen es hat, wenn eine der Erfüllungsalternativen (dazu a) oder sogar beide (dazu b) wegfallen.

### *a) Wegfall einer der beiden Erfüllungsalternativen*

Fällt nur eine der beiden Erfüllungsalternativen der Primärverpflichtung weg, so beschränkt sich – folgt man der vorstehenden Argumention – der Inhalt der Primärverpflichtung auf die verbleibende, ähnlich wie es § 265 S. 1 BGB für den Fall bestimmt, dass bei einer Wahlschuld eine der geschuldeten Leistungen unmöglich ist oder wird. Der Gleichheitssatz zwingt den Verpflichteten dann ausnahmsweise zu einem bestimmten Verhalten gegenüber Gleichzubehandelndem und Vergleichsperson, dieweil er sich im Normalfall auch dazu entscheiden könnte, von diesem Verhalten gegenüber beiden (einheitlich) abzusehen.

---

Zusammenhang mit dem noch bedeutsameren Wegfall von Erfüllungsalternativen bei der *Sekundär*verpflichtung behandelt wird.

[661] Vergleiche *Dagmar Felix*, Einheit der Rechtsordnung, 1998, S. 5–9 m. w. N.

[662] Vergleiche D. 50,17,185: „Impossibilium nulla obligatio est", dazu etwa *[E. F.] Ude*, AcP 48 (1865), S. 246 (253–255).

### *b) Wegfall beider Erfüllungsalternativen*

Fällt indes nicht nur eine, sondern fallen beide Erfüllungsalternativen weg, so gibt es keine Möglichkeit mehr, der Primärverpflichtung des Gleichheitssatzes zu genügen. Als Folge der oben befürworteten Anwendung des Grundsatzes *nemo ultra posse obligatur*, gewissermaßen also um der Einheit der Rechtsordnung willen, ist dann für diese Fälle als Ergebnis festzustellen, dass der Gleichheitssatz einer Ungleichbehandlung nicht entgegensteht. Es wäre aber falsch zu sagen, der Gleichheitssatz erzwinge die Ungleichbehandlung, denn es sind vielmehr die zur Unmöglichkeit führenden, außerhalb des Gleichheitssatzes liegenden tatsächlichen oder rechtlichen Umstände, die den Verpflichteten zur Ungleichbehandlung nötigen.

Diese Konstellation sei veranschaulicht durch

*Fall 29:* Eine bestimmte Infektionskrankheit kann nur geheilt werden, wenn binnen eines Tages nach der Infektion ein bestimmtes Mittel gegeben wird, andernfalls verläuft sie tödlich. Die Soldaten U und V sind im Auslandseinsatz in einem abgelegenen Feldlager stationiert. Am Montag tritt unter der Besatzung des Feldlagers eine unvorhergesehene Häufung von Ansteckungen auf. T, der einzige Truppenarzt des Feldlagers, muss fast seinen gesamten Vorrat des Heilmittels an die Besatzung verabreichen. Am Montagabend hat er nur noch eine Dosis übrig. Er bestellt Nachschub, dieser kann aber erst am Donnerstag eintreffen. Am Dienstag erleiden U und V eine Infektion. Sie kommen gleichzeitig zu T und verlangen eine Dosis des Mittels.

Im gedanklichen Ausgangspunkt kann T seiner Verpflichtung aus dem Gleichheitssatz entweder dadurch nachkommen, dass er beiden das Mittel verabreicht, oder dadurch, dass er es keinem von beiden verabreicht. Beide Erfüllungsalternativen fallen jedoch weg. Beiden Erkrankten kann er es nicht verabreichen, weil er nur noch eine Dosis hat; insoweit liegt tatsächliche Unmöglichkeit vor. Rechtliche Unmöglichkeit hindert ihn daran, das Mittel keinem der beiden Erkrankten zu verabreichen, denn ihn trifft eine (sogar strafbewehrte[663]) Rechtspflicht, im Rahmen des tatsächlich Möglichen zu behandeln.[664]

Wie bereits dargestellt,[665] schlägt, sobald die Ungleichbehandlung in der Welt ist, die Verpflichtung aus dem Gleichheitssatz von einer Unterlassungs- in eine Beseitigungspflicht um. Es ist daher in den Fällen des Wegfalls beider Erfüllungsalternativen der Primärverpflichtung (wie immer, wenn der Tatbestand eines Gleichheitssatzes verwirklicht ist) das Bestehen einer Sekundärverpflichtung in Betracht zu ziehen. Hier kön-

[663] Siehe § 212 Abs. 1, § 13 Abs. 1 StGB i. V. m. § 1a Abs. 2 WStG.

[664] Zu möglichen Fortwirkungen der Unmöglichkeit auf die Ebene der Sekundärverpflichtung vergleiche unten die Fortsetzung des Beispiels in Fall 43 (S. 176).

[665] Siehe Kapitel 4, I.

nen freilich dieselben Unmöglichkeitsgründe zum Tragen kommen und auch der Beseitigung der eingetretenen Ungleichbehandlung im Wege stehen.[666] So liegt es in Fall 29, wenn T einem der infizierten Soldaten U und V die letzte Dosis verabreicht, weil diese Behandlung weder rückgängig gemacht noch auf den anderen erstreckt werden kann.[667]

## III. Inhalt der sekundären Beseitigungsverpflichtung

Findet eine (hier, wie stets in diesem Kapitel 4: tatbestandsmäßige, insbesondere nicht gerechtfertigte) Ungleichbehandlung statt, so folgt aus dem Gleichheitssatz eine sekundäre Verpflichtung, diese rechtswidrige Lage abzustellen. Dies setzt ein Tätigwerden des Gleichheitsverpflichteten voraus;[668] und nur insoweit, in den durch die tatsächlich erfolgte Ungleichbehandlung „zugespitzten Situationen"[669], weisen auch Gleichheitssätze einen Leistungsgehalt auf.[670] Eine Entsprechung zu den freiheitsrechtlichen Schutzpflichten kennen sie nicht.[671]

Welchen genauen Inhalt die gleichheitsrechtliche Leistungspflicht hat, soll im Folgenden untersucht werden. Ähnlich wie bei der Primärverpflichtung gibt es auch hier grundsätzlich zwei Erfüllungsalternativen (dazu 1), was vergleichbare Fragen aufwirft, wenn Erfüllungsalternativen wegfallen (dazu 3). Da anders als bei der Primärverpflichtung schlichte Untätigkeit nicht genügt, sondern ein positives Tun des Verpflichteten erforderlich ist, kommt hier noch das Problem hinzu, dass der Verpflichtete zwischen den Erfüllungsalternativen eine Wahl treffen muss und dies möglicherweise unterlässt (dazu 2).

---

[666] Dazu noch Kapitel 4, III 3 b sowie (zur subjektiven Rechtslage in diesem Falle) IV 1 e bb.

[667] Siehe auch unten die Fortsetzung des Beispiels in Fall 43 (S. 176).

[668] Siehe *Christian Boden*, Gleichheit und Verwaltung, 2007, S. 77.

[669] *Rüdiger Breuer*, Grundrechte als Anspruchsnormen, in: FG aus Anlaß des 25-jährigen Bestehens des Bundesverwaltungsgerichts, 1978, S. 89 (100).

[670] Das entspricht der allgemeinen Auffassung, wonach originäre Leistungsrechte aus Art. 3 Abs. 1 GG nicht abgeleitet werden können; siehe nur BVerfGE 60, 16 (42 f.: „größte Zurückhaltung"); *Lerke Osterloh*, in: Michael Sachs (Hg.), GG, 6. Aufl., 2011, Art. 3 Rn. 55.

[671] Dies gilt insbesondere auch für Art. 3 Abs. 2 S. 1 GG; wenn diese Bestimmung den grundrechtlichen Schutzpflichten zugeordnet wird (so in BVerfGE 109, 64 [89 f.]), dann nicht in Bezug auf den darin enthaltenen Gleichheitssatz, sondern auf die Verpflichtung, die tatsächliche Durchsetzung der Gleichberechtigung von Frauen und Männern zu fördern und auf die Beseitigung bestehender Nachteile hinzuwirken.

### 1. Alternativstruktur der Sekundärverpflichtung

Für die Sekundärverpflichtung zum Beseitigen der Ungleichbehandlung gibt es in allen Fällen zwei theoretische Erfüllungsalternativen.[672] Die Lage, dass ein Prädikat auf eine Vergleichsperson zutrifft und auf den Gleichzubehandelnden nicht, kann entweder dadurch bereinigt werden, dass eine Lage herbeigeführt wird, in der das Prädikat auf beide zutrifft, oder eine Lage, in der es auf beide nicht zutrifft. Auch die Sekundärverpflichtung weist danach eine Alternativstruktur auf[673] und begründet für den Gleichheitsverpflichteten – wiederum mit dem Begriff des allgemeinen Schuldrechts ausgedrückt – eine Wahlschuld.[674] Der Gleichheitsverpflichtete schuldet aus ihm nämlich zwei Leistungen „in der Weise [...], dass nur die eine oder die andere zu bewirken ist" (§ 262 BGB).[675]

Liegt der Ungleichbehandlung beispielsweise eine Begünstigung der Vergleichsperson zugrunde, so besteht die eine Erfüllungsalternative in der Begünstigung auch des Gleichzubehandelnden, die andere in der Entziehung der Begünstigung der Vergleichsperson.[676] Liegt der Ungleichbehandlung dagegen eine Belastung des Gleichzubehandelnden zugrunde, so besteht die eine Erfüllungsalternative in deren Aufhebung und die andere in der Belastung auch der Vergleichsperson.

---

[672] Ebenso statt aller *Martin Heckel*, Gleichheit oder Privilegien?, 1993, S. 8. – Die bei *Kerstin Odendahl*, in: F. Sebastian M. Heselhaus/Carsten Nowak (Hg.), Handbuch der Europäischen Grundrechte, 2006, § 43 Rn. 35, genannte dritte Möglichkeit – „beide Gruppen können auf eine neue, dritte Weise behandelt werden" – besteht zwar; sie beinhaltet aber notwendig die Einstellung der die Ungleichbehandlung begründenden Verfahrensweise im Wege einer der beiden hier gemeinten Erfüllungsalternativen und ist deshalb keine Alternative auf derselben Ebene.

[673] *Bernd Grzeszick*, Rechte und Ansprüche, 2002, S. 422, nennt dies eine den Gleichheitssätzen „spezifische Verknüpfung" zwischen Inhalt und Rechtsfolgenseite. Von einem „status relativus" spricht – in Anlehnung an *Georg Jellinek* – *Hans D. Jarass*, in: HGR II, 2006, § 38 Rn. 43.

[674] Vergleiche *Christian Boden*, Gleichheit und Verwaltung, 2007, S. 78; *Michael Sachs*, DÖV 1984, 411 (415).

[675] Die Anführung der privatrechtlichen Bestimmungen über die Wahlschuld dient hier und im Folgenden vorrangig der Illustration der vergleichbar strukturierten Sachverhalte; eine Übertragung auch nur von Rechtsgedanken ist sicher nicht ohne Weiteres möglich. Vergleiche insoweit bereits die differenzierten Ausführungen von *Karl Friedrichs*, ArchBürgR 42 (1916), S. 28 (36 f.), und *H. Meier-Branecke*, AöR 50 (1926), S. 230, der zugleich das ältere Schrifttum zur Anwendbarkeit von Privatrechtsnormen im öffentlichen Recht zusammenfasst; in jüngerer Zeit hat das Thema monographisch untersucht *Heinrich de Wall*, Die Anwendbarkeit privatrechtlicher Vorschriften im Verwaltungsrecht, 1999.

[676] Siehe etwa *Rüdiger Breuer*, in: FG aus Anlaß des 25jährigen Bestehens des Bundesverwaltungsgerichts, 1978, S. 89 (102 f. – dort zu gesetzlichen Subventionsregelungen).

Die Wahl zwischen den Erfüllungsalternativen steht hier dem Schuldner zu, wie hergebrachterweise bei einer Wahlschuld – für diese privatrechtliche Traditionslinie seien nur das römische Recht,[677] § 262 BGB sowie Art. 7:105 Abs. 1 Principles of European Contract Law (nachfolgend: PECL)[678] und Art. III.–2:105 Abs. 1 Entwurf für einen Gemeinsamen Referenzrahmen (nachfolgend: E-GRR)[679] genannt. Der Gleichheitsverpflichtete hat ein Wahlrecht, auf welche Weise er die Ungleichbehandlung beseitigen möchte. Dieses Ergebnis erscheint unter zwei sachlichen Gesichtspunkten auch als angemessen:

Zum einen sind Gleichheitssätze „modale" Rechtssätze, die nicht vorgeben, welcher von verschiedenen denkbaren ungleichbehandlungsfreien Zuständen hergestellt werden muss.[680] Das unterscheidet die Gleichheitssätze von den Freiheitsrechten, die in ihrer Funktion als Abwehrrechte die inhaltliche Aussage treffen, dass der Verpflichtete etwas Bestimmtes nicht tun dürfe.[681]

Zum andern hält es die den Verpflichteten zugewiesenen Befugnisse so weit wie möglich aufrecht und beschränkt deren Beeinträchtigung durch ein Gericht oder ein sonstiges zur Kontrolle der Einhaltung von Gleichheitssätzen berufenes Organ[682] auf ein Mindestmaß.[683] Es entspricht daher auf verfassungsrechtlicher Ebene dem Grundsatz der Gewaltenteilung, auf europarechtlicher Ebene dem Grundsatz des institutionellen Gleichgewichts und auf völkerrechtlicher Ebene dem Grundsatz der Souveränität der Staaten, wenn die Wahl dem Gleichheitsver-

[677] D. 13,4,2,3; 18,1,25 pr.; 18,1,34,6; 23,3,10,6; 45,1,138,1. Dazu aus dem pandektistischen Schrifttum etwa *Heinrich Dernburg*, Pandekten, Bd. 2, 7. Aufl., 1903, S. 79 f.; *Bernhard Windscheid*, Lehrbuch des Pandektenrechts, Bd. 2, 7. Aufl., 1891, S. 12–15.

[678] Zitiert nach http://frontpage.cbs.dk/law/commission_on_european_contract_law/PECL%20engelsk/engelsk_partI_og_II.htm (abgerufen am 2. September 2012).

[679] Christian von Bar/Eric Clive/Hans Schulte-Nölke u. a. (Hg.), Principles, Definitions and Model Rules of European Private Law, 2009.

[680] Siehe oben bei und in Fn. 659.

[681] Vergleiche *Joo-Hwan Kim*, Zur Konkretisierung des allgemeinen Gleichheitssatzes des Art. 3 Abs. 1 GG, 2000, S. 121.

[682] Hier ist etwa an den Menschenrechtsausschuss nach Art. 28 Abs. 1 IPbürgR zu denken; vergleiche Kapitel 4, IV 2 a cc.

[683] Ein solches Übergreifen droht jedenfalls denjenigen Verpflichteten, die nicht selbst der Judikative zuzurechnen sind. Aber auch innerhalb der Judikative mögen sich Fälle denken lassen, wo eine Beschränkung des zur Kontrolle berufenenen Organs der Sicherung dem beaufsichtigten Organ übertragener Spielräume dient. So dürfte bei Ermessensfragen der Prozessleitung, etwa der Gewährung eines Schriftsatznachlasses gemäß § 283 S. 1 ZPO, die Letztentscheidung beim Untergericht liegen und die Rechtsmittelinstanz bei gleichheitswidriger Entscheidung des Untergerichts nicht durchentscheiden können.

pflichteten überlassen bleibt. Auf diese Weise entscheidet die später etwa angerufene Judikative nur über das „ob“ der Gleichbehandlung letztverbindlich; das „wie“ der Gleichbehandlung bleibt der jeweils beaufsichtigten Gewalt überlassen, ohne dass eine weitere judikative Einwirkung in deren Bereich erforderlich wäre.

Sowohl hinsichtlich der Wahl als solcher als auch hinsichtlich der einzelnen Erfüllungsalternativen können Störungen auftreten: Die Ausübung des Wahlrechts kann unterbleiben (dazu 2), Erfüllungsalternativen können wegfallen (dazu 3).

### 2. *Nichtausübung des Wahlrechts*

Wird das Wahlrecht nicht ausgeübt, bedeutet das für den Ungleichbehandelten, dass der infolge der Ungleichbehandlung eingetretene Zustand nicht abgestellt und trotz des rechtlichen Bestehens einer Sekundärverpflichtung die Gleichheit noch immer nicht verwirklicht wird. Obwohl auch bereits die Primärverpflichtung alternativ strukturiert ist und dem Verpflichteten grundsätzlich zwei Möglichkeiten ihrer Erfüllung zu Gebote stehen, stellt sich das Problem einer Nichtausübung des Wahlrechts dort nicht, denn der Verpflichtete genügt seiner Verpflichtung bereits durch schlichtes Nichtstun (solange dies nur gleichermaßen in Bezug auf den Gleichzubehandelnden und die Vergleichsperson erfolgt). Das ist bei der Sekundärverpflichtung anders, weil der Verpflichtete hier stets handeln muss.

Vor diesem Hintergrund stellt sich die Frage, wie mit dieser „Störung“ umzugehen ist. Das geschriebene Recht der Gleichheitssätze stellt hierfür keine Lösung bereit. Angesichts des beobachteten Wahlschuldcharakters der Sekundärverpflichtung[684] ist daran zu denken, die bürgerlichrechtlichen Regelungen über die Folgen der Nichtausübung des Wahlrechts bei Wahlschulden im Sinne allgemeiner Rechtsgedanken für die Auslegung fruchtbar zu machen. Im Unterschied zu den Regelungen darüber, welche Partei grundsätzlich das Wahlrecht haben solle, gehen diese jedoch auseinander und können nicht ohne Weiteres als Vorbild dienen. § 264 BGB etwa enthält unterschiedliche Regelungen, je nachdem, ob das Wahlrecht dem Schuldner oder dem Gläubiger zusteht; nur im letzteren Falle geht es nach erfolgloser Fristsetzung auf den Schuldner über (§ 264 Abs. 2 BGB), während bei Nichtausübung des Wahlrechts durch den Schuldner der Gläubiger lediglich die Zwangsvollstreckung nach seiner Wahl auf die eine oder auf die andere Leistung richten kann (§ 264 Abs. 1 BGB).

[684] Siehe Kapitel 4, III 1.

Auf die Sekundärverpflichtung der Gleichheitssätze zu übertragen wäre – wenn überhaupt – der zuletzt wiedergegebene Rechtsgedanke des § 264 Abs. 1 BGB, weil der hier wahlberechtigte Gleichheitsverpflichtete dem dortigen Schuldner entspricht. Um einen übertragbaren allgemeinen Rechtsgedanken dürfte es sich bei dieser Regelung, die im Schrifttum auf harsche Kritik stößt,[685] allerdings kaum handeln. So kannte das *ius commune* durchaus einen Übergang des Wahlrechts auf den Gläubiger.[686] Und sowohl Art. 7:105 Abs. 2 PECL als auch Art. III.–2:105 Abs. 2 E-GRR sehen den Übergang des Wahlrechts auf den anderen Teil unabhängig davon vor, ob es der Gläubiger oder der Schuldner ist, der die ihm zustehende Wahl nicht trifft.

Mithin erscheint es zu weitgehend, aus dem Textbefund der Gleichheitssätze eine der Regelung des § 264 Abs. 1 BGB entsprechende Möglichkeit einer Gläubigerwahl bei der Zwangsvollstreckung – was hier hieße: einer Wahl der Erfüllungsalternative durch den Ungleichbehandelten – abzuleiten.

Eine Lösung kann deshalb nur im jeweils einschlägigen Vollstreckungsrecht – soweit vorhanden – gefunden werden. Infolgedessen ist das Problem der Nichtausübung des Wahlrechts als eines der Geltendmachung der Rechtsfolgen der Gleichheitssätze einzuordnen und im Zusammenhang damit zu behandeln.[687]

### *3. Wegfall von Erfüllungsalternativen*

Neben der Störung, die in der Nichtausübung des Wahlrechts durch den Verpflichteten liegt, kann eine Störung dergestalt auftreten, dass eine oder beide Erfüllungsalternativen wegfallen. Dieses Problem war wegen der auch dort gegebenen Alternativstruktur in ähnlicher Weise bereits bei der Primärverpflichtung zu behandeln.[688] Die dazu getroffenen Grundaussagen lassen sich hierher übertragen. Wie dort sollte hier insbesondere angenommen werden, dass die Gleichheitssätze auch auf der Ebene der Sekundärverpflichtung kein unmögliches Verhalten verlangen.

Fällt eine Erfüllungsalternative – anfänglich oder nachträglich – aus, beschränkt sich die Sekundärverpflichtung danach auf die andere Alter-

[685] Siehe insbesondere *Karl-Heinz Ziegler*, AcP 171 (1971), S. 193 (216); *Wolfgang Krüger*, in: MünchKomm-BGB, Bd. 2, 6. Aufl, 2012, § 264 Rn. 1; *Christian Grüneberg*, in: Otto Palandt (Begr.), BGB, 71. Aufl., 2012, § 264 Rn. 1.

[686] Siehe D. 31,11,1; RGZ 12, 184 (186 f.); *Heinrich Dernburg*, Pandekten, 7. Aufl., 1903, Bd. 2 S. 80 f.

[687] Siehe Kapitel 4, IV 2 a (insbesondere aa (1) (b)).

[688] Siehe Kapitel 4, II 2.

native (die insoweit der „übrigen Leistung" im Sinne des § 265 S. 1 BGB entspricht) (dazu a). Fallen dagegen beide Alternativen aus, so ist die Sekundärverpflichtung insgesamt ausgeschlossen (dazu b).

### *a) Wegfall einer der beiden Erfüllungsalternativen*

Wegfall einer Erfüllungsalternative bedeutet die Unmöglichkeit ihrer Vornahme für den Gleichheitsverpflichteten.[689] Diese Unmöglichkeit kann (wie bei der Primärverpflichtung[690]) auf tatsächlichen oder rechtlichen Gründen beruhen.[691] Beide Fallgruppen seien nunmehr näher betrachtet.

#### *aa) Tatsächliche Unmöglichkeit*

Wegen der Weite der Möglichkeiten, die der Ungleichbehandlung zugrunde gelegten Prädikate zu wählen, verspricht eine abstrakte Präzisierung tatsächlicher Unmöglichkeitsgründe keinen größeren Erkenntnisgewinn. Letztlich kommt es bei der Frage nach der tatsächlichen Unmöglichkeit darauf an, ob nach den Naturgesetzen ein Zustand (noch) herbeigeführt werden kann, in dem das Prädikat für den Ungleichbehandelten und die Vergleichsperson gleichermaßen zutrifft oder gleichermaßen nicht zutrifft. Für die Konstellation der tatsächlichen Unmöglichkeit werden deshalb hier nur wenige Fallgruppen zur Anschauung genannt.

(1) Betrifft die Ungleichbehandlung die Nichtzulassung des Ungleichbehandelten zu einer Veranstaltung des Verpflichteten, so tritt mit deren Beendigung Unmöglichkeit der Alternative „Zulassung auch des Ungleichbehandelten" ein.

*Beispiele:* Der fragliche Jahrmarkt ist vorüber; der Betrieb der gewünschten Schule wurde eingestellt.

(2) Betrifft die Ungleichbehandlung die Nichtgewährung des Umgangs mit einer Sache oder einem Tier[692] des Verpflichteten, so tritt mit dem

---

[689] BVerfGE 55, 100 (113) hat jedoch bei Art. 3 Abs. 1 GG bereits genügen lassen, dass „praktisch" nur eine Möglichkeit besteht.

[690] Siehe Kapitel 4, II 2 pr.

[691] Zur Anwendbarkeit dieser von § 275 Abs. 1 BGB bekannten Unterscheidung auf dem Gebiet des öffentlichen Rechts vergleiche *Heinrich de Wall*, Die Anwendbarkeit privatrechtlicher Vorschriften im Verwaltungsrecht, 1999, S. 359–388, der Unmöglichkeitskonstellationen im Verwaltungsrecht systematisiert.

[692] Vergleiche § 90a BGB.

Untergang dieses Gegenstandes Unmöglichkeit der Alternative „Gewährung auch dem Ungleichbehandelten“ ein.

*Fall 30:* Der Fluss, für den U eine Wasserentnahmegenehmigung (§ 8 Abs. 1, § 9 Abs. 1 Nr. 1 WHG) begehrt, wie V sie zuvor erhalten hat, versiegt.

(3) In Fällen unter Beteiligung natürlicher Personen als Ungleichbehandelter oder Vergleichspersonen dürfte deren Tod häufig die Unmöglichkeit der sie betreffenden Erfüllungsalternative herbeiführen.

*Fall 31:* U und V retten gemeinsam einem Staatsoberhaupt das Leben. Nur V wird dafür zu einem Staatsbankett eingeladen. U verstirbt noch vor der Veranstaltung.

Die Alternative „Einladung auch des U“ wird damit tatsächlich unmöglich.

(4) Ähnlich liegen die Dinge bei irreversiblen körperlichen Eingriffen.

*Fall 32:* U wird zwangsweise geimpft, V nicht.

#### *bb) Rechtliche Unmöglichkeit*

Zur Erfüllung der aus den Gleichheitssätzen folgenden Sekundärverpflichtung kommt ein Tätigwerden nicht in Frage, wodurch der Gleichheitsverpflichtete eine andere ihn treffende Rechtspflicht verletzen würde. Soweit solch eine andere Rechtspflicht nicht aufgrund von Kollisionsregeln hinter den Gleichheitssatz zurücktritt (was jeweils im Einzelfall zu klären ist), hat der Gleichheitsverpflichtete die Rechtmäßigkeit seines Handelns gegenüber dem Ungleichbehandelten auf andere Weise herzustellen und ist ihm die fragliche Erfüllungsalternative deshalb rechtlich unmöglich. Die Bindung an Rechtspflichten kommt in besonderem Maße bei der gesetzesgebundenen Verwaltung und Rechtsprechung – für die deutsche Staatsgewalt nach Art. 20 Abs. 3 GG, für die Unionsgewalt gemäß Art. 13 Abs. 2 S. 1 EUV – zum Tragen, wo dadurch die Alternativstruktur der Sekundärverpflichtung oftmals aufgehoben ist.[693] Alternativität besteht dagegen in größerem Umfang für die gesetzgebende Gewalt, obwohl auch hier Fälle (dann: verfassungs)rechtlicher Unmöglichkeit auftreten. Ein Staat als ganzer kann sich auch der völkerrechtlichen Unmöglichkeit von Erfüllungsalternativen ausgesetzt sehen.

---

[693] Ebenso *Stefan Huster*, in: Karl Heinrich Friauf/Wolfram Höfling (Hg.), Berliner Kommentar zum GG, 37. Lfg., 2012 (Stand der Bearbeitung: 7. Lfg., 2002), Art. 3 Rn. 48.

Hierin liegt nach dem in dieser Arbeit entwickelten Ansatz auch der Schlüssel zum rechten Verständnis des Problems der „Gleichheit im Unrecht"[694]. Wenn die Vergleichsperson eine Begünstigung erhalten hat, die dem Ungleichbehandelten gleichheitswidrig versagt worden ist, so gibt der verletzte Gleichheitssatz dem Verpflichteten auf, entweder nunmehr auch dem Ungleichbehandelten die gleiche Begünstigung zu gewähren oder aber der Vergleichsperson die bereits gewährte Begünstigung zu entziehen.[695] Ist die Gewährung entsprechender Begünstigungen rechtswidrig, so erweist sich die erste Erfüllungsalternative – Begünstigung auch des Ungleichbehandelten – als rechtlich unmöglich.[696] Der verletzte Gleichheitssatz behält in diesen Fällen aber durchaus noch den sinnvollen Inhalt, zu gebieten, die gleichheitswidrig und auch im Übrigen rechtswidrig gewährte Begünstigung der Vergleichsperson wieder aufzuheben, und sollte deshalb nicht unter pauschalem Verweis auf das Schlagwort „keine Gleichheit im Unrecht" außer Acht gelassen werden.[697]

Unter welchen Voraussetzungen rechtliche Unmöglichkeit vorliegt, hängt davon ab, welcher Rechtsordnung der jeweilige Gleichheitssatz angehört. Rechtspflichten, die Unmöglichkeit begründen, können beliebiger Herkunft sein und beliebigen Inhalt haben. Um sie gleichwohl zu erschließen, können sie nach der Art der Erfüllungsalternative, deren

---

[694] Hierzu nur *Lerke Osterloh*, in: Michael Sachs (Hg.), GG, 6. Aufl., 2011, Art. 3 Rn. 46–52 m. w. N. Siehe oben Kapitel 3, II 4 und V 3 b aa (5), zu den anderen Konstruktionen, die für diesen Problemkreis diskutiert werden.

[695] Dazu bereits Kapitel 4, III 1.

[696] Wer in dieser Lage gleichwohl aus dem Gleichheitssatz ein Gebot der eigentlich rechtswidrigen Erfüllungsalternative ableiten will (in diese Richtung etwa *Volkmar Götz*, DVBl 1968, 93; *ders.*, in: FG aus Anlaß des 25jährigen Bestehens des Bundesverwaltungsgerichts, 1978, S. 245), muss annehmen, dass der Gleichheitssatz (oder eine Norm des Vertrauensschutzes: dafür *Albrecht Randelzhofer*, JZ 1973, 536 [542–544]) das die rechtliche Unmöglichkeit auslösende Verbot für den betrachteten Einzelfall aufhebe. Dass *Günter Dürig*, in: Theodor Maunz/Günter Dürig (Hg.), GG, 65. Lfg., 2012 (Stand der Bearbeitung: 1973 [nicht in allen Drucken angegeben]), Art. 3 Abs. I Rn. 188 in Fn. 21, hier „Sprengstoff" wittert, weil die Autorität des Rechts in Frage gestellt sei, erscheint angesichts dieser (selbst innerhalb der Rechtsordnung liegenden) Konstruktionsmöglichkeit überzogen.

[697] Ebenso im Ausgangspunkt *Volkmar Götz*, DVBl 1968, 93 (94–96), der für die Fälle der „Gleichheit im Unrecht" allerdings eine Pflicht zur Ausdehnung der rechtswidrigen Behandlung aus dem Gleichheitssatz ableitet (ebd., S. 96); zu diesem (materiellrechtlichen) Auslegungsergebnis gelangt er für Art. 3 Abs. 1 GG, weil er davon ausgeht, dass der Ungleichbehandelte (prozessual) die Behandlung der Vergleichsperson nicht angreifen könne. Eine Klagebefugnis dürfte freilich aus dem jeweiligen Gleichheitssatz selbst folgen, soweit dieser subjektive Rechte vermittelt; hierzu noch Kapitel 4, IV.

Unmöglichkeit sie bewirken, in vier Gruppen geordnet werden. Hierzu folgt ein Vorschlag, der dann, mit Beispielen versehen, skizzenhaft umgesetzt wird.

Jede der beiden eingangs beschriebenen, theoretisch gegebenen Erfüllungsalternativen tritt auf zwei unterschiedliche Weisen in Erscheinung, je nachdem, ob die Ungleichbehandlung in einer Begünstigung der Vergleichsperson (unter Übergehung des Ungleichbehandelten) oder in einer Belastung des Ungleichbehandelten (unter Verschonung der Vergleichsperson) besteht. Nach einer Begünstigung der Vergleichsperson kann erstens diese wieder aufgehoben oder zweitens auch der Ungleichbehandelte begünstigt werden. Nach einer Belastung des Ungleichbehandelten kann drittens diese wieder aufgehoben oder viertens auch die Vergleichsperson belastet werden. Für jeden dieser vier Unterfälle kommen besondere Rechtspflichten, welche die jeweilige Erfüllungsalternative rechtlich unmöglich sein lassen, in Betracht: also Verbote, eine Begünstigung aufzuheben (dazu (1)), eine Begünstigung zu schaffen (dazu (2)), eine Belastung aufzuheben (dazu (3)), eine Belastung zu schaffen (dazu (4)).

### *(1) Begünstigungsaufhebungsverbot*

Soweit die Ungleichbehandlung durch eine Entziehung der einer Vergleichsperson gewährten Begünstigung abgestellt werden könnte, kann dieser Weg aus Rechtsgründen versperrt sein, wofür im Folgenden einige Beispiele gegeben seien.

Grundsätzlich unentziehbar, nämlich wenn überhaupt nur unter dem Vorbehalt des Gesetzes, sind etwa die vom Grundgesetz eingeräumten subjektiven Rechte. Auf der Hand liegt dies für diejenigen Grundrechte, die gerade den Bestand erworbener Rechtspositionen schützen. Zu nennen ist hier etwa die Gewährleistung der deutschen Staatsangehörigkeit (Art. 16 Abs. 1 GG). Im vermögensrechtlichen Bereich werden Rechtspositionen vor allem durch die Eigentumsgarantie geschützt (Art. 14 GG; vergleiche Art. 17 EUGRCh, Art. 1 Protokoll Nr. 1 zur EMRK[698]).

*Fall 33:* Ein Land verkauft besondere Tische, die es in seinen Gefängnissen herstellen lässt. U und V wollen einen Tisch kaufen. Der zuständige Amtswalter verkauft und übereignet einen an V, nicht aber an U.

Hier darf dem V der ihm verkaufte und übereignete Tisch nicht mehr weggenommen werden; V genießt Eigentumsschutz. Folglich kann die

[698] Zusatzprotokoll zur Konvention zum Schutze der Menschenrechte und Grundfreiheiten vom 20. März 1952, ETS Nr. 5; deutsches Zustimmungsgesetz vom 20. Dezember 1956 (BGBl. II, 1879).

Sekundärverpflichtung nur noch dadurch erfüllt werden, dass auch dem U ein Tisch verkauft und übereignet wird.

Grundrechtlichen Schutz genießen nach allgemeiner Auffassung auch andere Rechtspositionen; hier soll der rechtsstaatliche Vertrauensschutz subjektivrechtlich zugunsten der Grundrechtsträger wirken.[699]

*Fall 34:* Ein Gesetz ermächtigt die Verwaltung, auf Antrag eine bestimmte Subvention zu gewähren. Eine Rückforderung ist nicht vorgesehen. U und V stellen Anträge. V erhält die Subvention und verwendet sie ordnungsgemäß. U erhält sie nicht.[700]

Hier dürfte es (außerhalb von Missbrauchsfällen, wie sie etwa § 48 Abs. 2 S. 3 VwVfG benennt) mit dem Rechtsstaatsprinzip unvereinbar sein, die Subvention von V zurückzufordern. Dann aber kann die Sekundärverpflichtung nur noch dadurch erfüllt werden, dass auch dem U die Subvention gewährt wird.

Außerhalb des Grundrechtsteils gehören zu den grundsätzlich unentziehbaren Rechtspositionen etwa das aktive Wahlrecht gemäß Art. 38 Abs. 1 S. 1 GG[701] und der einmal erworbene Beamtenstatus gemäß Art. 33 Abs. 5 GG, dessen Aufhebung der hergebrachte Grundsatz der Ämterstabilität verbietet[702].

*Fall 35:* U und V bewerben sich auf je eine Beamtenstelle. V wird ernannt.

Soweit der Grundsatz der Ämterstabilität reicht, kann die Ernennung des V hier nicht rückgängig gemacht werden. Infolgedessen scheidet die in der Entlassung des V liegende Erfüllungsalternative aus.

Auch die Justizgrundrechte des Grundgesetzes können sich als Begünstigungsaufhebungsverbote auswirken. So kann etwa die zum Zeitpunkt ihrer Vornahme angeordnete Straffreiheit einer Handlung wegen des Rückwirkungsverbots des Art. 103 Abs. 2 GG (vergleiche Art. 49

---

[699] So bereits *Volkmar Götz*, NJW 1979, 1478 (1480). Zu den Vertrauensschutzbezügen des allgemeinen Gleichheitssatzes im österreichischen Recht *Magdalena Pöschl*, Gleichheit vor dem Gesetz, 2008, S. 820–870.

[700] Ähnliches Beispiel bereits bei *Detlev Christian Dicke*, VerwArch 60 (1968), S. 293 (308 f.).

[701] Seine Entziehung ist nach § 39 Abs. 2 BVerfGG mögliche Nebenfolge einer Grundrechtsverwirkung; die Verfassungsmäßigkeit ist streitig (dafür etwa *Hans D. Jarass*, in: Hans D. Jarass/Bodo Pieroth, GG, 12. Aufl., 2012, Art. 18 Rn. 6; *Ulrich Storost*, in: Dieter C. Umbach/Thomas Clemens/Franz-Wilhelm Dollinger [Hg.], BVerfGG, 2. Aufl., 2005, § 39 Rn. 12; *Franz Klein*, in: Bruno Schmidt-Bleibtreu/Franz Klein/Herbert Bethge, BVerfGG, § 39 Rn. 20, 37. Lfg., 2012 (Stand der Bearbeitung: 10. Lfg., 1987); dagegen *Herbert Bethge*, in: HStR IX, 3. Aufl., 2011, § 203 Rn. 178; *Christian Pestalozza*, Verfassungsprozeßrecht, 3. Aufl., 1991, § 3 Rn. 16).

[702] Zu einer inzwischen erstmals angenommenen Ausnahme BVerwGE 138, 102.

Abs. 1 S. 1 EUGRCh) nicht mehr verändert werden. Die Bestimmung zum Strafklageverbrauch (Art. 103 Abs. 3 GG; vergleiche Art. 50 EU-GRCh, Art. 4 Protokoll Nr. 7 zur EMRK[703], Art. 54 Schengen-Durchführungsübereinkommen[704], Art. 17 Abs. 7 IPbürgR) verbietet grundsätzlich die erneute Anklage oder Verurteilung nach einer einmal erfolgten Aburteilung.

*Fall 36:* U und V werden wegen des Verdachts einer gemeinschaftlich begangenen Straftat angeklagt. V wird rechtskräftig freigesprochen, U im ersten Rechtszug verurteilt.

Von einer (hier nicht in Betracht zu nehmenden) etwaigen Wiederaufnahmemöglichkeit[705] abgesehen, kann V wegen der Tat nicht mehr verurteilt werden. Die Erfüllungsalternative „Verurteilung beider“ scheidet somit aus.

*(2) Begünstigungsschaffungsverbot*

Soweit die Ungleichbehandlung durch eine Begünstigung auch des Anspruchstellers abgestellt werden könnte, kann auch dieser Weg – dies betrifft freilich nur wenige Fälle – von Rechts wegen versperrt sein. Der wichtigste Fall dürfte für die Exekutive das Fehlen eines Haushaltstitels sein, das, wie sich aus § 3 Abs. 1 HGrG ergibt, eine Zahlung an den Anspruchsteller ausschließt.[706]

*Fall 37:* Ein Haushaltstitel ermächtigt die Verwaltung, auf Antrag einen bestimmten Zuschuss an Katholiken zu vergeben. Der Katholik V und der Protestant U stellen einen Antrag. V erhält einen Zuschuss, U nicht.

Wenn die Verwaltung ohne Ermächtigung im Haushalt keine Mittel verausgaben darf, ist sie hier rechtlich gehindert, die in ihrem Verhalten gegenüber V und U liegende Ungleichbehandlung durch die Gewährung eines Zuschusses auch an U zu beheben. Die Ungleichbehandlung darf deshalb nur in der Weise beseitigt werden, dass dem V der bereits gewährte Zuschuss wieder genommen wird; freilich kann dem ein Begüns-

---

[703] Vom 22. November 1984, ETS Nr. 117, von der Bundesrepublik Deutschland unterzeichnet, aber nicht ratifiziert.

[704] Übereinkommen zur Durchführung des Übereinkommens von Schengen vom 14. Juni 1985 vom 19. Juni 1990; deutsches Zustimmungsgesetz vom 15. Juli 1993 (BGBl. II, 1010).

[705] Vergleiche § 362 StPO.

[706] Siehe auch *Michael Sachs*, NWVBl 1988, 295 (300).

tigungsaufhebungsverbot unter dem Gesichtspunkt des Vertrauensschutzes entgegenstehen (siehe oben (1)).[707]

Ein eher randständiges Beispiel für ein Begünstigungsschaffungsverbot kann Art. 139 GG[708] in Verbindung mit der bis 1955 geltenden Kontrollratsdirektive Nr. 24[709] entnommen werden, aus deren Nr. 3 sich ein Verbot beamtenrechtlicher Ernennungen zugunsten belasteter Personen entnehmen lässt. Eine belastete Person hätte also allenfalls die gleichheitswidrige Ernennung eines anderen angreifen, aber ihre eigene Ernennung nie erreichen können. Freilich dürfte in diesen Fällen regelmäßig auch die Alternative der Aufhebung der Ernennung der Vergleichsperson aus Gründen der Ämterstabilität verfassungsrechtlich unmöglich gewesen sein (siehe oben (1)).

### *(3) Belastungsaufhebungsverbot*

Soweit die Ungleichbehandlung durch eine Aufhebung der Belastung des Ungleichbehandelten abgestellt werden könnte, liegt die Annahme rechtlicher Hindernisse dafür im Allgemeinen fern. Es finden sich aber doch Fälle, in denen einem Gleichbehandlungsverpflichteten durch höherrangiges Recht eine Belastung geboten ist. Für den deutschen Bundesgesetzgeber lassen sich immerhin folgende Beispiele verfassungsrechtlicher Belastungsgebote bilden, die sich hinsichtlich einer gleichheitsrechtlichen Sekundärverpflichtung als Belastungsaufhebungsgebote auswirken können.[710]

*Fall 38:* § 2 Abs. 1 KrWaffKontrG wird dahingehend ergänzt, dass die Herstellung zur Kriegführung bestimmter Waffen durch Katholiken keiner Genehmigung mehr bedürfe.

---

[707] Eine andere Frage betrifft die Vereinbarkeit der Aufstellung eines solchen Haushalts mit den einschlägigen Gleichheitssätzen. Er behandelt hinsichtlich der potentiellen Begünstigung jeden Nichtkatholiken anders als jede katholische Vergleichsperson, so dass an den Glauben im Sinne von Art. 3 Abs. 3 S. 1 Merkmal 7 GG angeknüpft wird (eine ausdrückliche sprachliche Anknüpfung, siehe oben Kapitel 3, IV 2 b aa) und dieser Gleichheitssatz verletzt sein dürfte. Durch Änderung des Haushalts die Gewährung auch an Nichtkatholiken zu ermöglichen ist dem Haushaltsaufsteller als Verpflichtetem auch nicht rechtlich unmöglich.

[708] Zum Verhältnis dieser Bestimmung zu Art. 3 Abs. 1 GG vergleiche *Michael Sachs*, in: Klaus Stern, Staatsrecht, Bd. IV/2, 2011, S. 1552 f.

[709] Amtsblatt des Kontrollrats in Deutschlands 1946, Nr. 5, S. 98.

[710] Andere Beispiele ließen sich anhand der völker- und unionsrechtlichen Pflichten bilden, wonach bestimmte Verhaltensweisen unter Strafe zu stellen sind (sogenannte *treaty crimes*); siehe hierzu nur *Helmut Satzger*, Internationales und Europäisches Strafrecht, 5. Aufl., 2011, § 12 Rn. 12; zur jüngeren unionsrechtlichen Entwicklung *Dominik Brodowski*, ZIS 2011, 940 (944 f.).

Diese Regelung verstieße gegen Art. 3 Abs. 3 S. 1 GG, und den Gesetzgeber träfe grundsätzlich die Sekundärverpflichtung, die rechtswidrige Ungleichbehandlung entweder durch eine Genehmigungsfreistellung aller Hersteller von Kriegswaffen oder aber durch ein Genehmigungserfordernis für alle zu beseitigen. Die erste Erfüllungsalternative ist ihm jedoch wegen der Vorschrift des Art. 26 Abs. 2 S. 1 GG versperrt, wonach für das Herstellen zur Kriegführung bestimmter Waffen stets das Erfordernis einer Genehmigung durch die Bundesregierung bestehen muss; hierin liegt ein Belastungsaufhebungsverbot. Diese Erfüllungsalternative ist deshalb rechtlich unmöglich.

*Fall 39:* Das Strafgesetz bezeichnet die Abtreibung durch Katholiken als grundsätzlich rechtswidrig, nicht dagegen die durch Angehörige anderer Konfessionen.

Nach Ansicht des Bundesverfassungsgerichts muss das einfache Recht wegen einer staatlichen Schutzpflicht aus Art. 2 Abs. 2 S. 1 GG die Abtreibung als grundsätzlich rechtswidrig bezeichnen.[711] Wird diese Schutzpflicht unter Verstoß gegen einen Gleichheitssatz erfüllt – wie im Beispielsfalle gegen die Vorschrift des Art. 3 Abs. 3 S. 1 GG –, so kann die Sekundärverpflichtung deshalb nicht in der Weise erfüllt werden, dass die Belastung der gleichheitswidrig belasteten Gruppe – im Beispielsfalle: die der Katholiken – aufgehoben wird. Die Sekundärverpflichtung verengt sich deshalb darauf, auch die von anderen Personen vorgenommenen Abtreibungen grundsätzlich rechtswidrig zu stellen. Dies wiederum ist freilich wegen des Rückwirkungsverbotes des Art. 103 Abs. 2 GG nur mit Wirkung für die Zukunft möglich (siehe oben (1)); bereits erfolgte Abtreibungen durch Nichtkatholiken können deshalb nicht mehr erfasst werden, so dass in Bezug auf sie der Gleichheitssatz keine Rechtsfolgen mehr zeitigt.

*Fall 40:* § 80 StGB wird dahingehend geändert, dass die Vorbereitung eines Angriffskrieges durch Katholiken nicht mehr strafbar sei.

Art. 26 Abs. 1 S. 2 GG bestimmt, dass Handlungen, die geeignet sind und in der Absicht vorgenommen werden, das friedliche Zusammenleben der Völker zu stören, insbesondere die Führung eines Angriffskrieges vorzubereiten, unter Strafe zu stellen sind. Deshalb darf der Gesetzgeber, verpflichtet, den in dem geänderten § 80 StGB liegenden Verstoß gegen Art. 3 Abs. 3 S. 1 GG zu beseitigen, nicht die Erfüllungsalternati-

[711] BVerfGE 88, 203 (257 f., 270–281); *Michael Sachs*, Verfassungsrecht II, 2. Aufl., 2003, S. 201, stellt mit Blick auf diese Rechtsprechung eine „auffällige Abweichung von den regelmäßigen Strukturen der Schutzpflicht" fest, da „die sonst durchweg respektierte Gestaltungsfreiheit des Gesetzgebers doch recht stark zurückgedrängt" worden sei.

ve „Straffreistellung aller" wählen; insofern wirkt Art. 26 Abs. 1 S. 2 GG als Belastungsaufhebungsverbot.

#### *(4) Belastungsschaffungsverbot*

Soweit die Ungleichbehandlung durch eine Belastung auch der Vergleichsperson abgestellt werden könnte,[712] stehen dieser Möglichkeit unter Umständen ebenfalls rechtliche Hindernisse entgegen. Hierfür genügt jedes den Verpflichteten treffende Verbot, der Vergleichsperson eine Belastung aufzuerlegen. Ein solches Verbot kann sich insbesondere aus Abwehrrechten[713] (das heißt für den Fall der individualrechtlichen Gleichheitssätze: aus den Freiheits[grund]rechten) und aus dem Rückwirkungsverbot ergeben, wie zwei Fallbeispiele verdeutlichen sollen.

*Fall 41:* Ein deutsches Gesetz unterwirft alle Bücher, die von Katholiken verlegt werden, einer staatlichen Vorzensur.

Die Zensur nur dieser Bücher verstößt gegen Art. 3 Abs. 3 S. 1 GG. Die Ungleichbehandlung kann jedoch nicht dadurch abgestellt werden, dass nunmehr alle Bücher der Zensur unterworfen werden, denn Art. 5 Abs. 1 S. 3 GG steht jeder Vorzensur entgegen. Dem Gesetzgeber bleibt deshalb gleichheitsrechtlich nur die Aufhebung des Zensurgesetzes (unabhängig von dem daneben gegebenen Verstoß gegen Art. 5 Abs. 3 S. 1 GG und dessen Rechtsfolgen).

*Fall 42:* Im Jahre 01 wird eine Bestimmung in das Einkommensteuergesetz aufgenommen, wonach Frauen ab dem Jahre 02 einen Zuschlag zur Einkommensteuer zu zahlen haben. Im Jahre 03 erhält die F einen entsprechenden Steuerbescheid für den Veranlagungszeitraum 02.

Der Einkommensteuerzuschlag verstößt gegen Art. 3 Abs. 2 S. 1 und Art. 3 Abs. 3 S. 1 GG. Dem zum Abstellen der gleichheitsrechtswidrigen Lage verpflichteten Bundesgesetzgeber ist es wegen des vom Bundesverfassungsgericht aus den Grundrechten und dem Rechtsstaatsprinzip abgeleiteten Verbots rückwirkender Belastung[714] verwehrt, die Zuschlagspflicht für den Veranlagungszeitraum 02 rückwirkend auf Män-

---

[712] Diese Möglichkeit wird immerhin angedacht in BVerfGE 50, 142 (166).

[713] *Rainer Wernsmann*, Das gleichheitswidrige Steuergesetz, 2000, S. 126, nennt das Beispiel einer unter anderem gegen Art. 12 Abs. 1, Art. 14 Abs. 1 GG verstoßenden und überdies gleichheitswidrig auf einen bestimmten Personenkreis beschränkten „Erdrosselungssteuer". Er weist darauf hin, dass „eine Ausdehnung der Belastung" zum Abstellen der gleichheitswidrigen Lage aus freiheitsrechtlichen Gründen ausscheide.

[714] Siehe BVerfGE 127, 1 (16); 127, 31 (46); 127, 61 (75); auch *Dieter Birk*, Steuerrecht, 14. Aufl., 2011, Rn. 176.

ner zu erstrecken. Insoweit – anders liegen die Dinge mit Blick auf die noch nicht begonnenen Veranlagungszeiträume[715] – verengt sich die gleichheitsrechtliche Verpflichtung darauf, die Belastung der Frauen rückwirkend aufzuheben.

#### *b) Wegfall beider Erfüllungsalternativen*

Unmöglichkeitsgründe der eben geschilderten Art können auch hinsichtlich beider Erfüllungsalternativen zugleich gegeben sein. In einem solchen Falle ist die Sekundärverpflichtung insgesamt ausgeschlossen (vergleiche § 275 Abs. 1 BGB) und kann die Verletzung des Gleichheitssatzes höchstens noch festgestellt werden.[716]

*Fall 43 (Fortsetzung zu Fall 29[717]):* Truppenarzt T verabreicht V die einzige verbliebene Dosis des lebensrettenden Arzneimittels; für U bleibt keine übrig.

Damit nimmt T eine Ungleichbehandlung vor, und die Verpflichtung aus dem Gleichheitssatz schlägt von einer Unterlassungs- in eine Beseitigungspflicht um. Deren Befolgung ist jedoch ebenfalls hinsichtlich beider Erfüllungsalternativen unmöglich, und zwar jeweils aus einem tatsächlichen Grund: Dem V kann er das Medikament nicht mehr nehmen, dem U kann er keines mehr geben.

## IV. Subjektivrechtliche Wirkung von Gleichheitssätzen

Die Gleichheitssätze vermitteln typischerweise subjektive Rechte mit Anspruchscharakter, die wegen der grundsätzlichen Alternativstruktur gleichheitsrechtlicher Verpflichtungen allerdings inhaltliche Besonderheiten aufweisen (dazu 1). Im Hinblick auf diese Besonderheiten sollen deshalb anschließend die Möglichkeiten der Durchsetzung gleichheitsrechtlicher Ansprüche betrachtet werden (dazu 2).

---

[715] Für die Zukunft erwächst dem Gesetzgeber aus dem Rückwirkungsverbot (jedenfalls im Grundsatz) kein Belastungsschaffungsverbot; zu Sonderfragen der Rückwirkung im Steuerrecht (namentlich mit Blick auf angebrochene, aber noch nicht abgeschlossene Veranlagungszeiträume [wie das Jahr 03 in Fall 42]) angesichts jüngerer bundesverfassungsgerichtlicher Rechtsprechung siehe *Francesca Werth*, DStZ 2010, 712 (712–718); *Dieter Birk*, FR 2011, 1; *Andreas Musil/Lutz Lammers*, BB 2011, 155; *Marc Desens*, StuW 2011, 113.

[716] Vergleiche dazu noch Kapitel 4, IV 1 e bb.

[717] Siehe oben S. 161.

### 1. Ansprüche als Rechtsfolgen von Gleichheitssätzen

Gleichheitssätze können verschiedene Personen berechtigen und auf diese Weise sowohl Ansprüche der Gleichzubehandelnden als auch Ansprüche Dritter begründen (dazu a). Die damit angesprochenen, funktional bestimmten Personenkreise werden anschließend zur Verdeutlichung noch einmal in einem Schaubild mit den im Zusammenhang mit dem persönlichen Anwendungsbereich eingeführten Personenkreisen dargestellt (unter b).

Ansprüche aus Gleichheitssätzen haben den Charakter subjektiver Abwehrrechte (dazu c). Ihr Anspruchsinhalt spiegelt naturgemäß den Inhalt der objektiven gleichheitsrechtlichen Verpflichtungen wider (dazu d). Ebenso, wie es dort zum Wegfall von Erfüllungsalternativen kommen kann, sind auch bei subjektivrechtlicher Betrachtung „Leistungsstörungen“ denkbar (dazu e).

#### a) Ansprüche der Gleichzubehandelnden und Ansprüche Dritter

Die bisher betrachtete Rechtsfolge der objektivrechtlichen Verpflichtung ist allen Gleichheitssätzen gemein. Darüber hinaus können (müssen aber keineswegs) Gleichheitssätze den Gleichzubehandelnden auch subjektive Rechte gewähren. Tun sie dies, so ist der kraft ihrer Gleichzubehandelnde nicht nur objektivrechtlich gleich zu behandeln, sondern überdies Inhaber eines Anspruchs gegen den Verpflichteten – ganz entsprechend der für das gesamte (jedenfalls deutsche) Recht brauchbaren Begriffsbestimmung des Anspruchs in § 194 Abs. 1 BGB als „das Recht, von einem anderen ein Tun oder Unterlassen zu verlangen“. Solch ein Gleichzubehandelnder muss nicht nur von dem Verpflichteten gleich behandelt werden (objektives Recht), er kann auch von dem Verpflichteten die Gleichbehandlung verlangen und die Durchsetzung der Gleichbehandlung durch Befassung des „speziell auf die Erzwingung eingestellte[n] Menschenstab[es]“[718], juristisch-institutionell gesprochen: von Gerichten und ähnlichen Stellen, erwirken (subjektives Recht). In dem letzteren Gesichtspunkt liegt das rechtstheoretische Definiens des sub-

[718] *Max Weber*, Wirtschaft und Gesellschaft, 5. Aufl., 1972, S. 18 (Hervorhebung nicht wiedergegeben).

jektiven Rechts,[719] das dementsprechend dogmatisch auch als eine „Rechtsmacht" bestimmt wird.[720]

Bei Vorliegen der weiteren Voraussetzungen eines derartigen Gleichheitssatzes hat der Gleichzubehandelnde einen Anspruch auf Gleichbehandlung. Der persönliche Anwendungsbereich[721] legt dann die Parteien des aus dem Gleichheitssatz folgenden Anspruchsverhältnisses[722] fest: die Berechtigten als mögliche Gläubiger, die Verpflichteten als mögliche Schuldner eines Gleichbehandlungsanspruchs. Prozessual wird der Berechtigte bei Geltendmachung seines Anspruchs dann häufig als Kläger, Antragsteller, Beschwerdeführer in Erscheinung treten, der Verpflichtete als Beklagter oder Antragsgegner. Der Vergleichsperson kommt dagegen zumeist keine Prozessrolle zu, es sei denn als Beigeladener in gewissen verwaltungsprozessualen Konstellationen.

Freilich steht es nicht bei allen Gleichheitssätzen so – wie für das Grundgesetz heute als selbstverständlich anerkannt ist –, dass ein Gleichzubehandelnder sich auf den Gleichheitssatz im Sinne eines subjektiven Rechts auch selbst berufen kann. Umgekehrt gibt es bei manchen Gleichheitssätzen auch Berechtigte, die nicht zugleich Gleichzubehandelnde sind. Dies kommt vor allem bei den völkerrechtlichen Gleichheitssätzen zum Tragen, denn diese stellen in erster Linie vertragliche Verpflichtungen eines Vertragsstaates gegenüber den übrigen Vertragsstaaten dar, geben also diesen gegenüber jenen (bei Vorhandensein gewisser Durchsetzungsmechanismen) subjektive Rechte – gerichtet auf die Gleichbehandlung bestimmter dritter Personen – und begünstigen diese gleich zu behandelnden Personen im Ausgangspunkt nur mittelbar und objektivrechtlich wie bei einem unechten Vertrag zugunsten Dritter

[719] Vergleiche nur *Hans Kelsen*, Hauptprobleme der Staatsrechtslehre, 1911, S. 618–629, 655–663 = HKW 2, 2008, S. 21 (778–789, 819–827); *Robert Alexy*, Theorie der Grundrechte, 2. Aufl., 1994, S. 182–194. – Zur Begriffsgeschichte siehe auch *Helmut Coing* (1958), in: *ders.*, Zur Geschichte des Privatrechtssystems, 1962, S. 29.

[720] Etwa bei *Karl Larenz/Manfred Wolf*, Allgemeiner Teil des Bürgerlichen Rechts, 8. Aufl., 1997, § 14 Rn. 11; begrifflich ebenso *Arno Scherzberg*, DVBl 1988, 129 (131 f.), für den Bereich des öffentlichen Rechts, der das (rechtsinhaltliche) subjektive Recht zutreffend „von der Gewährung von Klage- oder Beschwerdebefugnissen wesensverschieden" nennt, damit aber nur eine dogmatische Aussage über die Beschaffenheit der deutschen Rechtsordnung treffen kann. Auch für ihn ist das „subjektiv-öffentliche Recht" aber die „Rechtsmacht zur Durchsetzung des Normbefehls" (ebd., S. 132); zu den Ansprüchen treten bei ihm nur noch die „Berechtigungen zu eigenem Verhalten" hinzu (ebd., S. 134 [Hervorhebung nicht wiedergegeben]), deren eigenständige Bedeutung aber zweifelhaft ist.

[721] Siehe oben Kapitel 3, I.

[722] Zur Anspruchsstruktur der Gleichheitssätze bereits *Michael Sachs*, DÖV 1984, 411; *Philipp Reimer/Simon Kempny*, Ad Legendum 2010, 137.

(vergleiche § 328 Abs. 2 BGB). Lediglich als Anknüpfungspunkt für eine Vertragsverletzung, die die Vertragsstaaten dann untereinander geltend machen können, dient die Ungleichbehandlung bestimmter Personen etwa im Welthandelsrecht, wo bestimmte Vertragsbestimmungen den Unternehmen anderer Vertragsstaaten Gleichbehandlung mit denjenigen des am vorteilhaftesten behandelten dritten Staats einräumen.[723] Erst in zweiter Linie können aus diesen Gleichheitssätzen dann auch subjektive Rechte der Gleichzubehandelnden folgen wie bei einem echten Vertrag zugunsten Dritter (vergleiche § 328 Abs. 1 BGB). Das setzt voraus, dass vertragliche Durchsetzungsmechanismen zugunsten der Gleichzubehandelnden geschaffen werden, wie im Falle des IPbürgR und der EMRK[724] jeweils mit dem Verfahren der Individualbeschwerde geschehen.

Denkbar ist überdies ein Gleichheitssatz, der den Gleichzubehandelnden ein subjektives Recht zur Abwehr nicht nur eigener Ungleichbehandlung, sondern auch zur Abwehr von Ungleichbehandlungen anderer Gleichzubehandelnder (mögen diese nun selbst auch Berechtigte sein oder nicht). Eine solche Struktur könnte etwa ein „Gruppengrundrecht" haben, wonach jedes Mitglied der geschützten Gruppe aus eigenem Recht die Ungleichbehandlung eines anderen Gruppenmitglieds abzuwehren berechtigt ist. Derartige Berechtigungen sieht das geltende Recht aber wohl nicht vor.[725]

Für die Frage, ob ein Gleichheitssatz ein subjektives Recht vermittelt, gelten keine Besonderheiten, vielmehr die allgemeinen Grundsätze und Lehren zum subjektiven (öffentlichen) Recht.[726] Dementsprechend sind

---

[723] So im Rahmen des GATT 1947; vergleiche nur *Saskia Hörmann*, in: Meinhard Hilf/Stefan Oeter (Hg.), WTO-Recht, 2. Aufl., 2010, § 8 Rn. 3.

[724] Zur historischen Entwicklung insoweit *Rainer J. Schweizer*, in: HGR VI/1, 2010, § 138 Rn. 13–17.

[725] Siehe *Christian Starck*, in: Hermann von Mangoldt/Friedrich Klein/Christian Starck (Hg.), GG, Bd. 1, 6. Aufl., 2010, Art. 3 Rn. 308; gegen die Annahme eines „Gruppengrundrechts" aus Art. 3 Abs. 2 GG insbesondere *Stefan Huster*, Rechte und Ziele, 1993, S. 340–350, aus Art. 3 Abs. 3 S. 1 GG *Werner Heun*, in: Horst Dreier (Hg.), GG, Bd. I, 2. Aufl., 2004, Art. 3 Rn. 117, aus beiden Vorschriften *Ingo von Münch*, Staatsrecht, Bd. 2, 5. Aufl., 2002, Rn. 598; *Hans Hofmann*, FamRZ 1995, 257 (263). *Ute Sacksofsky*, Das Grundrecht auf Gleichberechtigung, 2. Aufl., 1996, S. 348 nimmt dagegen an, dass Art. 3 Abs. 2 S. 1 GG ein Gruppengrundrecht, bei ihr „Dominierungsverbot" genannt, enthalte, Art. 3 Abs. 3 S. 1 GG dagegen nicht. – In einem anderen Sinne verwendet den Begriff „Gruppengrundrecht" *Hildegard Krüger*, DVBl 1955, 178 und 208.

[726] Siehe nur *Robert Alexy*, Theorie der Grundrechte, 2. Aufl., 1994, S. 186, der dies für die Grundrechte des Grundgesetzes entwickelt, und etwa *Wolfram Cremer*, EuGRZ 2011, 545 (549), für die Grundrechte der EU-Grundrechtecharta.

diese Fragen hier nicht zu vertiefen. Im Folgenden soll deshalb lediglich eine Übersicht gegeben werden, welche Gleichheitssätze in diese Kategorie fallen.

Eine subjektivrechtliche Wirkung, also Durchsetzbarkeit für den durch sie Begünstigten, soll im Bereich des deutschen Rechts der Verpflichtung eines Dritten dann zukommen, wenn diese Verpflichtung gerade auch dem Interesse des Geschützten zu dienen bestimmt ist („Schutznormtheorie“).[727] Wenn man dieses Verständnis zugrunde legt, dann gewähren alle Gleichheitssätze, die oben „individualrechtliche“ genannt wurden, die also zugunsten und im Interesse privater Individuen erlassen worden sind, subjektive Rechte.[728] Aber auch die oben als „staatsrechtliche“ Gleichheitssätze bezeichneten Normen erfüllen dieses Kriterium der Verleihung subjektiver Rechte, denn sie dienen der Machtbalance, der wechselseitigen Kontrolle von Hoheitsträgern und damit insbesondere dem Schutz des jedem Hoheitsträger zugewiesenen Handlungs- und Wirkraums.

Subjektivrechtlich wirken vor diesem Hintergrund namentlich die verfassungs- und unionsrechtlichen Grundrechts- sowie die völkervertraglichen (europäischen und universellen) Menschenrechtsbestimmungen, die Gleichheitssätze enthalten. Sie alle sind in erster Linie im Interesse der ihnen zufolge jeweils Gleichzubehandelnden gegeben und können von diesen – auf verschiedenen prozessualen Wegen, von denen später die Rede sein wird,[729] auch geltend gemacht werden. Das gilt insbesondere auch für die „allgemeinen Gleichheitssätze“ wie Art. 3 Abs. 1 GG, Art. 20 EUGRCh, die nur aussprechen, dass alle „Menschen“ oder „Personen“ vor dem Gesetze gleich seien. Auch ihr zunächst rein objektiv klingender Wortlaut lässt sich so verstehen, dass sie gerade zugunsten der einzelnen Menschen beziehungsweise Personen den Normbefehl enthalten, die Rechtsordnung so einzurichten, dass die Aussage „Alle Menschen/Personen sind vor dem Gesetz gleich“ wahr werde.

---

[727] Zur Schutznormtheorie etwa *Rainer Wahl*, in: Friedrich Schoch/Jens-Peter Schneider/Wolfgang Bier (Hg.), VwGO, 23. Lfg., 2012 (Stand der Bearbeitung: 1996), Vorbemerkung § 42 Abs. 2, Rn. 94–97.

[728] Zu den Grundrechten des Grundgesetzes vergleiche in diesem Sinne nur *Rüdiger Breuer*, in: FG aus Anlaß des 25jährigen Bestehens des Bundesverwaltungsgerichts, 1978, S. 89. – Ausgerechnet an Art. 1 Abs. 3 GG lässt sich die subjektivrechtliche Wirkung aber nicht festmachen, weil gerade diese Bestimmung nur objektiv gefasst ist; so aber *Peter Badura*, Staatsrecht, 5. Aufl., 2012, C, Rn. 5.

[729] Dazu Kapitel 4, IV 2.

*b) Übersicht: Die Beteiligten des Gleichheitssatzverhältnisses*

Die nachstehende Zeichnung verdeutlicht, wer (oder: in welcher Rolle jemand) – jenseits des Verpflichteten, dessen Aufnahme keinen Gewinn an Anschaulichkeit brächte – an einem Gleichheitssatzverhältnis beteiligt sein kann.

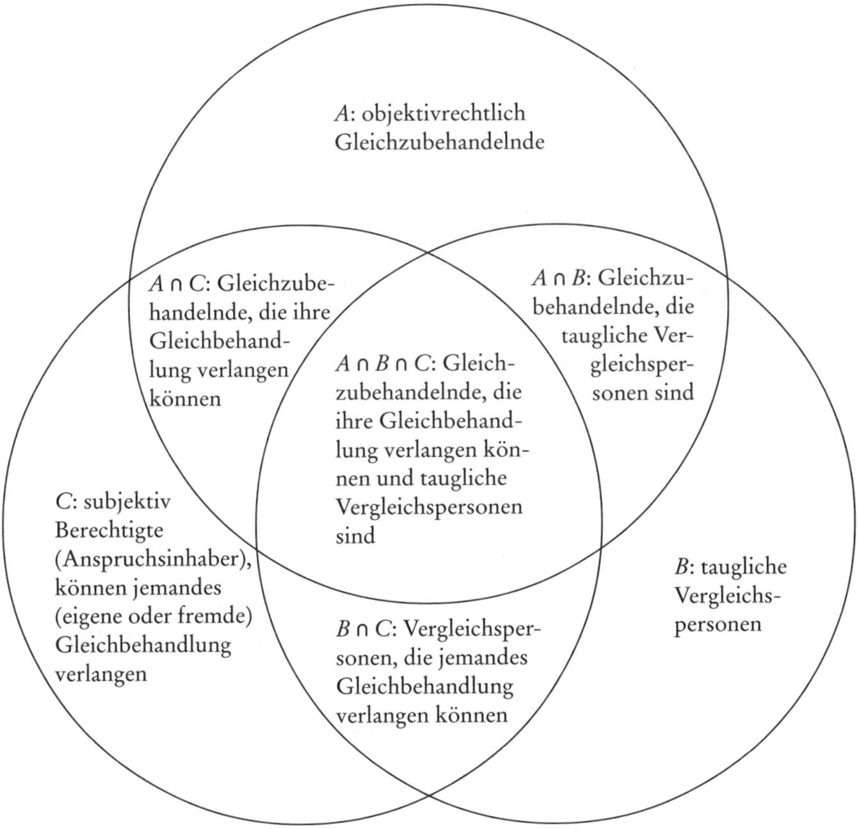


Die dargestellten Personengruppen lassen sich als Mengen begreifen. Jeder Gleichheitssatz kennt Personen, die objektivrechtlich gleich zu behandeln sind (Gleichzubehandelnde, Grundmenge *A*)[730], und Personen, mit denen diese gleich zu behandeln sind (taugliche Vergleichspersonen, Grundmenge *B*)[731]. Gleichheitssätze, die subjektive Rechte verleihen,

[730] Dazu oben Kapitel 3, I 2.
[731] Dazu oben Kapitel 3, I 3 a.

kennen darüber hinaus deren Träger (Anspruchsinhaber, Grundmenge *C*). Das subjektive Recht der Anspruchsinhaber vermittelt diesen die Macht, dem Verpflichteten eine Gleichbehandlung abverlangen zu können, ungeachtet der Frage, ob sie selbst – sei es als Gleichzubehandelnde, sei es als Vergleichspersonen – Teil des Vergleichs sind.[732]

Diese Grundmengen können einander in jeder denkbaren Weise schneiden; was im Einzelnen vorkommt, hängt von der Beschaffenheit des jeweiligen Gleichheitssatzes ab. So gibt es Gleichzubehandelnde, die selbst auch taugliche Vergleichspersonen sind (ohne dass ihnen zwingend ein Anspruch auf irgend jemandes Gleichbehandlung zustünde (Schnittmenge $A \cap B$). Außerdem gibt es Gleichzubehandelnde, die einen Anspruch auf ihre Gleichbehandlung haben (ohne dass sie zwingend zu Vergleichspersonen taugten) (Schnittmenge $A \cap C$). Darüber hinaus gibt es Vergleichspersonen, die jemandes Gleichbehandlung verlangen können (ohne dass sie selbst zwingend dieser Jemand wären) (Schnittmenge $B \cap C$).[733] Schließlich gibt es Gleichzubehandelnde, die sowohl ihre eigene Gleichbehandlung verlangen können als auch selbst zu Vergleichspersonen taugen (Schnittmenge $A \cap B \cap C$): dies ist der Regelfall der allgemeinen Gleichheitssätze wie Art. 3 Abs. 1 GG, Art. 21 EUGRCh.

### c) *Abwehrrechtscharakter*

Die aus den Grundrechtsbestimmungen folgenden subjektiven Rechte werden üblicherweise zunächst in Abwehr- und Leistungsrechte eingeteilt.[734] Die aus den Gleichheitssätzen folgenden Ansprüche gehen immer auf Abwehr, nämlich die Abwehr einer (erst noch befürchteten oder schon eingetretenen) Ungleichbehandlung, deren Unterlassung sie also gebieten, und können höchstens mittelbar zu Ansprüchen auf positive „Leistungen" führen.[735] Auf der Grundlage der oben angestellten Unter-

---

[732] Dazu Kapitel 4, IV 1 a.

[733] Siehe Kapitel 4, IV 1 a.

[734] Siehe nur *Michael Sachs*, in: ders. (Hg.), GG, 6. Aufl., 2011, vor Art. 1, Rn. 42–49. Kritisch zu der Ableitung weiterer Grundrechtsfunktionen insbesondere *Ralf Poscher*, Grundrechte als Abwehrrechte, 2003, S. 96 f. und passim; zum begrenzten grundrechtsdogmatischen Wert der Unterscheidung von Abwehrrechtsdimension und anderen Grundrechtsfunktionen *Matthias Jestaedt*, Grundrechtsentfaltung im Gesetz, 1999, S. 108–114. Zu anderen als abwehrrechtlichen Gehalten völkerrechtlicher Gleichheitssätze *Tilmann Altwicker*, Menschenrechtlicher Gleichheitsschutz, 2010, S. 45 und öfter.

[735] Grundlegend *Konrad Hesse*, EuGRZ 1978, 427 (433); aus dem jüngeren Schrifttum etwa deutlich *Michael Sachs*, in: Klaus Stern, Staatsrecht, Bd. IV/2, 2011, S. 1485 m. w. N.

suchungen zur Alternativstruktur jeder gleichheitsrechtlichen Verpflichtung[736] und ihrem Umschlagen in eine nicht-alternative Verpflichtung[737] lässt sich eine Aussage darüber treffen, wann ein subjektivrechtlich wirkender Gleichheitssatz (über das Recht auf Wahl einer Erfüllungsalternative durch den Verpflichteten im Rahmen der Sekundärverpflichtung[738] hinaus) ein Leistungsrecht in dem Sinne gibt, dass eine bestimmte Leistung und nicht nur eine fehlerfreie Auswahl verlangt werden kann: nämlich genau dann, wenn eine der zwei Erfüllungsalternativen nicht zur Verfügung steht.

#### *d) Spiegelbildlichkeit des Anspruchsinhalts zum Verpflichtungsinhalt: Wahlschuldcharakter*

Der im Falle der subjektiven Berechtigung einem Gleichzubehandelnden (als „Berechtigtem" im zuvor bestimmten Sinne) zustehende Anspruch ist – wie immer bei subjektiven Rechten auf das Tun oder Unterlassen eines anderen, da diese eine objektivrechtliche Verpflichtung des anderen dazu voraussetzen – das Spiegelbild der Verpflichtung des Verpflichteten. Hieraus folgt, dass, wie die Verpflichtung, so auch der Anspruch erstens zwei Ebenen hat, nämlich eine Primär- und eine Sekundärebene,[739] und zweitens – auf beiden Ebenen – grundsätzlich alternativ strukturiert ist.[740]

Auf der Primärebene kann der Berechtigte vom Verpflichteten die Erfüllung der Primärverpflichtung, also die Unterlassung einer Ungleichbehandlung verlangen. Diesen Anspruch kann der Verpflichtete entweder dadurch erfüllen, dass er ein bestimmtes Verhalten entweder gegenüber niemandem an den Tag legt oder aber sowohl gegenüber dem Berechtigten als auch gegenüber jeder denkbaren Vergleichsperson.

Auf der Sekundärebene, wenn also eine Ungleichbehandlung eingetreten ist, kann der Berechtigte vom Verpflichteten verlangen, dass dieser die Sekundärverpflichtung erfülle: dass er also die Ungleichbehandlung beseitige, indem er die infolge der Ungleichbehandlung bestehende Lage abstelle. Dies kann entweder dadurch geschehen, dass der Verpflichtete ein bisher nur in Bezug auf den Berechtigten an den Tag gelegtes Verhalten auch jeder denkbaren Vergleichsperson gegenüber an den Tag legt, oder dadurch, dass er ein bisher nur einer Vergleichsperson ge-

---

[736] Siehe Kapitel 4, II 1 und III 1.
[737] Siehe Kapitel 4, II 2 a und III 3 a.
[738] Siehe Kapitel 4, III 2.
[739] Vergleiche Kapitel 4, I.
[740] Vergleiche Kapitel 4, II 1 und III 1.

genüber an den Tag gelegtes Verhalten auch gegenüber dem Berechtigten an den Tag legt.

Aus der Alternativstruktur des Anspruchs folgt, dass auch dieser (ebenso wie die Verpflichtung) als Gläubigerschaft einer Wahlschuld ähnlich dem in §§ 262–265 BGB geregelten entsprechenden privatrechtlichen Institut begriffen werden kann.

### e) *„Leistungsstörungen"*

Wenn die oben bei der Untersuchung der beiden Ebenen der Verpflichtung beschriebenen Störungen – auf beiden Ebenen ein Wegfall einer oder beider Erfüllungsalternativen (im Privatrecht Regelungsgegenstand der §§ 265, 275 Abs. 1 BGB)[741], auf der Sekundärebene darüber hinaus die Nichtausübung des Wahlrechts durch den Verpflichteten (im Privatrecht Regelungsgegenstand des § 264 BGB)[742] – auftreten, verändert sich der Anspruch des Berechtigten.

Diese Störungen können, wenn man das subjektive Recht in den Mittelpunkt der Betrachtung rückt, auch mit einem aus dem bürgerlichen Recht entlehnten Begriff als „Leistungsstörungen" bezeichnet werden, da durchaus das dem Verpflichteten aufgegebene Verhaltensgebot oder -verbot als eine gegenüber dem Berechtigten bestehende Pflicht zu einer „Leistung" im Sinne von § 241 Abs. 1 BGB verstanden werden kann. Die Übernahme der bürgerlichrechtlichen Begrifflichkeit passt dazu, dass auch die Rechtsgedanken anderer Bestimmungen des Leistungsstörungsrechts, insbesondere § 275 Abs. 1 BGB, in dem durch den Gleichheitssatz errichteten Anspruchsverhältnis zwischen Berechtigtem und Verpflichtetem herangezogen werden können.

Im Folgenden seien zunächst die materiellrechtlichen Folgen des Wegfalls einer Erfüllungsalternative (dazu aa) oder beider Erfüllungsalternativen (dazu bb) sowie einer Nichtausübung des Wahlrechts durch den Verpflichteten (dazu cc) betrachtet; die prozessuale Seite wird nur angedeutet und erst später im Zusammenhang betrachtet, weil die einzelnen Gleichheitssätze sich insoweit stärker voneinander unterscheiden.[743]

[741] Siehe Kapitel 4, II 2 und III 3.
[742] Siehe Kapitel 4, III 2.
[743] Dazu Kapitel 4, IV 2.

### *aa) Wegfall einer Erfüllungsalternative*

Fällt (genau) eine der beiden Erfüllungsalternativen wegen tatsächlicher oder rechtlicher Unmöglichkeit weg,[744] wandelt sich der bisher alternativ strukturierte Anspruch um. Der Anspruch beschränkt sich dann auf die als möglich verbleibende Alternative. Statt einer alternativen Leistung kann der Berechtigte nun (nur noch) eine genau bestimmte, nämlich die verbleibende, noch mögliche Leistung verlangen. In dieser Fallgestaltung – und nur hier – wandelt sich der Sekundäranspruch, je nach der Art der verbleibenden Erfüllungsalternative, zum „derivativen Leistungsanspruch“[745] beziehungsweise zum definitiven Abwehranspruch[746].

Der Beschränkung des Anspruchs auf nur noch eine Leistung ist dann auch im entsprechenden Klage- oder anderen Rechtsschutzantrag Rechnung zu tragen.[747]

### *bb) Wegfall beider Erfüllungsalternativen*

Fallen beide Erfüllungsalternativen wegen Unmöglichkeit weg,[748] so ist der Anspruch auf Beseitigung der Ungleichbehandlung ausgeschlossen (vergleiche wiederum § 275 Abs. 1 BGB). In diesem Falle wäre immerhin vorstellbar, dass der Anspruch nicht restlos unterginge, sondern sich in diesen Fällen in einen (dann Tertiär-)Anspruch auf (materielle oder ideelle) Wiedergutmachung umwandelte. Dies könnte als Tertiärebene in das hier entwickelte Modell eingeführt werden.

Ein solcher Tertiäranspruch könnte zunächst auf eine materielle Wiedergutmachung (Entschädigung) für die erlittene Ungleichbehandlung gerichtet sein. Ein Anspruch auf Entschädigung lässt sich den vorgefundenen Gleichheitssätzen selbst aber nicht entnehmen, insbesondere nicht den Gleichheitsgrundrechten des Grundgesetzes[749], der EU-Grundrechtecharta oder des IPbürgR[750]. Regelmäßig ist eine Entschädi-

[744] Siehe Kapitel 4, II 2 a und III 3 a.

[745] Ebenso *Dietrich Murswiek*, in: HStR IX, 3. Aufl., 2011, § 192 Rn. 74–77, dort ausgeführt anhand von Art. 3 Abs. 1 GG und Art. 18 AEUV.

[746] *Hans D. Jarass*, in: HGR II, 2006, § 38 Rn. 44.

[747] Siehe Kapitel 4, IV 2 b.

[748] Siehe Kapitel 4, II 2 b und III 3 b.

[749] Siehe *Michael Sachs*, in: HGR II, 2006, § 39 Rn. 53 m. w. N.; anders möglicherweise *Bernd Grzeszick*, Rechte und Ansprüche, 2002, S. 335 f. und passim.

[750] Siehe aber MRA, Auffassungen vom 14. Juli 1993, Nr. 309/1988, Tz. 8 – Valenzuela ./. Peru, wo dem Beschwerdeführer wegen einer Verletzung von Art. 26 IPbürgR gleichwohl eine Entschädigung zugesprochen wurde, sowie *Christoph Pappa*, Das Individualbeschwerdeverfahren des Fakultativprotokolls zum Internationalen Pakt über bürgerliche und politische Rechte, 1996, S. 301–307, m. w. N. zu Fällen, in

gung zwar möglich bei Verletzungen des Art. 14 EMRK; sie folgt hier aber nicht aus diesem Gleichheitssatz selbst, sondern aus der für alle Konventionsrechte gleichermaßen geltenden Vorschrift des Art. 41 EMRK.

Inhalt eines Tertiäranspruchs könnte außerdem eine ideelle Wiedergutmachung in der Weise sein, dass der Verpflichtete entweder selbst, gewissermaßen als Sühne oder Rehabilitationsleistung, die Rechtswidrigkeit seines Verhaltens öffentlich zugeben und kundtun oder jedenfalls gegenüber dem Berechtigten einräumen müsste oder dass er die Feststellung des Berechtigten (sei sie nun gerichtlich flankiert, sei sie privat geäußert) dulden müsste.

Ein so gearteter Tertiäranspruch auf materielle oder auch ideelle Wiedergutmachung erschiene indes kaum spezifisch gleichheitsrechtlich, handelte es sich doch um das allgemeine Problem des Umgangs mit rechtswidrigem und nicht rückgängig zu machendem staatlichen Handeln. Die Frage ist daher eher dem Staatshaftungsrecht zuzuordnen; es bietet sich nicht an, hierfür eine spezifisch gleichheitsrechtliche Konstruktion einzuführen.[751] Daher wird davon abgesehen, den Gleichheitssätzen an sich einen solchen Tertiärinhalt zuzuschreiben.

Wie in allen anderen Fällen einer nicht rückgängig zu machenden Rechtsverletzung hat auch der in seinem Recht aus einem Gleichheitssatz Verletzte immerhin noch die Möglichkeit, die Rechtsverletzung gerichtlich feststellen zu lassen, soweit ein solcher Feststellungsrechtsschutz von der jeweiligen Rechtsordnung zur Verfügung gestellt wird. Hierzu sind im deutschen Prozessrecht die Feststellungsklagen namentlich nach § 253 ZPO, § 43 Abs. 1, § 113 Abs. 1 S. 4 VwGO gegeben. Ein solcher Rechtsschutz kann, je nachdem, zu welcher Rechtsordnung der jeweilige Gleichheitssatz gehört, von Rechts wegen sogar geboten sein; so kann man daran denken, im deutschen Verfassungsrecht ein solches gewissermaßen rechtsschutzerhaltendes Gebot dem Art. 19 Abs. 4 S. 1 GG (für Grundrechtsträger) und dem Rechtsstaatsprinzip (für die Be-

---

denen der Menschenrechtsausschuss trotz Fehlens einer ausdrücklichen Grundlage Entschädigungen für Menschenrechtsverletzungen zuerkannt hat. Vergleiche auch *Sarah Joseph/Jenny Schultz/Melissa Castan*, The International Covenant on Civil and Political Rights, 2. Aufl., 2004, Tz. 23.101, mit vergleichenden Bezügen zu Menschenrechtsverträgen und den dortigen Möglichkeiten einer Entschädigung.

[751] Für die unionsrechtlichen Gleichheitssätze vergleiche insoweit *Kerstin Odendahl*, in: F. Sebastian M. Heselhaus/Carsten Nowak (Hg.), Handbuch der Europäischen Grundrechte, 2006, § 43 Rn. 38.

rechtigten der staatsrechtlichen Gleichheitssätze) zu entnehmen.[752] Im Unionsrecht gilt insbesondere mit Blick auf Art. 47 EUGRCh Ähnliches. In einem derartigen Justizgewährungsanspruch auf (gerichtliche) Feststellung kann eine besondere Fortwirkung gerade der Gleichheitssätze aber nicht gesehen werden, wie schon die Bedeutung der verwaltungsgerichtlichen Klage auf nachträgliche Feststellung der Rechtswidrigkeit einer Maßnahme – insbesondere in Gestalt der Fortsetzungsfeststellungsklage[753] – für den (verlängerten) Freiheitsrechtsschutz[754] zeigt. Überdies spricht dagegen, dass Verpflichteter der Justizgewährung nicht zwangsläufig derjenige ist, der die Ungleichbehandlung begangen hat. Mit einem Beispiel ausgedrückt:

*Fall 44:* Die Gemeinde G behandelt U und V ungleich und erfüllt damit den Tatbestand eines Gleichheitssatzes des deutschen Rechts, der dem U ein subjektives Recht verleiht. Beide Alternativen des Sekundäranspruchs des U sind wegen Unmöglichkeit ausgeschlossen.

Angenommen, U kann hier nach Art. 19 Abs. 4 S. 1 GG verlangen, dass die Verletzung seines Rechts festgestellt werde. Dann richtet sich dieser Feststellungsanspruch nicht gegen die Gemeinde G, sondern gegen das Land (und gegebenenfalls auch gegen den Bund) als Träger der Gerichtsbarkeit.

### *cc) Nichtausübung des Wahlrechts durch den Verpflichteten*

Nun zur zweiten Leistungsstörung, die, wie oben dargelegt,[755] nur auf der Sekundärebene auftreten kann: der Nichtausübung des Wahlrechts seitens des Verpflichteten. Übt der Verpflichtete sein Wahlrecht nicht aus, so kann und muss der Anspruchsinhaber seinen ja dann eben (weil es keine andere Möglichkeit gibt) zwingend weiterhin alternativ strukturiert fortbestehenden und in dieser Form auch anzuerkennenden Anspruch so, alternativ geltend machen. Wo prozessual eine Verurteilung zur Leistung (und nicht nur eine Feststellung) möglich ist und der Ver-

---

[752] Zum diesbezüglichen Gewährleistungsgehalt des Art. 19 Abs. 4 S. 1 GG siehe BVerfGE 104, 220 (232 f.), sowie *Johannes Dietlein*, in: Klaus Stern, Staatsrecht, Bd. IV/2, 2011, S. 1948.

[753] Siehe § 113 Abs. 1 S. 4 VwGO, § 131 Abs. 1 S. 3 SGG, § 100 Abs. 1 S. 4 FGO. Entsprechende Bestimmungen trafen auch bereits § 75 Abs. 1 S. 2 MRVO Nr. 165 und die Verwaltungsgerichtsgesetze der amerikanischen Zone, etwa § 79 Abs. 1 S. 2 Gesetz über die Verwaltungsgerichtsbarkeit vom 31. Oktober 1946 (Gesetz- und Verordnungsblatt für Groß-Hessen, 194) .

[754] Dazu *Andreas Decker*, in: BeckOK VwGO, Edition 22, 2012, § 113 Rn. 87.1–87.5.

[755] Siehe Kapitel 4, III 2.

pflichtete im Einzelfalle zu alternativer Leistung verurteilt wird, ergibt sich bei der Leistungsstörung der Nichtausübung des Wahlrechts ein besonderes Problem, das bei der Leistungsstörung des Wegfalls von Erfüllungsalternativen nicht besteht: die Frage nämlich, wie aus einem solchen Titel vollstreckt werden kann.

Um diese Besonderheiten der Geltendmachung alternativer Ansprüche wird es im Einzelnen noch unten gehen (unter 2 a).

### 2. *Geltendmachung von Ansprüchen aus Gleichheitssätzen*

Für die Geltendmachung von Ansprüchen aus Gleichheitssätzen ergeben sich aus deren Alternativstruktur Besonderheiten (dazu a). Erst dann, wenn materiellrechtlich keine Alternativität mehr gegeben ist – wenn nämlich die eine Erfüllungsalternative wegfällt – kommt eine nicht-alternative Geltendmachung in Betracht, die prozessrechtlich weniger Fragen aufwirft (dazu später unter b). Fallen beide Erfüllungsalternativen weg, so ist kein spezifisch gleichheitsrechtlicher Anspruchsinhalt mehr vorhanden, der geltend gemacht werden könnte (und an dieser Stelle noch zu behandeln wäre), sondern allenfalls ein staatshaftungsrechtlicher Anspruch, und kann die Verletzung des Gleichheitssatzes im Übrigen höchstens noch festgestellt werden (dazu bereits oben unter 1 e bb).

#### *a) Geltendmachung des alternativen Anspruchs*

Um einen alternativen Anspruch gerichtlich geltend zu machen, muss der Gläubiger einen alternativen Klageantrag stellen. Hier ist eine (im Allgemeinen mangels Bestimmtheit unzulässige) alternative Klagehäufung ausnahmsweise zulässig, denn der alternative Klageantrag stellt die einzige Möglichkeit zur Durchsetzung eines schon materiellrechtlich nur alternativ bestehenden Anspruchs dar. Die alternative Klagehäufung entspricht der anerkannten Rechtsschutzform für die bürgerlichrechtliche Wahlschuld.[756] Wie dort kann der Kläger nur mit einem alternativen Klageantrag durchdringen, weil sich der Beklagte gegen einen auf eine Erfüllungsalternative beschränkten Antrag grundsätzlich damit verteidigen kann, er dürfe auch die andere Erfüllungsalternative wählen. Die

---

[756] Siehe *Reinhard Greger*, in: Richard Zöller (Begr.), ZPO, 29. Aufl., 2012, § 260 Rn. 5; *Klaus Reichold*, in: Heinz Thomas/Hans Putzo (Begr.), ZPO, 33. Aufl., 2012, § 260 Rn. 7; *Wolfgang Krüger*, in: MünchKomm-BGB, Bd. 2, 6. Aufl., 2012, § 263 Rn. 9; *Christian Grüneberg*, in: Otto Palandt (Begr.), BGB, 71. Aufl., 2012, § 264 Rn. 2. Die Parallele zur Wahlschuld wurde bereits oben bemüht, siehe Kapitel 4, II 1, III 1 und IV 1 d.

Möglichkeit einer alternativen Klagehäufung ist in diesen Fällen deshalb notwendig, soll es dort wirksamen Rechtsschutz geben.

Im Folgenden werden die Möglichkeiten der Durchsetzung eines alternativ strukturierten Gleichbehandlungsanspruchs in den verschiedenen deutschen Gerichtsbarkeiten (dazu aa) und – für die im Europa- oder im Völkerrecht wurzelnden Gleichheitssätze – vor den supra- und internationalen Gerichten (dazu bb beziehungsweise cc) dargestellt.

*aa) Geltendmachung vor deutschen Gerichten*

Vor den deutschen Gerichten – im Rahmen ihrer jeweiligen Zuständigkeit – können alle Gleichheitssätze geltend gemacht werden, die in der Bundesrepublik Deutschland als unmittelbar anwendbares Recht gelten. Dabei handelt es sich nicht nur um die Grundrechte des Grundgesetzes und der EU-Grundrechtecharta, sondern auch um alle subjektivrechtlich wirkenden Bestimmungen völkerrechtlicher Verträge, soweit ihr Inhalt in innerstaatliches Recht transformiert worden ist. Zu unterscheiden ist dann nach den jeweils gegebenen Rechtswegen, was in erster Linie bedeutet: nach der Zuordnung des jeweils betrachteten Lebenssachverhalts zunächst zu einer bürgerlichrechtlichen (§ 13 GVG, § 2 ArbGG) oder einer öffentlichrechtlichen Regelung (§ 40 VwGO, § 33 FGO, § 51 SGG). Im Rahmen bürgerlichrechtlicher Streitigkeiten können auch die gleichheitsrechtlichen Ansprüche vor den Gerichten der Zivilgerichtsbarkeiten geltend gemacht werden (dazu (1)), im Rahmen öffentlichrechtlicher Streitigkeiten grundsätzlich vor denen der Verwaltungs-, Finanz- oder Sozialgerichtsbarkeit (dazu (2)). Ist jedoch eine verfassungsrechtliche Streitigkeit gegeben – was für die staatsrechtlichen Gleichheitssätze typischerweise der Fall sein dürfte –, so finden Rechtsbehelfe zu den Verfassungsgerichten statt (dazu (3)). Ein Sonderproblem stellt schließlich die Geltendmachung von Gleichheitssätzen in Bezug auf die Behandlung durch Gerichte selbst dar (dazu (4)).

*(1) Rechtsschutz in den Zivilgerichtsbarkeiten*

Hier stellt sich zunächst die Frage, wann für Klagen aus öffentlichrechtlichen Gleichheitssätzen[757] der ordentliche Rechtsweg überhaupt offen-

[757] Zu dem hierauf beschränkten Betrachtungsumfang dieser Arbeit siehe oben in und bei Fn. 36. Bei Klagen aus den in Fn. 31 genannten Gleichheitssätzen liegt es auf der Hand, dass es sich um bürgerliche Rechtsstreitigkeiten nach § 13 GVG beziehungsweise § 2 ArbGG handelt.

steht. Indes unterfällt nach der herrschenden Meinung[758] die Tätigkeit von Privatrechtssubjekten auch dann grundsätzlich – es sei denn, sie handeln als Beliehene – dem Privatrecht und infolgedessen der Zuständigkeit der ordentlichen Gerichte, wenn sie von Hoheitsträgern gegründet wurden oder beherrscht werden oder wenn sie in den Dienst der Daseinsvorsorge gestellt sind. Danach sind die ordentlichen Gerichte beispielsweise oft dann, wenn Bürger von gemeindeeigenen Betriebsgesellschaften die Zulassung zur Benutzung öffentlicher Einrichtungen begehren, dazu berufen, (auch) auf der Grundlage öffentlichrechtlicher Gleichheitssätze zu entscheiden.[759]

Das vor den ordentlichen und das vor den Arbeitsgerichten anzuwendende Prozessrecht ähnelt sich in den hier fraglichen Punkten weitgehend, weshalb im Folgenden allein die Zivilprozessordnung betrachtet wird, auf die das Arbeitsgerichtsgesetz zu großen Teilen verweist. Getrennt zu betrachten sind das Erkenntnisverfahren und das Vollstreckungsverfahren.

### (a) Erkenntnisverfahren

Soweit für die Geltendmachung eines Gleichbehandlungsanspruchs nach § 13 GVG der ordentliche Rechtsweg gegeben ist, wäre für beide Erfüllungsalternativen einzeln die Leistungsklage statthaft, da in der Zivilprozessordnung zwischen verschiedenen Handlungsformen des Staates nicht unterschieden wird. Die beiden Leistungsanträge können mit einem „oder" ohne Schwierigkeiten verbunden werden, denn es ist im Zivilprozessrecht anerkannt, dass man in Fällen der Wahlschuld ausnahmsweise einen alternativen Klageantrag stellen darf, was sonst grundsätzlich wegen Verstoßes gegen das Gebot eines bestimmten Antrags in § 253 Abs. 2 Nr. 2 ZPO unzulässig ist.[760]

---

[758] BVerwG, NVwZ 1990, 754; NVwZ 1991, 59; BVerwGE 97, 282 (283–285); 129, 9 (14 f.); *Ulrich Stelkens*, in: Paul Stelkens/Heinz Joachim Bonk/Michael Sachs (Hg.), VwVfG, 7. Aufl., 2008, § 35 Rn. 120; *Rolf Stober*, in: Rolf Stober/Winfried Kluth, Verwaltungsrecht, Bd. 1, 12. Aufl., 2007, § 23 Rn. 69; *Helge Sodan*, in: Helge Sodan/Jan Ziekow (Hg.), VwGO, 3. Aufl., 2010, § 40 Rn. 316 f., 346; a. A. *Dirk Ehlers*, in: Friedrich Schoch/Jens-Peter Schneider/Wolfgang Bier (Hg.), VwGO, 23. Lfg., 2012 (Stand der Bearbeitung: 1996), § 40 Rn. 297. Nach der herrschenden Meinung sind etwaige öffentlichrechtliche, insbesondere grundrechtliche Bindungen solcher Privatrechtssubjekte nicht rechtswegbestimmend und verwaltungsprivatrechtliche Streitigkeiten vor den ordentlichen Gerichten auszutragen (BVerwG, NVwZ 1991, 59; *Ekkehart Reimer*, in: BeckOK VwGO, Edition 22, 2012, § 40 Rn. 81).

[759] Eine derartige Konstellation beschreibt Fall 45 (S. 191).

[760] Siehe die Nachweise in Fn. 756.

*Fall 45:* Die Gemeinde G lässt eine Stadthalle durch eine GmbH betreiben, deren Alleingesellschafterin sie ist. Die GmbH beabsichtigt, die Stadthalle aus politischen Gründen unter Verstoß gegen einen Gleichheitssatz an V, aber nicht an U zu vermieten, die dort beide (an unterschiedlichen Tagen) je eine Wahlkampfveranstaltung durchführen möchten. U kann zur Geltendmachung seines Primäranspruchs die GmbH auf dem ordentlichen Rechtsweg in Anspruch nehmen[761] und beantragen, „die Beklagte zu verurteilen, die Stadthalle auch an den Kläger zu vermieten oder es zu unterlassen, die Stadthalle an V zu vermieten".

## (b) Vollstreckungsverfahren

Auf den alternativen Klageantrag hin kann ein Leistungsurteil mit alternativ gefasster Urteilsformel ergehen. Fraglich ist, wie einem solchen Urteil dann tatsächlich Geltung verschafft, wie ein solcher Titel also durchgesetzt werden kann. Das ist gleichbedeutend mit der Frage, wie auf der Ebene der Zwangsvollstreckung aus dem Titel mit diesem Problem umzugehen ist.

Hier wird die Auffassung vertreten, dass es sich bei der Erfüllung eines materiell alternativen Anspruchs um eine unvertretbare Handlung im Sinne des § 888 ZPO handele. Die Unvertretbarkeit besteht unabhängig davon, ob die beiden Alternativen, für sich genommen, jeweils vertretbar sind oder nicht. Der Charakter der Unvertretbarkeit rührt bei einer Wahlschuld vielmehr gerade daher, dass der Berechtigte eben genau und nur „A oder B" verlangen kann, nicht aber nach seiner Wahl „A" oder „B". Gestattete man ihm, nach seiner Wahl allein „A" oder „B" zu fordern – damit jedenfalls im Ergebnis einen Übergang des Wahlrechts auf ihn annehmend –, gäbe man dem Berechtigten mehr, als ihm zusteht. Das spricht also dagegen, dies zu tun, und dafür, die Frage letztlich im Vollstreckungsrecht zu lösen.

Aufgrund der dargestellten Gründe, aus denen die Wahl beim Verpflichteten liegen und bleiben soll,[762] ist darauf abzustellen, dass gerade diese Wahl dasjenige ist, was niemand sonst (außer dem Verpflichteten) vornehmen kann. Sie ist es, was die „kombinierte" Leistung, also das „A oder B" zur unvertretbaren Handlung macht. Sie verbindet die beiden Erfüllungsalternativen zu einer aus der Sicht des Anspruchsinhabers logisch untrennbaren Gesamtleistung. Sie ist das Leistungselement, das

---

[761] U kann auch die G selbst in Anspruch nehmen, dies aber dann (nach der sogenannten Zweistufentheorie [ausführlich hierzu in diesem Zusammenhang *Ulrich Stelkens*, in: Paul Stelkens/Heinz Joachim Bonk/Michael Sachs <Hg.>, VwVfG, 7. Aufl., 2008, § 35 Rn. 107–111, 117–122]) auf dem Verwaltungsrechtsweg (BVerwG, NVwZ 1991, 59; *Helge Sodan*, in: Helge Sodan/Jan Ziekow [Hg.], VwGO, 3. Aufl., 2010, § 40 Rn. 317).

[762] Siehe Kapitel 4, III 2.

von niemand anderem erfüllt werden kann. Nimmt man dies an, kommt man zwanglos dazu, die Vollstreckung eines solchermaßen titulierten materiell alternativen Anspruchs den auch sonst geltenden Regeln für die Vollstreckung unvertretbarer Handlungen zu unterwerfen.

Das regelmäßig vorgesehene Durchsetzungsmittel ist das des Zwangsgeldes (vergleiche § 888 Abs. 1 ZPO). Das ist auch sachgerecht: Der Anspruchsinhaber kann die Verhängung eines Zwangsgeldes gegen den im Prozess unterlegenen, also (zuvor bereits materiell, jetzt auch prozessual) Verpflichteten erreichen für den Fall, dass dieser die Wahl (immer noch) nicht vornimmt. Auf diese Weise dürfte (früher oder später) jeder Verpflichtete dazu gebracht werden, die ihm obliegende Wahl vorzunehmen. Ab diesem Zeitpunkt, also sobald diese Wahl vorgenommen ist, liegen die Dinge so wie bei jedem gewöhnlichen Leistungsanpruch gegen den Verpflichteten, der auf genau eine Leistung gerichtet ist, und dessen Vollstreckung wiederum richtet sich dann nach den allgemein dafür geltenden Regeln.

#### *(2) Rechtsschutz in der Verwaltungs-, Finanz- und Sozialgerichtsbarkeit*

Soweit für die Geltendmachung eines Gleichbehandlungsanspruchs der Rechtsweg zu den Verwaltungs-, Finanz- oder Sozialgerichten eröffnet ist, geben die Prozessordnungen die Unterscheidung verschiedener Klagearten vor, die in unterschiedlichen Kombinationen für die beiden Erfüllungsalternativen statthaft sein können.

##### (a) Leistungsklagen

Eine alternativ formulierte allgemeine Leistungsklage ist statthaft, wenn die Gleichbehandlung in beiden Alternativen durch eine andere Handlungsform als durch Verwaltungsakt herzustellen ist.

*Fall 46:* Der Rat der Gemeinde G beschließt, anlässlich eines Haushaltsüberschusses jedem Einwohner eine Zuwendung von 100 Euro zu gewähren; nur der politisch missliebige U soll davon ausgenommen sein. U kann zur Geltendmachung seines Primäranspruchs beantragen, „die Beklagte zu verurteilen, an den Kläger 100 Euro zu zahlen oder es zu unterlassen, einem anderen Einwohner 100 Euro zu zahlen".

Falls die Gleichbehandlung in beiden Alternativen nur durch ein positives Tun in Gestalt eines neuen Verwaltungsakts herzustellen ist, muss eine alternative Verpflichtungsklage erhoben werden, die aber als besondere Leistungsklage die gleiche Struktur aufweist. Denkbar ist auch ein Klageantrag, der eine allgemeine Leistungsklage und eine Verpflichtungsklage alternativ verbindet.

Wird der alternativen Leistungsklage stattgegeben, so ergeht ein alternativ tenoriertes Urteil. Für die Zwangsvollstreckung aus einem solchen Urteil gilt im Ausgangspunkt das gleiche, was oben über den Rechtsschutz in den Zivilgerichtsbarkeiten ausgesagt wurde.[763] Die Wahl des Verurteilten zwischen den Erfüllungsalternativen ist eine unvertretbare Handlung, wozu er mit einem Zwangsgeld angehalten werden kann (vergleiche § 172 VwGO).

(b) Keine Anfechtungsklage

Bestünde das positive Tun der einen Erfüllungsalternative in der Aufhebung eines Verwaltungsakts, so ist hierfür nach den Prozessordnungen gegenüber der Verpflichtungsklage grundsätzlich die Anfechtungsklage vorrangig, weil rechtsschutzintensiver.[764] Es könnte deshalb scheinen, als sei der alternativ strukturierte Gleichbehandlungsanspruch in einem solchen Falle mittels alternativer Häufung eines Anfechtungs- und eines Leistungs- (beziehungsweise Verpflichtungs)antrags zu verfolgen.

*Fall 47:* Die Behörde B hat unter Verstoß gegen einen Gleichheitssatz V durch Verwaltungsakt eine Zuwendung bewilligt, U dagegen nicht.

Hier wäre an einen Klageantrag zu denken, „den Bewilligungsbescheid aufzuheben oder den Beklagten zu verpflichten, U die Zuwendung zu bewilligen“. Einer solchen alternativen Verbindung eines Anfechtungs- und eines Leistungsantrags (hier in Gestalt eines Verpflichtungsantrags) steht jedoch entgegen, dass die Anfechtungsklage auf eine gestaltende Entscheidung des Gerichts abzielt. Eine solche Gestaltung vertrüge sich aber nicht mit der alternativen Tenorierung, die geboten ist, damit dem Gleichbehandlungsverpflichteten der ihm materiellrechtlich zustehende Entscheidungsspielraum zwischen den Erfüllungsalternativen verbleibe. In diesem Falle kann deshalb ein Vorrang der Anfechtungsklage nicht gelten und müssen zwei Leistungsanträge alternativ gehäuft werden, deren einer ausnahmsweise lautet: „den Beklagten zu verpflichten, den Verwaltungsakt aufzuheben“.

[763] Siehe Kapitel 4, IV 2 a aa (1) (b).

[764] Vergleiche *Dirk Ehlers*, in: Friedrich Schoch/Jens-Peter Schneider/Wolfgang Bier (Hg.), VwGO, 23. Lfg., 2012 (Stand der Bearbeitung: 1996), Vorbemerkung § 40, Rn. 90; anders aber wohl *Ferdinand O. Kopp/Ulrich Ramsauer*, VwVfG, 12. Aufl., 2011, § 48 Rn. 172.

### *(3) Rechtsschutz in der Verfassungsgerichtsbarkeit*

Vor dem Bundesverfassungsgericht kann der individualrechtliche Gleichbehandlungsanspruch (Primär- oder Sekundäranspruch) im Wege der Verfassungsbeschwerde geltend gemacht werden (Art. 93 Abs. 1 Nr. 4a GG). Diese Verfahrensart besitzt die hinreichende Flexibilität, um nicht nur die Vielfältigkeit der Sachverhalte, sondern auch die Zweigleisigkeit möglicher Anspruchsinhalte zu bewältigen. Für Verfassungsbeschwerden, deren Gegenstand ein Gesetz ist, hat das Bundesverfassungsgericht sich etwa zur Regel gemacht, nicht die Nichtigkeit des Gesetzes, sondern nur seine Unvereinbarkeit mit dem Grundgesetz festzustellen mit der Maßgabe für die Gesetzgebungsorgane, eine der Erfüllungsalternativen zu wählen.[765]

Für die staatsrechtlichen Gleichheitssätze kommen vorrangig die Verfahrensarten des Organstreits (Art. 93 Abs. 1 Nr. 1 GG) und des Bund-Länder-Streits (Art. 93 Abs. 1 Nr. 3 GG) in Betracht. Nicht zum Rechtsschutz desjenigen, der einen Gleichbehandlungsanspruch geltend machen will, zählen demgegenüber die objektiven Kontrollverfahren etwa nach Art. 93 Abs. 1 Nr. 2 und Art. 100 Abs. 1 GG.

### *(4) Rechtsschutz gegen den Richter*

Weitere besondere Konstellationen ergeben sich, wenn die Ungleichbehandlung durch Organe der Judikative erfolgt. Diese unterliegen gemäß Art. 1 Abs. 3 GG ebenfalls der Bindung an die Grundrechte. Eine innerprozessuale Ungleichbehandlung kann mit den nach den verschiedenen Prozessordnungen jeweils gegebenen Rechtsbehelfen gerügt werden. Die richterliche Unabhängigkeit nach Art. 97 Abs. 1 GG rechtfertigt Ungleichbehandlungen nicht für jede richterliche Entscheidung, sondern schließt im Hinblick auf Art. 3 Abs. 1 GG nur die Bindung an Vorentscheidungen, insbesondere solche anderer Gerichte aus. Dagegen wäre etwa eine willkürlich ungleiche Behandlung von Beteiligten desselben Verfahrens als Verstoß gegen Art. 3 Abs. 1 GG zu rügen.

*Fall 48:* Zwei Mitangeklagte mit gleicher Vorgeschichte stören in derselben Weise dieselbe Hauptverhandlung. Einer wird nach § 177 GVG ausgeschlossen, der andere nicht.

---

[765] Vergleiche zusammenfassend BVerfGE 93, 121 (148); aus der jüngsten Rechtsprechung etwa BVerfGE 129, 49 (75–77); aus dem Schrifttum siehe *Michael Sachs*, in: Klaus Stern, Staatsrecht, Bd. IV/2, 2011, S. 1584–1587; *Klaus Schlaich/Stefan Korioth*, Das BVerfG, 9. Aufl., 2012, Rn. 401–403; *Rainer Wernsmann*, Das gleichheitswidrige Steuergesetz, 2000, S. 79–129. Allgemein zur Unvereinbarerklärung *Christian Pestalozza*, Verfassungsprozeßrecht, 3. Aufl., 1991, § 20 Rn. 129 f.

*bb) Geltendmachung vor Unionsgerichten*

Ansprüche aus unionsrechtlichen Gleichheitssätzen können vor den Gerichten der Europäischen Union geltend gemacht werden; diesen obliegt die autoritative Auslegung des Unionsrechts. Betrachtet werden im Folgenden nur die praktisch bedeutsameren Sekundäransprüche. Sollte doch einmal ein Primäranspruch vor einem Unionsgericht geltend gemacht werden, wären die folgenden Überlegungen weitgehend zu übertragen.

*(1) Nichtigkeits- und Untätigkeitsklagen*

Sekundäransprüche aus dem oben[766] postulierten staatsrechtlichen Gleichheitssatz, aufgrund dessen die Organe der Europäischen Union die Mitgliedstaaten nicht ohne sachlichen Grund ungleich behandeln dürfen, können die Mitgliedstaaten als Gleichzubehandelnde und Berechtigte zunächst durch Nichtigkeitsklage nach Art. 263 Abs. 2 AEUV geltend machen. Diese privilegierten Klageberechtigten können auch ohne eigenes subjektives Recht den objektivrechtlichen Verstoß gegen einen unionsrechtlichen Gleichheitssatz (individual- oder staatsrechtlicher Art) rügen. Die gleiche Klageart steht den berechtigten Gleichzubehandelnden der individualrechtlichen Gleichheitssätze nach Art. 263 Abs. 4 AEUV offen, wenn sie sich durch die „an sie gerichteten oder sie unmittelbar und individuell betreffenden Handlungen" eines Unionsorgans oder durch „Rechtsakte mit Verordnungscharakter, die sie unmittelbar betreffen und keine Durchführungsmaßnahmen nach sich ziehen"[767], in ihrem Gleichheitsrecht verletzt glauben und nunmehr ihren Sekundäranspruch durchsetzen wollen.

Ein Problem ergibt sich allerdings aus der Alternativstruktur des Sekundäranspruchs, die es dem Unionsorgan wie jedem Gleichbehandlungsverpflichteten grundsätzlich erlaubt, zwischen den Erfüllungsalternativen zu wählen. Eine schlichte Aufhebung der mit der Nichtigkeitsklage angegriffenen Handlung durch Nichtigerklärung nach Art. 264 Abs. 1 AEUV nähme dem Verpflichteten diese Wahlmöglichkeit. Eine auf Nichtigerklärung gerichtete Klage geht also über den Sekundäranspruch des Klägers hinaus, wenn dieser sich nicht (wegen Wegfalls der anderen Erfüllungsalternative) ausnahmsweise auf die Erfüllungsalternative „Aufhebung der Handlung" beschränkt.[768] Entsprechend kommt

---

[766] Siehe oben Kapitel 2, II 4.

[767] Zur Reichweite dieser 2009 mit dem Vertrag von Lissabon eingeführten Formulierung vergleiche *Christoph Herrmann*, NVwZ 2011, 1352.

[768] Siehe Kapitel 4, III 3 a.

auch eine Untätigkeitsklage nach Art. 265 AEUV nur dann in Betracht, wenn der Sekundäranspruch ausnahmsweise auf die Erfüllungsalternative „Erstreckung der Handlung" beschränkt ist.

Dieses Problem stellt sich für das deutsche Prozessrecht in ähnlicher Weise, weshalb auch dort die der unionsrechtlichen Nichtigkeitsklage entsprechende Anfechtungsklage zur Geltendmachung des alternativen Sekundäranspruchs nicht in Betracht kommt; stattdessen ist zu einer Leistungsklage zu greifen, die strukturell auch zur Geltendmachung alternativer Ansprüche geeignet ist.[769] Im Unionsprozessrecht kommt jedoch die Schwierigkeit hinzu, dass eine allgemeine Leistungsklage als Ausweichmöglichkeit nicht zur Verfügung steht, weil die Art. 258–273 AEUV eine solche nicht vorsehen. In Betracht kommen nur die Untätigkeitsklagen nach Art. 265 AEUV, die dem Wortlaut dieser Bestimmung nach allerdings keine alternativen Klageanträge ermöglichen: Die Mitgliedstaaten können nach Art. 265 Abs. 1 AEUV nur die Unterlassung von „Beschlüssen" rügen,[770] natürliche und juristische Personen nach Art. 265 Abs. 3 AEUV nur die Unterlassung an sie gerichteter „Akte". Damit ein alternativer Sekundäranspruch geltend gemacht werden könne, ohne dass der Berechtigte ein Teilunterliegen riskieren müsste wie bei der Nichtigkeitsklage, müsste Art. 265 AEUV so ausgelegt werden, dass auch die Beantragung der Verurteilung zu einem von zwei alternativen Beschlüssen beziehungsweise von zwei alternativen Akten statthaft sei. Für diese Möglichkeit spricht immerhin der Umstand, dass die Sekundärverpflichtung aus den primärrechtlichen Gleichheitssätzen andernfalls strukturell nicht effektiv durchgesetzt werden könnte.

Der Europäische Gerichtshof geht allerdings einen anderen Weg.[771] Wird die gleichheitswidrige Verweigerung einer Begünstigung von dem Ungleichbehandelten mit der Nichtigkeitsklage angegriffen, so erklärt er die Verweigerung nach Art. 264 Abs. 1 AEUV für nichtig[772] und veranlasst das Unionsorgan damit zu einer erneuten Entscheidung unter Berücksichtigung seiner Rechtsauffassung. Bei Verordnungen, die Vergleichspersonen gleichheitswidrig begünstigen, wird die Feststellung der

---

[769] Siehe Kapitel 4, IV 2 a aa (2) (b).

[770] Außer Betracht bleiben kann hier die Frage, ob „Beschlüsse" nur solche im Sinne des Art. 288 Abs. 4 AEUV oder aber sämtliche Maßnahmen eines Organs sein können; vergleiche zu diesem Streit *Wolfram Cremer*, in: Christian Calliess/Matthias Ruffert (Hg.), EUV/AEUV, 4. Aufl., 2011, Art. 265 AEUV, Rn. 5 m. w. N.

[771] Dazu *Kerstin Odendahl*, in: F. Sebastian M. Heselhaus/Carsten Nowak (Hg.), Handbuch der Europäischen Grundrechte, 2006, § 43 Rn. 36 f.; *Uwe Kischel*, EuGRZ 1997, 1, 9.

[772] EuGH, verb. Rs. 129 und 274/82, Slg. 1984, 4127 – Charles Lux; Rs. 119/83, Slg. 1985, 2423 – Edmund Appelbaum (beide Entscheidungen zum Beamtenrecht).

Unvereinbarkeit unter Umständen mit einer Fortgeltungsanordnung für bestimmte Wirkungen des für nichtig erklärten Rechtsakts nach Art. 264 Abs. 2 AEUV verbunden, wodurch die Begünstigung nunmehr auch auf die Ungleichbehandelten ausgedehnt wird.[773]

*(2) Vorabentscheidungsverfahren*

Das Vorabentscheidungsverfahren zur Überprüfung von Sekundärrechtsakten am Maßstab der primärrechtlichen Gleichheitssätze nach Art. 267 Abs. 1 Buchstabe b AEUV kann von dem Berechtigten nicht unmittelbar eingeleitet werden und zählt insofern nicht zu den Rechtsschutzformen, die eine Geltendmachung von Gleichbehandlungsansprüchen erlauben. In diesem Verfahren wird entsprechend der Alternativstruktur der Sekundärverpflichtung die Unvereinbarkeit nur festgestellt und die Wahl zwischen den „mehrere[n] Möglichkeiten, die Gleichbehandlung [...] wieder herzustellen", dem Gleichbehandlungsverpflichteten überlassen[774].

*cc) Geltendmachung vor völkerrechtlich gebildeten Stellen*

Ansprüche aus den völkerrechtlichen Gleichheitssätzen können teilweise auch vor nach Völkerrecht gebildeten zwischenstaatlichen Stellen geltend gemacht werden. Durch völkerrechtlichen Vertrag errichtet sind insbesondere der Menschenrechtsausschuss nach Art. 28 Abs. 1 IPbürgR, der gemäß Art. 2 des Fakultativprotokolls[775] von Einzelpersonen angerufen werden kann,[776] sowie die Ausschüsse nach den besonderen Menschenrechtsverträgen.[777] Hinsichtlich des Menschenrechtsausschus-

[773] EuGH, Rs. 300/86, Slg. 1988, 3443 – Luc Van Landschoot (noch unter Heranziehung des damaligen Art. 174 Abs. 2 EWGV); Rs. 265/87, Slg. 1989, 2237 – Schräder.

[774] EuGH, verb. Rs. 117/76 und 16/77, Slg. 1977, 1753 – Ruckdeschel; verb. Rs. 124/76 und 20/77, Slg. 1977, 1795, 1813 – Moulins Pont-à-Mousson.

[775] Fakultativprotokoll vom 19. Dezember 1966 zum Internationalen Pakt über bürgerliche und politische Rechte; deutsches Zustimmungsgesetz vom 21. Dezember 1992 (BGBl. II, 1246).

[776] Zum Rechtsschutz durch den Menschenrechtsausschuss vergleiche monographisch *Christoph Pappa*, Das Individualbeschwerdeverfahren des Fakultativprotokolls zum Internationalen Pakt über bürgerliche und politische Rechte, 1996; im Überblick *Stefan Kadelbach*, in: Dirk Ehlers/Friedrich Schoch (Hg.), Rechtsschutz im Öffentlichen Recht, 2009, § 2 Rn. 13, 19–32; *Christoph Vedder*, in: HGR VI/2, 2009, § 174 Rn. 133–142, besonders 138–140.

[777] Zu den Ausschüssen, die nach den besonderen Menschenrechtsverträgen eingerichtet sind, und ihrer Tätigkeit vergleiche die Übersicht bei *Wouter Vandenhole*, The procedures before the UN human rights treaty bodies: divergence or conver-

ses ist umstritten, ob er als (quasi-)richterliche Stelle angesehen werden sollte.[778] Jedenfalls hat er unparteiisch zu entscheiden (Art. 38 IPbürgR). Zu den völkerrechtlich gebildeten Stellen zählen aber auch die Menschenrechtsgerichte des regionalen Völkerrechts, namentlich der durch Art. 19 EMRK errichtete Europäische Gerichtshof für Menschenrechte.

Den vorgefundenen völkerrechtlich gebildeten Stellen ist gemeinsam, dass ihre Entscheidungsgewalt meist nicht so weit reicht, dass sie vollstreckbare Leistungsurteile fällen oder rechtsgestaltend die Aufhebung nach staatlichem Recht gesetzter Normen aussprechen könnten;[779] Hoheitsrechte sind diesen Stellen also im Allgemeinen nicht übertragen.[780] Vielmehr werden regelmäßig nur Verstöße von Staaten gegen Bestimmungen völkerrechtlicher Verträge festgestellt und gegebenenfalls noch ihre Behebung überwacht[781]. Die Schwierigkeit, genaue Anträge für einen Leistungstenor zu formulieren, stellt sich anders als im deutschen und im Unionsrecht deshalb hier nicht, da von vornherein lediglich die Feststellung begehrt werden kann, dass ein Gleichheitssatz verletzt worden sei.

Diese Feststellung dürfte sich regelmäßig auf die Verletzung der gleichheitsrechtlichen Primärverpflichtung beziehen. Die Beseitigung der festgestellten Ungleichbehandlung, also die Sekundärverpflichtung,

---

gence?, 2004, S. 7–73; sowie *dens.*, Non-discrimination and equality in the view of the UN human rights treaty bodies, 2005, S. 36–86; ferner *Christoph A. Spenlé/Jan Skalski*, SZIER 2012, 9 (11–13).

[778] Dazu *Manfred Nowak*, CCPR Commentary, 2. Aufl., 2005, Art. 28 Rn. 4; *Wouter Vandenhole*, The procedures before the UN human rights treaty bodies: divergence or convergence?, 2004, S. 73; Gleiches gilt danach für die Ausschüsse, die nach den besonderen Menschenrechtsverträgen eingerichtet sind.

[779] Ausnahmen hiervon bilden etwa die Berufungskammer der Zentralkommission für die Rheinschiffahrt und der Berufungsausschuss der Moselkommission, denen die Befugnis zukommt, Urteile staatlicher Gerichte aufzuheben; zu beiden Stellen *Christian Tomuschat*, in: Rudolf Dolzer u. a. (Hg.), Bonner Kommentar zum GG, 157. Lfg., 2012 (Stand der Bearbeitung: 42. Lfg., 1981), Art. 24 Rn. 108 f.; *Rolf Hannich*, in: Rolf Hannich (Hg.), Karlsruher Kommentar zur StPO, 6. Aufl., 2008, § 14 GVG Rn. 1.

[780] Vergleiche *Christian Hillgruber*, in: Bruno Schmidt-Bleibtreu/Franz Klein (Hg.), GG, 12. Aufl., 2011, Art. 24 Rn. 23 f.; *Rudolf Streinz*, in: Michael Sachs (Hg.), GG, 6. Aufl., 2011, Art. 24 Rn. 30–36; *Ingolf Pernice*, in: Horst Dreier (Hg.), GG, Bd. II, 2. Aufl., 2006, Art. 24 Rn. 24 f., 27; *Christian Tomuschat*, in: Rudolf Dolzer u. a. (Hg.), Bonner Kommentar zum GG, 157. Lfg., 2012 (Stand der Bearbeitung: 42. Lfg., 1981), Art. 24 Rn. 107–117a.

[781] Schon für letzteres war anfänglich umstritten, ob überhaupt eine (implizite) Kompetenz des Menschenrechtsausschusses dazu bestehe, siehe *Christoph Pappa*, Das Individualbeschwerdeverfahren des Fakultativprotokolls zum Internationalen Pakt über bürgerliche und politische Rechte, 1996, S. 323 m. N.

hat der Berechtigte dann zunächst wieder in dem gleichbehandlungsverpflichteten Staate durchzusetzen. Da die Sekundärverpflichtung aber ebenso zum Inhalt der völkervertraglich übernommenen Gleichbehandlungspflicht zählt (und zwischen beiden Verpflichtungsinhalten zumeist nicht unterschieden wird), bestehen insoweit keine Unterschiede gegenüber dem Verfahren zur Durchsetzung der Primärverpflichtung.

*b) Geltendmachung des Anspruchs nach Wegfall einer Erfüllungsalternative*

Fällt wegen tatsächlicher oder rechtlicher Unmöglichkeit eine der Erfüllungsalternativen weg, so gibt es die gewöhnlichen Rechtsbehelfe des jeweils einschlägigen Rechtswegs zur Erlangung der verbleibenden Erfüllungsalternative, also typischerweise die – nunmehr nicht-alternative – Leistungsklage.[782] Bemerkenswert sind insoweit nur zwei Gesichtspunkte des (deutschen) Prozessrechts, die kurz Erwähnung finden sollen: zum einen die Wirkungen eines Eintritts der Unmöglichkeit nach Einlegung eines alternativ gefassten Rechtsbehelfs (dazu aa), zum anderen das Statthaftwerden einer Anfechtungsklage in bestimmten Konstellationen vor den öffentlichrechtlichen Gerichten (dazu bb).

*aa) Wirkungen des Wegfalls einer Erfüllungsalternative während des Prozesses*

Tritt die Unmöglichkeit erst während der Rechtshängigkeit eines bereits eingelegten alternativ gefassten Rechtsbehelfs ein, so führt dies nicht ohne Weiteres zu dessen Erledigung, weil der dann mögliche unbedingte Antrag ein prozessuales Mehr gegenüber dem – wegen der Unmöglichkeit nicht mehr zweckmäßigen – alternativen Antrag darstellt, das nach der Regel *ne ultra petita* (§ 308 ZPO) nicht ohne Weiteres zugesprochen werden kann. Zum Übergang auf den unbedingten Antrag bedarf es im deutschen Prozessrecht deshalb einer Klageänderung (§ 263 ZPO, § 91 Abs. 1 VwGO), die freilich gemäß § 264 Nr. 2 ZPO nicht als solche anzusehen ist, da sie nur den Klageantrag in der Hauptsache erweitert.

In Verfahren vor den Unionsgerichten kann sich theoretisch dieselbe Frage stellen, in Verfahren vor den völkerrechtlichen Stellen dagegen nicht, weil dort ohnehin nur Rechtsverletzungen festgestellt werden.

---

[782] Um nur ein Beispiel zu Art. 3 Abs. 1 GG zu nennen: Im Falle von BVerwGE 55, 349 (351 f.), wurde ein Sekundäranspruch als Zahlungsanspruch mit einer nicht-alternativen allgemeinen Leistungsklage geltend gemacht (die andere Erfüllungsalternative schied wegen eines Begünstigungsaufhebungsverbots [siehe Kapitel 4, III 3 a bb (1)] aus, was in dem Urteil aber nicht angesprochen wird).

### *bb) Statthaftwerden der Anfechtungsklage*

Die Anfechtungsklage ist statthaft, wenn die Ungleichbehandlung selbst durch Verwaltungsakt erfolgt war und ihre Beseitigung nur durch die Aufhebung dieses Verwaltungsakts zu erlangen ist, weil die andere Erfüllungsalternative weggefallen ist. Dann geht der Sekundäranspruch nämlich auch in der verbleibenden Alternative eigentlich auf ein positives Tun, nämlich die Aufhebung des Verwaltungsakts, und hierfür stellt das Prozessrecht die Anfechtungsklage zur Verfügung (§ 42 Abs. 1 Fall 1 VwGO, § 40 Abs. 1 Fall 1 FGO, § 54 Abs. 1 S. 1 Fall 1 SGG), die als rechtsschutzintensivere Klageart das Rechtsschutzbedürfnis für eine auf einen aufhebenden Verwaltungsakt gerichtete Verpflichtungsklage entfallen lässt.[783]

Eine Anfechtungsklage ist danach denkbar (1) gegen die eigene Belastung (bei Ausfall der Alternative „Belastung der Vergleichsperson“) oder (2) gegen die Begünstigung der Vergleichsperson (bei Ausfall der Alternative „eigene Begünstigung“).

Die erste Konstellation sei veranschaulicht durch den folgenden

*Fall 49:* Der Anspruchsteller wird aufgrund eines Steuergesetzes gleichheitswidrig belastet; eine Belastung der Vergleichsperson ist einfachgesetzlich nicht vorgesehen und kann wegen des Rückwirkungsverbots auch nicht nachträglich geschaffen werden.

Ist die rückwirkende Belastung der Vergleichsperson somit verfassungsrechtlich unmöglich, bleibt dem Anspruchsteller nur die Abwehr der eigenen Belastung.[784] Wenn die Belastung durch Verwaltungsakt (Steuerbescheid) geschah, ist die Anfechtungsklage die statthafte Rechtsschutzform.[785] Bewirkt wie im Fall 49 bereits das Gesetz die Ungleichbehandlung, wird im Rahmen der zunächst gegen die Vollzugsakte gerichteten Abwehr das eigentlich zugrunde liegende Gesetz im Wege der konkreten Normenkontrolle nach Art. 100 Abs. 1 GG beseitigt werden müssen.

---

[783] Vergleiche die Nachweise in Fn. 764.

[784] Die aufgrund des Steuergesetzes *für die Zukunft* zu erwartende Ungleichbehandlung kann dagegen auf beide Weisen abgestellt werden. Dies gilt freilich nur, wenn als Grundrechtsverpflichteter die Legislative angegangen wird, denn die Exekutive kann ja auch hier nicht die Alternative „Belastung der Vergleichsperson“ wählen, denn es fehlt an einer einfachgesetzlichen Rechtsgrundlage. Für die Verwaltung bestehen bezüglich der Vergangenheit zwei Hindernisse: das Rückwirkungsverbot und das Fehlen einer Rechtsgrundlage; für die Legislative nur eines: das Rückwirkungsverbot – und das fällt im Falle des Abstellens der *zukünftigen* Ungleichbehandlung ja weg.

[785] § 40 Abs. 1 Fall 1 FGO.

Für die zweite Konstellation betrachte man den folgenden

*Fall 50:* Der Anspruchsteller wendet sich gegen den gleichheitswidrig eine Subvention zugunsten der Vergleichsperson festsetzenden Verwaltungsakt; die Subvention ist noch nicht ausgezahlt. Für die Subventionierung des Anspruchstellers fehlt es an einem Haushaltstitel.

Da hier die Ungleichbehandlung von Stellen der Exekutive als Gleichbehandlungsverpflichteten nicht im Wege der Begünstigung (auch) des Anspruchstellers beseitigt werden kann, ist dieser darauf verwiesen, die Begünstigung der Vergleichsperson anzugreifen. Der die Vergleichsperson begünstigende Verwaltungsakt wird auf die Anfechtungsklage des Anspruchstellers hin aufgehoben (da die Subvention noch nicht ausgezahlt ist, besteht hier nach allgemeinem Verwaltungsrecht noch kein Vertrauensschutz, vergleiche § 48 Abs. 2 VwVfG).

## V. Zusammenfassung

Die Verwirklichung einer tatbestandlichen Ungleichbehandlung muss jeder Verpflichtete eines Gleichheitssatzes unterlassen. Dies ist seine Primärverpflichtung aus dem Gleichheitssatz.[786] Der Verpflichtete kann zu ihrer Erfüllung das fragliche Verhalten entweder sowohl in Bezug auf den Gleichzubehandelnden als auch in Bezug auf die Vergleichsperson zeigen oder aber in Bezug auf beide davon absehen. Dabei kann es vorkommen, dass eine der damit bezeichneten zwei Erfüllungsalternativen unmöglich ist; in diesem Falle zwingen ihn die Unmöglichkeit und der Gleichheitssatz zusammen zu der jeweils anderen.[787]

Tritt eine Ungleichbehandlung ein – sei es, dass der Verpflichtete die Primärverpflichtung verletzt, sei es, dass deren beide Erfüllungsalternativen unmöglich sind[788] –, so folgt aus dem Gleichheitssatz eine Sekundärverpflichtung, diese Ungleichbehandlung zu beseitigen. Auch diese Verpflichtung weist eine Alternativstruktur auf.[789] Der Verpflichtete kann entweder sein Verhalten, das die Ungleichbehandlung begründet hat, rückgängig machen, also den bisher Begünstigten entgünstigen beziehungsweise den bisher Belasteten entlasten, oder sein Verhalten in Richtung auf den bisher nicht davon Betroffenen ausdehnen, also auch

[786] Kapitel 4, II 1.
[787] Kapitel 4, II 2 a.
[788] Kapitel 4, II 2 b.
[789] Kapitel 4, III 1.

den bisher Übergangenen begünstigen beziehungsweise auch den bisher Verschonten belasten.

Jeder dieser vier zur Erfüllung der Sekundärverpflichtung theoretisch gegebenen Wege – von denen grundsätzlich zwei im Falle einer gleichheitswidrigen Begünstigung (einer Vergleichsperson) und zwei im Falle einer gleichheitswidrigen Belastung (des Gleichzubehandelnden) offenstehen – kann wegen rechtlicher oder tatsächlicher Unmöglichkeit jedoch versperrt sein. Die Sekundärverpflichtung beschränkt sich dann auf den verbleibenden Weg. Ist auch dieser versperrt, so ist sie insgesamt ausgeschlossen.

Die objektivrechtlichen Verpflichtungen der Gleichheitssätze zeigen typischerweise auch eine subjektivrechtliche Wirkung.[790] Sie verleihen dann den Gleichzubehandelnden – gegebenenfalls (an deren statt oder zusätzlich) auch Dritten – Abwehrrechte gegen Ungleichbehandlungen. Diese haben die Gestalt von Ansprüchen zunächst auf Unterlassung zu besorgender tatbestandsmäßiger Ungleichbehandlungen (Primäranspruch), sodann auf Beseitigung eingetretener Ungleichbehandlungen (Sekundäranspruch). Wie die objektivrechtlichen Verpflichtungen sind die Ansprüche alternativ strukturiert. Ihr Wahlschuldcharakter entfällt nur, wenn eine der Erfüllungsalternativen (anfänglich oder nachträglich) wegfällt; fallen beide Erfüllungsalternativen weg, so geht der Anspruch insgesamt unter.

Geltend zu machen sind die Ansprüche aus Gleichheitssätzen vor den jeweils zuständigen Gerichten oder – im Falle der menschenrechtlichen Gleichheitssätze – vor den etwa zuständigen gerichtsähnlichen völkerrechtlichen Stellen.[791] Soweit die hier jeweils geltenden Verfahrensordnungen Leistungsanträge zulassen, zwingt die Alternativstruktur der Gleichbehandlungsansprüche dazu, die Verurteilung zu beiden Erfüllungsvarianten alternativ zu beantragen. Soweit dagegen Rechtsverletzungen nur festgestellt werden können, bleibt die Wahl einer der Alternativen zur nunmehrigen Erfüllung des Gleichbehandlungsanspruchs ohnehin Aufgabe des Verpflichteten. Da das Prozessrecht der Europäischen Union eine allgemeine Leistungsklage nicht vorsieht, ist es, um wirksamen Rechtsschutz auch vor den Unionsgerichten zu gewährleisten, angezeigt, Art. 265 AEUV weit auszulegen.

[790] Kapitel 4, IV 1.

[791] Kapitel 4, IV 2.

## Kapitel 5

# Konkurrenzen

Wie bei anderen Mehrheiten von Rechtsnormen ist auch bei den Gleichheitssätzen auf die Folgen zu achten, die es hat, wenn mehr als einer von diesen (oder einer in mehrfacher Hinsicht) auf einen Sachverhalt anzuwenden ist. Die damit aufgeworfene Frage nach den Konkurrenzverhältnissen zwischen Gleichheitssätzen beantwortet sich grundsätzlich in gleicher Weise wie bei anderen Rechtsnormen, weshalb im Folgenden keine grundständige Erörterung geboten ist.[792] Stattdessen soll das Augenmerk auf die Besonderheiten gerade der gleichheitsrechtlichen Konkurrenzen gerichtet werden.[793]

Im Mittelpunkt steht dabei die Unterscheidung zwischen den Fällen echter Kollision, also eines Norm(inhalts)widerspruchs[794] dergestalt, dass jemandem ein Verhalten zugleich geboten und verboten wird, und zwischen sonstigen Fällen der Beteiligung mehrerer Gleichheitssätze. Zum Zwecke der Abgrenzung seien die letzteren durch Bildung einiger Fallgruppen zunächst betrachtet (unter I). Anschließend sollen die echten Kollisionen untersucht werden – insbesondere im Hinblick darauf, ob es derartige Fälle überhaupt geben kann (dazu II). Mit dem Begriff der Kollision nicht gemeint ist hier die gegenseitige Behinderung von

---

[792] Zu Konkurrenzen zwischen den Grundrechten des Grundgesetzes siehe nur *Wilfried Berg*, in: HGR III, 2009, § 71; aus dem älteren Schrifttum namentlich *Jürgen Schwabe*, Probleme der Grundrechtsdogmatik, 1977 (2. Aufl. 1997), S. 324–333.

[793] Zu Konkurrenzen zwischen Gleichheitssätzen und Freiheitsrechten des Grundgesetzes vergleiche *Christoph Spielmann*, Konkurrenz von Grundrechtsnormen, 2008, S. 292–324, der zu dem Ergebnis kommt, zumindest ein „logischer Rechtsfolgenwiderspruch“ komme nicht Betracht (ebd., S. 303). Die Rechtsprechung des Bundesverfassungsgerichts wird nachgezeichnet bei *Winfried Rohloff*, Zusammenwirken von allgemeinem Gleichheitssatz und Freiheitsgewährleistungen, 1992.

[794] Hinsichtlich der Norm*geltung* besteht dagegen kein Widerspruch, weil eine Rechtsordnung nicht widerspruchsfrei zu sein braucht; vergleiche etwa *Jörg Kammerhofer*, in: Gedenkschrift für Robert Walter, im Erscheinen.

(Grund-)Rechtsträgern untereinander, die teilweise ebenfalls unter dem Begriff der Kollision erörtert wird.[795]

## I. Einschlägigkeit mehrerer Gleichheitssätze ohne Kollision

Mehrere Gleichheitssätze können auf einen Sachverhalt nebeneinander anwendbar sein, ohne dass es deswegen zu einer echten Kollision käme. Hierfür gibt es zwei Mechanismen: Ihre Rechtsfolgen können in dem Sinne miteinander vereinbar sein, dass der Verpflichtete sie zugleich befolgen kann (dazu 1), und ihre Tatbestände können in dem Sinne exklusiv sein, dass sie nie in demselben Fall zugleich gegeben sein können (dazu 2).

### *1. Gleichzeitige, aber erfüllbare Bindung durch zwei gleichheitsrechtliche Verbote (Vereinbarkeit der Rechtsfolgen)*

Eine echte Kollision tritt nicht schon dann ein, wenn zwei Gleichheitssätze in der Weise zusammenwirken, dass dem Verpflichteten alle Handlungsmöglichkeiten auf einem Gebiet genommen werden, solange dieser noch durch schlichtes Unterlassen beiden Gleichheitssätzen zugleich genügen kann. Steht etwa ein Gleichheitssatz der Erhebung dem Betrag nach unterschiedlich hoher Steuern entgegen, so lässt er als Kehrseite notwendig nur eine Kopfsteuer zu. Verbietet dann aber ein anderer Gleichheitssatz eine nicht an der Leistungsfähigkeit ausgerichtete Besteuerung, so bleibt dem Staate nur die Handlungsalternative, weder die eine noch die andere Steuer zu erheben – diese Möglichkeit bleibt ihm (jedenfalls gleichheitsrechtlich) aber eben doch, und so zwingen ihn die beiden Gleichheitssätze nicht, dasselbe zugleich zu tun und zu lassen.

Ein Unterfall dieser Konstellation ist die inhaltlich gleichartige Bindung durch zwei verschiedene Gleichheitssätze. Wenn dieselbe Ungleichbehandlung zweimal verboten ist, braucht sie nur einmal unterlassen zu werden – damit werden beide Gleichheitssätze befolgt.

### *2. Einschlägigkeit zweier Gleichheitssätze, aber Bindung nur durch einen (Exklusivität der Tatbestände)*

Auch dann, wenn zwei Gleichheitssätze dieselbe Ungleichbehandlung (identische Personenkonstellation, identisches zugrundegelegtes Prädi-

[795] Dazu etwa *Herbert Bethge*, in: HGR III, 2009, § 72 (besonders Rn. 28 zur Begrifflichkeit).

kat) unterschiedlich bewerten, also der eine Gleichheitssatz sie verbietet, der andere sie zulässt, stellt dies keine Kollision dar.[796] Denn es ist demjenigen, den beide Gleichheitssätze verpflichten, möglich, gegen keinen von beiden zu verstoßen, indem er sich nach dem einzigen Gleichheitssatz richtet, der in dieser Lage überhaupt eine Rechtsfolge anordnet, nämlich ein Verbot ausspricht. Das liegt insbesondere dort auf der Hand, wo ein Gleichheitssatz gerade mit Rücksicht auf die Anwendbarkeit des anderen, *in concreto* ein Verbot aussprechenden Gleichheitssatzes keine Rechtsfolgenanordnung trifft, also bei tatbestandlicher Exklusivität zwischen zwei Gleichheitssätzen.[797]

Tatbestandliche Exklusivität bedeutet Auslegung eines Gleichheitssatzes dahingehend, dass bestimmte Ungleichbehandlungen aus dessen sachlichem Anwendungsbereich herausfallen, welche vorrangig von einem spezielleren Gleichheitssatze erfasst werden, weil man davon ausgehen könne, dass der Normgeber sich mit den von diesem erfassten Sachbereichen besonders auseinandergesetzt habe und dafür besondere Wertungen habe gelten machen wollen. Ein solcher Vorrang kann – will man ihn annehmen – besonders auf zwei Gesichtspunkte gestützt werden: einerseits darauf, dass der möglicherweise vorrangige Satz ein sachlich begrenzter Gleichheitssatz ist,[798] andererseits darauf, dass es sich dabei um einen anknüpfungsabhängigen (Katalog-)Gleichheitssatz handelt.[799]

---

[796] Ebenso *Christoph Spielmann*, Konkurrenz von Grundrechtsnormen, 2008, S. 221.

[797] Richtig daher *Wilfried Berg*, in: HGR III, 2009, § 71 Rn. 18: „im Gleichheitsbereich [entsteht] die eigentliche Konkurrenzproblematik […] nicht erst auf der Rechtsfolgenseite, sondern bereits mit der Tatbestandsverwirklichung".

[798] Für tatbestandliche Exklusivität zwischen Art. 3 Abs. 1 GG und den sachlich begrenzten Gleichheitssätzen des Grundgesetzes etwa *Friedhelm Hufen*, Staatsrecht II, 2. Aufl., 2009, § 39 Rn. 10 (allgemein), BVerfGE 99, 1 (10 – für das Verhältnis zu Art. 28 Abs. 1 S. 2, Art. 38 Abs. 1 S. 1 GG). Ebenso, aber ohne Unterscheidung zwischen den sachlich begrenzten und den anknüpfungsabhängigen „besonderen" Gleichheitssätzen des Grundgesetzes *Wilfried Berg*, in: HGR III, 2009, § 71 Rn. 32; *Ingo von Münch*, Staatsrecht, Bd. 2, 5. Aufl., 2002, Rn. 570.

[799] Für tatbestandliche Exklusivität zwischen Art. 3 Abs. 1 GG und den anknüpfungsabhängigen (Katalog-)Gleichheitssätzen des Grundgesetzes etwa *Friedhelm Hufen*, Staatsrecht II, 2. Aufl., 2009, § 39 Rn. 10 (allgemein), BVerfGE 6, 55 (71); 9, 237 (248 f. – beide zu Art. 6 Abs. 1 GG); 59, 128 (156 – zu Art. 3 Abs. 3 GG); ebenso, aber ohne Unterscheidung zwischen den sachlich begrenzten und den anknüpfungsabhängigen „besonderen" Gleichheitssätzen des Grundgesetzes, *Wilfried Berg*, in: HGR III, 2009, § 71 Rn. 32; *Ingo von Münch*, Staatsrecht, Bd. 2, 5. Aufl., 2002, Rn. 570; a. A. *Lerke Osterloh*, in: Michael Sachs (Hg.), GG, 6. Aufl., 2011, Art. 3 Rn. 77–79 m. w. N. (im Verhältnis der Absätze des Art. 3 GG nur „Wertungsvorrang der jeweils spezielleren Regelung" [Rn. 79]). Entsprechend für Art. 20 EUGRCh im

In beiden Fällen wäre dann jeweils noch die weitere Frage zu beantworten, ob ein solcher Vorrang schon dann gegeben sein soll, wenn der als vorrangig in Betracht genommene Gleichheitssatz sachlich einschlägig ist[800] – beim sachlich begrenzten Gleichheitssatz also: die Ungleichbehandlung sachlich erfasst ist,[801] beim anknüpfungsabhängigen Gleichheitssatz: die Ungleichbehandlung an die Katalogeigenschaft anknüpft[802] –, oder ob ein Vorrang nur dann bestehen soll, wenn dessen Tatbestand zur Gänze erfüllt ist,[803] er die Ungleichbehandlung also verbietet.[804] Die Folgen sind hier unterschiedlich:

Ist infolge der Annahme tatbestandlicher Exklusivität ein zurücktretender Gleichheitssatz schon dann nicht mehr zu prüfen, wenn der vorrangige Gleichheitssatz für eine Ungleichbehandlung sachlich einschlägig ist, wirkt sich dies besonders dann aus, wenn für einen Sachbereich ein Gleichheitssatz gilt, der Ungleichbehandlungen gestattet, die der nunmehr zurücktretende Gleichheitssatz sonst verböte. Nur in einer solchen Fallgestaltung würde sich die tatbestandliche Exklusivität im

---

Verhältnis zu Art. 21 EUGRCh *Hans D. Jarass*, Charta der Grundrechte der Europäischen Union, 2010, Art. 20 Rn. 5, Art. 21 Rn. 6, 30.

[800] In diesem Sinne schreibt *Ekkehart Stein*, in: Erhard Denninger u. a. (Hg.), Alternativkommentar zum GG, 3. Aufl., 2. Lfg., 2002 (Stand der Bearbeitung: Grundwerk, 2001), Art. 3 Abs. 1 Rn. 78: „Der allgemeine Gleichheitssatz des Art. 3 Abs. 1 ist nicht zu zitieren, wenn eine Frage in den Anwendungsbereich eines besonderen Gleichheitssatzes fällt" (Hervorhebung nicht wiedergegeben). Gegen eine derartige „sachliche Sperrwirkung" für die Gleichheitssätze des Grundgesetzes *Christoph Spielmann*, Konkurrenz von Grundrechtsnormen, 2008, S. 215–217.

[801] Siehe oben Kapitel 3, II 3.

[802] Siehe oben Kapitel 3, IV.

[803] Einschließlich des etwaigen negativen Tatbestandsmerkmals „Fehlen einer Rechtfertigung", siehe oben Kapitel 3, V.

[804] Beide Auslegungsmöglichkeiten sind in der Rechtsprechung des Bundesverfassungsgerichts zu Art. 3 Abs. 1 GG vertreten worden. Für Unanwendbarkeit des Art. 3 Abs. 1 GG schon bei sachlicher Einschlägigkeit des spezielleren Gleichheitssatzes etwa BVerfGE 9, 237 (248 f. – zu Art. 6 Abs. 1 GG: „Da der Gesetzgeber, ohne gegen Art. 6 Abs. 1 GG zu verstoßen, berechtigt war, für den Nachweis der Ernsthaftigkeit von Verträgen zwischen Ehegatten strengere Voraussetzungen zu stellen als bei Verträgen zwischen anderen Personen, stellt sich nicht mehr die Frage, ob § 26a Abs. 1 Satz 2 EStG 1957 mit dem allgemeinen Gleichheitssatz vereinbar ist." [ebd., S. 249]); für Unanwendbarkeit erst bei Erfüllung des ganzen Tatbestands des spezielleren Gleichheitssatzes, also bei Verbot der Ungleichbehandlung durch diesen, dagegen BVerfGE 6, 55 (71 – zu Art. 6 Abs. 1 GG); 59, 128 (156 – zu Art. 3 Abs. 3 GG: „Nach der Rechtsprechung des Bundesverfassungsgerichts bleibt für eine Prüfung am Maßstab des allgemeinen Gleichheitssatzes kein Raum mehr, wenn die zu prüfende einfache Gesetzesnorm einer speziellen Grundrechtsnorm zuwiderläuft [...]. Soweit dies nicht der Fall sein sollte, ist auch Art. 3 Abs. 1 GG Prüfungsmaßstab."); unklar BVerfGE 13, 290 (295–297).

Sinne einer Sperrwirkung des sachlich begrenzten Gleichheitssatzes auch im Ergebnis auswirken. Ob es solche Fälle im geltenden Recht allerdings überhaupt gibt, ist fraglich. Im Übrigen erscheint die Annahme tatbestandlicher Exklusivität dagegen allenfalls als prüfungswirtschaftlich vorteilhaft, aber dogmatisch folgenlos.

Wird demgegenüber eine tatbestandliche Exklusivität nur in dem Sinne angenommen, dass erst die vollständige Erfüllung des Tatbestands des vorrangigen Gleichheitssatzes die Anwendbarkeit des zurücktretenden Gleichheitssatzes ausschließt, so bleibt sie für die insgesamt bestehende gleichheitsrechtliche (Primär- wie Sekundär-)Verpflichtung wiederum folgenlos. Denn in diesem Falle spricht der vorrangige Gleichheitssatz schon ein Verbot der Ungleichbehandlung aus, das der zurücktretende Gleichheitssatz ohnehin nicht mehr entkräften könnte. Allenfalls dann, wenn sich an den zurücktretenden Gleichheitssatz noch weitere Rechtsfolgen anschlössen, die der vorrangige nicht auslöste, würde sich die Unanwendbarkeit des ersteren praktisch auswirken. Das wäre etwa denkbar, wenn es für die Verletzung einiger Gleichheitssätze Schmerzensgeld gäbe und für die Verletzung anderer nicht.

## II. Echte Kollision zwischen Gleichheitssätzen

Gleichheitssätze verbieten bestimmte Ungleichbehandlungen. Zwischen ihnen kann es zu Kollisionen kommen, wenn die von einem Gleichheitssatz verbotene Ungleichbehandlung gerade von einem anderen Gleichheitssatz geboten ist. In diesem Falle treffen den Verpflichteten zugleich ein Verbot und ein Gebot desselben Verhaltens, was die Frage danach aufwirft, ob die betrachtete Rechtsordnung für solche widersprüchlichen Verhaltenspflichten Kollisionsnormen bereithalte, also Normen, welche die rechtlichen Forderungen an den so Verpflichteten widerspruchsfrei machen, indem sie eine der widersprüchlichen Verhaltenspflichten für unanwendbar erklären.

Zu echten Kollisionen zwischen Gleichheitssätzen kann es vor allem dann kommen, wenn gleichheitsrechtliche Verpflichtungen durch den Wegfall einer Erfüllungsalternative infolge Unmöglichkeit auf definitive Handlungs- oder Unterlassungspflichten reduziert sind. Hier ist es denkbar, dass der eine Gleichheitssatz eine Handlung definitiv gebietet, deren Unterlassung der andere definitiv verlangt.

Ohne dass eine gleichheitsrechtliche Verpflichtung auf eine definitive Pflicht verdichtet wäre, wird eine echte Kollisionslage dagegen kaum jemals eintreten – zum einen wegen der Alternativstruktur gleichheitsrechtlicher Verpflichtungen[805] und zum anderen wegen der Möglichkeit tatbestandlicher Korrektur (nicht zuletzt über das Merkmal der Rechtfertigung)[806]. Auch wenn nicht ersichtlich ist, dass derartige Fälle praktisch einmal vorgekommen wären, soll im Folgenden kurz dargelegt werden, dass die logische Möglichkeit einer solchen Kollisionslage gleichwohl auch dann besteht, wenn die Verpflichtungen noch alternativ strukturiert sind.

### *1. Voraussetzungen einer gleichheitsrechtlichen Kollisionslage*

Man betrachte das Dreiecksverhältnis eines Verpflichteten zu einem Gleichzubehandelnden A und einer Vergleichsperson B im Hinblick auf zwei Ungleichbehandlungen, die durch die handlungsbezogenen Prädikate *g* und *h* bezeichnet seien. Eine Kollisionslage besteht dann, wenn sich keine der beiden Möglichkeiten, A und B hinsichtlich *g* gleich zu behandeln, mit einer der beiden Möglichkeiten, A und B hinsichtlich *h* gleich zu behandeln, vereinbaren lässt, jede der vier Kombinationen also logisch unmöglich ist. Dies sei mittels einer Tabelle veranschaulicht:

| | *Sowohl A als auch B werden h-behandelt.* | *Weder A noch B werden h-behandelt.* |
|---|---|---|
| *Sowohl A als auch B werden g-behandelt.* | Die Kombination müsste logisch ausgeschlossen sein. | Die Kombination müsste logisch ausgeschlossen sein. |
| *Weder A noch B werden g-behandelt.* | Die Kombination müsste logisch ausgeschlossen sein. | Die Kombination müsste logisch ausgeschlossen sein. |

Diese Lage mit ihren vier Voraussetzungen kann überhaupt nur bei geeigneter Bestimmung der Prädikate *g* und *h* eintreten. Eine solche Bestimmung, die zu einer Kollisionslage führen kann, soll im Folgenden beispielhaft vorgenommen werden.

### *2. Ein abstraktes Beispiel für eine Kollisionslage*

Beschreiben die Prädikate *g* und *h* beide je ein positives Tun des Verpflichteten, so ist ein Tun hinsichtlich *g* mit einem Unterlassen hinsichtlich *h* grundsätzlich vereinbar. Das Gleiche gilt, wenn umgekehrt beide Prädikate ein Unterlassen beschreiben. Gewählt seien deshalb Prädikate, deren Inhalte abhängig von der Person, worauf sie sich beziehen, einmal ein Tun und ein andermal ein Unterlassen beschreiben.

[805] Dazu Kapitel 5, I 1.
[806] Dazu Kapitel 5, I 2.

Solche Prädikate sind logisch möglich, wenn auch im positiven Recht kaum von Bedeutung. Sie lassen sich insbesondere konstruieren in Bezug auf einen zweiwertigen Status, der einer Person entweder zukommt oder nicht zukommt (nachfolgend: „C-Status"). Es werde *g* also gefasst als „verhält sich so, dass bezüglich (jemandes) anschließend der C-Status positiv ist", und *h* als „ändert (jemandes) C-Status". Dann ist *g* ein gemischtes Handlungs- und Unterlassungsprädikat, denn bezüglich einer Person, deren C-Status bereits positiv ist, beschreibt *g* ein Unterlassen, bezüglich einer bislang C-negativen Person dagegen ein Tun; *h* ist dagegen ein gewöhnliches Handlungsprädikat. Daher ist auch die Negation von *h* ein gewöhnliches Unterlassungsprädikat, während Nicht-g wiederum entweder ein Unterlassen (bezüglich einer Person, deren C-Status bereits negativ ist) oder ein Tun (bezüglich einer Person, deren C-Status positiv ist) erfordern kann.

Nun habe A einen negativen und B einen positiven C-Status. Wenn jetzt ein Gleichheitssatz die Ungleichbehandlung von A und B hinsichtlich *g* verbietet und ein Gleichheitssatz ihre Ungleichbehandlung hinsichtlich *h*, so liegt eine Kollision vor, weil der Verpflichtete nicht beide Verbote zugleich befolgen kann.

Keine der vier denkbaren Kombinationen ist hier logisch möglich. Denn *h*-behandelt der Verpflichtete sowohl A als auch B, ändert er also ihren jeweiligen C-Status, so bedeutet dies zugleich einerseits, dass er sich hinsichtlich des A so verhält, dass dessen C-Status anschließend positiv ist, A also *g*-behandelt, und andererseits, dass er sich hinsichtlich des B nicht so verhält, dass dessen C-Status anschließend positiv ist, weil dieser infolge der Änderung negativ wird; B wird also nicht *g*-behandelt. Mit der *h*-Behandlung beider ist also weder die *g*-Behandlung beider noch die Nicht-*g*-Behandlung beider vereinbar. Werden demgegenüber weder A noch B *h*-behandelt, lässt der Verpflichtete also beider C-Status unverändert, so verhält er sich zwar hinsichtlich des B, aber nicht hinsichtlich des A so, dass dessen C-Status anschließend positiv ist. Auch mit der Nicht-*h*-Behandlung beider ist also weder die *g*-Behandlung beider noch die Nicht-*g*-Behandlung beider vereinbar. Diese Zusammenhänge seien in Ausfüllung der oben vorgestellten Tabelle[807] noch einmal veranschaulicht:

[807] Siehe Kapitel 5, II 1.

| | *Sowohl A als auch B werden h-behandelt.* | *Weder A noch B werden h-behandelt.* |
|---|---|---|
| *Sowohl A als auch B werden g-behandelt.* | Die Änderung des bisher positiven C-Status von B zu einem negativen durch dessen *h*-Behandlung ist mit dessen *g*-Behandlung unvereinbar, weil diese einen anschließend positiven C-Status erfordert. | Die *g*-Behandlung des A, dessen C-Status bisher negativ ist, bedeutet die Änderung dieses Status, also die *h*-Behandlung des A; auch diese Kombination ist deshalb ausgeschlossen. |
| *Weder A noch B werden g-behandelt.* | Die Änderung des bisher negativen C-Status von A durch dessen *h*-Behandlung ist mit dessen Nicht-*g*-Behandlung unvereinbar, weil diese einen anschließend negativen C-Status erfordert. | Die Nicht-*g*-Behandlung des B, dessen C-Status bisher positiv ist, impliziert die Änderung dieses Status, also die *h*-Behandlung des B; auch diese Kombination ist deshalb ausgeschlossen. |

Greifbarer kann dieses recht blutleer daherkommende abstrakte Beispiel derzeit wohl nur in ganz fiktiver Weise gemacht werden.

*Beispiel:* Den C-Status einer Person könnte man etwa dahingehend definieren, dass er deren personenstandsrechtliche Eintragung als „weiblichen Geschlechts" bezeichnete (vergleiche § 21 Abs. 1 Nr. 3 PStG, §§ 8–10 TSG). Das Prädikat *h* lautete dann „verändert (jemandes) Eintragungszustand als ‚weiblichen Geschlechts'" – bezüglich einer nicht als weiblichen Geschlechts eingetragenen Person also auf „weiblichen Geschlechts", bezüglich einer als weiblichen Geschlechts eingetragenen Person also auf ein anderes Geschlecht. Das Prädikat *g* dagegen hieße „verhält sich so, dass (jemand) anschließend als ‚weiblichen Geschlechts' eingetragen ist" – bezüglich einer nicht als weiblichen Geschlechts eingetragenen Person bedeutete das, diese Eintragung herbeizuführen, bezüglich einer bereits als weiblichen Geschlechts eingetragenen Person, eine Veränderung dieser Eintragung zu unterlassen. B ist als „weiblichen Geschlechts" eingetragen, A nicht.

Verbieten nun gedachte Gleichheitssätze die Ungleichbehandlung von A und B sowohl hinsichtlich *g* als auch hinsichtlich *h*, tritt das eben abstrakt beschriebene Problem auf: Zum einen können nicht gleichzeitig bei beiden die Eintragungen geändert *und* die Eintragung „weiblichen Geschlechts" herbeigeführt werden; zum andern können nicht gleichzeitig bei beiden die Eintragungen *nicht* geändert werden, ohne dass bei einem anschließend „weiblichen Geschlechts" eingetragen wäre. Insofern besteht also eine Kollisionslage.

### 3. Folgen einer gleichheitsrechtlichen Kollisionslage

Tritt bei der Anwendung von Gleichheitssätzen tatsächlich einmal eine Kollisionslage ein, so wirft deren Behandlung keine gleichheitsrechtsspezifischen Probleme auf.[808] Insbesondere ist dann, wenn die einander widersprechenden Ungleichbehandlungsverbote aus verschiedenen Normen folgen, danach zu fragen, ob in der betrachteten Rechtsordnung – wie für das deutsche Recht allgemein angenommen – Kollisionsnormen in dem Sinne gelten, dass bei Eintritt einer Kollision eine Norm von einer anderen (etwa höherrangigen, spezielleren oder jüngeren) Norm verdrängt wird.

[808] Für die Gleichheitssätze des Grundgesetzes untersucht das Thema „Konkurrenzauflösung“ durch „Vorrangentscheidung“ *Christoph Spielmann*, Konkurrenz von Grundrechtsnormen, 2008, S. 223–229.

## Kapitel 6

# Zusammenfassung in Thesen

## I. Grundsätzliches

(1) Gleichheitssätze sind Normen, die es jemandem (dem Verpflichteten) verbieten, ein Verhalten in Bezug auf eine bestimmte Person (den Gleichzubehandelnden) und nicht zugleich auch in Bezug auf eine andere bestimmte Person (die Vergleichsperson) zu zeigen.[809]

(2) Vorgefunden wurden Gleichheitssätze zugunsten privater Rechtsträger (individualrechtliche Gleichheitssätze) und Gleichheitssätze zugunsten von Hoheitsträgern (staatsrechtliche Gleichheitssätze) jeweils verschiedener Rechtsetzungsebenen.[810]

(3) Alle Gleichheitssätze, ungeachtet der Rechtsordnung und der Rechtsetzungsebene, der sie angehören, lassen sich mit Hilfe der in dieser Arbeit vorgestellten und im Folgenden noch einmal knapp zusammengefassten Strukturelemente beschreiben. Die Beschreibung entlang dieser Strukturelemente ermöglicht es zugleich, die zwischen den Gleichheitssätzen gleichwohl bestehenden Unterschiede angemessen zu erfassen.

## II. Tatbestandsstruktur

### *1. Persönlicher Anwendungsbereich*

(4) Für jeden Gleichheitssatz ist zunächst der persönliche Anwendungsbereich genau festzustellen. In dieser Hinsicht sind drei Personengruppen zu bilden: die der Gleichbehandlungsverpflichteten, die der Gleichzubehandelnden und die der Vergleichspersonen.[811]

(5) Der Kreis der Gleichzubehandelnden und der Kreis der Vergleichspersonen fallen zwar meistens zusammen, bei manchen Gleich-

---

[809] Zu dieser Definition oben Kapitel 3, VII.
[810] Kapitel 2.
[811] Kapitel 3, I.

heitssätzen jedoch auch auseinander, und müssen deshalb gedanklich voneinander getrennt werden. Ein zu betrachtendes Vergleichspaar besteht immer aus einem Gleichzubehandelnden und einer Vergleichsperson. Im ersten Falle müssen beide Seiten des jeweils betrachteten Vergleichspaares aus einem Gleichzubehandelnden und einer Vergleichsperson jenem gemeinsamen Personenkreis angehören, im zweiten Falle ist jeweils ein Gleichzubehandelnder mit einer Vergleichsperson aus dem anderen Personenkreis zu vergleichen.[812]

(6) Die betrachtete Vergleichsperson muss zunächst nicht dem betrachteten Gleichzubehandelnden „wesentlich gleich" oder „vergleichbar" sein. Die damit bezeichneten wertenden Gesichtspunkte haben vielmehr in der Rechtfertigungsprüfung ihren Platz.[813]

## 2. *Zurechenbare und sachlich erfasste Ungleichbehandlung*

(7) Eine Ungleichbehandlung liegt vor, sobald es eine handlungsbezogene Aussage über den Gleichbehandlungsverpflichteten gibt, die auf einen Gleichzubehandelnden zutrifft und auf (irgend)eine Vergleichsperson nicht. Die so bestimmte Ungleichbehandlung weist damit stets eine Handlungsseite und eine Unterlassungsseite auf. Die Bildung eines Vergleichspaars genügt, die Bildung von Vergleichsgruppen ist nicht erforderlich.[814]

(8) Die Ermittlung einer *differentia specifica* zwischen dem Gleichzubehandelnden und der Vergleichsperson ist erst für die Rechtfertigung einer festgestellten Ungleichbehandlung sinnvoll. Es bedarf ihrer dagegen noch nicht für die Feststellung, dass überhaupt eine Ungleichbehandlung vorliege, sondern nur für die Prüfung, ob sie auch vorliegen dürfe.[815]

(9) Die Ungleichbehandlung muss dem Gleichbehandlungsverpflichteten zuzurechnen sein. Soweit ein Gleichheitssatz nicht nur einen Staat als Ganzen, sondern auch dessen einzelne Körperschaften und Organe verpflichtet, kommt auch eine Zurechnung an mehrere Verpflichtete zugleich in Betracht, wenn in einem hierarchischen Aufbau der übergeordnete Verpflichtete auch als für das Verhalten des nachgeordneten Verpflichteten verantwortlich erscheint.[816]

(10) Es lassen sich sachlich unbegrenzte und sachlich begrenzte Gleichheitssätze danach unterscheiden, ob sie auf Ungleichbehandlungen aller Art anwendbar sind oder ob sie die möglichen Gegenstände

[812] Kapitel 3, I 3 (insbesondere a).
[813] Kapitel 3, I 3 b.
[814] Kapitel 3, II 1 b und c.
[815] Kapitel 3, II 1 c dd sowie ergänzend V 3 a.
[816] Kapitel 3, II 2.

erfasster Ungleichbehandlungen eingrenzen. Der Begriff „besondere Gleichheitssätze" ist unterkomplex, weil er die sachlich begrenzten nicht von den anknüpfungsabhängigen Gleichheitssätzen (siehe These 15) unterscheidet.[817]

(11) Ein Gebot bestimmter Ungleichbehandlungen („Ungleiches ungleich zu behandeln") sollte den Gleichheitssätzen, deren Wortlaut schon in die entgegengesetzte Richtung deutet, nicht entnommen werden. Für die betroffenen Fälle ist diese Konstruktion auch nicht notwendig, weil die jeweils problematisierte Gleichbehandlung stets auch als Ungleichbehandlung erfasst werden kann.[818]

### *3. Nachteiligkeit*

(12) Ein eigenes Strukturelement der meisten Gleichheitssätze ist die Nachteiligkeit der Ungleichbehandlung für den Ungleichbehandelten. Hierüber werden Fälle ausgeschieden, in denen sich ein persönlicher Bezug des Ungleichbehandelten zu der Ungleichbehandlung weder über eine eigene Belastung noch über die Vorenthaltung einer einer Vergleichsperson gewährten Begünstigung herstellen lässt.[819]

(13) Auch die Begünstigung einer Vergleichsperson ist dem Ungleichbehandelten nachteilig. Eine einschränkende Auslegung von Gleichheitssätzen zu dem Zwecke, dieses Ergebnis als einen „Neidanspruch" zu vermeiden, ist grundsätzlich abzulehnen.[820]

(14) Belastung und Begünstigung einer Person schließen sich nicht wechselseitig aus, wenn nicht auf die subjektive Empfindung des Betroffenen abgestellt, sondern ein objektivierter Maßstab angewandt wird.[821]

### *4. Verbotene Anknüpfung*

(15) Der Tatbestand einiger Gleichheitssätze ist nur gegeben, wenn die Ungleichbehandlung an eine bestimmte Eigenschaft, die der Gleichzubehandelnde tatsächlich oder vermeintlich hat, anknüpft. Solche Gleichheitssätze, auch „Diskriminierungsverbote" genannt, benennen meist einen Katalog von Eigenschaften (oder Kategorien von Eigenschaften), an die nicht angeknüpft werden darf. Sie werden deshalb hier als anknüpfungsabhängige oder „Kataloggleichheitssätze" bezeichnet,

---

[817] Kapitel 3, II 3 sowie (zum Verhältnis der beiden Unterscheidungen „sachliche Begrenztheit" und „Anknüpfungsabhängigkeit" zueinander) IV 3.

[818] Kapitel 3, II 5.

[819] Kapitel 3, III (insbesondere – zu den ausgeschiedenen Fallgruppen – 3).

[820] Kapitel 3, III 2.

[821] Kapitel 3, III 2.

die in diesen Gleichheitssätzen als Bezugspunkte der verbotenen Anknüpfung benannten Eigenschaften als „Katalogeigenschaften“.[822]

(16) Die Anknüpfung einer Ungleichbehandlung an eine Eigenschaft setzt voraus, dass die (Vorstellung des Verpflichteten von der) Eigenschaft des Ungleichbehandelten ursächlich für die Ungleichbehandlung ist. Für die Prüfung einer Anknüpfung sollte zwischen sprachlichen (symbolischen) und nichtsprachlichen Handlungen unterschieden werden, denn eine sprachliche Handlung knüpft schon dann an eine Eigenschaft an, wenn sie ausdrücklich auf diese Bezug nimmt.[823]

(17) Das unter dem Schlagwort „mittelbare Diskriminierung“ diskutierte Thema kann – wenn es überhaupt den Kataloggleichheitssätzen zugeordnet und nicht auf dem Weg verschärfter Rechtfertigungsanforderungen bei einem einschlägigen anknüfungsunabhängigen Gleichheitssatz erledigt werden soll – entweder schon auf der Stufe der Katalogeigenschaften oder aber erst auf der Stufe der Anknüpfung an eine Katalogeigenschaft verortet werden; auch insoweit handelt es sich um eine Frage der Auslegung des jeweiligen Kataloggleichheitssatzes. Die erste Variante bedeutet, die für die Annahme einer mittelbaren Diskriminierung in Betracht kommenden Merkmale selbst zu Katalogeigenschaften dieses Gleichheitssatzes zu erklären. Die zweite Variante besteht darin, in der vordergründigen Anknüpfung an eine nicht ausdrücklich im Katalog aufgeführte Eigenschaft zugleich eine Anknüpfung an eine Katalogeigenschaft zu sehen.[824]

## 5. *Fehlende Rechtfertigung*

(18) Letztes Strukturelement von Gleichheitssätzen und zugleich Schwerpunkt der rechtswissenschaftlichen Diskurse zu Gleichheitsfragen ist das Fehlen einer Rechtfertigung. Die Rechtfertigung ist als Teil des Tatbestandes anzusehen; sie hat den Charakter eines negativen Tatbestandsmerkmals.[825]

(19) Dabei bedarf es zunächst für jeden betrachteten Gleichheitssatz der Vergewisserung, ob bei Vorliegen einer im Übrigen tatbestandsmäßigen Ungleichbehandlung eine Möglichkeit zu deren Rechtfertigung überhaupt noch besteht.[826]

(20) Trotz aller verschiedenen Ansätze dazu, wie eine Rechtfertigung genau bewirkt werden kann, zeigt sich eine gemeinsame Grundstruktur darin, dass die Rechtfertigung bei allen (eine Rechtfertigung überhaupt

---

[822] Kapitel 3, IV pr.

[823] Kapitel 3, IV 2.

[824] Kapitel 3, IV 1 c und 2 b bb.

[825] Kapitel 3, V.

[826] Kapitel 3, V 1.

zulassenden) Gleichheitssätzen einen objektiv bestehenden Unterschied zwischen dem Gleichzubehandelnden und der Vergleichsperson voraussetzt, der die Ungleichbehandlung tragen kann. Zur dogmatischen Konkretisierung der letzteren Voraussetzung, der des Tragenkönnens, wurden einige Vorschläge erörtert, anhand welcher Kriterien ihr Vorliegen beurteilt werden kann.[827]

(21) Die Übernahme des freiheitsrechtlichen Verhältnismäßigkeitsmaßstabs in die Rechtfertigungsanforderungen von Gleichheitssätzen bringt dabei für die Dogmatik der Gleichheitsrechte keinen Gewinn. Das liegt insbesondere daran, dass die dann notwendigen Erforderlichkeits- und Angemessenheitsprüfungen die Möglichkeiten voraussetzen, die Schwere (Intensität) von Ungleichbehandlungen zu vergleichen; hierfür gibt es jedoch noch keine sinnvollen Kriterien.[828]

### *6. Grundstruktur des Tatbestandes von Gleichheitssätzen*

(22) Die vorstehenden Thesen noch einmal zusammenfassend, ergibt sich das folgende Schema, mit dem die dogmatische Struktur von Gleichheitssätzen im Allgemeinen erfasst und beschrieben werden kann:

1. Persönlicher Anwendungsbereich
   a) Gleichbehandlungsverpflichteter
   b) Gleichzubehandelnder
   c) Vergleichsperson
2. Ungleichbehandlung des Gleichzubehandelnden im Verhältnis zur Vergleichsperson durch den Gleichbehandlungsverpflichteten
3. *Bei sachlich begrenzten Gleichheitssätzen:*
   Zuordnung der Ungleichbehandlung zu deren Gegenstandsbereich
4. Nachteiligkeit der Ungleichbehandlung für den Gleichzubehandelnden
5. *Bei Kataloggleichheitssätzen:*
   Anknüpfung an eine Katalogeigenschaft
6. *Bei Möglichkeit einer Rechtfertigung bei dem betrachteten Gleichheitssatz:*
   Fehlen eines tragfähigen Unterschieds zwischen dem Gleichzubehandelnden und der Vergleichsperson

---

[827] Kapitel 3, V 3.

[828] Kapitel 3, V 3 b cc (2).

## III. Rechtsfolgenstruktur

### *1. Inhalt der gleichheitsrechtlichen Verpflichtung*

(23) Die aus einem Gleichheitssatz folgende Verpflichtung ist auf die Abwehr ungerechtfertigter Ungleichbehandlungen gerichtet. Jeder Gleichheitssatz gibt dem Verpflichteten primär deren Unterlassung, sekundär deren Beseitigung auf.[829]

(24) Die Primär- ebenso wie die Sekundärverpflichtung haben den Charakter einer Wahlschuld mit Wahlrecht des Verpflichteten, weil logisch stets genau zwei Alternativen für die Unterlassung oder Beseitigung von Ungleichbehandlungen denkbar sind und Gleichheitssätzen keine Bevorzugung einer der Alternativen innewohnt. Die gleichheitsrechtliche Verpflichtung ist insofern nur „modal".[830]

(25) Erfüllungsalternativen können – anfänglich oder nachträglich – wegfallen und hierdurch eine Beschränkung der Verpflichtung auf die verbleibende Alternative bewirken; dieses Problem stellt sich praktisch vor allem im Rahmen der Sekundärverpflichtung. Zu dem Wegfall einer Erfüllungsalternative kann es durch den Eintritt tatsächlicher oder rechtlicher Unmöglichkeit kommen. Gleichheitssätze sollten grundsätzlich so ausgelegt werden, dass in diesem Falle die Verpflichtung weicht, also nicht nur nicht erfüllbar ist, sondern auch selbst keine Geltung mehr beansprucht.[831]

(26) „Gleichheit im Unrecht" darf ein Gleichbehandlungsverpflichteter deshalb nicht gewähren, weil er kein Unrecht begehen darf. Hierin liegt keine Besonderheit der Gleichheitssätze. Die den Verpflichteten außerhalb der Gleichheitssätze treffenden Rechtspflichten können aber zur rechtlichen Unmöglichkeit von Erfüllungsalternativen der gleichheitsrechtlichen Primär- oder Sekundärverpflichtung führen und damit die konkrete Wirkung der Gleichheitssätze beeinflussen.[832]

### *2. Ansprüche aus Gleichheitssätzen*

(27) Die Gleichheitssätze zeigen typischerweise auch subjektivrechtliche Wirkungen, indem sie Abwehrrechte gegen Ungleichbehandlungen gewähren. Diese haben die Gestalt von Ansprüchen zunächst auf Unterlassung zu besorgender tatbestandsmäßiger Ungleichbehandlungen

[829] Kapitel 4, I (pr. und 1).

[830] Kapitel 4, II 1 und III 1 sowie (zur subjektivrechtlichen Seite) IV 1 d; zur „Modalität" in und bei Fn. 659.

[831] Kapitel 4, III 3.

[832] Kapitel 4, III 3 a bb pr.

(Primäranspruch), sodann auf Beseitigung eingetretener Ungleichbehandlungen (Sekundäranspruch).[833]

(28) Inhaber des Gleichbehandlungsanspruchs kann der Gleichzubehandelnde, aber auch ein Dritter sein. Der Kreis der Berechtigten eines Gleichheitssatzes und der Kreis der diesem zufolge Gleichzubehandelnden können auseinanderfallen.[834]

(29) Wie die objektivrechtlichen Verpflichtungen sind die Ansprüche alternativ strukturiert. Der Wahlschuldcharakter entfällt nur, wenn eine der Erfüllungsalternativen – anfänglich oder nachträglich – wegfällt; fallen beide Erfüllungsalternativen weg, so geht der Anspruch unter.[835]

(30) Der Sekundäranspruch verdichtet sich dann und nur dann zu einer Pflicht zur Gewährung einer spezifischen Begünstigung, wenn die einem anderen gleichheitswidrig gewährte Begünstigung diesem nicht entzogen werden kann.[836] Dieses Leistungsrecht wird mitunter als „derivatives Teilhaberecht" bezeichnet, aber ist von den auf ermessensfehlerfreie Entscheidung gerichteten Teilhaberechten zu trennen; solche Teilhaberechte ergeben sich (höchstens) aus dem Freiheitsrecht, dessen Verwirklichung die Teilhabe dienen soll.[837]

(31) Zu einem Anspruch auf Beseitigung einer gleichheitswidrigen Belastung verengt sich der Sekundäranspruch genau dann, wenn die Belastung der Vergleichsperson nicht nachgeholt werden kann.[838]

(32) Wird jede Erfüllungsalternative unmöglich, ist die Verletzung des Gleichheitssatzes endgültig. Weitere Folgen dieser endgültigen Rechtsverletzung (Wiedergutmachungsansprüche, Feststellungsklagen) bestimmen sich nach dem allgemeinen Staatshaftungsrecht.[839]

(33) Bei der Geltendmachung von Gleichbehandlungsansprüchen zwingt deren Alternativstruktur dazu, die Verurteilung zu beiden Erfüllungsvarianten alternativ zu beantragen, soweit die jeweils geltende Verfahrensordnung Leistungsanträge zulässt. Soweit dagegen Rechtsverletzungen nur festgestellt werden können, bleibt die Wahl einer der Alternativen zur nunmehrigen Erfüllung des Gleichbehandlungsanspruchs ohnehin Aufgabe des Verpflichteten. Hat sich dagegen der Anspruchsinhalt auf eine der Erfüllungsalternativen verengt, so ergeben sich prozessual keine Besonderheiten.[840]

---

[833] Kapitel 4, IV 1 (insbesondere d).
[834] Kapitel 4, IV 1 a.
[835] Kapitel 4, IV 1 d und e.
[836] Kapitel 4, IV 1 e aa.
[837] Vergleiche hierzu noch Kapitel 3 pr. und Kapitel 4, I 2.
[838] Kapitel 4, IV 1 e aa.
[839] Kapitel 4, IV 1 e bb.
[840] Kapitel 4, IV 2.

### *3. Schemata zur dogmatischen Erfassung von Ansprüchen aus Gleichheitssätzen*

(34) Da nicht alle Gleichheitssätze subjektive Rechte vermitteln, wurden in dieser Arbeit zunächst die aus den Gleichheitssätzen folgenden Verpflichtungen, danach erst die häufig damit einhergehenden Ansprüche auf Einhaltung dieser Verpflichtungen in den Blick genommen. Die nachfolgenden Schemata sollen zeigen, wie die Prüfung von Gleichheitsrechten nach dem hier entwickelten Ansatz praktisch gehandhabt werden kann. Je ein Schema wird vorgeschlagen für die Prüfung eines gleichheitsrechtlichen Primär- und eines gleichheitsrechtlichen Sekundäranspruchs.

#### *a) (Primär-)Anspruch auf Unterlassung einer Ungleichbehandlung*

1. Anspruchsvoraussetzungen
   a) Persönlicher Anwendungsbereich
      aa) Zugehörigkeit des Anspruchsgegners zum Verpflichtetenkreis
      bb) Zugehörigkeit des Anspruchstellers zum Berechtigtenkreis
      cc) Vorhandensein einer tauglichen Vergleichsperson
   b) Bevorstehen einer Ungleichbehandlung
      aa) zurechenbare Handlung (Tun oder Unterlassen) des Anspruchsgegners in Richtung auf den Anspruchsteller
      bb) zurechenbare gegenteilige Handlung (Unterlassen oder Tun) des Anspruchsgegners in Richtung auf die Vergleichsperson
   c) *Bei sachlich begrenzten Gleichheitssätzen:* Zuordnung der Ungleichbehandlung zu deren Gegenstandsbereich
   d) Nachteiligkeit der Ungleichbehandlung für den Anspruchsteller: *entweder* Belastung des Anspruchstellers *oder* Begünstigung der Vergleichsperson
   e) *Bei Kataloggleichheitssätzen:* Bevorstehen einer Anknüpfung der Ungleichbehandlung an eine (tatsächliche oder vermeintliche) Katalogeigenschaft des Anspruchstellers = Verursachung der Ungleichbehandlung durch die Vorstellung des Anspruchsgegners, der Anspruchsteller weise die Katalogeigenschaft auf
   f) *Bei Möglichkeit einer Rechtfertigung:* Fehlen eines objektiv bestehenden Unterschiedes zwischen dem Anspruchsteller und der Vergleichsperson, der die Ungleichbehandlung tragen kann
2. Anspruchsinhalt: Unterlassung der Ungleichbehandlung
   Das bedeutet: die fragliche Handlung (oben 1 b aa) in Richtung sowohl auf den Anspruchsteller als auch auf die Vergleichsperson entweder vorzunehmen oder zu unterlassen.
   Der Anspruchsinhalt konkretisiert sich jedoch auf die Vornahme gegenüber beiden oder auf die Unterlassung gegenüber beiden, wenn die jeweils andere Erfüllungsalternative unmöglich ist.
3. Kein Ausschluss des Anspruchs wegen Unmöglichkeit beider Erfüllungsalternativen

### *b) (Sekundär-)Anspruch auf Beseitigung einer Ungleichbehandlung*

1. Anspruchsvoraussetzungen
   a) Persönlicher Anwendungsbereich
      aa) Zugehörigkeit des Anspruchsgegners zum Verpflichtetenkreis
      bb) Zugehörigkeit des Anspruchstellers zum Berechtigtenkreis
   b) Vorliegen einer Ungleichbehandlung
      aa) zurechenbare Handlung (Tun oder Unterlassen) des Anspruchsgegners in Richtung auf den Anspruchsteller
      bb) zurechenbare gegenteilige Handlung (Unterlassen oder Tun) des Anspruchsgegners in Richtung auf eine taugliche Vergleichsperson
   c) *Bei sachlich begrenzten Gleichheitssätzen:* Zuordnung der Ungleichbehandlung zu deren Gegenstandsbereich
   d) Nachteiligkeit der Ungleichbehandlung für den Anspruchsteller: *entweder* Belastung des Anspruchstellers *oder* Begünstigung der Vergleichsperson
   e) *Bei Kataloggleichheitssätzen:* Anknüpfung der Ungleichbehandlung an eine (tatsächliche oder vermeintliche) Katalogeigenschaft des Anspruchstellers = Verursachung der Ungleichbehandlung durch die Vorstellung des Anspruchsgegners, der Anspruchsteller weise die Katalogeigenschaft auf
   f) *Bei Möglichkeit einer Rechtfertigung:* Fehlen eines objektiv bestehenden Unterschiedes zwischen dem Anspruchsteller und der Vergleichsperson, der die Ungleichbehandlung tragen kann
2. Anspruchsinhalt: Beseitigung der Ungleichbehandlung
   Das bedeutet: die fragliche Handlung (oben 1 b aa) *entweder* in Richtung auf den Anspruchsteller aufzuheben *oder* auch in Richtung auf die Vergleichsperson vorzunehmen.
   Der Anspruchsinhalt konkretisiert sich jedoch auf eine der beiden Erfüllungsalternativen, wenn die jeweils andere unmöglich ist.
3. Kein Ausschluss des Anspruchs wegen Unmöglichkeit beider Erfüllungsalternativen

## IV. Konkurrenzen

(35) Unterliegt ein Verpflichteter bei einem bestimmten Verhalten mehreren Gleichheitssätzen oder demselben Gleichheitssatz mehrmals, so kann er die sich aus diesen ergebenden Pflichten in aller Regel gleichzeitig befolgen. Zu einem Konkurrenzproblem im Sinne einer echten (Pflichten-)Kollision kommt es dann nicht.[841]

(36) Erst recht kommt es zu einer Kollision nicht, wenn die Tatbestände der Gleichheitssätze so aufeinander abgestimmt sind, dass bei Anwendbarkeit (sei es bei sachlicher Einschlägigkeit oder erst bei voll-

[841] Kapitel 5, I 1.

ständiger Tatbestandsverwirklichung) des einen schon der Tatbestand des anderen nicht mehr gegeben ist (tatbestandliche Exklusivität).[842]

(37) Echte Kollisionen können vor allem zwischen gleichheitsrechtlichen Verpflichtungen auftreten, die sich wegen Unmöglichkeit einer Erfüllungsalternative auf eine definitive Pflicht verdichtet haben. Zwischen alternativ strukturierten gleichheitsrechtlichen Verhaltenspflichten sind echte Kollisionen zwar ebenfalls logisch möglich, sie scheinen aber im geltenden Recht nicht vorzukommen.[843]

---

[842] Kapitel 5, I 2.
[843] Kapitel 5, II.

# Schrifttumsverzeichnis


*Adamietz, Laura:* Geschlecht als Erwartung. Das Geschlechtsdiskriminierungsverbot als Recht gegen Diskriminierung wegen der sexuellen Orientierung und der Geschlechtsidentität, Baden-Baden 2011.

*Albers, Marion:* Gleichheit und Verhältnismäßigkeit, JuS 2008, 945–949.

*Alexy, Robert:* Theorie der Grundrechte, 2. Aufl., Frankfurt/Main 1994.

*Altwicker, Tilmann:* Menschenrechtlicher Gleichheitsschutz, Heidelberg 2010.

*Anschütz, Gerhard:* Die Verfassung des Deutschen Reichs vom 11. August 1919, 14. Aufl., Berlin 1933.

*Apelt, Willibalt:* Die Gleichheit vor dem Gesetz nach Art. 3 Abs. 1 des Grundgesetzes, JZ 1951, 353–359.

*Arndt, Adolf:* Buchbesprechung: Die Gleichheit vor dem Gesetz. Von Prof. Dr. Dr. Gerhard Leibholz. 2. erweit. Aufl., NJW 1961, 2153–2154.

*Arndt, Hans-Wolfgang:* Gleichheit im Steuerrecht, NVwZ 1988, 787–794.

*Bader, Johann/Ronellenfitsch, Michael* (Hg.): Verwaltungsverfahrensgesetz. Kommentar, München 2010.

*Badura, Peter:* Staatsrecht. Systematische Erläuterung des Grundgesetzes, 5. Aufl., München 2012.

*Bar, Christian von/Clive, Eric/Schulte-Nölke, Hans* u. a. (Hg.): Principles, Definitions and Model Rules of European Private Law, München 2009.

*Bauer, Hartmut:* Die Bundestreue. Zugleich ein Beitrag zur Dogmatik des Bundesstaatsrechts und zur Rechtsverhältnislehre, Tübingen 1992.

*Beaucamp, Guy:* Das Behindertengrundrecht (Art. 3 Abs. 3 Satz 2 GG) im System der Grundrechtsdogmatik, DVBl 2002, 997–1005.

*Benda, Ernst/Maihofer. Werner/Vogel, Hans-Jochen* (Hg.): Handbuch des Verfassungsrechts der Bundesrepublik Deutschland, 2. Aufl., Berlin 1994.

*Berg, Wilfried:* Grundrechtskonkurrenzen, in: Merten, Detlef/Papier, Hans-Jürgen (Hg.), Handbuch der Grundrechte in Deutschland und Europa. Bd. III: Grundrechte in Deutschland: allgemeine Lehren II, Heidelberg 2009, § 71.

*Bernhardt, Rudolf:* Diskriminierungsverbote und Minderheitenschutz, in: Merten, Detlef/Papier, Hans-Jürgen (Hg.), Handbuch der Grundrechte in Deutschland und Europa. Bd. VI/1: Europäische Grundrechte I, Heidelberg 2010, § 144.

*Bethge, Herbert:* Grundrechtskollisionen, in: Merten, Detlef/Papier, Hans-Jürgen (Hg.), Handbuch der Grundrechte in Deutschland und Europa. Bd. III: Grundrechte in Deutschland: allgemeine Lehren II, Heidelberg 2009, § 72.

–: Grundrechtsträgerschaft juristischer Personen, AöR 104 (1979), S. 54–111, 265–298.

–: Grundrechtswahrnehmung, Grundrechtsverzicht, Grundrechtsverwirkung, in: Isensee, Josef/Kirchhof, Paul (Hg.), Handbuch des Staatsrechts der Bundesrepublik Deutschland. Bd. IX: Allgemeine Grundrechtslehren, Heidelberg, 3. Aufl., 2011, § 203.

*Bettermann, Karl August:* Rechtsgleichheit und Ermessensfreiheit (1962), in: *ders.*, Staatsrecht – Verfahrensrecht – Zivilrecht. Schriften aus vier Jahrzehnten, Köln 1988, S. 90–101.

*Bieber, Roland/Epiney, Astrid/Haag, Marcel:* Die Europäische Union. Europarecht und Politik, 9. Aufl., Baden-Baden 2011.

*Binder-Wehberg, Friedelind:* Ungleichbehandlung von Mann und Frau. Eine soziologische und arbeitsrechtliche Untersuchung, Berlin 1970.

*Birk, Dieter:* Besteuerungsgleichheit in der Europäischen Union, DStJG 19 (1996), 63–80.

–: Der Schutz vermögenswerter Positionen bei der Änderung von Steuergesetzen, FR 2011, 1–8.

–: Steuerrecht, 14. Aufl., Heidelberg 2011.

*Bleckmann, Albert:* Die Struktur des allgemeinen Gleichheitssatzes, Köln 1995.

*Boden, Christian:* Gleichheit und Verwaltung. Die neuere Rechtsprechung des Bundesverfassungsgerichts zum Gleichheitssatz und ihre Auswirkung auf die Verwaltung, Hamburg 2007.

*Böckenförde, Werner:* Der allgemeine Gleichheitssatz und die Aufgabe des Richters. Ein Beitrag zur Justitiabilität von Art. 3 Abs. 1 des Bonner Grundgesetzes, Berlin 1957.

*Bogdandy, Armin von/Cruz Villalón, Pedro/Huber, Peter M[ichael]* (Hg.): Handbuch Ius Publicum Europaeum. Bd. 1: Grundlagen und Grundzüge staatlichen Verfassungsrechts, Heidelberg 2007.

*Borowski, Martin:* Grundrechte als Prinzipien. Die Unterscheidung von prima facie-Position und definitiver Position als fundamentaler Konstruktionsgrundsatz der Grundrechte, Baden-Baden 1998.

*Boysen, Sigrid:* Gleichheit im Bundesstaat, Tübingen 2005.

*Breuer, Rüdiger:* Grundrechte als Anspruchsnormen, in: Bachof, Otto/Heigl, Ludwig/Redeker, Konrad (Hg.), Verwaltungsrecht zwischen Freiheit, Teilhabe und Bindung. Festgabe aus Anlaß des 25jährigen Bestehens des Bundesverwaltungsgerichts, München 1978, S. 89–119.

*Brodowski, Dominik:* Strafrechtsrelevante Entwicklungen in der Europäischen Union – ein Überblick, ZIS 2011, 940–954.

*Brüning, Christoph:* Gleichheitsrechtliche Verhältnismäßigkeit, JZ 2001, 669–673.

*Bryde, Brun-Otto/Kleindiek, Ralf:* Der allgemeine Gleichheitssatz, Jura 1999, 36–44.

*Burmeister, Günter C[ornelius]:* Die beamtenrechtliche Konkurrentenstreitigkeit, NdsVBl 2012, 57–64.

*Calliess, Christian/Ruffert, Matthias* (Hg.): EUV/AEUV. Das Verfassungsrecht der Europäischen Union mit Europäischer Grundrechtecharta, 4. Aufl., München 2011.

*Coing, Helmut:* Zur Geschichte des Begriffs „subjektives Recht" (1958), in: *ders.*, Zur Geschichte des Privatrechtssystems, Frankfurt/Main 1962, S. 29–55.

*Cremer, Hendrik:* Ein Grundgesetz ohne „Rasse" – Vorschlag für eine Änderung von Artikel 3 Grundgesetz, 2010, http://www.institut-fuer-menschenrechte.de/fileadmin/user_upload/Publikationen/Policy_Paper/policy_paper_16_ein_grundgesetz_ohne_rasse.pdf (abgerufen am 2. September 2012).

*Cremer, Wolfram:* Freiheitsgrundrechte. Funktionen und Strukturen, Tübingen 2003.

–: Grundrechtsverpflichtete und Grundrechtsdimensionen nach der Charta der Grundrechte der Europäischen Union, EuGRZ 2011, 545–554.
–: Rechtfertigung legislativer Eingriffe in Grundrechte des Grundgesetzes und Grundfreiheiten des EG-Vertrages nach Maßgabe objektiver Zwecke, NVwZ 2004, 668–674.
*Damm, Sven Mirko:* Menschenwürde, Freiheit, komplexe Gleichheit: Dimensionen grundrechtlichen Gleichheitsschutzes. Der Gleichheitssatz im Europäischen Gemeinschaftsrecht sowie im deutschen und US-amerikanischen Verfassungsrecht, Berlin 2006.
*Dann, Philipp:* Verfassungsgerichtliche Kontrolle gesetzgeberischer Rationalität, Der Staat 49 (2010), S. 630–646.
*Dashwood, Alan/O'Leary, Síofra* (Hg.): The Principle of Equal Treatment in EC Law. Papers Collected by the Centre For European Legal Studies, Cambridge, London 1997.
*Denninger, Erhard* u. a. (Hg.): Kommentar zum Grundgesetz für die Bundesrepublik Deutschland, 3. Aufl., Neuwied 2001, zitiert: Alternativkommentar zum GG.
*Dernburg, Heinrich:* Pandekten. Bd. 2: Obligationenrecht, 7. Aufl., Berlin 1903.
*Desens, Marc:* Die neue Vertrauensschutzdogmatik des Bundesverfassungsgerichts für das Steuerrecht, StuW 2011, 113–130.
–: Neid als Grundrechtsausübungsmotiv, AöR 133 (2008), S. 404–431.
*Deutscher Bundestag/Bundesarchiv* (Hg.): Der Parlamentarische Rat 1948–1949. Bd. 5/II: Ausschuß für Grundsatzfragen, Boppard am Rhein 1993; Bd. 7: Entwürfe zum Grundgesetz, Boppard am Rhein 1995; Bd. 14/1: Hauptausschuß, München 2009.
*Deutscher Ethikrat:* Intersexualität. Stellungnahme, 2012, http://www.ethikrat.org/dateien/pdf/stellungnahme-intersexualitaet.pdf (abgerufen am 2. September 2012).
*de Wall, Heinrich:* Die Anwendbarkeit privatrechtlicher Vorschriften im Verwaltungsrecht, dargestellt anhand der privatrechtlichen Regeln über Rechtsgeschäft und anhand des Allgemeinen Schuldrechts, Tübingen 1999.
*Dicke, Detlev Christian:* Der allgemeine Gleichheitssatz und die Selbstbindung der Verwaltung, VerwArch 60 (1968), S. 293–310.
*Di Fabio, Udo:* Die Gleichberechtigung von Mann und Frau, AöR 122 (1997), S. 404–443.
*Dolzer, Rudolf* u. a. (Hg.): Bonner Kommentar zum Grundgesetz, Heidelberg, Loseblatt, Stand: 157. Lfg., 2012.
*Dreier, Horst:* Deutschland, in: Bogdandy, Armin von/Cruz Villalón, Pedro/Huber, Peter M[ichael] (Hg.), Handbuch Ius Publicum Europaeum. Bd. 1: Grundlagen und Grundzüge staatlichen Verfassungsrechts, Heidelberg 2007, § 1.
*Dreier, Horst* (Hg.): Grundgesetz. Kommentar. Bd. I: Präambel, Artikel 1–19, 2. Aufl., Tübingen 2004; Bd. II: Artikel 20–82, 2. Aufl., Tübingen 2006.
*Droege, Michael:* Wie viel Verfassung braucht der Steuerstaat?, StuW 2011, 105–112.
*Dudenredaktion* (Hg.): Duden. Bd. 4: Grammatik der deutschen Gegenwartssprache, 6. Aufl., Mannheim 1998.
*Ebsen, Ingwer:* Gleichberechtigung von Männern und Frauen, in: Benda, Ernst/Maihofer, Werner/Vogel, Hans-Jochen (Hg.), Handbuch des Verfassungsrechts der Bundesrepublik Deutschland, 2. Aufl., 1994, § 8.
*Eckhoff, Rolf:* Steuerrecht ohne System, in: Manssen, Gerrit/Jachmann, Monika/Gröpl, Christoph (Hg.), Nach geltendem Verfassungsrecht. Festschrift für Udo Steiner zum 70. Geburtstag, Stuttgart 2009, S. 118–134.

*Ehlers, Dirk:* Der Beklagte im Verwaltungsprozeß, in: Erichsen, Hans-Uwe/Hoppe, Werner/Mutius, Albert v[on] (Hg.), System des verwaltungsgerichtlichen Rechtsschutzes. Festschrift für Christian-Friedrich Menger zum 70. Geburtstag, Köln 1985, S. 379–400.
*Ehlers, Dirk* (Hg.): Europäische Grundrechte und Grundfreiheiten, 3. Aufl., Berlin 2009.
*Ehlers, Dirk/Schoch, Friedrich* (Hg.): Rechtsschutz im Öffentlichen Recht, Berlin 2009.
*Epping, Volker:* Grundrechte, 4. Aufl., Berlin 2010.
*Epping, Volker/Hillgruber, Christian* (Hg.): Beck'scher Online-Kommentar Grundgesetz, München, Edition 15, 2012.
*Erichsen, Hans-Uwe:* Grundrechte und Anstaltsnutzung, VerwArch 64 (1973), S. 299–304.
*Erichsen, Hans-Uwe/Ehlers, Dirk* (Hg.): Allgemeines Verwaltungsrecht, 14. Aufl., Berlin 2010.
*Eyermann, Erich:* Gleichheitssatz, Wurzel des Willkürverbots?, in: Bayerischer Verfassungsgerichtshof (Hg.), Verfassung und Verfassungsrechtsprechung. Festschrift zum 25-jährigen Bestehen des Bayerischen Verfassungsgerichtshofs, München 1972, S. 45–53.
*Fehling, Michael/Kastner, Berthold* (Hg.): Verwaltungsrecht: VwVfG, VwGO, Nebengesetze. Handkommentar, 2. Aufl., Baden-Baden 2010.
*Felix, Dagmar:* Einheit der Rechtsordnung. Zur verfassungsrechtlichen Relevanz einer juristischen Argumentationsfigur, Tübingen 1998.
*Fischer, Thomas:* Strafgesetzbuch und Nebengesetze, 59. Aufl., München 2012.
*Forsthoff, Ernst:* Über Maßnahmegesetze (1955), in: *ders.*, Rechtsstaat im Wandel. Verfassungsrechtliche Abhandlungen 1954–1973, München, 2. Aufl., 1976, S. 105–121.
*Frenz, Walter:* Handbuch Europarecht. Bd. 4: Europäische Grundrechte, Berlin 2009.
*Friauf, Karl Heinrich/Höfling, Wolfram* (Hg.): Berliner Kommentar zum Grundgesetz, Berlin, Loseblatt, Stand: 37. Lfg., 2012.
*Friedrichs, Karl:* Wie weit sind die Vorschriften des Bürgerlichen Gesetzbuches auf Schuldverhältnisse des öffentlichen Rechts anwendbar?, ArchBürgR 42 (1916), S. 28–80.
*Frowein, Jochen Abr[aham]/Peukert, Wolfgang* (Hg.): Europäische Menschenrechtskonvention, 3. Aufl., Kehl 2009.
*Fuss, Ernst-Werner:* Gleichheitssatz und Richtermacht, JZ 1959, 329–339.
–: Normenkontrolle und Gleichheitssatz, JZ 1962, 565–570.
*Gallwas, Hans-Ullrich:* Zur Aktualität des Prinzips bundesstaatlicher Gleichheit, in: Spanner, Hans/Lerche, Peter/Zacher, Hans F[riedrich]/Badura, Peter/Campenhausen, Axel von (Hg.), Festgabe für Theodor Maunz zum 70. Geburtstag am 1. September 1971, München 1971, S. 103–115.
*Geiger, Rudolf/Khan, Daniel-Erasmus/Kotzur, Markus:* EUV/AEUV: Vertrag über die Europäische Union und Vertrag über die Arbeitsweise der Europäischen Union. Kommentar, 5. Aufl., München 2010.
*Gersdorf, Hubertus:* Verwaltungsprozessrecht, 4. Aufl., Heidelberg 2009.
*Glock, Sebastian:* Der Gleichheitssatz im Europäischen Recht. Eine rechtsvergleichende Analyse unter Berücksichtigung der Rechtsprechung in ausgewählten Mitgliedstaaten der Europäischen Union, des EGMR und des EuGH, Gießen 2007.

*Görres-Gesellschaft* (Hg.), Staatslexikon. Recht, Wirtschaft, Gesellschaft, Bd. 3: Erbschaftsteuer bis Harzburger Front, 6. Aufl., Freiburg 1959.
*Götz, Volkmar:* Das Grundrecht auf Rechtsanwendungsgleichheit und der verwaltungsgerichtliche Rechtsschutz, DVBl 1968, 93–97.
–: Der allgemeine Gleichheitssatz und die Rechtsanwendung im Verwaltungsrecht, NJW 1979, 1478–1483.
–: Über die „Gleichheit im Unrecht“, in: Bachof, Otto/Heigl, Ludwig/Redeker, Konrad (Hg.), Verwaltungsrecht zwischen Freiheit, Teilhabe und Bindung. Festgabe aus Anlaß des 25jährigen Bestehens des Bundesverwaltungsgerichts, München 1978, S. 245–259.
*Grabenwarter, Christoph/Pabel, Katharina:* Europäische Menschenrechtskonvention, 5. Aufl., München/Basel/Wien 2012.
*Grabitz, Eberhard:* Der Grundsatz der Verhältnismäßigkeit in der Rechtsprechung des Bundesverfassungsgerichts, AöR 98 (1973), S. 568–616.
*Grabitz, Eberhard/Hilf, Meinhard/Nettesheim, Martin* (Hg.): Das Recht der Europäischen Union, München, Loseblatt, Stand: 47. Lfg., 2012.
*Grote, Rainer/Marauhn, Thilo* (Hg.): EMRK/GG. Konkordanzkommentar zum europäischen und deutschen Grundrechtsschutz, Tübingen 2006.
*Grünberger, Matthias:* Personale Gleichheit, Köln 2011, http://papers.ssrn.com/sol3/Delivery.cfm/SSRN_ID1895366_code709422.pdf?abstractid=1895366&mirid=3 (abgerufen am 2. September 2012).
*Grzeszick, Bernd:* Rechte und Ansprüche. Eine Rekonstruktion des Staatshaftungsrechts aus den subjektiven öffentlichen Rechten, Tübingen 2002.
*Gusy, Christoph:* Der Gleichheitssatz, NJW 1988, 2505–2512.
–: Der Gleichheitsschutz des Grundgesetzes, JuS 1982, 30–36.
*Haller, Heiko Alexander:* Die Verrechnung von Vor- und Nachteilen im Rahmen von Art. 3 Abs. 1 GG. Eine Untersuchung zur Kompensation von Grundrechtseingriffen, Berlin 2007.
*Hamann, Andreas/Lenz, Helmut:* Das Grundgesetz für die Bundesrepublik Deutschland vom 23. Mai 1949. Ein Kommentar für Wissenschaft und Praxis, 3. Aufl., Neuwied 1970.
*Hannich, Rolf* (Hg.): Karlsruher Kommentar zur StPO, 6. Aufl., München 2008.
*Heckel, Martin:* Gleichheit oder Privilegien? Der Allgemeine und der Besondere Gleichheitssatz im Staatskirchenrecht, Tübingen 1993.
*Heidorn, Gesche:* Grundrechtlicher Schutz vor mittelbarer Geschlechterdiskriminierung, Bucerius Law Journal 2012, 20–25.
*Henneke, Hans-Günter:* Stellung der SGB II-Optionskommunen im bundesstaatlichen Gefüge, DÖV 2012, 165–176.
*Hermann, Christoph:* Individualrechtsschutz gegen Rechtsakte der EU „mit Verordnungscharakter“ nach dem Vertrag von Lissabon, NVwZ 2011, 1352–1357.
*Heselhaus, F[lorens] Sebastian M[Manuel]/Nowak, Carsten* (Hg.): Handbuch der Europäischen Grundrechte, München 2006.
*Hesse, Konrad:* Bestand und Bedeutung der Grundrechte in der Bundesrepublik Deutschland, EuGRZ 1978, 427–438.
–: Der allgemeine Gleichheitssatz in der neueren Rechtsprechung des Bundesverfassungsgerichts zur Rechtsetzungsgleichheit, in: Scholz, Rupert/Badura, Peter (Hg.), Wege und Verfahren des Verfassungslebens. Festschrift für Peter Lerche zum 65. Geburtstag, München 1993, S. 121–131.
–: Der Gleichheitsgrundsatz im Staatsrecht, AöR 77 (1951), S. 167–224.

–: Der Gleichheitssatz in der neueren deutschen Verfassungsentwicklung, AöR 109 (1984), S. 174–198.
*Heun, Werner:* Freiheit und Gleichheit, in: Merten, Detlef/Papier, Hans-Jürgen (Hg.), Handbuch der Grundrechte in Deutschland und Europa. Bd. II: Grundrechte in Deutschland: allgemeine Lehren I, Heidelberg 2006, § 34.
*Hey, Johanna:* Saldierung von Vor- und Nachteilen in der Rechtfertigung von Grundrechtseingriffen und Ungleichbehandlungen, AöR 128 (2003), S. 226–254.
*Hilf, Meinhard/Oeter, Stefan* (Hg.): WTO-Recht. Rechtsordnung des Welthandels, 2. Aufl., Baden-Baden 2010.
*Hillgruber, Christian:* [Anmerkung zum Beschluss des BVerfG vom 7. Juli 2009 – 1 BvR 1164/07, BVerfGE 124, 199], JZ 2010, 41–44.
*Hillgruber, Christian/Jestaedt, Matthias:* Die Europäische Menschenrechtskonvention und der Schutz nationaler Minderheiten, Bonn 1993.
*Hoffmann-Becking, Michael:* Zum Stand der Lehre vom Recht auf fehlerfreie Ermessensausübung, DVBl 1970, 850–857.
*Hoffmann-Riem, Wolfgang/Schmidt-Aßmann, Eberhard/Voßkuhle, Andreas* (Hg.): Grundlagen des Verwaltungsrechts. Bd. I: Methoden, Maßstäbe, Aufgaben, Organisation, 2. Aufl., München 2012.
*Höfling, Wolfram:* [Buchbesprechung:] Rechte und Ziele. Zur Dogmatik des allgemeinen Gleichheitssatzes. Von Stefan Huster (Schriften zum Öffentlichen Recht, Bd. 642), NJW 1995, 2539.
–: Kopernikanische Wende rückwärts?, in: Muckel, Stefan (Hg.), Kirche und Religion im sozialen Rechtsstaat. Festschrift für Wolfgang Rüfner zum 70. Geburtstag, Berlin 2003, S. 329–340.
–: Offene Grundrechtsinterpretation. Grundrechtsauslegung zwischen amtlichem Interpretationsmonopol und privater Konkretisierungskompetenz, Berlin 1987.
*Hofmann, Hans:* Die tatsächliche Durchsetzung der Gleichberechtigung in dem neuen Art. 3 II S. 2 GG, FamRZ 1995, 257–263.
*Hömig, Dieter* (Hg.): Grundgesetz für die Bundesrepublik Deutschland, 9. Aufl., Baden-Baden 2010.
*Huber, Hans:* Die Gleichheit der Gliedstaaten im Bundesstaat, ÖZöR 18 (1968), 247–261.
*Huber, Peter M[ichael]:* Auslegung und Anwendung der Charta der Grundrechte, NJW 2011, 2385–2390.
*Hübschmann, Walter/Hepp, Ernst/Spitaler, Armin* (Begr.): Abgabenordnung, Finanzgerichtsordnung, Köln, 216. Lfg., März 2012.
*Hufen, Friedhelm:* Staatsrecht II. Grundrechte, 2. Aufl., München 2009.
*Huster, Stefan:* [Buchbesprechung:] Somek, Alexander, Rationalität und Diskriminierung, Der Staat 42 (2003), S. 145–149.
–: Die Dogmatik des menschenrechtlichen Gleichheitsschutzes, Rechtswissenschaft 3 (2012), S. 111–115.
–: Frauenförderung zwischen individueller Gerechtigkeit und Gruppenparität, AöR 118 (1993), S. 109–130.
–: Gleichheit und Verhältnismäßigkeit, JZ 1994, 541–549.
–: Rechte und Ziele. Zur Dogmatik des allgemeinen Gleichheitssatzes, Berlin 1993.
*Ipsen, Hans Peter:* Gleichheit, in: Scheuner, Ulrich/Nipperdey, Hans Carl/Neumann, Franz L[eopold] (Hg.), Die Grundrechte. Bd. 2: Die Freiheitsrechte in Deutschland, Berlin 1954, S. 111–198.
–: Rechtsfragen der Investitionshilfe, AöR 78 (1952/1953), S. 284–334.
*Ipsen, Jörn:* Staatsrecht II. Grundrechte, 15. Aufl., München 2012.

*Isensee, Josef:* Das Grundrecht als Abwehrrecht und als staatliche Schutzpflicht, in: Isensee, Josef/Kirchhof, Paul (Hg.), Handbuch des Staatsrechts der Bundesrepublik Deutschland. Bd. IX: Allgemeine Grundrechtslehren, Heidelberg, 3. Aufl., 2011, § 191.

–: Die typisierende Verwaltung. Gesetzesvollzug im Massenverfahren am Beispiel der typisierenden Betrachtungsweise des Steuerrechts, Berlin 1976.

–: Idee und Gestalt des Föderalismus im Grundgesetz, in: Isensee, Josef/Kirchhof, Paul (Hg.), Handbuch des Staatsrechts der Bundesrepublik Deutschland. Bd. VI: Bundesstaat, Heidelberg, 3. Aufl., 2008, § 126.

–: Staatsleistungen an die Kirchen- und Religionsgemeinschaften, in: Listl, Joseph/Pirson, Dietrich (Hg.), Handbuch des Staatskirchenrechts der Bundesrepublik Deutschland. Bd. 1, Berlin, 2. Aufl., 1994, S. 1009–1063.

*Isensee, Josef/Kirchhof, Paul* (Hg.): Handbuch des Staatsrechts der Bundesrepublik Deutschland. Bd. 2: Verfassungsstaat, 3. Aufl., Heidelberg 2004; Bd. 6: Bundesstaat, 3. Aufl., Heidelberg 2008; Bd. VIII: Grundrechte: Wirtschaft, Verfahren, Gleichheit, 3. Aufl., Heidelberg 2010; Bd. 9: Allgemeine Grundrechtslehren, 3. Aufl., Heidelberg 2011.

*Jacobs, F[rancis] G[eoffrey]:* An Introduction to the General Principle of Equality in EC Law, in: Dashwood, Alan/O'Leary, Síofra (Hg.), The Principle of Equal Treatment in EC Law. Papers Collected by the Centre For European Legal Studies, Cambridge, London 1997, S. 1–12.

*Jaenicke, Günther:* Der Begriff der Diskriminierung im modernen Völkerrecht, Berlin 1940.

*Jarass, Hans D[ieter]:* Charta der Grundrechte der Europäischen Union. Unter Einbeziehung der vom EuGH entwickelten Grundrechte und der Grundrechtsregelungen der Verträge. Kommentar, München 2010.

–: Die Bindung der Mitgliedstaaten an die EU-Grundrechte, NVwZ 2012, 457–461.

–: EU-Grundrechte. Ein Studien- und Handbuch, München 2005.

–: Folgerungen aus der neueren Rechtsprechung des BVerfG für die Prüfung von Verstößen gegen Art. 3 Abs. 1 GG, NJW 1997, 2545–2550.

–: Funktionen und Dimensionen der Grundrechte, in: Merten, Detlef/Papier, Hans-Jürgen (Hg.), Handbuch der Grundrechte in Deutschland und Europa. Bd. II: Grundrechte in Deutschland: allgemeine Lehren I, Heidelberg 2006, § 38.

*Jarass, Hans D[ieter]/Pieroth, Bodo* (Hg.): Grundgesetz für die Bundesrepublik Deutschland, 12. Aufl., München 2012.

*Jeand'Heur, Bernd/Korioth, Stefan:* Grundzüge des Staatskirchenrechts. Kurzlehrbuch, Stuttgart 2000.

*Jestaedt, Matthias:* Bundesstaat als Verfassungsprinzip, in: Isensee, Josef/Kirchhof, Paul (Hg.), Handbuch des Staatsrechts der Bundesrepublik Deutschland. Bd. II: Verfassungsstaat, Heidelberg, 3. Aufl., 2004, § 29.

–: Grundbegriffe des Verwaltungsorganisationsrechts, in: Hoffmann-Riem, Wolfgang/Schmidt-Aßmann, Eberhard/Voßkuhle, Andreas (Hg.), Grundlagen des Verwaltungsrechts. Bd. I: Methoden, Maßstäbe, Aufgaben, Organisation, München, 2. Aufl., 2012, § 14.

–: Grundrechtsentfaltung im Gesetz. Studien zur Interdependenz von Grundrechtsdogmatik und Rechtsgewinnungstheorie, Tübingen 1999.

*Joseph, Sarah/Schultz, Jenny/Castan, Melissa:* The International Covenant on Civil and Political Rights. Cases, Materials, and Commentary, 2. Aufl., Oxford 2004.

*Kadelbach, Stefan:* Rechtsschutz durch die Vereinten Nationen, insbesondere nach dem Internationalen Pakt über bürgerliche und politische Rechte, in: Ehlers,

Dirk/Schoch, Friedrich (Hg.), Rechtsschutz im Öffentlichen Recht, Berlin 2009, § 2.
*Kahl, Wolfgang:* Vom weiten Schutzbereich zum engen Gewährleistungsgehalt, Der Staat 43 (2004), S. 167–202.
*Kallina, Michael:* Willkürverbot und Neue Formel: Der Wandel der Rechtsprechung des Bundesverfassungsgerichts zu Art. 3 I GG, Tübingen 2000.
*Kammerhofer, Jörg:* Robert Walter, die Normkonflikte und der zweite Stufenbau des Rechts, in: Clemens Jabloner u. a. (Hg.), Gedenkschrift für Robert Walter, Wien, im Erscheinen; Manuskript unter http://papers.ssrn.com/sol3/Delivery.cfm/SSRN_ID2112838_code1413075.pdf?abstractid=2104067&mirid=3 (abgerufen am 16. Oktober 2012).
*Karpenstein, Ulrich/Mayer, Franz C[hristian]* (Hg.): EMRK. Konvention zum Schutz der Menschenrechte und Grundfreiheiten. Kommentar, München 2012.
*Kelsen, Hans:* Hauptprobleme der Staatsrechtslehre. Entwickelt aus der Lehre vom Rechtssatze, Tübingen 1911 = HKW 2, 2008, S. 21–878.
–: Reine Rechtslehre, 2. Aufl., Wien 1960.
*Kempny, Simon:* Die Staatsfinanzierung nach der Paulskirchenverfassung. Eine Untersuchung des Finanz- und Steuerverfassungsrechts der Verfassung des deutschen Reiches vom 28. März 1849, Tübingen 2011.
*Kim, Joo-Hwan:* Zur Konkretisierung des allgemeinen Gleichheitssatzes des Art. 3 Abs. 1 GG, Frankfurt/Main 2000.
*Kirchhof, Ferdinand:* Keine Gleichheit im Unrecht?, in: ders. (Hg.), Rechtsstaat und Grundrechte. Festschrift für Detlef Merten, Heidelberg 2007, S. 109–118.
*Kirchhof, Paul:* Allgemeiner Gleichheitssatz, in: Isensee, Josef/Kirchhof, Paul (Hg.), Handbuch des Staatsrechts der Bundesrepublik Deutschland. Bd. VIII: Grundrechte: Wirtschaft, Verfahren, Gleichheit, Heidelberg, 3. Aufl., 2010, § 181.
–: Gleichheit vor dem Grundgesetz, NJW 1987, 2354–2356.
–: Gleichmaß und Übermaß, in: Scholz, Rupert/Badura, Peter (Hg.), Wege und Verfahren des Verfassungslebens. Festschrift für Peter Lerche zum 65. Geburtstag, München 1993, S. 133–149.
*Kischel, Uwe:* Die Begründung. Zur Erläuterung staatlicher Entscheidungen gegenüber dem Bürger, Tübingen 2003.
–: Systembindung des Gesetzgebers und Gleichheitssatz, AöR 124 (1999), S. 174–211.
–: Zur Dogmatik des Gleichheitssatzes in der Europäischen Union, EuGRZ 1997, 1–11.
*Klatt, Matthias/Meister, Moritz:* Verhältnismäßigkeit als universelles Verfassungsprinzip, Der Staat 51 (2012), S. 159–188.
*Kloepfer, Michael:* Gleichheit als Verfassungsfrage, Berlin 1980.
*Kokott, Juliane:* Gleichheitssatz und Diskriminierungsverbote in der Rechtsprechung des Bundesverfassungsgerichts, in: Badura, Peter/Dreier, Horst (Hg.), Festschrift 50 Jahre Bundesverfassungsgericht. Bd. II: Klärung und Fortbildung des Verfassungsrechts, Tübingen 2001, S. 127–162.
–: Zur Gleichstellung von Mann und Frau, NJW 1995, 1049.
*Kopp, Ferdinand O[tto]/Ramsauer, Ulrich:* Verwaltungsverfahrensgesetz, 12. Aufl., München 2011.
*Kopp, Ferdinand O[tto]/Schenke, Wolf-Rüdiger:* Verwaltungsgerichtsordnung. Kommentar, 15. Aufl., München 2007.
*Kölbel, Christoph:* Gleichheit „im Unrecht", Köln 1998.

*Krause, Peter:* Rechtsformen des Verwaltungshandelns. Überlegungen zu einem System der Handlungsformen der Verwaltung, mit Ausnahme der Rechtsetzung, Berlin 1974.
*Krüger, Hildegard:* Der Gleichbehandlungsgrundsatz als Rechtsgrundlage öffentlich-rechtlicher Gruppenrechte, DVBl 1955, 178–180, 208–213.
*Kugelmann, Dieter:* Gleichheitsrechte und Gleichheitsgrundsätze, in: Merten, Detlef/Papier, Hans-Jürgen (Hg.), Handbuch der Grundrechte in Deutschland und Europa. Bd. VI/1: Europäische Grundrechte I, Heidelberg 2010, § 160.
*Kunig, Philip:* Gedanken zum Grundsatz der Verhältnismäßigkeit, in: Armbrüster, Christian u. a., Recht genau. Liber amicorum für Jürgen Prölss zum 70. Geburtstag, München 2009, S. 143–152.
*Lampert, Steffen:* Die wahlrechtlichen Gleichheitssätze, JuS 2011, 884–888.
*Lang, Joachim:* Steuerrecht, 20. Aufl., Köln 2010.
*Larenz, Karl/Wolf, Manfred:* Allgemeiner Teil des Bürgerlichen Rechts, 8. Aufl., München 1997.
*Leibholz, Gerhard:* Die Gleichheit vor dem Gesetz, 2. Aufl., München 1959.
–: Die Gleichheit vor dem Gesetz und das Bonner Grundgesetz, DVBl 1951, 193–200.
*Lembke, Ulrike/Foljanty, Lena* (Hg.): Feministische Rechtswissenschaft. Ein Studienbuch, Baden-Baden 2006.
*Lepsius, Oliver:* Anmerkung [zu BVerfGE 122, 210], JZ 2009, 260–263.
*Lerche, Peter:* Übermaß und Verfassungsrecht. Zur Bindung des Gesetzgebers an die Grundsätze der Verhältnismäßigkeit und der Erforderlichkeit, 2. Aufl., Goldbach 1999.
*Luhmann, Niklas:* Das Recht der Gesellschaft, 3. Aufl., Frankfurt/Main 2001.
–: Der Gleichheitssatz als Form und als Norm, ARSP 77 (1991), S. 435–445.
–: Grundrechte als Institution. Ein Beitrag zur politischen Soziologie, Berlin 1965.
*Maaß, Rainald:* Die neuere Rechtsprechung des BVerfG zum allgemeinen Gleichheitssatz – ein Neuansatz?, NVwZ 1988, 14–21.
*Mangoldt, Hermann von/Klein, Friedrich:* Das Bonner Grundgesetz. Bd. 1, 2. Aufl., Berlin 1957.
*Mangoldt, Hermann von/Klein, Friedrich/Starck, Christian:* Kommentar zum Grundgesetz. Bd. 1: Präambel, Artikel 1 bis 19, 6. Aufl., München 2010; Bd. 3: Artikel 83 bis 146, 6. Aufl., München 2010.
*Manolkidis, Sotirios:* The Principle of Equality from a Comparative Constitutional Perspective: Lessons for the EU, in: Dashwood, Alan/O'Leary, Síofra (Hg.), The Principle of Equal Treatment in EC Law. Papers Collected by the Centre For European Legal Studies, Cambridge, London 1997, S. 80–104.
*Manssen, Gerrit:* Staatsrecht II. Grundrechte, 8. Aufl., München 2011.
*Marginter, Peter:* Die Rechtsprechung zum Gleichheitsgrundsatz auf neuen Wegen, JBl 1964, 592–594.
*Martini, Peter:* Art. 3 Abs. 1 GG als Prinzip absoluter Rechtsgleichheit, Köln 1997.
*Maunz, Theodor:* Die staatsbürgerliche Gleichheit, in: Conrad, Hermann/Nipperdey, Hans Carl/Mosler, Hermann/Mikat, Paul/Jahrreiß, Hermann/Salzwedel, Jürgen (Hg.), Gedächtnisschrift Hans Peters, Berlin 1967, S. 558–568.
*Maunz, Theodor/Dürig, Günter* (Hg.): Grundgesetz, München, Loseblatt, Stand: 65. Lfg., 2012.
*Maurer, Hartmut:* Staatsrecht I. Grundlagen, Verfassungsorgane, Staatsfunktionen, 6. Aufl., München 2010.

*Meier-Branecke, H[ans]:* Die Anwendbarkeit privatrechtlicher Normen im Verwaltungsrecht, AöR 50 (1926), S. 230–286.
*Merkl, Adolf Julius:* Die ständisch-autoritäre Verfassung Österreichs. Ein kritisch-systematischer Grundriß, Wien 1935.
*Merten, Detlef:* Verhältnismäßigkeit, in: Merten, Detlef/Papier, Hans-Jürgen (Hg.), Handbuch der Grundrechte in Deutschland und Europa. Bd. III: Grundrechte in Deutschland: allgemeine Lehren II, Heidelberg 2009, § 68.
*Merten, Detlef/Papier, Hans-Jürgen* (Hg.): Handbuch der Grundrechte in Deutschland und Europa. Bd. II: Grundrechte in Deutschland: allgemeine Lehren I, Heidelberg 2006; Bd. III: Grundrechte in Deutschland: allgemeine Lehren II, Heidelberg 2009; Bd. VI/1: Europäische Grundrechte 1, Heidelberg 2010; Bd. VI/2: Europäische Grundrechte II – Universelle Menschenrechte, Heidelberg 2009.
*Mertens, Hans-Joachim:* Die Selbstbindung der Verwaltung auf Grund des Gleichheitssatzes, Hamburg 1963.
*Meyer, Jürgen* (Hg.): Charta der Grundrechte der Europäischen Union, 3. Aufl., Baden-Baden 2011.
*Meyer, Stephan:* Erweiterter bundesverfassungsgerichtlicher Rechtsschutz nach einer Unvereinbarerklärung, JZ 2012, 434–443.
*Meyer-Ladewig, Jens:* EMRK: Europäische Menschenrechtskonvention. Handkommentar, 3. Aufl., Baden-Baden 2011.
*Michael, Lothar:* Der allgemeine Gleichheitssatz als Methodennorm komparativer Systeme. Methodenrechtliche Analyse und Fortentwicklung der Theorie der „beweglichen Systeme“ (Wilburg), Berlin 1997.
–: Gleichheitsrechte als grundrechtliche Prinzipien, in: Sieckmann, Jan-Reinard (Hg.), Die Prinzipientheorie der Grundrechte. Studien zur Grundrechtstheorie Robert Alexys, Baden-Baden 2007, S. 123–149.
*Michael, Lothar/Morlok, Martin:* Grundrechte, 3. Aufl., Baden-Baden 2012.
*Möckel, Stefan:* Der Gleichheitsgrundsatz – Vorschlag für eine dogmatische Weiterentwicklung, DVBl 2003, 488–496.
*Model, Otto/Müller, Klaus:* Grundgesetz für die Bundesrepublik Deutschland. Taschenkommentar für Studium und Praxis, 11. Aufl., Köln 1996.
*Moes, Christoph:* Die Steuerfreiheit des Existenzminimums vor dem Bundesverfassungsgericht. Eine ökonomische, steuersystematische und grundrechtsdogmatische Kritik des subjektiven Nettoprinzips, Baden-Baden 2011.
*Möllers, Christoph:* Wandel der Grundrechtsjudikatur, NJW 2005, 1973–1979.
*[Mommsen, Christian Matthias Theodor]:* Die Grundrechte des deutschen Volkes, Leipzig 1849.
*Müller, Georg:* Der Gleichheitssatz, VVDStRL 47 (1989), S. 37–62.
*Müller-Franken, Sebastian:* Maßvolles Verwalten. Effiziente Verwaltung im System exekutiver Handlungsmaßstäbe am Beispiel des maßvollen Gesetzesvollzugs im Steuerrecht, Tübingen 2004.
*Münch, Ingo von:* Staatsrecht, Bd. 2, 5. Aufl., Stuttgart 2002.
*Münch, Ingo von/Kunig, Philip* (Hg.): Grundgesetz-Kommentar. Bd. 1: Präambel bis Art. 19, 5. Aufl., München 2000.
–: Grundgesetz-Kommentar. Bd. 1: Präambel bis Art. 69, 6. Aufl., München 2012.
*Murswiek, Dietrich:* Grundrechte als Teilhaberechte, soziale Grundrechte, in: Isensee, Josef/Kirchhof, Paul (Hg.), Handbuch des Staatsrechts der Bundesrepublik Deutschland. Bd. IX: Allgemeine Grundrechtslehren, Heidelberg, 3. Aufl., 2011, § 192.

*Musil, Andreas/Lammers, Lutz:* Die verfassungsrechtlichen Grenzen der Rückwirkung von Steuergesetzen am Beispiel der §§ 17, 23 EStG, BB 2011, 155–160.
*Nef, Hans:* Gleichheit und Gerechtigkeit, Zürich 1941.
*Nettesheim, Martin:* Die Allgemeine Erklärung der Menschenrechte und ihre Rechtsnatur, in: Merten, Detlef/Papier, Hans-Jürgen (Hg.), Handbuch der Grundrechte in Deutschland und Europa. Bd. VI/2: Europäische Grundrechte II – Universelle Menschenrechte, Heidelberg 2009, § 173.
*Nipperdey, Hans Carl* (Hg.): Die Grundrechte und Grundpflichten der Reichsverfassung. Kommentar zum zweiten Teil der Reichsverfassung. Bd. 1: Allgemeine Bedeutung der Grundrechte und die Artikel 102–117, Berlin 1929.
*Nowak, Manfred:* U.N. Covenant on Civil and Political Rights – CCPR Commentary, 2. Aufl., Kehl 2005.
*Odendahl, Kerstin:* Diskriminierungsverbote, in: Heselhaus, F[lorens] Sebastian M[anuel]/Nowak, Carsten (Hg.), Handbuch der Europäischen Grundrechte, München 2006, § 45.
–: Gleichheit vor dem Gesetz, in: Heselhaus, F[lorens] Sebastian M[anuel]/Nowak, Carsten (Hg.), Handbuch der Europäischen Grundrechte, München 2006, § 43.
*Oppermann, Thomas/Classen, Claus Dieter/Nettesheim, Martin:* Europarecht. Ein Studienbuch, 5. Aufl., München 2011.
*Ossenbühl, Fritz:* Frauenquoten für Leitungsorgane von Privatunternehmen, NJW 2012, 417–422.
*Osterloh, Lerke:* Der verfassungsrechtliche Gleichheitssatz, EuGRZ 2002, 309–314.
*Palandt, Otto* (Begr.): Bürgerliches Gesetzbuch. Mit Nebengesetzen, 71. Aufl., München 2012.
*Pappa, Christoph:* Das Individualbeschwerdeverfahren des Fakultativprotokolls zum Internationalen Pakt über bürgerliche und politische Rechte, Bern 1996.
*Pauly, Walter:* Gleichheit im Unrecht als Rechtsproblem, JZ 1997, 647–654.
*Payandeh, Mehrdad:* Das Gebot der Folgerichtigkeit: Rationalitätsgewinn oder Irrweg der Grundrechtsdogmatik?, AöR 136 (2011), S. 578–615.
*Peine, Franz-Joseph:* Systemgerechtigkeit. Die Selbstbindung des Gesetzgebers als Maßstab der Normenkontrolle, Baden-Baden 1985.
*Pestalozza, Christian:* Verfassungsprozeßrecht, 3. Aufl., München 1991.
*Peters, Anne/Altwicker, Tilmann:* Europäische Menschenrechtskonvention. Mit rechtsvergleichenden Bezügen zum deutschen Grundgesetz, 2. Aufl., München 2012.
*Pfarr, Heide M[aria]:* Quoten und Grundgesetz. Notwendigkeit und Verfassungsmäßigkeit von Frauenförderung, Baden-Baden 1988.
*Pieroth, Bodo/Schlink, Bernhard:* Grundrechte. Staatsrecht II, 27. Aufl., Heidelberg 2011.
*Pietzcker, Jost:* Zu den Voraussetzungen des Anspruchs auf Gleichbehandlung nach Art. 3 I GG, JZ 1989, 305–310.
*Pleyer, Marcus C. F.:* Föderative Gleichheit, Berlin 2005.
*Plötscher, Stefan:* Der Begriff der Diskriminierung im Europäischen Gemeinschaftsrecht. Zugleich ein Beitrag zur einheitlichen Dogmatik der Grundfreiheiten des EG-Vertrages, Berlin 2003.
*Podlech, Adalbert:* Gehalt und Funktionen des allgemeinen verfassungsrechtlichen Gleichheitssatzes, Berlin 1971.
*Poscher, Ralf:* Grundrechte als Abwehrrechte. Reflexive Regelung rechtlich geordneter Freiheit, Tübingen 2003.

–: Insights, Errors and Self-Misconceptions of the Theory of Principles, Ratio Juris 22 (2009), S. 425–454.
*Pöschl, Magdalena:* Gleichheit vor dem Gesetz, Wien 2008.
–: Über Gleichheit und Verhältnismäßigkeit, JBl 1997, 413–434.
*Posser, Herbert* (Hg.): Beck'scher Online-Kommentar Verwaltungsgerichtsordnung, München, Edition 22, 2012.
*Randelzhofer, Albrecht:* Gleichbehandlung im Unrecht?, JZ 1973, 536–544.
*Rebhahn, Robert/Kietaibl, Christoph:* Mittelbare Diskriminierung und Kausalität, Rechtswissenschaft 1 (2010), S. 373–396.
*Reimer, Philipp:* „... und machet zu Jüngern alle Völker"? Von „universellen Verfassungsprinzipien" und der Weltmission der Prinzipientheorie der Grundrechte, Der Staat, im Erscheinen.
–: Zur Theorie der Handlungsformen des Staates, Baden-Baden 2008.
*Reimer, Philipp/Kempny, Simon:* Art. 3 I GG im allgemeinen Anspruchsrecht, Ad Legendum 2010, 137.
*Rengeling, Hans-Werner:* Gesetzgebungszuständigkeit, in: Isensee, Josef/Kirchhof, Paul (Hg.), Handbuch des Staatsrechts der Bundesrepublik Deutschland. Bd. VI: Bundesstaat, Heidelberg, 3. Aufl., 2008, § 135.
*Rengier, Rudolf:* Strafrecht Allgemeiner Teil, 2. Aufl., München 2010.
*Riggert, Rainer:* Die Selbstbindung der Rechtsprechung durch den allgemeinen Gleichheitssatz (Art. 3 I GG), Berlin 1993.
*Rinck, Hans Justus:* Gleichheitssatz, Willkürverbot und Natur der Sache, JZ 1963, 521–527.
–: Tendenzen in der Rechtsprechung europäischer Verfassungsgerichte zum Gleichheitssatz, DVBl 1961, 1–6.
*Rinck, Klaus:* Der zweistufige Deliktsaufbau, Berlin 2000.
*Rixecker, Roland/Säcker, Franz Jürgen* (Hg.): Münchener Kommentar zum Bürgerlichen Gesetzbuch. Bd. 1: §§ 1–240, ProstG, AGG, 6. Aufl., München 2012; Bd. 2: Schuldrecht, Allgemeiner Teil, §§ 241–432, 6. Aufl., München 2012.
*Robbers, Gerhard:* Der Gleichheitssatz, DÖV 1988, 749–758.
*Rohloff, Winfried:* Zusammenwirken von allgemeinem Gleichheitssatz und Freiheitsgewährleistungen. Eine Untersuchung der Rechtsprechung des Bundesverfassungsgerichts, Augsburg 1992.
*Rossi, Matthias:* Das Diskriminierungsverbot nach Art. 12 EGV, EuR 2000, 197–217.
*Roxin, Claus:* Strafrecht Allgemeiner Teil. Bd. 1: Grundlagen. Der Aufbau der Verbrechenslehre, 4. Aufl., München 2006.
*Rudolf, Beate/Mahlmann, Matthias* (Hg.): Gleichbehandlungsrecht. Handbuch, 1. Aufl., Baden-Baden 2007.
*Rüfner, Wolfgang:* Der allgemeine Gleichheitssatz als Differenzierungsgebot, in: Ziemske, Burkhardt (Hg.), Staatsphilosophie und Rechtspolitik. Festschrift für Martin Kriele zum 65. Geburtstag, München 1997, S. 271–279.
–: Überschneidungen und gegenseitige Ergänzungen der Grundrechte, Der Staat 7 (1968), S. 41–61.
*Rupp, Hans Heinrich:* Art. 3 GG als Maßstab verfassungsgerichtlicher Gesetzeskontrolle, in: Starck, Christian (Hg.), Bundesverfassungsgericht und Grundgesetz. Bd. II: Verfassungsauslegung. Festgabe aus Anlaß des 25jährigen Bestehens des Bundesverfassungsgerichts, Tübingen 1976, S. 364–389.
*Rupp-von Brünneck, Wiltraut:* Zur Grundrechtsfähigkeit juristischer Personen, in: Ehmke, Horst (Hg.), Festschrift für Adolf Arndt, Frankfurt/Main 1969, S. 355–383.

*Russell, Bertrand:* Einführung in die mathematische Philosophie, 2. Aufl., Hamburg 2006.
*Rusteberg, Benjamin:* Der grundrechtliche Gewährleistungsgehalt. Eine veränderte Perspektive auf die Grundrechtsdogmatik durch eine präzise Schutzbereichsbestimmung, Tübingen 2009.
*Rüthers, Bernd/Fischer, Christian:* Rechtstheorie, 5. Aufl., München 2010.
*Sachs, Michael:* Abwehrrechte, in: Merten, Detlef/Papier, Hans-Jürgen (Hg.), Handbuch der Grundrechte in Deutschland und Europa. Bd. II: Grundrechte in Deutschland: allgemeine Lehren I, Heidelberg 2006, § 39.
–: Art. 14 EMRK: Allgemeines Willkürverbot oder striktes Unterscheidungsverbot?, ÖZöR 34 (1984), S. 333–392.
–: Besondere Gleichheitsgarantien, in: Isensee, Josef/Kirchhof, Paul (Hg.), Handbuch des Staatsrechts der Bundesrepublik Deutschland. Bd. VIII: Grundrechte: Wirtschaft, Verfahren, Gleichheit, Heidelberg, 3. Aufl., 2010, § 182.
–: Der Geltungsverlust des Art. 7 Abs. 1 Satz 2 B-VG, ÖZöR 35 (1985), S. 305–324.
–: Der Gleichheitssatz als eigenständiges subjektives Grundrecht, in: Wendt, Rudolf (Hg.), Staat, Wirtschaft, Steuern. Festschrift für Karl Heinrich Friauf, Heidelberg 1996, S. 309.
–: Der Gleichheitssatz, NWVBl 1988, 295–301.
–: Gleichheit vor dem Gesetz in Österreich – eine Gesamtdarstellung, Rechtswissenschaft 1 (2010), S. 92–98.
–: Grenzen des Diskriminierungsverbots. Eine Untersuchung zur Reichweite des Unterscheidungsverbots nach Artikel 3 Abs. 2 und 3 Grundgesetz, München 1987.
–: Quotenregelungen für Frauen im staatlichen und im gesellschaftlichen Bereich, insbesondere für die Wirtschaft, ZG 27 (2012), S. 52–67.
–: Verfassungsrecht II. Grundrechte, 2. Aufl., Heidelberg 2003.
–: Zur dogmatischen Struktur der Gleichheitsrechte als Abwehrrechte, DÖV 1984, 411–419.
*Sachs, Michael* (Hg.): Grundgesetz. Kommentar, 6. Aufl., München 2011.
*Sacksofsky, Ute:* Das Grundrecht auf Gleichberechtigung. Eine rechtsdogmatische Untersuchung zu Artikel 3 Absatz 2 des Grundgesetzes, 2. Aufl., Baden-Baden 1996.
*Sattler, Andreas:* Allgemeiner Gleichheitssatz und spezielle Gleichheitssätze in der Rechtsprechung des Europäischen Gerichtshofes, in: Ipsen, Jörn (Hg.), Recht – Staat – Gemeinwohl. Festschrift für Dietrich Rauschning, Köln 2001, S. 251–267.
*Satzger, Helmut:* Internationales und Europäisches Strafrecht, 5. Aufl., Baden-Baden 2011.
*Saurer, Johannes:* Der allgemeine Gleichheitssatz: Weimarer Einflüsse auf das Grundgesetz, in: Schröder, Ulrich Jan/Ungern-Sternberg, Antje von (Hg.), Zur Aktualität der Weimarer Staatsrechtslehre. Tagung zur Aktualität der Weimarer Staatsrechtslehre, Tübingen 2011, S. 101–118.
*Schaumann, Wilfried:* Gleichheit und Gesetzmäßigkeitsprinzip, JZ 1966, 721–727.
*Schenke, Wolf-Rüdiger:* Verwaltungsprozessrecht, 12. Aufl., Heidelberg 2009.
*Scherzberg, Arno:* Grundlagen und Typologie des subjektiv-öffentlichen Rechts, DVBl 1988, 129–134.
*Schlaich, Klaus/Korioth, Stefan:* Das Bundesverfassungsgericht. Stellung, Verfahren, Entscheidungen, 9. Aufl., München 2012.
*Schmidt-Bleibtreu, Bruno/Klein, Franz/Bethge, Herbert* (Hg.): Bundesverfassungsgerichtsgesetz, München, 37. Lfg., Februar 2012.

*Schmidt-Bleibtreu, Bruno/Klein, Franz/Hofmann, Hans/Hopfauf, Axel* (Hg.): Kommentar zum Grundgesetz, 12. Aufl., Köln 2011.
*Schneider, Hans-Peter:* Die bundesstaatliche Ordnung im vereinigten Deutschland, NJW 1991, 2448–2455.
*Schneiders, Benedikt:* Die Grundrechte der EU und die EMRK. Das Verhältnis zwischen ungeschriebenen Grundrechten, Grundrechtecharta und Europäischer Menschenrechtskonvention, Baden-Baden 2010.
*Schoch, Friedrich:* Der Gleichheitssatz, DVBl 1988, 863–882.
*Schoch, Friedrich/Schneider, Jens-Peter/Bier, Wolfgang* (Hg.): Verwaltungsgerichtsordnung. Kommentar, München, Loseblatt, Stand: 23. Lfg., 2012.
*Scholler, Heinrich:* Die Interpretation des Gleichheitssatzes als Willkürverbot oder als Gebot der Chancengleichheit, Berlin 1969.
*Schramm, Theodor:* Staatsrecht. Bd. II: Grundrechte und ihre verfassungsrechtliche Absicherung, 4. Aufl., Köln 1988.
*Schulze, Reiner/Zuleeg, Manfred/Kadelbach, Stefan* (Hg.): Europarecht. Handbuch für die deutsche Rechtspraxis, 2. Aufl., Baden-Baden 2010.
*Schwabe, Jürgen:* Probleme der Grundrechtsdogmatik, 2. Aufl., Hamburg 1997.
*Schwarze, Jürgen* (Hg.): EU-Kommentar, 3. Aufl., Baden-Baden 2012.
*Schweizer, Rainer J[ohannes]:* Allgemeine Grundsätze, in: Merten, Detlef/Papier, Hans-Jürgen (Hg.), Handbuch der Grundrechte in Deutschland und Europa. Bd. VI/1: Europäische Grundrechte I, Heidelberg 2010, § 138.
*Seißer, Peter:* Das Verhältnis des allgemeinen Gleichheitssatzes (Art. 3 Abs. 1 Grundgesetz) zu besonderen Gleichheitssätzen. Eine kritische Untersuchung der Rechtsprechung des Bundesverfassungsgerichts, Augsburg 1969.
*Selmer, Peter/Hummel, Lars:* Das „föderative Gleichbehandlungsgebot" in der bundesstaatlichen Finanz- und Haushaltsverfassung, in: Junkernheinrich, Martin/Korioth, Stefan/Hillenkamp, Thomas/Scheller, Henrik/Woisin, Matthias (Hg.), Jahrbuch für öffentliche Finanzen 2012, Berlin 2012, S. 385–404.
*Sodan, Helge* (Hg.): Grundgesetz, 2. Aufl., München 2011.
*Sodan, Helge/Ziekow, Jan* (Hg.): Verwaltungsgerichtsordnung. Großkommentar, 3. Aufl., Baden-Baden 2010.
*Somek, Alexander:* Gleichheit als Diskriminierungsschutz, Der Staat 43 (2004), S. 425–433.
–: Rationalität und Diskriminierung. Zur Bindung der Gesetzgebung an das Gleichheitsrecht, Wien 2001.
*Spenlé, Christoph A[ndré]/Skalski, Jan:* Das unterschätzte Verfahren: Zu Funktion und Struktur der UNO-Staatenberichtsverfahren und zur Bedeutung des CEDAW-Verfahrens für die föderalistische Schweiz, SZIER 2012, 9–42.
*Spielmann, Christoph:* Konkurrenz von Grundrechtsnormen, Baden-Baden 2008.
*Staudinger, J[ulius] von* (Begr.): J. von Staudingers Kommentar zum Bürgerlichen Gesetzbuch mit Einführungsgesetz und Nebengesetzen, Bd. §§ 21–79, Neubearbeitung 2005.
*Stein, Ekkehart/Frank, Götz:* Staatsrecht, 21. Aufl., Tübingen 2010.
*Stelkens, Paul/Bonk, Heinz Joachim/Sachs, Michael* (Hg.): Verwaltungsverfahrensgesetz. Kommentar, 7. Aufl., München 2008.
*Stern, Klaus:* Das Staatsrecht der Bundesrepublik Deutschland. Bd. III/1: Grundlagen und Geschichte, nationaler und internationaler Grundrechtskonstitutionalismus, juristische Bedeutung der Grundrechte, Grundrechtsberechtigte, Grundrechtsverpflichtete, München 1988; Bd. IV/2: Die einzelnen Grundrechte, München 2011.

*Stern, Klaus/Becker, Florian* (Hg.): Grundrechte-Kommentar. Die Grundrechte des Grundgesetzes mit ihren europäischen Bezügen, Köln 2010.
*Stettner, Rupert:* Der Gleichheitssatz, BayVBl 1988, 545–552.
*Stober, Rolf/Kluth, Winfried:* Verwaltungsrecht. Bd. 1, 12. Aufl., München 2007.
*Straßmair, Stefan M[anfred]:* Der besondere Gleichheitssatz aus Art. 3 Abs. 3 Satz 2 GG. Eine Untersuchung zu Gehalt und Struktur des Diskriminierungsverbotes sowie seiner Bedeutung für die verfassungsrechtliche Stellung und soziale Gleichstellung von Menschen mit Behinderungen, Berlin 2002.
*Streinz, Rudolf:* Allgemeine Lehren der Grundfreiheiten – Vom Diskriminierungsverbot zum Beschränkungsverbot, in: Merten, Detlef/Papier, Hans-Jürgen (Hg.), Handbuch der Grundrechte in Deutschland und Europa. Bd. VI/1: Europäische Grundrechte I, Heidelberg 2010, § 152.
–: Europarecht, 9. Aufl., Heidelberg 2012.
*Streinz, Rudolf* (Hg.): Vertrag über die Europäische Union und Vertrag über die Arbeitsweise der Europäischen Union, 2. Aufl., München 2012.
*Tappe, Henning:* Das Haushaltsgesetz als Zeitgesetz, Berlin 2008.
*Tettinger, Peter J[osef]/Stern, Klaus* (Hg.): Kölner Gemeinschaftskommentar zur Europäischen Grundrechte-Charta, München 2006.
*Tettinger, Peter J[osef]/Wahrendorf, Volker:* Verwaltungsprozeßrecht, 3. Aufl., Köln 2005.
*Thoma, Richard:* Ungleichheit und Gleichheit im Bonner Grundgesetz, DVBl 1951, 457–460.
*Thomas, Heinz/Putzo, Hans:* Zivilprozessordnung, 33. Aufl., München 2012.
*Tiedemann, Paul:* Anmerkung [zu BVerfG, Urt. v. 18.7. 2012 – 1 BvL 10/10, 1 BvL 2/11], NVwZ 2012, 1031–1033.
*Tomuschat, Christian:* Equality and Non-Discrimination under the International Covenant on Civil and Political Rights, in: Münch, Ingo von (Hg.), Staatsrecht – Völkerrecht – Europarecht. Festschrift für Hans-Jürgen Schlochauer zum 75. Geburtstag am 28. März 1981, Berlin 1981, S. 691–716.
–: Gleichheit in der Europäischen Union, ZaöRV 68 (2008), S. 327–346.
*Tridimas, Takis:* The Application of the Principle of Equality to Community Measures, in: Dashwood, Alan/O'Leary, Síofra (Hg.), The Principle of Equal Treatment in EC Law. Papers Collected by the Centre For European Legal Studies, Cambridge, London 1997, S. 214–242.
*Triepel, Heinrich:* Goldbilanzenverordnung und Vorzugsaktien. Ein Rechtsgutachten, Berlin 1924.
*Ude, [E. F.]:* Ueber die Bedeutung des Satzes: „Impossibilium nulla obligatio.", AcP 48 (1865), 246–272, 366–400.
*Umbach, Dieter C./Clemens, Thomas* (Hg.): Grundgesetz. Mitarbeiterkommentar und Handbuch, Bd. I: Art. 1–37 GG, Heidelberg 2002.
*Umbach, Dieter C./Clemens, Thomas/Dollinger, Franz-Wilhelm* (Hg.): Bundesverfassungsgerichtsgesetz. Mitarbeiterkommentar und Handbuch, 2. Aufl., Heidelberg 2005.
*Vandenhole, Wouter:* Non-discrimination and equality in the view of the UN human rights treaty bodies, Antwerpen 2005.
–: The procedures before the UN human rights treaty bodies: divergence or convergence?, Antwerpen 2004.
*Vedder, Christoph:* Die allgemeinen UN-Menschenrechtspakte und ihre Verfahren, in: Merten, Detlef/Papier, Hans-Jürgen (Hg.), Handbuch der Grundrechte in

Deutschland und Europa. Bd. VI/2: Europäische Grundrechte II – Universelle Menschenrechte, Heidelberg 2009, § 174.
*Vedder, Christoph/Heintschel von Heinegg, Wolff* (Hg.): Europäisches Unionsrecht: EUV, AEUV, Grundrechte-Charta. Handkommentar, Baden-Baden 2012.
*Vogel, Holger:* Ungleichheiten beim Vollzug von Steuergesetzen im Bundesstaat. Juristische und ökonomische Aspekte, Frankfurt/Main 2000.
*Volkmann, Uwe:* Die Geistesfreiheit und der Ungeist – Der Wunsiedel-Beschluss des BVerfG, NJW 2010, 417–420.
–: Staatsrecht II. Grundrechte, München 2007.
*Wahle, Corinna:* Der allgemeine Gleichheitssatz in der Europäischen Union. Neuere Entwicklungen und Perspektiven unter Berücksichtigung der Europäischen Menschenrechtskonvention (EMRK) sowie der Rechtsordnungen Deutschlands, Frankreichs und Großbritanniens, Osnabrück 2002.
*Wallerath, Maximilian:* Die Selbstbindung der Verwaltung: Freiheit und Gebundenheit durch den Gleichheitssatz, Berlin 1968.
*Weber, Max:* Wirtschaft und Gesellschaft. Grundriß der verstehenden Soziologie, herausgegeben von Johannes Winckelmann, 5. Aufl., Tübingen 1972.
*Weigt, Norbert:* Die Stellung der Rechtfertigungsgründe im Verbrechensaufbau, Saarbrücken 1969.
*Weinberger, Ota:* Gleichheitspostulate, ÖZöR 25 (1974), S. 23–38.
–: Rechtslogik, 2. Aufl., Berlin 1989.
*Wendt, Rudolf:* Der Gleichheitssatz, NVwZ 1988, 778–786.
–: Die Weiterentwicklung der „Neuen Formel" bei der Gleichheitsprüfung in der Rechtsprechung des Bundesverfassungsgerichts, in: Sachs, Michael/Siekmann, Helmut (Hg.), Der grundrechtsgeprägte Verfassungsstaat. Festschrift für Klaus Stern zum 80. Geburtstag, Berlin 2012, S. 1553–1568.
*Wernsmann, Rainer:* Das gleichheitswidrige Steuergesetz. Rechtsfolgen und Rechtsschutz, Berlin 2000.
–: Wer bestimmt den Zweck einer grundrechtseinschränkenden Norm – BVerfG oder Gesetzgeber?, NVwZ 2000, 1360–1364.
*Werth, Francesca:* Aktuelle Entscheidungen des Bundesverfassungsgerichts zum Einkommensteuerrecht unter besonderer Berücksichtigung der Beschlüsse des Bundesverfassungsgerichts v. 7.7.2010 zur Rückwirkung im Steuerrecht, DStZ 2010, 712–720.
*Weyreuther, Felix:* Gleichbehandlung und Typisierung, DÖV 1997, 521–530.
*Wigard, Franz [Jacob]* (Hg.): Stenographischer Bericht über die Verhandlungen der deutschen constituirenden Nationalversammlung zu Frankfurt am Main. Bd. 2, Frankfurt/Main 1848 (Nachdruck unter dem Titel „Reden für die deutsche Nation 1848/1849", Gräfelfing 1988).
*Windscheid, Bernhard:* Lehrbuch des Pandektenrechts. Bd. 2, 7. Aufl., Frankfurt/Main 1891.
*Wittmann, Philipp:* Konkludente Widmung öffentlicher Einrichtungen, Sonderbenutzung und Gleichheitsbindung der Gemeinden, DVBl 2012, 788–792.
*Ziegler, Karl-Heinz:* Die Wertlosigkeit der allgemeinen Regeln des BGB über die sog. Wahlschuld (§§ 262–265 BGB), AcP 171 (1971), S. 193–217.
*Zippelius, Reinhold:* Der Gleichheitssatz, VVDStRL 47 (1989), S. 7–36.
*Zippelius, Reinhold/Würtenberger, Thomas:* Deutsches Staatsrecht, 32. Aufl., München 2008.
*Zöller, Reinhard* (Begr.): Zivilprozessordnung, 29. Aufl., Köln 2012.

# Entscheidungsverzeichnis

## I. Menschenrechtsausschuss

Die Entscheidungen des Menschenrechtsausschusses sind abrufbar auf der Website des Hochkommissars für Menschenrechte unter http://tb.ohchr.org/default.aspx (die Geschäftsnummer ist als „Document Symbol“ einzutragen).



## II. Europäischer Gerichtshof für Menschenrechte

Die Entscheidungen des Europäischen Gerichtshofs für Menschenrechte sind abrufbar unter http://hudoc.echr.coe.int/.

## III. Gerichtshof der Europäischen Union

Die Aufstellung enthält Entscheidungen des EuGH und des EuG. Entscheidungen des EuG sind erkennbar an den mit „T-" beginnenden Geschäftszeichen.



## IV. Bundesverfassungsgericht

Die Zahlen stehen für die Fundstelle der Entscheidungen in BVerfGE. Entscheidungen, die (noch) nicht in BVerfGE veröffentlicht worden sind, werden mit Datum und Geschäftszeichen angegeben; sie sind unter http://www.bverfg.de/entscheidungen/ abrufbar.

# Stichwortverzeichnis